Chasseurs de diables et collecteurs d'art

Tentatives de conversion des Asmat par les missionnaires pionniers protestants et catholiques

P.I.E. Peter Lang

Bruxelles · Bern · Berlin · Frankfurt am Main · New York · Oxford · Wien

Astrid DE HONTHEIM

Chasseurs de diables et collecteurs d'art

Tentatives de conversion des Asmat par les missionnaires pionniers protestants et catholiques

« Dieux, Hommes et Religions »
n° 12

Toute représentation ou reproduction intégrale ou partielle faite par quelque procédé que ce soit, sans le consentement de l'éditeur ou de ses ayants droit, est illicite. Tous droits réservés.

© P.I.E. PETER LANG s.a.
Éditions scientifiques internationales
Bruxelles, 2008
1 avenue Maurice, B-1050 Bruxelles, Belgique
www.peterlang.com ; info@peterlang.com

Imprimé en Allemagne

ISSN 1377-8323
ISBN 978-90-5201-380-0
D/2008/5678/05

Information bibliographique publiée par « Die Deutsche Bibliothek »

« Die Deutsche Bibliothek » répertorie cette publication dans la « Deutsche Nationalbibliografie » ; les données bibliographiques détaillées sont disponibles sur le site http://dnb.ddb.de.

Table des matières

Remerciements 9

Introduction 13

PREMIÈRE PARTIE. LES CONTEXTES

CHAPITRE I. Questions de méthode 21
De l'enquête ethnographique sur un « double terrain » 21
État des lieux avant l'analyse 30

CHAPITRE II. Repères géographiques et historiques 49
La géographie de la deuxième île du monde 49
L'histoire : d'une colonisation à l'autre 52
Une déferlante de missionnaires en Océanie 61
Inventaire des dénominations missionnaires 75

DEUXIÈME PARTIE. LES IDENTITÉS

CHAPITRE III. La distinction. Les identités missionnaires 79
Depuis leur fondation 79
Dimensions ecclésiologiques 96
Dimensions psychologiques 101
Une question de réputation 110
D'une religion à l'autre 117

CHAPITRE IV. L'identité asmat 123
Les ancêtres sont toujours au pluriel 123
La transmission de la tradition 129
La révolution culturelle 145
Des liens familiaux 153

Troisième partie. Les méthodes

Chapitre V. Le rapport missionnaire à la « culture » 171
L'homme et la matière 171
Côté catholique, il faut garder 174
Côté protestant, il faut trier 180
À l'intérieur de l'église 183
Une question de valeurs 194

Chapitre VI. Fluides, médecine et cosmologie 205
De l'ingestion 205
Ce qui cause la maladie et l'infortune 210
La mort plurielle asmat 214
Des méthodes thérapeutiques 219
Intervenir dans la mort et la maladie des Asmat 229

Chapitre VII. Le christianisme en terre asmat 237
Les Églises et la globalisation 237
Les contacts du néocolonialisme 245
Une question de méthode (de conversion) 252
Qu'en pensent les Asmat ? 260
Le christianisme des Asmat en cinq axes 276
Bilan de l'évangélisation des Asmat 287

Annexe 1. Les informateurs 293

Annexe 2. Glossaire des termes asmat et indonésiens 295

Annexe 3. Illustrations 299

Bibliographie sélective 313

Remerciements

Un travail de recherche sur l'ethnologie de la rencontre interculturelle entre les Asmat et des missionnaires catholiques ou protestants s'accompagne nécessairement d'une longue liste de remerciements, eu égard à la complexité du sujet et aux embûches qui compromirent régulièrement le déroulement harmonieux de l'observation sur le terrain. Une omission dans cette énumération n'est pas à exclure ; je prie ceux que j'aurais malencontreusement oubliés de bien vouloir excuser cette négligence.

Cet ouvrage a été construit à partir d'une thèse de doctorat portant le même titre, et soutenue à l'Université Libre de Bruxelles le 20 mars 2007 devant un jury de cotutelle avec l'Université d'Aix-Marseille 1. Il convient donc d'exprimer ma gratitude à ceux qui sont intervenus dans le bon déroulement de ce travail doctoral. En premier lieu, je tiens à remercier ceux qui ont rendu ma recherche possible, Alain Dierkens et Pierre Petit, codirecteurs de ma recherche sur les dynamiques de la conversion. Professeur ordinaire à l'Université Libre de Bruxelles, Alain Dierkens a ma reconnaissance particulière pour la constance de son soutien depuis le début de mon contrat de recherche. Au même titre que Pierre Petit, Chercheur qualifié au FNRS, Paul van der Grijp, Professeur à l'Université des Sciences et des Technologies de Lille (Lille 1), codirigea mon travail pour l'Université d'Aix-Marseille 1 ; je lui sais gré de ses encouragements et de son enthousiasme à m'intégrer dans les activités de son université. Les autres professeurs qui m'ont fait l'honneur de s'être impliqués dans l'aboutissement de ce travail sont Jacques Marx, Professeur ordinaire à l'ULB et Président du comité d'accompagnement, ainsi que les autres membres du jury c'est-à-dire Pierre Lemonnier, Directeur de Recherche au CNRS (DR1), Denis Monnerie, Professeur à l'Université Marc Bloch de Strasbourg, et Philippe Jespers, Professeur émérite à l'ULB. En parallèle, deux anthropologues spécialistes de la côte sud de Papouasie occidentale ont réalisé un rapport érudit et enrichissant sur mon travail : Chris Ballard, Fellow à l'Australian National University de Canberra et Rupert Stasch, Associate Professor au Reed College de Washington. John Barker, Professor à la University of British Columbia de Vancouver et Jean-François Zorn, Professeur à l'Université Paul-Valéry de Montpellier (Montpellier 3) m'ont guidée par leurs conseils en termes de bibliographie. Et enfin, je remercie le directeur de mon école doctorale « Espaces, Cultures, Sociétés » à Aix-en-Provence, Didier Pralon, et son assistante, Martine Perney, pour leur soutien moral.

Au-delà des recherches bibliographiques et archivistiques, il n'y a pas d'anthropologue sans « terrain ». En Papouasie occidentale, toutes les portes s'ouvrirent, à l'exception de celles des bureaux d'immigration indonésiens. Devant mes difficultés administratives, des personnes influentes de Kuala Kencana s'impliquèrent personnellement, parfois sans encore me connaître, dans le processus – épique – de renouvellement de mon visa. Sans elles, mon séjour de 2004 chez les Asmat n'aurait pas eu lieu. Je pense particulièrement à John Faidiban et sa femme Margaretha, leur beau-fils et fils de missionnaire Iain Wilson, la directrice de SOS International Ibu Remi, le médecin Rosaline Rumaseuw et son mari Sam Koibur, et l'évêque John Saklil de Timika. À Tembagapura, Monika Siburian et Pak Made, tous deux de SOS International, furent également d'une aide bienvenue.

Sur le terrain asmat proprement dit, de très nombreuses personnes contribuèrent à me faciliter la tâche. Parmi elles, je commencerai par ma famille d'adoption à Amborep et surtout mon grand-père classificatoire, Primus Akum, dont le soutien infatigable facilita grandement l'avancée de ma recherche. L'aide d'autres personnes mérite d'être soulignée, notamment les hommes d'Amborep dont Anton Tsjosow et Rofenus Unir, mes parents Maria Perpertsjum et Bernardus Korem. À Sjuru, mon frère Felix Owom'ipitsj se montra toujours prêt à me protéger ; je lui dois beaucoup. Dans le même village, j'aimerais remercier feu Abraham Buipir et l'actuel *bupati* (régent) Yufen Biakai de Yamasj, à Atsj Markus Yisimamtsji, Fabianus Faniptsjes et Onesius Otenieli Daely (« Pater Ote »), à Sawa-Erma Rufus Sati, le pasteur pentecôtiste Jefri Pemila et Vince Cole MM, à Uwus Soter Baien et sa famille, à Cemnes Markus Rudolf M'Baith et sa famille, à Ewer Nikolas Dawakan, et les hommes de Hom-Hom dont Obeth U Kabak. À Agats, Pak Sutrisno, le chef du département des travaux généraux (Pekerjahan Umum) m'adopta d'emblée comme sa fille ; à ce titre, il veilla sans relâche à mon confort et à ma sécurité, et m'autorisa à l'accompagner dans ses missions dans le marais. L'ancien *camat* (maire) d'Agats John Ohoiwutun, actuellement à Jayapura, me permit lui aussi de l'accompagner en 2001 dans deux expéditions de reconnaissance de l'armée, au-delà des marges de la région asmat, très informatives sur les relations entre les autorités indonésiennes et les populations locales. D'autres habitants d'Agats méritent l'expression de ma gratitude : l'évêque Alo Murwito OFM, les pasteurs asmat John Kawor de Beriten, Sabinus Ekpiwi d'Amborep et Paternus Cuakces, Ernest Nditsjim d'Ayam et Niko du même village, le conservateur du Musée Asmat de la Culture et du Progrès Erik Sarkol, le pasteur pentecôtiste kayagar Willibrodus Ekyak, Toon Putmann MHM, les Ursulines dont sœur Korina Ngoe OSU et les sœurs TMM, l'ancien *koramil*[1] d'Agats Kaleb Lodarmase et ses proches, Veronika Wahyu Indriani (« Vero ») de la DelSos (*delegatus sosial*), le père Charles OSC de Yamasj, et enfin les dirigeants de l'armée, de la police, des différentes brigades et du département de l'éducation (Pendidikan), en particulier Pak Paiman.

De la même façon qu'en Papouasie occidentale, les missionnaires qui collaborèrent à cette recherche et m'offrirent l'hospitalité en Europe et aux États-Unis sont nombreux. Du côté protestant, je voudrais remercier Charles Davis, le directeur de TEAM (The Evangelical Alliance Mission), et ceux de ses collaborateurs qui m'apportèrent aide et soutien en 2005 et 2006. Je pense plus précisément à David et Gwen Broucek à Wheaton (IL), Robert et Ruth Amber Leland à Washburn (MN), Lynn et Elmer Lorenz à Wheaton (IL), Candy, Charles et Bernita Preston à Topeka (KS), Marge Smith à Santa Barbara (CA), Ruth Roesler à Bradenton (FL), Marvin Newell à Wheaton (IL), Kenneth et Sylvia Dresser à Toronto (Canada), ainsi que Arturo Torres et Kris Davis du département « Communication » de TEAM. D'autres membres de TEAM répondirent à mes questions par courriel : Robert et Helen E. Frazier, Margaret Stringer, Don Gregory, Clarence Gillett, Shirley Rascher et Verena Hekman. Ma reconnaissance est spécialement acquise à Dave Broucek pour son accueil et ses recherches documentaires, et à Ruth Roesler pour le temps consacré à consigner les *Anthropological Notes* de feu son mari, précieuses dans ma démarche d'anthropologie du missionnaire. Plusieurs membres de MAF (Missionary Aviation Fellowship) joignirent leurs efforts à ceux de leurs collègues de TEAM : John et Suzan Forsythe à Boise (ID) ainsi que Crissie Rask, Dave Hoisington, Janet et Dave Steiger, John Miller, James Hyatt, Joy et Steve King et John Foster par courriel. Chez Regions Beyond Missions (RBMU), Don Richardson, missionnaire et auteur de l'ouvrage *Peace Child*[2], très réputé parmi les missionnaires protestants en Papouasie, collabora également à ma recherche par ce moyen de communication. Enfin, au Billy Graham Centre, le directeur des archives Paul Eriksen et les archivistes Bob Shuster et Wayne D. Weber me fournirent tous les documents demandés en un temps record.

Du côté catholique, l'accueil et la bienveillance des Croisiers américains à me donner accès à leurs archives, tant à Shoreview (MI) qu'à Onamia (MI), et à se laisser interroger dans leurs différentes communautés en 2003 et 2006, furent remarquables. Parmi eux, je remercie

---

[1] *Komando Rayon Militer*, commandant militaire appelé « Danramil » par ses pairs.
[2] Richardson, D., *Peace Child. An Unbelievable Story of Primitive Jungle Treachery*, Glendale (CA), G/L Publications, 1974.

l'évêque Alphonse Sowada OSC, le provincial Tom Carkhuff OSC, Greg Poser OSC, Dave Gallus OSC, Clarence Neuner OSC, Jim Remmerswaal OSC, le prieur d'Onamia Kermit Holl OSC, le chef des novices Jerry Schick OSC, John Fleischhacker OSC, Joe DeLouw OSC, Ed Greiwe OSC, feu Henry (Bing) Miller OSC, et Virgil Petermeier OSC, basé à Agats. Merci aussi au frère Dave Richardson OSC pour son aide dans les archives d'Onamia et aux employés de l'American Museum of Asmat Art de Shoreview pour leur serviabilité lors de mon travail d'archives, en particulier mon amie Mary E. Braun, Executive Director du musée, Jane Mitchell, secrétaire du provincial et Ann Marie Anderson, Director of Vocation Ministry chez les pères croisiers.

Les pères néerlandais du Sacré-Cœur m'accueillirent avec le même enthousiasme que les Croisiers en 2004. Parmi eux, ont apporté leur concours Ernest Lejeune MSC, le prieur de Tilburg, Piet van Mentsvoort MSC, le responsable du suivi des missionnaires sur le terrain, Jan Bovenmaars MSC, l'actuel archiviste, Niko Akerboom MSC et Piet Kok MSC également à Tilburg, Willem Lommertzen MSC à Rotterdam, et Huub von Peij MSC à Sint-Joost. J'eus aussi la chance de m'entretenir avec feu Arie Vriens MSC, l'ancien archiviste de Tilburg, dont le regard personnel sur les premiers contacts dans le marais asmat furent éclairants. Chez les pères Maryknoll à Ossining (NY), Mike Walsh MM, le conservateur, Alice Wengrzynek MM, Rodney Swanger, le responsable du multimédia, le père Baker, Maria Homberg MM et Rosemary Humber MM. Ellen Pierce, la responsable des archives, fit montre d'une patience et d'une conscience professionnelle rares et poursuivit son aide bien après mes séjours à Ossining en 2005.

Parmi les personnes extérieures qui acceptèrent de me faire part de leur expérience de la société asmat, citons Carleton Gajdusek à Amsterdam, Prix Nobel de médecine 1968, Günter et Ursula Konrad à Mönchengladbach, collectionneurs d'art asmat, ainsi que feu Tobias Schneebaum à New York, artiste et anthropologue. J'aimerais enfin exprimer ma reconnaissance à tous les informateurs, guides et amis, qui m'aidèrent à progresser dans ma recherche.

Au niveau des illustrations, la plupart des photos furent réalisées par mes soins ; les autres proviennent des archives missionnaires et sont annotées comme telles. Jean-Louis Piette conçut les dessins et la carte[3].

---

[3] Reproduite d'après Konrad, G. & U. (eds.), *Asmat. Myths and Rituals. The Inspiration of Art*, Venice, Pizzi Amilcare/Erizzo Editrice, 1996.

Introduction

La conversion religieuse fascine nombre de penseurs depuis des siècles. Elle se décline dans des disciplines variées telles que la théologie, l'histoire, la sociologie, la philosophie et l'anthropologie. Certains auteurs se sont attardés à ses conséquences individuelles, d'autres ont plutôt souligné ses implications sociales. Elle survient tantôt chez une assemblée entière, tantôt chez un individu seul, sans réelle présence d'indices permettant de la prévoir. Des sociétés de spécialistes cherchent à la provoquer ou à la hâter chez d'autres, faute de trouver adéquats leur mode de vie, leurs réactions et leurs explications sur la vie : c'est alors que l'on parle de missionnaires, voire de « missionnaires pionniers » lorsque les populations candidates à l'évangélisation n'ont jamais entendu parler des valeurs chrétiennes. L'expression est particulièrement éloquente dans le cas de la Nouvelle-Guinée, où l'évangélisation de la seconde moitié du XXe siècle va de pair avec les bouleversements de la mondialisation. Pour gagner les païens à leur cause, les missionnaires déployèrent plus ou moins d'imagination à l'élaboration de stratégies, ou improvisèrent face à des réalités souvent éloignées du paysage stéréotypé de la littérature de voyage.

Problématique et pertinence

Plus précisément, cet ouvrage s'intéresse aux méthodes de conversion mises en œuvre chez les Asmat[1], dans les basses terres de la Papouasie occidentale, et à une anthropologie du missionnaire pionnier. Elle s'inscrit dans une démarche comparative entre les deux factions – catholique et protestante – ayant tenté d'évangéliser les Asmat. La comparaison porte essentiellement sur les stratégies mises en œuvre sur le terrain, sur ce qui les justifie et sur la façon dont les Asmat composent avec ces nouvelles réalités.

Afin d'étudier non seulement les méthodes des missionnaires pionniers mais aussi leur évolution dans le temps, la problématique ne se

---

[1] Pour éviter de commettre un impair ethnocentrique courant, ce nom n'appartenant pas à la langue française, il n'y a pas lieu de le soumettre aux règles de notre grammaire (le pluriel), à l'exception de l'usage de la minuscule lorsqu'il est utilisé comme adjectif et de celui de la majuscule lorsqu'il est utilisé en référence au territoire (« l'Asmat »).

limite pas à la période « post-coloniale[2] », autrement dit postérieure à la prise de pouvoir de l'Indonésie sur la Papouasie occidentale en 1963, sous peine d'omettre certains aspects de l'évangélisation des premiers temps qui pourraient se révéler capitaux dans la compréhension de la suite. La période historique prise en considération commence donc à l'arrivée du premier missionnaire dans la région en 1953 et s'achève de nos jours. Toutefois, une moindre attention sera accordée aux missions néerlandaises par rapport aux missions américaines, majoritaires dans la région asmat dans l'intervalle concerné.

Fixer le point de départ de la recherche aux méthodes missionnaires implique de se concentrer sur la perspective des évangélisateurs et sur son illustration dans la société asmat. Selon cette optique comparative, quelques suggestions de réponse aux questions sous-tendues par la problématique seront proposées, telles que le fondement des méthodes de conversion et leur adaptation aux réalités de terrain, la perception du missionnaire, son rôle à multiples facettes dans la société asmat, sa marge de tolérance envers la « culture » asmat, l'influence de la présence missionnaire sur l'identité asmat, etc. Les observations ethnographiques, confrontées aux raisonnements théoriques d'auteurs de référence sur ces thématiques, enrichiront la réflexion autour de la conversion et des concepts connexes.

En plus d'une ébauche d'anthropologie missionnaire, portant sur l'anthropologie et l'histoire des missions[3], et d'anthropologie théologique en concordance avec une anthropologie de la conversion, il sera réalisé en filigrane une anthropologie du missionnaire pionnier. De façon générale, l'ethnographie des missionnaires avec immersion dans leur lieu de vie est un domaine peu exploré, sans doute en partie pour la réticence de certains d'entre eux à l'idée d'être l'objet d'une ethnographie et d'accepter la présence de l'ethnologue.

Quelques explications sur le titre de l'ouvrage compléteront cette présentation. La première partie du titre compare les factions protestante et catholique en suggérant un trait distinctif dominant de part et d'autre : la sensation d'une présence diabolique dans le marais asmat du côté protestant, et le rassemblement d'objets d'art du côté catholique. La

---

[2] L'expression est mise entre guillemets car les arguments fondant la contestation de la procédure d'annexion de la Papouasie occidentale par l'Indonésie permettent de parler de néocolonialisme.

[3] D'après Comaroff, J. & J., *Of Revelation And Revolution. Christianity, Colonialism and Consciousness in South Africa*, vol. 1, Chicago, University of Chicago Press, 1991, p. 7, l'anthropologie des missions se justifie en raison de l'analyse politique caricaturale de l'évangélisation dans la littérature. L'engouement récent des chercheurs pour les missionnaires montre un changement de ce point de vue.

Introduction

présence diabolique est contrée par la médecine, la principale méthode de conversion protestante chez les Asmat, opposée aux guérisseurs traditionnels dont l'aura sulfureuse du point de vue des missionnaires s'exprime notamment dans le surnom de *witch doctors*. Le pluriel de « diables » se justifie d'une part parce que la présence décrite par les missionnaires se manifeste de différentes façons, et d'autre part parce que ce terme peut être pris dans un sens imagé et désigner les missionnaires et les Asmat lors de leurs premiers contacts, vraisemblablement aussi impressionnants pour les uns que pour les autres. Ce livre portant sur la rencontre interculturelle, les missionnaires et les Asmat se rencontrent aussi au niveau des mots, l'expression « chasseurs-collecteurs » se fondant dans le titre littéraire. Les missionnaires et les Asmat figurent également dans la seconde partie du titre. Ici, « tentatives » remet en question l'accomplissement de la conversion, « conversion » permet de garder à l'esprit que la démarche de la rencontre vient des missionnaires en rappelant leur objectif principal, et « pionniers » souligne que les missionnaires dont il est question sont les premiers, appuyant l'idée des premiers contacts.

Deux factions très différentes

Comme suggéré par l'explication du titre, ce sujet de recherche présente un avantage inattendu : le caractère bien défini des deux parties mises en présence facilite la comparaison. Comme nous le verrons, la teneur presque caricaturale de la comparaison dans certains domaines ne procède pas de l'exagération, mais des réalités de terrain. On peut donc considérer comme une opportunité heuristique d'avoir pu mettre en regard des groupes totalement divergents. Il est par ailleurs peu commun de trouver sur un même terrain une mission catholique et une mission protestante contemporaines et pionnières, en œuvre avec les mêmes populations, arrivées en même temps, et dont l'évolution des méthodes est observable sur le même intervalle temporel. L'environnement asmat constitue de ce point de vue un terreau rare, sinon unique.

Pour servir la comparaison sans tomber dans une généralisation simplificatrice, les observations et réflexions concerneront « une tendance catholique » au-delà des limites de l'ordre croisier[4], ou « une tendance protestante[5] » valable pour d'autres églises que TEAM[6], tandis que

---

[4] Ordre de chanoines fondé en 1210 à Clairlieu dans le cadre de la troisième croisade, et dont la branche américaine se vit confier l'évangélisation des Asmat.

[5] D'aucuns argueront que les évangéliques ne sont pas des protestants. Cet argument me paraît concerner davantage les pentecôtistes que ces derniers, qui se désignent eux-mêmes comme protestants. De plus, leur tendance fédératrice entre eux permet, plus facilement que la constellation d'églises protestantes « atomiques », de les com-

d'autres ne concerneront que les Croisiers et les membres de TEAM dans le cadre strict de leur travail chez les Asmat. Constatées au fil des interviews et des lectures, les différences identifiées entre les deux factions chrétiennes n'impliquent donc pas l'adhésion systématique de tous leurs membres. Au sein d'une même dénomination, surtout du côté catholique, les points de vue peuvent être diversifiés, voire opposés. Ces tendances doivent donc être lues non comme « les catholiques (ou les pères croisiers) pensent tous de telle manière » mais plutôt comme « tout au long de l'enquête et dans la limite du désir de coopération des personnes interrogées à l'enquête ethnographique, une tendance a été constatée dans le chef des catholiques, toutes dénominations confondues mais en tenant compte de la dominante croisier, d'exprimer leurs pensées de telle manière ».

D'autres limites du thème

Cette étude comporte d'autres limites. Par exemple, l'interprétation des données collectées est tributaire de deux facteurs majeurs : la publication de « textes fondateurs[7] » – bien que de nombreuses Églises évangéliques, dont TEAM, n'en approuvent pas tous les termes – concourant à des réorientations théoriques successives des missions et l'influence croissante de l'anthropologie sur la politique missionnaire et l'enseignement prodigué aux futurs évangélisateurs. Certains comportements et prescriptions ne seraient plus observables chez les mêmes missionnaires à quelques décennies d'intervalle. Dans un contexte de changement rapide suivi d'effets en cascade, les résultats de l'enquête ethnographique concernent une période strictement limitée dans le temps.

En outre, les sources missionnaires se teintent parfois d'un parti pris d'orientation prosélyte visant à éveiller les sympathies et les vocations ou de critique systématique de l'entreprise d'évangélisation ; il convient de garder ce travers à l'esprit afin d'éviter d'y tomber. Précisons enfin

---

parer au tout supposé homogène de l'Église catholique. Robbins, J., « The Globalization of Pentecostal and Charismatic Christianity », in *Annual Review of Anthropology* 33, 2004, p. 119, évoque la confusion dans la littérature : les termes utilisés par les spécialistes en sciences sociales comme catégories analytiques tels que fondamentalisme, évangélisme, christianisme charismatique, pentecôtisme, etc., possèdent toute une gamme de significations et sont souvent des termes utilisés par les groupes étudiés. C'est justement ce critère que retient l'anthropologue.

[6] The Evangelical Alliance Mission, société missionnaire américaine fondée en 1890.

[7] En particulier du côté catholique les actes du concile de Vatican II en 1962-1965 et du côté protestant la convention de Lausanne en 1974 (dans une moindre mesure celles de Berlin et de Manille). Cf. chapitre III « Les texte fondateurs ».

Introduction

que cette étude n'est ni un règlement de comptes avec l'entreprise missionnaire outre-mer, ni une extrapolation supplémentaire sur la culture matérielle asmat dans laquelle les populations ne se reconnaissent pas, et encore moins une monographie des Asmat ; c'est, je le rappelle, une anthropologie comparative du missionnaire pionnier et une ethnographie de la rencontre interculturelle entre les missionnaires et les Asmat envisagée sous l'angle des méthodes de conversion. Bien entendu, la compréhension des mécanismes de l'évangélisation missionnaire pionnière ne peut se passer d'une description de la société à l'égard de laquelle elle s'exerce, mais cette description servira à enrichir le développement de la problématique et à illustrer les réactions aux méthodes de conversion sur le terrain.

Mode d'emploi

Avant de nous lancer dans le vif du sujet, voici quelques indications sur l'organisation générale du livre. Les sept chapitres se répartissent en trois parties, répondant à la logique suivante : les considérations méthodologiques (chapitre I) et les repères géographiques et historiques (chapitre II) constituent la partie I, consacrée aux contextes d'enquête et d'arrivée des missionnaires en Papouasie occidentale. Dans la partie II sur les identités asmat et missionnaires, on trouve une présentation des deux factions chrétiennes (chapitre III) et un chapitre sur la société asmat (chapitre IV). La partie III portant sur les méthodes est la plus volumineuse. Elle commence par deux chapitres décrivant la principale méthode de conversion des catholiques et des protestants (chapitres V et VI). Enfin, l'ouvrage s'achève par un chapitre de réflexions théoriques et analytiques sur la conversion (chapitre VII), comprenant l'évangélisation dans un contexte global, la situation actuelle des Églises, la mise à l'épreuve de différentes méthodes de conversion et un bilan de l'évangélisation des Asmat.

Plus spécifiquement, le chapitre I expose la problématique, l'état de la littérature et la méthodologie spécifique au double terrain de la recherche. Le chapitre II s'intéresse au contexte historico-politique de l'évangélisation missionnaire pionnière depuis les années 1950. Ensuite, le chapitre III vise à permettre « la distinction » entre les catholiques et les protestants. Un état des lieux est dressé sur l'anthropologie du missionnaire pionnier sur la base de son histoire personnelle, suivie des grandes lignes de l'histoire, l'organisation et la théologie des congrégations actives chez les Asmat. Une section étudiera les contacts avec les musulmans. Le chapitre IV met en évidence les composantes principales de l'identité asmat. Nous verrons que la norme des ancêtres s'instille de différentes façons comme le nom, l'héritage, les longs rituels et l'initiation masculine. L'école est une autre façon de transmettre le savoir ; nous étudierons l'introduction du système scolaire et ses conséquences actuelles. Ce chapitre porte aussi sur l'organisation sociale. La *jeuw* (maison rituelle) est un fait social total ; sur elle se greffent la parenté, les changements politiques et la conception du temps. Évoquer la famille permettra d'évoquer des thèmes tels que le mariage, la polygynie, la sexualité et la place de la femme. Au chapitre V, après un aperçu du rôle du sculpteur et du contenu spirituel de l'objet, nous découvrirons que les missionnaires catholiques et protestants ont un rapport à la culture très différent. Tôt dans l'histoire de l'évangélisation, les catholiques choisirent d'opter pour la sauvegarde culturelle, leur principale méthode de conversion. Les préoccupations protestantes sont tout autres : grâce à leur maîtrise de la langue, les missionnaires décortiquèrent la société asmat pour identifier les comportements acceptables. Ce chapitre, axé sur la principale méthode d'évangélisation catholique, est suivi de son équivalent protestant au chapitre VI, portant sur la médecine. Ici, il sera question d'alimentation et d'ingestion, de la mort et des rites funéraires, des causes annoncées de maladie, des méthodes thérapeutiques et du personnage de « Satan » à travers les exorcismes et les pressentiments protestants. Un état particulier de la conscience, la thanatomanie, permettra d'identifier les réactions catholiques et protestantes. Nous ferons enfin le bilan de l'état actuel du clergé en région asmat. En écho à l'introduction, le chapitre VII se pose en chapitre conclusif. Décrire la modernité des missionnaires et du gouvernement permet de faire le point sur la situation actuelle des Églises, les rapports avec l'autorité indonésienne et l'implication croissante du facteur politique dans la société asmat. Après un aperçu rapide des grandes méthodes de conversion et des motivations des Asmat à adhérer au christianisme, cinq pistes de réflexion sur l'évangélisation des Asmat seront proposées. Ces « axes » s'attarderont au phénomène de la conversion (axes psychologique et théologique) et aux conséquences de l'adhésion au christianisme d'un point de vue asmat (axes sociologique et genré) et missionnaire (axe ontologique). À l'issue d'une « dissertation sur la conversion » exposant les réflexions de différents auteurs et les métaphores fréquemment utilisées pour décrire la conversion, nous verrons que des concepts tels que la conversion et la résistance ne suffisent pas pour décrire la situation asmat. En effet, entre le converti et le chrétien, ces réflexions dévoilent un vide théorique qu'un concept nouveau, l'*enchristianisation*, s'apprête à combler.

Première partie

Les contextes

CHAPITRE I
Questions de méthode

De l'enquête ethnographique sur un « double terrain »
Les lieux d'investigation

Au cœur du thème de l'évangélisation par des missionnaires pionniers, la rencontre interculturelle m'a conduite à mener mon investigation ethnographique sur un « double » terrain : celui des missionnaires et celui des Asmat. Les données du terrain asmat furent collectées lors de deux séjours en Asmat[1] en 2001 et 2004, sur un total de cinq mois. Un autre séjour de six mois a été réalisé en 1999 dans d'autres régions de Nouvelle-Guinée, de part et d'autre de la frontière.

Au sujet de ce second terrain d'enquête, quiconque connaît l'état de la recherche en sciences sociales en Papouasie occidentale et les pressions des autorités pour dissuader les chercheurs de s'intéresser à cette région du monde peut s'étonner de voir une recherche aboutir sur la base de données ethnographiques personnelles. Comme l'écrit Zubrinich[2], depuis les visites de Walker[3] dans la plaine alluviale en 1972-1973, le gouvernement indonésien n'a autorisé aucun anthropologue à effectuer des recherches sur des thèmes sociaux et culturels dans la province. Cet environnement peu favorable au travail scientifique a d'ailleurs dissuadé nombre d'entre eux[4] à poursuivre leurs recherches dans ces conditions. Mes séjours en Papouasie occidentale tiennent donc d'un délicat brico-

---

[1] Villages simai et bismam pour la plupart, avec l'accent mis sur Amborep (simai) et Sjuru (bismam), et plus accessoirement keenok (Sawa-Erma) et betsjm'bup (Atsj). Une liste détaillée des villages visités a été dressée plus loin dans ce chapitre à la section « La géographie de la deuxième île du monde ».

[2] Zubrinich, K., Cosmology and Colonisation: History and Culture of the Asmat of Irian Jaya, Ph.D. dissertation, Philosophy Department, Adelaide, Charles Sturt University, 1997, p 7.

[3] Walker, M. (ed.), *Asmat Papers Part 1*, Jayapura, Universitas Cenderawasih, 1974.

[4] Notamment Chris Ballard de The Australian National University (ANU) à Canberra et Jaap Timmer de l'université de Nimègue.

lage administratif mettant en jeu mes relations sur place et la combinaison de différents types de visas[5].

Mes données néo-guinéennes se sont trouvées enrichies par plusieurs voyages d'étude complémentaires dont cinq mois environ chez les missionnaires, plus précisément les pères croisiers OSC[6], les pères maryknoll et les protestants TEAM, et ce en 2003, 2005 et 2006 (Shoreview, St-Cloud et Onamia au Minnesota, Topeka au Kansas, Wheaton dans l'Illinois, Santa Barbara en Californie, Bradenton en Floride, Presque Isle dans le Maine, Boise en Idaho, et aussi Toronto au Canada). L'expérience de terrain comporte aussi un mois en Europe chez les pères du Sacré-Cœur MSC à St. Joost, Tilburg et Rotterdam en 2004, ainsi que chez les collectionneurs d'art Konrad à Mönchengladbach en 2003. Ces séjours donnèrent lieu à des entretiens annexes, notamment avec feu l'anthropologue Tobias Schneebaum à New York et le prix Nobel de médecine 1968 Carleton Gajdusek à Amsterdam en 2005. Un échange de correspondance fut établi par ailleurs avec une quinzaine de missionnaires non rencontrés, notamment de la MAF[7] (Dave Hoisington, Janet et Dave Steiger, John Miller, James Hyatt, Joy et Steve King), de TEAM (Robert et Helen E. Frazier, Margaret Stringer, Don Gregory, Clarence Gillett, Shirley Rascher, Verena Heckman[8]) et de RBMU[9] (Don Richardson). Leurs observations et suggestions ont été prises en compte. Enfin, les centres d'archives consultés dans le cadre de cette recherche sont les suivants : le Katholiek Documentatie Centrum (Nimègue) pour les archives du père Zegwaard MSC[10], les archives des pères du Sacré-Cœur MSC (Tilburg), les archives des Maryknoll (Ossining, NY), les archives des pères croisiers (Shoreview, MN), les archives de TEAM (Wheaton, IL) et le Billy Graham Institute (Wheaton, IL) pour les archives de la MAF. Cette énumération représente un total d'environ dix-sept mois de « terrain ».

Indépendamment de la littérature fleuve des collectionneurs d'art, les travaux ethnographiques de longue haleine se font rares sur la société

---

[5] En 2004 en particulier, mon engagement envers l'Université Libre de Bruxelles, à qui je suis redevable du financement de ma recherche doctorale, excluait d'opiner sans protester au commandement de l'immigration indonésienne à Timika de rentrer en Belgique sans me rendre en région asmat. Étant déjà en Papouasie, je pus trouver une solution. En 2006, par contre, il ne fut pas possible d'obtenir un visa, faute d'accord officiel sur les lettres de recommandation requises par la procédure.

[6] *Ordinis Sanctae Crucis* ou Ordre de la Sainte-Croix.

[7] Missionary Aviation Fellowship.

[8] L'épouse de Bill Heckman a malheureusement annulé mon séjour chez elle.

[9] Regions Beyond Missionary Union, devenue World Team en 1995.

[10] *Missionarii Sacratissimi Cordis*.

asmat, hormis l'article de Zegwaard dans *The American Anthropologist*[11] et la thèse de Eyde[12] sur la guerre à Amanamkai (bismam) et la parenté. Il en résulte que dans cette étude, les renseignements spécifiques à la société asmat proviennent essentiellement de mes informateurs sur place. Certaines observations et conclusions seront probablement sujettes à contestation, car pas toujours en concordance avec les écrits existants. Ces différences peuvent s'expliquer par plusieurs facteurs, en commençant par la diversité culturelle des sociétés composant « les Asmat », la tendance de certains auteurs à attribuer à l'ensemble de la société asmat une série de comportements localisés, et le changement rapide de certaines pratiques culturelles. Avant de s'aventurer dans la description ethnographique, la définition du groupe « asmat » est déjà sujette à controverse. Je retiendrai les autoethnonymes, c'est-à-dire la manière dont les populations se définissent elles-mêmes, plutôt que des critères extérieurs, linguistiques ou iconographiques.

Un code personnel de déontologie

Parler de méthodologie rend utile un bref rappel théorique sur les tiraillements de l'enquête de terrain. Dans son travail d'investigation, l'anthropologue est toujours pris dans un réseau d'amitiés et d'inimitiés. C'est pour cette raison qu'il prendre position et que les sympathies qu'il éprouve pour les uns et les autres transparaissent par instants dans ses productions scientifiques. Devereux[13] a montré que deux ethnologues travaillant successivement dans un même village peuvent aboutir à des conclusions divergentes, voire opposées, en raison de présupposés et d'idées reçues dont ils ne parviennent pas à se départir sur le terrain. De plus, les prescriptions méthodologiques enseignées dans nos universités et les réalités de terrain peuvent présenter des contradictions. On oublie parfois que la méthode de l'observation participante[14], à la base de l'enquête ethnographique, ne peut se passer d'une certaine empathie avec la société d'accueil, impliquant l'ethnologue dans le registre émotionnel. Il en découle que l'adaptation du chercheur au mode de vie des populations et son investissement personnel dans les événements qu'il

---

[11] Zegwaard, G. A., « Headhunting practices of the Asmat of Netherlands New Guinea », in *The American Anthropologist* 61 (6), 1959, p. 1020-1041.

[12] Eyde, D. B., Cultural Correlates of Warfare among the Asmat of South-West New Guinea, Ph.D. dissertation, Anthropology Department, New Haven, Yale University, 1967.

[13] Devereux, G., *De l'angoisse à la méthode dans les sciences du comportement*, Paris, Aubier et Flammarion, 1980 (1re éd. 1967).

[14] Malinowski, B., *Les argonautes du Pacifique occidental*, Paris, Gallimard, 1989 (1re éd. 1922).

Chasseurs de diables et collecteurs d'art

lui est donné à vivre le détourne en partie du principe de neutralité axiologique, l'idéal à atteindre en sciences humaines selon Weber[15] et qu'il convient de garder à l'esprit. Sur le terrain, il est régulièrement amené à faire des choix non motivés par des facteurs scientifiques et dont l'issue peut influer tant sur la collecte des informations que sur les conclusions. Afin de restreindre l'interférence de l'affectif, il s'agira d'y être attentif à chaque étape du travail ethnographique.

Le souci scientifique préconise d'être conscient d'autres influences qui altèrent l'adéquation de la traduction des données culturelles en une équation anthropologique voulue la plus objective possible. Selon A. Strathern et Lambek[16],

> C'est la présence de ce « tiers » qui enrichit en fin de compte la langue dans laquelle nous la comparons et la distingue – la connaissance anthropologique – de notre discours quotidien courant. […] [Cependant,] l'anthropologie ne fait pas seulement face à plus d'un Autre, mais il y a toujours au moins l'ombre d'autres Autres présente dans chaque rencontre ethnographique. En fait, bien que la production ethnographique implique la traduction d'un langage à l'autre, il n'y a jamais de comparaison simplement binaire. La langue vers laquelle nous traduisons a elle-même été construite en partie de traductions antérieures d'autres sources ethnographiques. Des mots dans le répertoire anthropologique tels que « parenté », ou « sorcellerie », en contraste avec leur utilisation dans le discours quotidien par « l'homme de la rue », sont un produit de ce processus continu explicite de triangulation et résone avec des connotations [provenant] de sources ethnographiques diverses. (traduction AdH)

Venons-en à la situation de l'évangélisation des Asmat proprement dite. Parallèlement à ces réflexions générales, j'ai pris soin de ne pas commettre certains impairs, en adoptant les précautions suivantes vis-à-vis des informateurs.

---

[15] Weber, M., *Le savant et le politique*, Paris, Plon, 1959. Weber pose à la fois l'existence d'un rapport aux valeurs et d'une neutralité des valeurs à respecter par le chercheur. Le rapport aux valeurs, le « socle des questions que nous posons à la réalité », permet au chercheur d'interpréter les comportements. Le jugement de valeur, quant à lui, engage une affirmation éthique ou existentielle, et doit être banni de la recherche. Le « principe de neutralité axiologique » signifie notamment que les conclusions du chercheur ne peuvent aller au-delà de ce que la science peut démontrer, tout en gardant à l'esprit que la science est elle-même une valeur. Le chercheur ne porte pas de jugement évaluatif sur ce qu'il observe et s'efforce de tenir ses valeurs à l'écart dans l'analyse des données afin d'éviter tout ethnocentrisme. Enfin, il s'interdit d'intervenir dans des domaines non scientifiques.

[16] Strathern, A., & Lambek, M., « Introduction. Embodying Sociality: Africanist-Melanesianist Comparisons », in Lambek, M. & Strathern, A. (eds.), *Bodies and Persons. Comparative Perspectives From Africa and Melanesia*, Cambridge, Cambridge University Press, 1998, p. 23.

Questions de méthode

En premier lieu, la transparence impose de rappeler régulièrement les objectifs de la recherche, annoncée comme bientôt présentée en public sur la base des données collectées. En milieu urbain, l'étiquette « étudiant » me distingue des autres « extérieurs », missionnaires, touristes, antiquaires et marchands tandis que dans le village, le fait d'avoir été adoptée à Amborep rend légitime mon désir de rencontrer des Asmat et de chercher à obtenir des réponses à mes questions.

Il existe une autre façon intéressante de se distinguer de « l'extérieur » : l'argent. Constituer un incitant mercantile pour les populations locales est en effet à éviter : cela biaise la relation humaine et expose au risque d'un discours inventé sur des thèmes pensés appropriés. De plus, le chercheur vit et s'alimente au sein de la maisonnée où il prend l'information quand elle se présente, en la provoquant le moins possible. Dans cet état d'esprit, il est préférable d'éviter le questionnaire de façon visible, ce dernier étant conçu et mémorisé en dehors des périodes d'entretiens. Les données collectées dans ce cadre se révèlent plus intéressantes que celles que dispenserait un informateur habitué aux touristes à qui il déballe un discours répétitif, éloigné des préoccupations de l'ethnologue[17]. Par contre, il est impératif de se montrer généreux dans l'offrande aux ancêtres, l'organisation de fêtes personnelles, l'alimentation des parents plus âgés et les présents à la famille étendue et aux hôtes, comme le serait un Asmat dans la même situation.

Qui parle d'immersion parle aussi d'apprentissage de la langue. Une maîtrise maladroite de la langue – des langues, en l'occurrence – est préférable à se faire dicter la marche à suivre par un assistant zélé qui répond aux questions avant de les poser selon l'idée que « tous les Asmat pensent de la même façon ». Toutefois, s'abstenir de choisir un traducteur attitré n'exclut pas de se faire aider en matière linguistique et de privilégier certains informateurs, dont il s'agit de compenser au moins en nourriture le temps qu'ils n'ont pu consacrer à en chercher pour avoir dédié ce temps aux investigations de l'ethnologue.

De la même façon, il paraît sage d'éviter de prendre un guide attitré. Les guides sont choisis parmi les parents et affins de l'ethnologue ou, en cas de déplacement en dehors du réseau de parents, parmi les habitants désireux de se rendre au village suivant. Le guide assume donc cette fonction pendant quelques jours tout au plus. Ne pas oublier d'emporter du change car en milieu très rural, chacun attend la même récompense que son voisin, c'est-à-dire des billets de même apparence et équivalents en nombre. À moins d'être bon chasseur, il est exclu de s'enfoncer seul dans la jungle, faute de pistes et d'aptitude à lire les signes locaux

---

[17] Le village d'Uwus, par exemple, est fermé une fois l'an pour accueillir des touristes à l'occasion d'une fête coûteuse et adaptée à ce qu'ils souhaitent voir.

d'orientation et d'interdiction, de certitude de trouver les bourgs indiqués sur les cartes (les villages déménagent, et le semi-nomadisme peut les vider de leurs habitants), et de garant pour vous introduire auprès de vos hôtes dans le village ou la maison d'accueil (il est grossier d'arriver sans recommandation). L'autonomie de portage est par ailleurs requise en cas de sollicitation de guides non parents, car ces derniers, surtout dans les zones reculées, ont parfois envie de rentrer au foyer avant d'arriver à destination.

La recherche ethnographique se distinguant du tourisme aventureux, les déplacements se font avec les populations, sans porteurs ni transport intempestif de nourriture. Au chapitre VI, je montrerai le rôle de « l'ingestion du même », capital pour se faire accepter par le groupe. Il n'est donc pas question de manger du riz « comme les Indonésiens » mais bien du sagou « comme les Asmat » et avec eux, selon des modalités décidées par eux. L'idée n'est pas de monter une expédition romantique dans la jungle, mais d'adopter le mode de vie des populations et, d'une certaine manière, de se « fondre » en elles en privilégiant la discrétion.

Malgré tout, certaines attitudes de l'ethnologue ne sont pas toujours conformes aux attentes de la société. S'attarder à l'avis des femmes, par exemple, est une tâche ardue en raison de la tendance du mari à répondre à leur place et de leur peu de goût – et vraisemblablement d'habitude – pour la prise de parole. Les femmes asmat sont écartées des décisions villageoises, ce qui les fait jauger les réalités autrement que leur mari dans de nombreuses matières.

Pour que les informateurs se sentent à l'aise, l'entretien doit être mené en conformité avec le protocole : s'abstenir d'interroger pendant la nuit et par temps pluvieux (certains sujets sont alors prohibés), offrir du tabac, du café sucré et une natte confortable s'ils sont reçus dans ma maison, annoncer d'emblée le thème de l'interview (tout en sachant qu'il sera impossible de s'y tenir), et demander des nouvelles de l'épouse ou de l'enfant malade.

Pour achever de s'assurer la confiance de l'entourage, toute présence indonésienne est à éviter pendant les interviews avec des Asmat dans les gros bourgs (dans les villages, il n'y a pas d'Indonésiens). Ceux qui manifestent l'intention de s'installer à mes côtés pendant les entretiens sont priés de revenir plus tard, et je m'interromps s'ils écoutent les paroles de mon interlocuteur. Ainsi, les sujets débattus ne peuvent pas être utilisés plus tard pour alimenter la critique envers la communauté asmat, tout comme se voir privilégié par rapport aux Indonésiens rassure l'interlocuteur asmat.

L'ethnologue doit aussi accepter que les informateurs trouvent un prestige social à avoir été choisis pour collaborer à l'enquête. Ils choisissent de passer leur temps en ma compagnie plutôt qu'ailleurs ; il est naturel qu'ils y trouvent leur compte. Il s'agit aussi de les accueillir dignement, selon l'usage, et de respecter les promesses qui leur sont faites d'entretenir une correspondance et de leur ramener les « souvenirs de Belgique » demandés.

Enfin, même si la communauté académique n'approuve pas toujours une anthropologie militante ou « appliquée », il est difficile de renoncer à une prise de position politique en faveur de la cause indépendantiste. De ceci résultent certains choix éthiques, comme celui d'écarter toute collaboration à des manifestations culturelles pro-indonésiennes décrivant la Papouasie occidentale comme intégrée à l'Indonésie, pour leur préférer une description de l'île de la Nouvelle-Guinée comme un « tout culturel » au sein de la Mélanésie et du continent océanien, à l'image des espoirs exprimés par les populations.

Réserve sur les données missionnaires

Il n'est pas dans mon intention de faire l'éloge ou le procès des missionnaires, ni de dénoncer leurs contradictions. Toutefois, plusieurs facteurs invitent à considérer les données missionnaires avec un certain recul.

Premièrement, certains missionnaires, en particulier catholiques, se basent sur une littérature tenue pour acquise sans penser à remettre son contenu en question[18]. Les mythes asmat ont évolué au fil du temps (cf. la *jeuw* d'Ayam dont la dimension céleste dans la mythologie est vraisemblablement d'apparition récente) et ne correspondent pas toujours à la lecture missionnaire, axée sur l'existence d'un royaume des morts qui ne va pas de soi dans la cosmologie asmat.

Ensuite, le lieu de travail des missionnaires varie pour un même missionnaire et d'un missionnaire à l'autre, ce qui implique une grande diversité de points de vue, d'autant que les missionnaires – en tout cas catholiques – tendent à se limiter à quelques informateurs, ce qui rend la différence entre les versions plus perceptible.

Une autre réserve concerne la tendance des missionnaires tant catholiques que protestants à modifier leur manière de raconter et le contenu de la narration au point de soustraire à l'enquête certaines informations, jugées trop personnelles ou embarrassantes. Ils veillent notamment à maintenir un discours politiquement correct devant le chercheur universitaire pour éviter de nuire à leur cause. Ce discours tout en nuances varie chez les uns et les autres. Du côté protestant par exemple, cela se traduit par l'omission délibérée des termes « diable » et « Satan »,

---

[18] Cf. chapitre V « Le mythe du "créateur" Fumewr'ipitsj sans sa partie occultée ».

pourtant présents dans la correspondance personnelle et les publications. La dissimulation de documents et l'omission d'informations sont à déplorer dans le chef de représentants des deux groupes ; du côté protestant, elles concernent la correspondance personnelle et les films des premiers temps (que l'œil avisé du chercheur ne peut manquer de voir quand même), et pour les deux groupes un discours sincère sur la sexualité, les possessions et les pratiques sorcières, sur l'ampleur de la répression de la chasse aux têtes par le gouvernement et sur l'implication réelle des missions en la matière.

Une autre difficulté de l'entretien est la tendance des missionnaires à maintenir l'histoire dans le flou. Il est possible que ce soit dû à leur habitude d'utiliser leur vécu dans un but exemplaire et décontextualisé, à la façon de *The Pineapple Story*[19]. À quelques exceptions près, la narration des informateurs missionnaires est donc sortie de son contexte spatio-temporel au point d'omettre les noms de personnes et de villages. Accentuée par d'éventuelles déficiences des aptitudes mnémoniques, il se décèle donc dans le discours une propension à figer les sociétés à évangéliser[20].

Enfin, du recul se révèle judicieux dans l'analyse des informations délivrées d'un groupe sur l'autre. La tendance est à l'accusation mutuelle : les catholiques dénoncent la propension des protestants de souhaiter la destruction de « la culture asmat » et de provoquer des troubles identitaires, et les protestants reprochent aux catholiques d'inventer de toutes pièces de mauvaises traditions, flanquées d'un label d'authenticité culturelle.

Le chercheur dans l'environnement missionnaire

Du côté catholique, le travail sur le terrain missionnaire se déroule par immersion dans les communautés. Les repas se déroulent dans une grande salle à manger où les informateurs prennent un plaisir visible à tenir l'entourage au courant du déroulement des entretiens. Cela implique de passer du temps à satisfaire la curiosité des uns et des autres ; en réalité, la présence du chercheur provoque une certaine effervescence. De manière générale, être une jeune femme étrangère suscite la curiosité et la sympathie des missionnaires, en plus de leur intérêt pour le thème de recherche. La méfiance *a priori* de certains se mue rapidement en enthousiasme, sans doute en raison du peu d'occasions de

---

[19] Institute in Basic Youth Conflicts, *The Pineapple Story*, Oak Brook (IL), Institute in Basic Youth Conflicts, 1978.

[20] Faut-il rappeler que ce n'est pas le propre des seuls missionnaires, cette tendance étant fréquente chez certains anthropologues à l'ancienne dont la perspective monographique les fait appréhender « leur » tribu comme un tout atemporel et aspatial.

parler de leur enfance, de leurs aspirations et de leur avis sur la hiérarchie. L'entretien axé sur la personne du missionnaire crée des liens : la plupart des missionnaires sollicités me remercièrent une fois mes questions épuisées et adoptèrent par la suite un comportement amical. En un certain sens, l'entretien met l'informateur en valeur parce qu'il souligne l'importance de son point de vue dans le travail de longue haleine qu'est la recherche doctorale : que le chercheur se soit déplacé pour lui peut aussi le sortir de l'insignifiance dans laquelle il est parfois maintenu dans sa communauté. De plus, l'entretien permet au missionnaire de parler de lui et de se distinguer du tout formé par la communauté en exprimant un point de vue individuel : l'informateur existe par l'intermédiaire de son discours – même de façon limitée dans le temps – et non plus à travers le groupe. L'entretien est l'occasion d'évoquer la famille biologique (non religieuse) et de communiquer son opinion sur des thèmes religieux sur un mode humain « normal », comme ses ouailles. D'une certaine manière, ça « l'humanise ». Par ailleurs, les souvenirs familiaux sont souvent agréables et constituent une sorte de voyage, de prise de distance par rapport à la vie quotidienne.

Du côté protestant, la recherche s'effectue en famille. Cela implique la contrainte de nombreux déplacements pour rendre visite à autant de protestants disséminés que de catholiques rassemblés. Par contre, un avantage de l'immersion familiale est la des informateurs et du chercheur par rapport aux communautés catholiques. À quelques exceptions près, mon statut de jeune femme anthropologue suscite plutôt la méfiance, en dépit de l'obligeance des missionnaires qui se renseignent sur mes préférences alimentaires avant mon arrivée, organisent leur emploi du temps en fonction du mien et veillent à ce que je ne manque de rien. L'on me confia la crainte de certains que mon travail académique engendre l'effondrement de « toute une vie chez les Asmat ». À plusieurs reprises, je sentis les missionnaires soulagés à l'issue de ma série d'entretiens, comme s'ils étaient rassurés de ne pas avoir eu à se défendre ou à aborder des sujets délicats. J'eus parfois la sensation de leur faire subir les entretiens, au contraire des catholiques. En parallèle à cette tension[21], les informations sont conçues comme cumulatives ; plusieurs informateurs présupposaient que je ne glanerais aucune donnée auprès d'un missionnaire moins averti après avoir tout appris d'un

---

[21] À ma demande d'accueil, les catholiques répondirent rapidement et avec enthousiasme tandis qu'il fallut presque deux ans aux protestants pour que la décision de m'aider soit prononcée. Sans réponse à mes courriers (dont l'adresse était quelquefois erronée, il est vrai), j'avais résolu de pousser la porte de leur quartier général. Quelques jours après leur avoir communiqué cette intention, je reçus plusieurs e-mails de différentes provenances, et les membres de TEAM rivalisèrent ensuite de dévouement pour faciliter la poursuite de ma recherche.

vétéran. De la même manière que leur interprétation des Écritures est pour eux la vérité, l'information qu'ils délivrent est vue comme un fait dont l'acuité dépend des limites du langage.

Dans le même ordre d'idées, le travail avec des couples comporte le sous-entendu implicite que l'un est le prolongement de l'autre ; ainsi, certains missionnaires posent leur conjoint comme « relais » pour continuer à leur place, sensé être l'écho de leur propre pensée. Notons que ce « prolongement » s'arrête lorsque les femmes s'expriment en tant que telles, fortes d'exister aux yeux du monde en tant que missionnaires plutôt qu'en femmes de missionnaires.

Un avantage inattendu de l'immersion dans l'environnement protestant est d'observer la pression – inconsciente ? – des missionnaires sur leur entourage pour faire fléchir les comportements. Face à un regard désapprobateur ou à des gestes outrés aussitôt contenus, l'interlocuteur sait instantanément qu'il déplaît. Même si les missionnaires se défendent de forcer le changement, des comportements finissent par se conformer à leurs souhaits, avec d'autant plus d'obligeance que l'amitié se noue avec les populations. Plus que les catholiques, les missionnaires protestants usent de séduction et déploient quantités d'efforts pour être agréables. Une autre caractéristique du terrain protestant est son caractère soudé. En permanence, les missionnaires s'informent les uns les autres de l'évolution de ma recherche, de mes intentions, de mes goûts et de mes désirs.

État des lieux avant l'analyse

Survol de la littérature

Comme je l'ai précisé plus haut, un passage en revue de la littérature montre que, hormis l'art[22] et la linguistique[23], le nombre de travaux

---

[22] Gerbrands, A. A., *Wow-Ipits. Eight Asmat Woodcarvers of New Guinea*, Field Reports, vol. 3, Le Havre et Paris, Mouton & Co, 1967 ; Gerbrands, A. A., *The Asmat of New Guinea. The Journal of Michael Clark Rockefeller*, New York, The Museum of Primitive Art, 1967 ; van der Zee, P., *Etsjopok: Avenging the Ancestors. The Asmat Bisj Poles and a Proposal for a Morphological Method*, Working Papers in Ethnic Art 8, Ghent, University of Ghent, Department of Ethnic Art, 1996 ; Kuruwaip, A., « The Asmat Bis Pole: Its Background and Meaning », in Trenkenschuh, F. A. (ed.), *An Asmat Sketch Book n° 4*, Hastings, Crosier Missions, 1971, p. 11-30 ; Wassing, R., *Asmat, een verdwijnende koppensnellerkultuur in Irian Jaya*, Delft, Volkenkundig Museum Nusantara, 1977.

[23] Drabbe, P., *Grammar of the Asmat Language*, Syracuse, Our Lady of the Lake Press, 1959 ; Voorhoeve, C. L., *The Asmat Langages of Irian Jaya*, Pacific Linguistics Series B 64, Canberra, The Australian National University, 1980. Parmi les travaux non publiés de missionnaires, l'impressionnante production de Bob Baudhuin MM se

Questions de méthode

scientifiques sur les Asmat est inversement proportionnel à l'engouement qu'ils suscitent. Comme l'écrit Zubrinich[24] : « l'ethnographie disponible quelque peu éparpillée sur les Asmat a été analysée de nombreuses façons ». Au contraire, plusieurs groupes voisins des Asmat firent l'objet d'ethnographies détaillées, dont les Muyu[25], les Mimika[26] et les Korowai[27]. D'autres groupes comme les Me[28] et les Dani des hautes terres[29] furent au cœur de travaux sur le thème de l'évangélisation. Barker[30] souligne le peu d'études d'ethnographes portant sur le christianisme tel qu'il est expérimenté et pratiqué aujourd'hui dans le Pacifique ; la majorité des travaux concerne soit les mouvements millénaristes et pentecôtistes, soit des situations extrapolées à partir de matériaux historiques.

Du point de vue des études historiques, Delbos[31] est une référence sur l'évangélisation en Nouvelle-Guinée. Envisagée sous l'angle missionnaire, la thèse de Cornelissen[32] brosse un portrait idéalisé de

---

compose notamment de mythes, histoires, méthodes linguistiques, grammaires et dictionnaires des langues asmat de Yaosakor, Piri Yamam (Ewer), Betsjm'bup (Atsj, Yasiuuw), Atne UU, Joerat (As-Atat), Safan (Cassowary Coast), Simai (Ayam) et Sawa (Sawa-Erma). Les Roesler* travaillèrent à un dictionnaire pour Ayam. Certains de ces travaux semblent faire double emploi.

[24] Zubrinich, K., *op. cit.*, p. 1.

[25] Schoorl, J., *Kultuur en kultuurveranderingen in het Moejoe-gebeid*, Den Haag, Martinus Nijhoff, 1957.

[26] Pouwer, J., *Enkele aspecten van de Mimika-cultuur (Nederlands Zuid-West Nieuw Guinea)*, Den Haag, Staatsdrukkerrijen Uitgeversbedrijf, 1955 ; van der Schoot, H., *Het Mimika-en Asmatgebied (West Irian) voor en na de openlegging: Beleidaspecten van een overgangssituatie*, Tilburg, Giannotten, 1969.

[27] van Enk, J. & L., De Vries, *The Korowai of Irian Jaya. Their Language in its Cultural Context*, New York & Oxford, Oxford University Press, 1997 ; Stasch, R., Figures of Alterity Among Korowai of Irian Jaya: Kinship, Mourning, and Festivity in a dispersed Society, Ph.D. dissertation, Portland, Reed College, 2001.

[28] Giay, B., *Zakheus Pakage and His Communities. Indigenous Religious Discourse Socio-political Resistance, and Ethnohistory of the Me of Irian Jaya*, Amsterdam, Vrije Universiteit University Press, 1995.

[29] Hayward, D. J., Christianity and the Traditional Beliefs of the Mulia Dani: An Ethnography of Religious Beliefs among the Western Dani of Irian Jaya, Indonesia, PhD. Dissertation, Santa Barbara, University of California, 1992 ; Bensley, J., The Dani Church of Irian Jaya and the Challenges it is Facing Today, Ph.D. dissertation, Monash University, 1994 ; Farhadian, C. E., Raising the Morning Star: A Social and Ethnographic History of Urban Dani Christians in New Order Indonesia, Ph.D. dissertation, Boston University, 2001.

[30] Barker, J., *Political Legitimacy*, New York, Oxford University Press, 1990, p. 1.

[31] Delbos, G., *Cent ans chez les Papous : mission accomplie ?*, Issoudun, Fraternité Notre-Dame du Sacré-Cœur, 1984.

[32] Cornelissen, J. F. L. M., Pater en Papoea: ontmoeting van de Missionarissen van het Heilig Hart met de cultuur der papoea's van Nederlands Zuid-Nieuw-Guinea (1905-

l'histoire des pères du Sacré-Cœur en Papouasie occidentale sur la côte sud, tempéré dans l'étude critique de l'évêché de Merauke[33]. Boelaars[34] rédigea une histoire de l'évangélisation en Papouasie occidentale basée quasi exclusivement sur le savoir de Arie Vriens*, jadis missionnaire chez les Muyu et archiviste de sa congrégation[35]. La thèse de Zubrinich[36], traitant de l'histoire de la globalisation supposée occulter la culture asmat, s'inspire de sources documentaires et de matériaux d'archives à caractère ethnographique, tout en étant dépourvue de travail de terrain. Une étude détaillée de l'action missionnaire pionnière catholique et protestante en Polynésie au XIXe siècle a été réalisée par Laux[37] mais, hormis à certains égards, l'entreprise missionnaire en région asmat se distingue du contexte polynésien. Ce dernier présente toutefois un intérêt comparatif certain, tout comme les missionnaires pionniers de la conquête espagnole au Mexique étudiés par Gruzinski[38].

Les deux sociétés missionnaires prises en considération dans cette étude sur les méthodes missionnaires chez les Asmat présentent le point commun d'être américaines et d'avoir jeté leur dévolu sur les basses terres papoues à la même période. Pour comprendre l'engouement américain des XIXe-XXe siècles vis-à-vis de l'action missionnaire, Dries[39] situe les congrégations dans l'évolution historique des États-Unis. Dans l'histoire de la discipline anthropologique, les chercheurs hésitèrent longtemps à utiliser des sources missionnaires, méfiants vis-à-vis de leur participation à la conquête coloniale et de leurs écrits d'imprégnation idéologique. L'ouvrage de Etherington[40] met à mal ce

---

1963), Ph.D. Dissertation, University of Nijmegen, Kerk en Theologie in Context, Kampen, Kok, 1988.

[33] Évêché de Merauke, *Sejarah gereja katolik di Irian Selatan*, Merauke, Keuskupan Agung Merauke, 1999.

[34] Boelaars, J., *Met Papoea's Samen op Weg*, 3 vol., Kampen, Uitversmaatschappij J. H. Kock, 1997.

[35] Contrairement à ce que Boelaars laisse entendre, son séjour en région asmat se limite à trois mois.

[36] Zubrinich, K., *op. cit.*

[37] Laux, C., *Les théocraties missionnaires en Polynésie au XIXe siècle. Des cités de Dieu dans les Mers du Sud ?*, Mondes Océaniens, Paris, L'Harmattan, 2000.

[38] Gruzinski, S., *La pensée métisse*, Paris, Fayard, 1999 ; Gruzinski, S., *Les quatre parties du monde. Histoire d'une mondialisation*, Paris, La Martinière, 2004 ; voir aussi Bernand, C. & Gruzinski, S., *De l'idolâtrie. Une archéologie des sciences religieuses*, Paris, Seuil, 1988.

[39] Dries, A., *The Missionary Movement in American Catholic History*, American Society of Theology Series n° 26, New York, Orbis Books, 1998.

[40] Etherington, N. (ed.), *Missions and Empire*, Oxford, Oxford University Press, 2005.

Questions de méthode

poncif de leur collaboration systématique avec l'entreprise coloniale[41]. D'approche thématique plutôt que géographique, cette étude historique se penche sur une variété de missions étudiées sur le long terme depuis le XVIIe siècle jusqu'aux années 1960 et montre leur rôle en termes de linguistique, de médecine, d'anthropologie et de décolonisation.

J'ai signalé par ailleurs le caractère inexploré de l'ethnographie des missionnaires ; d'après John Barker[42], Harding est le seul auteur à avoir réalisé une anthropologie du missionnaire en décrivant une communauté fondamentale baptiste et son influence sur la société américaine au cours des deux dernières décennies[43]. La conversion s'opère par la parole, qui est à la fois un argument et une méthode de conversion par le témoignage sur le changement : « le témoignage baptiste fondamental n'est pas juste un monologue qui constitue son orateur comme une personne spécifique culturellement ; c'est aussi un dialogue qui reconstitue ses auditeurs[44] ».

Au sujet des travaux plus spécifiques à la situation asmat, le travail missionnaire dans cette région a été traité à profusion dans les publications religieuses des congrégations, en plus des récits de vie rédigés par

---

[41] Van Rooden écrit que « la croyance chrétienne ne modèle pas directement la sphère publique, mais s'installe dans les mondes privés et les informe, constituant seulement indirectement un monde public de lois éclairées et d'autorité légitime. Parce que l'influence du christianisme est essentiellement morale, ce dernier ne peut viser à établir la loi coloniale, et tout soupçon au sujet des missionnaires par les autorités coloniales est infondé ». Voir van Rooden, P., « Nineteenth Century Representations of Missionary Conversion and the Transformation of Western Christianity », in Van der Veer, P. (ed.), *Conversion to Modernities: The Globalization of Christianity*, New York & London, Routledge, 1996, p. 69. À ceci près que dans le cas asmat, les missionnaires ont franchement collaboré à l'entreprise coloniale pendant les deux premières décennies d'évangélisation, justifiant la confusion systématique des populations entre « gouvernement » et « religion », comme nous le verrons. Les observations sur le terrain permettent donc d'aboutir à conclusion opposée à celle de van Rooden. Toutes les sphères de la vie furent englobées dans la sphère morale, le christianisme devenant le couvert moral de valeurs économiques, politiques, sociales, familiales, etc. Enfin, le christianisme fut imposé avec les contradictions de ses défenseurs, qui d'un côté prônaient le pardon et la réconciliation et de l'autre utilisaient des moyens répressifs pour faire régner la loi.

[42] Com. pers. 2006.

[43] Harding, S. F., « Convicted by the Holy Spirit: The Rhetoric of Fundamental Baptist Conversion », in *American Ethnologist* 14 (1), 1987, p. 167-182 ; Harding, S. F., *The Book of Jerry Falwell: Fundamentalist Language and Politics*, Princeton (NJ), Princeton University Press, 2000. Ces recherches ne portant pas sur une mission étrangère pionnière, une anthropologie du missionnaire pionnier sur la base de données ethnographiques récentes – et non sur documents d'archives – reste à réaliser.

[44] Harding, S. F., *op. cit.*, « Convicted by the Holy Spirit », p. 167.

des missionnaires de la côte sud[45]. Du point de vue anthropologique, les études scientifiques réalisées sur les Asmat sont la thèse de Eyde[46], l'ouvrage généraliste de Knauft[47] sur les sociétés de la côte sud et certains articles de missionnaires[48], le travail de ce dernier se basant sur des interviews de missionnaires. Comme certains textes grand public sur les Asmat, les nombreux récits de Schneebaum[49] sont à considérer avec réserve en raison de sa partialité dans l'analyse des données[50].

Pour compléter cet inventaire de sources sur les Asmat, d'intéressants articles et commentaires ont été réalisés par des médecins[51], cer-

---

[45] Frazier, B. & D., *Our Passionate Journey: The Exciting Chronicles of Two Ordinary People*, Toccoa Falls College, 1994 ; Frazier, H. E., *The Journey Continues*, Xulon Press, 2001 ; Tucker, D. A. & Knickerbocker, A., *Circles of Blessing: Redemption in the Rainforest*, Pasadena, William Carey Library, 2001 ; DeLouw, J., *My Field Has Been the World. The Memoirs of Brother Joseph DeLouw, OSC*, Onamia, Crosier Press, 1996 ; van Kessel, K., *My Stay and Personal Experiences in Asmat. A Historical Review*, 1983 (texte non publié) ; Steiger, J., *Wings Over Shangri-La*, Anaheim (CA), Olson Photo, 1995 ; Richardson, D., *op. cit.* Citons enfin les *Anthropological Notes* manuscrites de Cal Roesler, pas toujours datées (du 15/09/1956 au 06/01/1996), rassemblées par sa femme avec ma collaboration et où il consigna un foisonnement d'anecdotes durant son ministère, montrant ce que le missionnaire *voit* en présence d'un événement culturel étonnant. Ses questions traduisent ce qu'il *cherche* à voir et la manière dont s'échafaude son opinion sur le « bien » ou le « mal » de phénomènes dont les implications lui échappent parfois.

[46] Eyde, D. B., *op. cit.*

[47] Knauft, B. M., *South Coast New Guinea Cultures: History, Comparison, Dialectic*, Cambridge Studies in Social and Cultural Anthropology 89, Cambridge, Cambridge University Press, 1993.

[48] Notamment Zegwaard, G. A., *op. cit.* ; Van Arsdale, P. W., *An Asmat Sketch Book n° 5: Perspectives on Development in Asmat*, Agats, The Asmat Museum of Culture and Progress, 1978 ; Sowada, A., Socio-Economic Survey of the Asmat Peoples of South-western New Guinea, MA Thesis, Faculty of the Graduate School of Arts and Sciences, Washington, Catholic University of America, 1961.

[49] Notamment Schneebaum, T., A Museum as a Focal Point in Acculturation: the Asmat Museum of Culture and Progress, MA Thesis, Goddard College, 1976 ; Schneebaum, T., *La demeure des esprits*, Paris, Actes Sud, 1991 (1re éd. 1988, traduit de l'américain).

[50] Zubrinich, K., *op. cit.*, effectue le même reproche envers Gerbrands, Smidt et Voorhoeve.

[51] Gajdusek, D. C., *West New Guinea Journal: May 6, 1960 to July 10, 1960*, Bethesda (MD), National Institute of Health, 1967 (1re éd. 1964) ; Gajdusek, D. C., « Ethnographic Collecting and Ethnographic Studies in the Context of Medical Research Among the Asmat », in Schneebaum, T. (ed.), *Embodied spirits. Ritual carvings of the Asmat*, Salem, Peabody Museum of Salem, 1990, p. 76-79 ; Van Amelsvoort, V.F.P.M., *Culture, Stone Age and Modern Medicine. The Early Introduction of Integrated Rural Health in a Non-Literate Society. A New-Guinea Case Study in Medical Anthropology*, Assen, Van Gorcum & Comp. N.V., 1964 ; Van Amelsvoort, V.F.P.M., « Thanatomania in an Asmat Community. A Report of Successful "West-

taines particularités culturelles asmat étant directement observables sur le corps[52]. Précisément, depuis deux décennies, les anthropologues portent une attention renouvelée sur la façon dont les gens se situent dans leur société à travers les pratiques et les images du corps. Sur la construction du corps et de la personne, j'utiliserai les travaux de Stewart, A. Strathern et M. Strathern[53], auteurs féconds ayant traité des sujets variés relatifs à la Nouvelle-Guinée et à la Mélanésie.

Concernant l'évangélisation en Océanie, une référence souvent mentionnée est l'ouvrage collectif de Barker *Christianity in Oceania*[54]. Sur l'évangélisation et le fait religieux en Nouvelle-Guinée, des auteurs sont incontournables comme Robbins[55] et Barker[56] chez qui on trouve une critique de la littérature et une anthologie de l'anthropologie religieuse en Mélanésie, depuis les relations de voyage des missionnaires – dans lesquelles puisèrent des anthropologues métropolitains tels que E. B. Tylor et J. G. Frazer – à la littérature pléthorique sur les mouvements millénaristes. Barker[57] souligne la réticence des anthropologues à reconnaître l'adoption du christianisme par de nombreux Mélanésiens et

---

[52] ern" Treatment », in *Tropical and Geographical Medicine* 28, Amsterdam, Bohn, Scheltema & Holkema, 1974, p. 244-248.
L'anthropologie rituelle permit à Carleton Gajdusek*, prix Nobel de médecine 1976, d'isoler une protéine, le prion, à l'origine de la maladie du kuru, apparentée à celle de Creutzfeldt Jacob (distincte du koro, une maladie mentale masculine liée à la conviction de la rétractation du pénis dans l'abdomen). Seuls en étaient victimes les femmes et les enfants, les hommes ne consomment pas le cerveau incriminé dans la maladie. Gajdusek préleva aussi des échantillons sanguins, en raison de l'exceptionnelle pureté du sang des Asmat. Van Amelsvoort s'est quant à lui intéressé à la thanatomanie, un état de la conscience qui engendre la mort (cf. chapitre VI « La réaction des missionnaires devant la thanatomanie »).

[53] Voir notamment Strathern, M., *The Gender of the Gift: Problems with Women and Problems with Society in Melanesia*, Berkeley, University of California Press, 1988 ; Lambek, M. & Strathern, A. (eds.), *Bodies and Persons. Comparative Perspectives From Africa and Melanesia*, Cambridge, Cambridge University Press, 1998 ; Stewart, P. J. & Strathern, A. (eds.), *Humors and Substances. Ideas of the Body in New Guinea*, Westport & London, Bergin & Garvey, 2001 ; Stewart, P. J. & Strathern, A., *Witchcraft, Sorcery, Rumors and Gossip*, Cambridge, Cambridge University Press, 2004.

[54] Barker, J. (ed.), *Christianity in Oceania. Ethnographic Perspectives*, ASAO Monograph n° 12, Lanham, New York & London, University Press of America, 1990.

[55] Robbins, J., *Becoming Sinners: Christianity and Moral Torment in a Papua New Guinea Society*, Berkeley & Los Angeles, University of California Press, 2004.

[56] Barker, J., « Christianity in Western Melanesian Ethnography », in Carrier, J. G. (ed.), *History and Tradition in Melanesian Anthropology*, Studies in Melanesian Anthropology 10, Berkeley & Los Angeles, University of California Press, 1992, p. 144-173.

[57] *Ibid.*, p. 152.

dénonce la propension de certains d'entre eux – notamment Malinowski et Jorgensen – à accuser les missionnaires de détruire les traditions afin de les remplacer par un christianisme « inauthentique ». En Mélanésie, poursuit Barker, l'expérimentation du christianisme est polymorphe, et sa description relève de la distinction entre Eux et Nous. Cette dernière peut en effet être analysée selon plusieurs angles complémentaires : l'*agency*[58] (du missionnaire et de l'indigène), l'opposition des systèmes religieux (le christianisme et la religion traditionnelle) et le cadre politico-culturel (le capitalisme colonial et les sociétés de subsistance).

Plus récemment, le changement religieux dans le Pacifique et en Afrique du Sud est analysé en détail dans Brock[59], dont nous retiendrons notamment l'article de Ranger qui passe en revue différentes optiques en faveur de la résistance au christianisme, et celui de Barker sur les missionnaires pionniers en Océanie et en Afrique. Dans son introduction à ces travaux, Brock[60] souligne le caractère malaisé de la description du changement religieux, « constituant en fin de compte une décision très personnelle invisible à l'observateur qui ne peut qu'extrapoler à partir d'un comportement modifié et de déclarations orales ou écrites attestant du changement ». La plupart des recherches s'intéressant aux influences du changement sur la religion et à ses conséquences sur la société concernée, Brock propose de mettre l'accent sur l'introduction du christianisme dans des communautés qui n'en avaient jamais entendu parler avant. Malgré tout, le sujet est difficile à cerner : les Comaroff[61] évoquent « la façon hautement variable, généralement graduelle, souvent implicite, et manifestement "syncrétique" dont les identités sociales, les styles culturels, et les pratiques rituelles des peuples africains furent transformés par la rencontre évangélique ». En outre, le changement ne concerne pas que la religion et les sociétés à évangéliser, comme le montrent ces travaux qui s'attèlent également à décrire les conséquences de la mission sur les évangélisateurs eux-mêmes. Axés sur le rôle de la conversion dans la globalisation et dans la transmission d'une forme d'hégémonie occidentale, les travaux des Comaroff furent accueillis avec étonnement par les anthropologues, en raison de la

---

[58] Étudié notamment par Gell, A., *Art and Agency. An Anthropological Theory*, Oxford, Clarendon Press, 1998, cette notion correspond à l'aptitude à être agent de l'action.

[59] Brock, P. (ed.), *Indigenous Peoples and Religious Change*, Studies in Christian Mission 31, Leiden, Brill Academic Publishers, 2005.

[60] Brock, P., « Introduction », in Brock, P. (ed.), *op. cit.*, p. 1.

[61] Comaroff, J. & J., *op. cit.*, p. 25.

Questions de méthode

tendance généralisée à associer la modernisation à la sécularisation plutôt qu'à un regain du religieux[62].

Du point de vue des pratiques religieuses océaniennes, au-delà des auteurs « classiques » comme Trompf[63] et Garrett[64], l'historien Wetherell[65] s'intéresse aux missionnaires pionniers, surtout protestants, en Papouasie Nouvelle-Guinée. Les missionnaires sont également centraux dans les études de Herda, *et al.*[66] et de Angleviel[67], ainsi que, plus spécifiquement sur les églises indigènes, de Lange[68] et de Munro et Thornley[69]. Dans l'ouvrage de R. et M. Crocombe[70], exposant des études de cas de missionnaires protestants indigènes, figure un article de Latukefu, spécialiste de l'histoire missionnaire insulaire. D'autres auteurs ont étudié les formes particulières du christianisme en Nouvelle-Guinée et me paraissent intéressants dans le cadre de cette étude, comme Jebens[71]. Passage obligé dans une thématique axée sur le changement d'une société océanienne, Carrier[72] et Biersack[73] sont des ouvrages d'anthropologie historique en Océanie axés sur la façon dont les insulaires composent avec la modernité en une énième mise en garde des

---

[62] Etherington, N., « Introduction », in Etherington, N. (ed.), *Missions and Empire*, Oxford, Oxford University Press, 2005, p. 4.

[63] Trompf, G., *Melanesian Religion*, Cambridge, Cambridge University Press, 1991.

[64] Garrett, J., *To Live among the Stars: Christian Origins in Oceania*, Geneva & Suva, Institute of Pacific Studies, University of the South Pacific & World Council Churches, 1982.

[65] Wetherell, D., « First contact mission narratives from Eastern Papua New Guinea », in *The Journal of Pacific History* 33 (1), 1998, p. 111-116.

[66] Herda, P., Reilly, M. & Hilliard, D. (eds.), *Vision and Reality in Pacific Religion*, Christchurch & Canberra, McMillan Brown Centre for Pacific Studies & Pandanus Books, 2005.

[67] Angleviel, F. (dir.), *Religion et sacré en Océanie*, Paris, Corail & L'Harmattan, 2000.

[68] Lange, R., *Island Ministers. Indigenous Leadership in Nineteenth Century Pacific Islands Christianity*, Christchurch & Canberra, McMillan Brown Centre for Pacific Studies & Pandanus Books, 2005.

[69] Munro, D. & Thornley, A. (eds.), *The Covenant Makers: Islander Missionaries in the Pacific*, Suva, University of the South Pacific, 1996.

[70] Crocombe, R. & M. (eds.), *Polynesian Missions in Melanesia. From Samoa, Cook islands and Tonga to Papua New Guinea and New Caledonia*, Suva, University of the South Pacific, 1982.

[71] Jebens, H., *Pathways to Heaven. Contesting Mainline and Fundamentalist Christianity in Papua Guinea*, New York & Oxford, Bergahn Books, 2005.

[72] Carrier, J. G. (ed.), *History and Tradition in Melanesian Anthropology*, Studies in Melanesian Anthropology 10, Berkeley & Los Angeles, University of California Press, 1992.

[73] Biersack, A. (ed.), *Clio in Oceania. Towards a Historical Anthropology*, Washington & London, Smithsonian Institution Press, 1991.

ethnographes contre la réification des microsociétés du Pacifique. Cette thématique est également abordée dans Tcherkézoff et Douaire-Marsaudon[74], dont plusieurs articles décrivent des mouvements millénaristes récents. Décrivant comment les religions prennent naissance, Whitehouse[75] écrit sur la religiosité, le phénomène religieux et la transmission religieuse. Concernant la littérature anthropologique plus spécifique sur la conversion, le plus cité actuellement est l'ouvrage collectif de Hefner[76] ; les travaux de cet auteur font également autorité sur le thème du pluralisme religieux en Indonésie. L'ouvrage collectif de Van der Veer[77], quant à lui, regroupe les travaux des grands auteurs sur la conversion en cherchant à mettre en relation le projet missionnaire de la conversion avec le développement européen des notions modernes de la personne. D'autres auteurs de référence ayant traité du sujet de la conversion en dehors du cadre océanien sont les Comaroff[78] et Meyer[79]. Plus récemment, l'ouvrage de Buckser et Glazier[80] s'impose comme référence sur l'anthropologie de la conversion religieuse, en particulier les articles de Austin-Broos, Coleman, Farhadian et Rambo.

Il sera également tenu compte d'une littérature théologique sur les concepts gravitant autour de la conversion[81] et le *Dictionnaire œcumé-*

---

[74] Tcherkézoff, S. & Douaire-Marsaudon, F. (dir.), *Le Pacifique-Sud aujourd'hui*, Paris, CNRS Editions, 1997.

[75] Whitehouse, H., *Inside the Cult. Religious Innovation and Transmission in Papua New Guinea*, Oxford Studies in Social and Cultural Anthropology, Oxford, Clarendon Press, 1995 ; Whitehouse, H., *Modes of Religiosity. A Cognitive Theory of Religious Transmission*, Cognitive Science of Religion Series, Walnut Creek & Lanham, Altamira Press, Rowman & Littlefield Publishers, 2004.

[76] Hefner, R. W. (ed.), *Conversion to Christianity. Historical and Anthropological Perspectives on a Great Transformation*, Berkeley, University of California Press, 1993.

[77] van der Veer, P. (ed.), *Conversion to Modernities: The Globalization of Christianity*, New York & London, Routledge, 1996.

[78] Comaroff, J. & J., *op. cit.*

[79] Meyer, B., « Beyond Syncretism. Translation and Diabolization in the Appropriation of Protestantism in Africa », in Stewart, C. & Shaw, R. (eds.), *Syncretism / Anti-Syncretism. The Politics of Religious Synthesis*, London, Routledge, 1994, p. 45-68 ; Meyer, B., « Modernity and Enchantment: The Image of the Devil in African Popular Christianity », in van der Veer, P. (ed.), *Conversion to Modernities: The Globalization of Christianity*, New York & London, Routledge, 1996, p. 199-230.

[80] Buckser, A. & Glazier, S. D. (eds.), *The Anthropology of Religious Conversion*, Lanham, Rowman & Littlefield Publishers, 2003.

[81] Pour la théologie catholique, voir Peelman, A., *L'inculturation. L'Église et les cultures*, Paris, Desclée, 1988 ; Bosch, D. J., *Dynamique de la mission chrétienne. Histoire et avenir des modèles missionnaires*, Lomé, Paris et Genève, Haho, Karthala, Labor et Fides, 1995 ; Maurier, H., *Les missions. Religions et civilisations confrontées à l'universalisme. Contribution à une histoire en cours*, Paris, Le Cerf, 1993. Pour la théologie protestante, voir Zorn, J.-F., « La contextualisation : un concept

nique de missiologie[82], en particulier les articles de Chanson. Concernant la mission du point de vue des missionnaires, les auteurs-clés sont Azevedo[83], Walsh[84] et Nevins[85], recommandés par les Croisiers et les Maryknoll, et Hiebert[86] et Piper[87], centraux dans les lectures des missionnaires évangéliques de TEAM. Les ouvrages de Pirotte et Soetens[88] et de Derroitte et Soetens[89] compléteront la réflexion. Notons que plusieurs de ces ouvrages sont cités en tant que référence et n'ont pas été pleinement exploités dans le cadre de ce travail.

Littérature et concepts connexes

Au-delà de la conversion, des missionnaires et de leurs stratégies pour inculquer aux populations le message chrétien, la thématique des *missionnaires pionniers* implique de s'intéresser à la rencontre interculturelle et à ses conséquences. Les concepts qui suivent n'ont pour but que de donner un aperçu des réflexions gravitant autour du contact interreligieux, le concept-clé de cette étude étant la conversion. Une grande confusion demeure en effet sur la théorisation de la rencontre, parce que nos habitudes intellectuelles nous ont habitués à « préférer les ensembles monolithiques aux espaces intermédiaires[90] ».

La miscibilité des cultures ne semble pas évidente à Lévi-Strauss[91] selon qui l'écart différentiel existant entre deux cultures ne peut être comblé. Or, les nombreux travaux menés sur le mélange attestent que

---

théologique ? », in *Revue d'histoire et de philosophie religieuse* 77, 2001, p. 171-189.

[82] Bria, I., Chanson, Ph., Gadille, J. & Spindler, M. (dir.), *Dictionnaire œcuménique de missiologie. Cent mots pour la mission*, Paris, Cerf, 2001.

[83] Azevedo, M., *Vocation for Mission. The Challenge of Religious Life Today*, Mahwah, Paulist Press, 1988 (traduit du portugais par J. W. Diercksmeier).

[84] Walsh, J. E., *Maryknoll Spiritual Directory*, New York, Maryknoll & Field Afar Press, 1953 (1re éd. 1947).

[85] Nevins, A. J., *The Making of a Priest*, Westminster, The Newman Press, 1963 (1re éd. 1957).

[86] Hiebert, P. G., *Anthropological Reflections on Missiological Issues*, Grand Rapids, Baker Books, 2001 (1re éd. 1994).

[87] Piper, J., *Let the Nations Be Glad. The Supremacy of God in Missions*, Grand Rapids, Baker Books, 1993.

[88] Pirotte, J. & Soetens, C. (dir.), *Évangélisation et cultures non européennes. Guide du chercheur en Belgique francophone*, Cahier de la revue théologique de Louvain n° 22, Louvain-la-Neuve, Faculté de Théologie, 1989.

[89] Derroitte, H. & Soetens, C., *La mémoire missionnaire. Les chemins sinueux de l'inculturation*, Théologies pratiques (hors série), Bruxelles, Lumen Vitae, 1999.

[90] Gruzinski, S., *op. cit.*, *La pensée métisse*, p. 42.

[91] Lévi-Strauss, C., *La pensée sauvage*, Paris, Presses Pocket, 1990 (1re éd. 1962).

tous n'approuvent pas cette opinion, en particulier dans le domaine du métissage des croyances et des rites, à savoir le *syncrétisme religieux*.

Vu tantôt comme synonyme de tolérance entre conceptions religieuses hétérogènes, tantôt de contamination d'une religion par des pratiques « non authentiques », ce terme de syncrétisme, abordé dans divers contextes par l'ouvrage de Steward et Shaw[92], est très controversé et a subi de nombreuses transformations de sens au fil du temps. Selon van der Veer[93], chaque religion peut être comprise comme syncrétique car il est impossible d'en identifier les éléments d'inspiration extérieure. Auteur de référence sur le sujet, Mary[94] partage ce point de vue : « il n'y a pas de religion qui soit pure ; toute religion est d'une certaine façon syncrétique au sens où elle emprunte à des sources hétérogènes ». Cet auteur met en évidence le flou et l'impression d'hybridité qui entourent le terme. De son côté, Chanson[95] souligne sa connotation péjorative dans un contexte missionnaire. Outre le danger que l'inculturation mène à des formes de syncrétisme, « la dérive évidente existe d'aliénation à sa propre culture par survalorisation ou par récupération idéologique de cette culture […] une mauvaise inculturation peut rendre l'Évangile prisonnier d'une culture[96] ». En 1990, l'encyclique *Redemptoris missio* de Jean-Paul II circonscrit l'inculturation en prônant la collaboration des Églises locales entre elles « en vue de leurs vérifications réciproques[97] ».

Soulignant son ambiguïté, Chanson[98] précise que le syncrétisme ne se trouve pas toujours où on croit le déceler, et que « l'*antisyncrétisme* déclaré de nombreux mouvements fondamentalistes cache également mal un syncrétisme paradoxal avec les systèmes les plus libéraux de l'économie de marché à fin de prosélytisme (télévangélisme, etc.) ». Citant Aubert[99], il évoque les « religions de résistance » qui montrent « que le syncrétisme s'enracine dans les carences d'une évangélisation

---

[92] Stewart, C. & Shaw, R. (eds.), *Syncretism / Anti-Syncretism. The Politics of Religious Synthesis*, London, Routledge, 1994.

[93] van der Veer, P., « Syncretism, Multiculturalism and the Discourse of Tolerance », in Stewart, C. & Shaw, R. (eds.), *Syncretism / Anti-Syncretism. The Politics of Religious Synthesis*, London, Routledge, 1994, p. 196-204.

[94] Mary, A., *Le défi du syncrétisme. Le travail symbolique de la religion d'Eboga (Gabon)*, Civilisations et Sociétés 97, Paris, Éditions de l'École des Hautes Études en Sciences Sociales, 1999, p. 9-10.

[95] Chanson, Ph., « Syncrétisme », in Bria, I., *et al.* (dir.), *Dictionnaire œcuménique de missiologie. Cent mots pour la mission*, Paris, Cerf, 2001, p. 329-333.

[96] Chanson, Ph., « Inculturation », in Bria, I., *et al.* (dir.), *op. cit.*, p. 169.

[97] *Idem*.

[98] Chanson, Ph., *op. cit.*, « Syncrétisme », p. 330-332.

[99] Aubert, J.-M., « La rencontre avec une religion traditionnelle. Le cas de Madagascar », in *Mission et dialogue interreligieux*, Lyon, Profac, 1990, p. 60.

Questions de méthode

de surface laissant nombre de chrétiens autochtones, culturellement insatisfaits, placés devant une "double appartenance" ». De son côté, Gordon[100] écrit que si parler de syncrétisme équivaut à reconnaître la créativité indigène, donc l'*agency* des évangélisés, il équivaut aussi à confronter les religions corrompues aux religions révélées et conteste toute humanité aux premières, ce qui explique la position antisyncrétique de nombreux auteurs. Contrairement aux assertions de certains spécialistes en sciences sociales, qui l'associent au fondamentalisme et à l'intolérance, l'anti-syncrétisme vis-à-vis de l'islam et du christianisme peut coexister avec un certain degré de curiosité et de tolérance[101]. Dans le cas de la religion populaire mélanésienne, affirmer qu'elle inclut des éléments indigènes et chrétiens n'implique pas qu'elle soit syncrétique selon Barker[102]. L'acception du terme « syncrétisme » implique un système cohérent émergeant de la synthèse[103]. Or, les combinaisons imaginées par les Mélanésiens, très diversifiées, comportent des éléments soutenant les identités d'origine ; loin de former un tout cohérent, leurs religions, hétérogènes, sont bâties sur des pratiques, organisations et idéologies diverses.

Le Mexique de Gruzinski[104] fournit une bonne illustration de la rencontre interculturelle et interreligieuse. Cet auteur reprend le terme utilisé par les évangélisateurs du XVIe siècle pour désigner les religions traditionnelles (« idolâtrie ») combattues au profit de l'implantation du christianisme. Loin d'avoir été effacée par l'évangélisation, cette idolâtrie s'est parfois mêlée au christianisme pour produire une synthèse originale, lorsqu'elle ne s'exprimait pas sous un christianisme déguisé, essentiellement dans le domaine de l'art. Comme le souligne Gruzinski, les chercheurs qualifient de syncrétiques des processus répondant à des

---

[100] Gordon, J., « Purity and Pluralism: Syncretism as a Theological Problem Among Indonesia's Muslims and Christians », in Brock, P. (ed.), *Indigenous Peoples and Religious Change*, Leiden, Brill Academic Publishers, 2005, p. 36-37.

[101] *Ibid.*, p. 38.

[102] Barker, J., *op. cit.*, « Christianity in Western Melanesian Ethnography », p. 158.

[103] Pour illustrer la distinction entre le syncrétisme et son contraire, Barker, *ibid.*, p. 158, oppose un mouvement syncrétique traditionaliste du nord Malaita en PNG en compétition avec d'autres « sectes chrétiennes » et la religion wamirane de Milne Bay où les gens s'identifient comme chrétiens, contribuent à l'entretien de l'église et comptent des prêtres parmi eux, mais dissertent sur les esprits et la sorcellerie et participent à des rituels contradictoires avec les enseignements de l'Église. Au vu des exemples, l'autonomie et la compétition semblent être des critères de cohérence des religions syncrétiques. Comme le remarque Barker, *idem*, les divisions apparaissent dans le premier cas non seulement entre dénominations chrétiennes mais aussi entre Malaitans tandis que dans le second cas, ces divisions n'existent pas à Wamira et les mêmes personnes participent aux rites chrétiens et traditionnels.

[104] Gruzinski, S., *op. cit., La pensée métisse.*

définitions tellement variées que cela en conduit d'autres à écarter le concept de leurs analyses[105]. Ce sera mon choix dans cette étude, dont le concept central est la conversion. De plus, les Asmat sont encouragés par les Croisiers à conserver leur religion traditionnelle dans les limites de l'acceptable[106], alors que la définition du syncrétisme de Mary[107] sous-tend une perte de légitimité des cultes traditionnels.

Cela n'implique pas qu'il faille rejeter l'idée de mixité religieuse au profit de celle de systèmes autonomes, étanches et incompatibles. Une autre notion floue, le *pluralisme religieux*, soulignant la dynamique de l'innovation religieuse en Mélanésie, permet de montrer que le déroulement des activités religieuses dans un contexte – traditionnel, chrétien ou « syncrétique » – influe sur la façon dont les acteurs expérimentent le fait religieux dans un autre contexte[108]. Il convient donc d'éviter de céder à la tentation de considérer la religion traditionnelle et le christianisme comme des systèmes cohérents et séparés[109].

D'autres concepts s'appliquent à la rencontre d'évangélisation. Depuis quelques décennies, l'*inculturation* est devenue incontournable de la thématique missionnaire contemporaine. Néologisme théologique d'origine catholique[110], elle sera définie au chapitre suivant, ainsi que son équivalent dans la théologie protestante, la *contextualisation*. Elle est à distinguer des termes anthropologiques d'*enculturation*, « un processus par lequel un individu est intégré, dès sa naissance, à la culture de sa communauté humaine[111] », et d'*acculturation*, « un processus dyna-

---

[105] Par exemple, au syncrétisme et à l'acculturation qu'elle juge non pertinents, Meyer, *op. cit.*, « Beyond Syncretism », p. 45, préfère la notion d'*appropriation*, c'est-à-dire « le processus de faire le christianisme sien [...] qui [le processus] peut résulter de l'inversion des idées missionnaires ». Elle reproche surtout au syncrétisme de « décrire des versions locales du christianisme en référence aux origines de leurs éléments » et de « suggérer une différence entre les idées des membres des deux types d'Églises [alors que] [...] il est permis de douter sérieusement de si cette différence existe », *ibid.*, p. 46. Cet auteur conceptualise la religion comme un discours : « pour être compréhensibles, les missionnaires doivent utiliser des termes existants évoquant des concepts qu'ils pourraient vouloir remplacer », *ibid.*, p. 47.

[106] La chasse aux têtes, le noyau autour duquel gravitaient les activités religieuses avant l'arrivée des missionnaires, marque une de ces limites.

[107] Mary, A., *op. cit.*

[108] Barker, J., *op. cit.*, « Christianity in Western Melanesian Ethnography », p. 159-160.

[109] Keesing, R., « Sins of a Mission: Christian Life as Kwaio Traditionalist Ideology », in Jolly, M. & Macintyre, M. (eds.), *Family and Gender in the Pacific*, Cambridge, Cambridge University Press, 1989, p. 209.

[110] Chanson, Ph., *op. cit.*, « Inculturation », p. 165.

[111] Peelman, A., *op. cit.*, p. 113.

mique dans lequel s'engage une culture évoluant sous l'influence d'une autre culture avec des conséquences variées pour l'une et l'autre[112] ».

Action et ecclésiologie

Avant de détailler les circonstances de l'évangélisation des Asmat sur le terrain, la compréhension de ce qui va suivre se trouvera facilitée par un portrait rapide des orientations théoriques missionnaires, sous-jacentes à leur travail de terrain et au déroulement de la rencontre interculturelle en pays asmat.

Tant dans leurs stratégies de conversion que dans leur définition du converti, les protestants de TEAM mettent en avant l'*innovation*, opposée à la tradition du côté catholique. La bonne nouvelle (*good news*) incite les missionnaires à créer du nouveau : ce sont des planteurs d'églises, de l'expression *plantatio ecclesiae*. Devenir chrétien implique un changement radical de l'existence : la conversion s'accompagne d'un *basculement du quotidien*. Par respect pour son engagement personnel envers Dieu, le croyant se penche sur ses habitudes de vie, ses fréquentations et ses activités, pour identifier ce qui plaît à Dieu et se repentir de ce qui ne lui plaît pas, comme nous le verrons au chapitre V. Pour ce faire, il s'aide du filtre des Écritures et des conseils avisés des missionnaires. Si nécessaire, il détruit des objets jugés incompatibles avec sa foi et écarte de sa vie certaines relations. Tucker[113] écrit que même sa façon de regarder les filles bascula après sa conversion. L'innovation se ressent dans le profil personnel des missionnaires. L'appel (*call*) est ressenti en solitaire, indépendamment de l'avis des parents et des proches vis-à-vis desquels il y a souvent *rupture* : avant lui, il n'y a pas d'autre missionnaire dans la famille. C'est aussi le cas des pasteurs asmat : Sabinus Ekpiwi*[114], de parents catholiques, se place en porte-à-faux vis-à-vis de sa famille lorsqu'il se convertit.

Fils ou filles d'industriels, les missionnaires protestants viennent de diverses églises et États américains. Ils prennent des risques, notamment celui de rester en marge de leur milieu familial par leurs choix spirituels et de choisir un métier qui correspond non pas à leurs aspirations, mais à ce qui servirait au mieux leur vocation de missionnaire. Le *choix* est déterminant dans cet état d'esprit : accepter implique aussi de renoncer. Le syncrétisme, inadmissible de leur point de vue, implique l'abstinence du choix.

---

[112] *Ibid.*, p. 114. Voir aussi Wachtel, N., « L'acculturation », in Le Goff, J. & Nora, P. (dir.), *Faire de l'histoire ! Nouveaux problèmes*, Paris, Gallimard, 1974, p. 124-146.

[113] Tucker, D. A. & Knickerbocker, A., *op. cit.*, p. 38.

[114] La liste des informateurs intervenant dans le texte est reprise en annexe 1.

Et comme l'issue de ce choix est Dieu, les *Écritures* sont l'unique référence et sont présentées comme source unique et universelle de réponse à toutes les questions. Les catholiques utilisent volontiers d'autres textes de référence comme ceux du concile de Vatican II, la règle de l'ordre (croisier) ou les textes du fondateur de la congrégation (maryknoll). Une bible sur une table résume l'ameublement de l'église protestante, à la différence de l'église catholique surchargée de sculptures asmat. Quand il s'agit de citer la Bible, les missionnaires de TEAM étonnent par leur maîtrise : ils ont réponse à tout. La tendance des Asmat à surnommer l'Église protestante « Alkitab » (« Bible » en indonésien) est révélatrice de la place de la Bible dans l'église. Comparativement au crucifix, symbole de la prégnance du *rituel* chez les catholiques et transporté physiquement dans toute la région asmat pour le jubilé des cinquante ans de mission, la Bible est l'outil de travail des missionnaires de TEAM.

Plus qu'au choix, la tendance est au *compromis* du côté catholique. Dans un souci déclaré de « préservation de la culture », les Croisiers s'efforcent de détruire le moins possible. Au nom de l'évanescence d'une société supposée en voie de disparition, les Croisiers abritent dans des musées ce qu'ils considèrent comme le patrimoine des Asmat et font de leur mieux pour enrichir la pratique chrétienne d'éléments culturels selon le concept d'inculturation[115]. La conversion des populations doit avoir lieu en douceur et concerne l'ensemble de la société : c'est une question de temps. *A contrario*, les protestants, pressés (*urging*), s'intéressent d'abord à l'individu et insistent sur la hâte pour un croyant à se repentir.

Le goût des catholiques pour la *tradition* s'exprime aussi dans le port de l'habit aux cérémonies religieuses, notamment à la messe quotidienne, et par le symbolisme de la croix croisier, qui rappelle le sang versé par les croisés francs et la participation du fondateur à la troisième croisade. Sur le plan personnel, le missionnaire s'inscrit dans une *continuité* : ses parents, catholiques, sont favorables à la vocation de leur fils[116] (c'est aussi le cas des protestants), lui-même sur les traces du modèle – souvent familial – d'un autre missionnaire. Comme au XIXe siècle décrit par Laux[117], les missionnaires sont issus de familles nombreuses en milieu rural : la plupart sont des fermiers du Minneso-

---

[115] de Hontheim, A., « De la collection missionnaire au commerce équitable », in *Civilisations* 52 (2), 2005, p. 75-103.

[116] Les Croisiers ne comptent pas de sœurs parmi leurs membres et les sœurs TMM et Ursulines, actives chez les Asmat, ne sont pas missionnaires. Du côté protestant, les missionnaires sont évalués en unités familiales.

[117] Laux, C., *op. cit.*, p. 53.

ta[118]. Ils en retrouvent l'atmosphère dans la *vie en communauté* (critère cité en premier par les candidats à rejoindre l'ordre), par opposition à la vie plus individualiste des protestants qui mettent l'accent sur l'importance de l'*intimité*. Enfin, leur habitude du quotidien au grand air les fait apprécier leur mode de vie en territoire asmat.

Le goût pour la tradition n'empêche pas l'initiative tout comme chez les protestants, celui pour l'innovation se révèle tout à fait compatible avec un certain conservatisme. Conformément à leur propension à la *culpabilité*, les Croisiers sont avides de reconnaissance et justifient vis-à-vis du monde extérieur leur présence en Asmat par leur action de sauveteurs de culture. Pour rallier le monde extérieur à la cause des Asmat, leurs démarches mondaines, politiques, économiques et artistiques furent nombreuses, comme nous le verrons.

De leur côté, le choix opéré par les missionnaires protestants les fait plutôt opter pour l'*indifférence* : ils se moquent de ce que l'on pense d'eux. Ne sont-ils pas dans le vrai ? C'est la raison pour laquelle tout vrai croyant est également un missionnaire potentiel ; les protestants n'ont pas le besoin du leader des catholiques pour assurer le relais. De la part du chrétien *born again*, être perçu comme un missionnaire lui donne suffisamment confiance en lui pour estimer sa foi suffisante à contrer les attaques sorcières, au contraire des catholiques baptisés. Dès lors, la médecine est un instrument de conversion, et le christianisme est pensé anéantir les peurs des Asmat, qui préoccupent les missionnaires.

Les missionnaires n'ont pas pour objectif déclaré la transformation des populations, mais la traduction de la Bible en langue vernaculaire, assise sur un fondement théologique[119]. Comme le fait remarquer van der Veer[120], les missionnaires protestants comprirent que la traduction est au cœur de la conversion, en allusion à l'analogie de Rafael[121] entre conversion (changer une chose en une autre) et traduction (changer une langue en une autre). Chuck Preston* de TEAM me dit en 2005 qu'il ne voit pas de mal à souhaiter le paradis pour tout le monde, Asmat inclus[122]. Sûrs du bien-fondé de leur démarche, ils ne cherchent pas à

---

[118] Les missionnaires maryknoll proviennent quant à eux de milieux urbains et pas spécialement de familles nombreuses.

[119] Laux, C., *op. cit.*, p. 106.

[120] van der Veer, P., « Introduction », in van der Veer, P. (ed.), *Conversion to Modernities: The Globalization of Christianity*, New York & London, Routledge, 1996, p. 15

[121] Rafael, V., *Contracting Colonialism. Translation and Christian Conversion in Tagalog Society under Early Spanish Rule*, Durham, Duke University Press, 1993.

[122] Un jour, une femme arriva chez Frazier, B. & D., *op. cit.*, p. 102, avec un enfant mort pendant le trajet. Le missionnaire lui promit de le retrouver au paradis si elle se convertissait, et elle hurla en guise de réponse.

justifier leurs choix ; c'est une des raisons pour lesquelles ils publient peu. « Nous n'avons de comptes à rendre à personne », affirme Ruth Roesler* de TEAM, qui ne voit pas non plus l'intérêt de réagir aux critiques – selon elle erronées – du journaliste Kal Muller. À peine rédigent-ils quelques textes courts dans *The Missionary Broadcaster* ou dans d'autres revues à destination de leurs sympathisants. Ils rédigent également des biographies à compte d'auteur, des comptes-rendus d'activités dans le cadre de leur rapport annuel d'activités et des traductions du Nouveau Testament. Certaines femmes en couple tiennent un journal. Les missionnaires de TEAM sont des « faiseurs » (*doers*), précise Dave Broucek*, et ils n'ont pas le temps de publier. Même leurs docteurs ne proposent pas d'articles à des journaux académiques ; ils préfèrent veiller à l'excellence de leur travail et enrichir leur bagage académique. Les catholiques, au contraire, publient beaucoup d'articles et de livres à l'intention d'un public varié. Rien que sur les Asmat, ils sont les auteurs ou coauteurs d'une dizaine de périodiques tandis que les quelques publications des TEAM couvrent l'ensemble des terrains de missions[123]. Par contre, les protestants maintiennent une correspondance abondante avec leurs proches et leurs pourvoyeurs de fonds. Comme ils se chargent eux-mêmes de trouver le financement de leur entreprise missionnaire, ils informent leurs sponsors de l'allocation des dons et des nouvelles prévisions de dépenses.

Un autre postulat concerne la définition de l'Église et ses implications. L'orthographe française est révélatrice de l'importance de la hiérarchie dans l'Église catholique : précédée d'une minuscule, l'église protestante désigne tant la *communauté de croyants* que le bâtiment, tandis qu'une majuscule désigne le clergé dans l'Église catholique et par là même, sa prééminence sur l'église-bâtiment écrite avec une minuscule. En tant que corps clérical hiérarchisé, l'Église catholique ne peut donc se passer de son dirigeant, le *prêtre* qui la définit, tandis que l'église protestante, axée sur la communion de vrais croyants, se passe du pasteur pour exister[124]. Cette autonomie est cohérente avec l'insistance des missionnaires protestants à confier aux fidèles le financement de leur église et l'organisation des fêtes chrétiennes et à se retirer rapidement au profit d'un clergé local, quand, dans l'Église catholique, les

---

[123] Notamment *Asmat Drums* devenus *Crosier Drums* après quelques années, *New Guinea Newsletter* (22 numéros, lancée par Frank Pitka en 1958), *Crossview* (depuis novembre 1989 jusqu'à maintenant), *Asmat Sketch Books* (9 numéros), *Sent, Crosierite, Crosier Country*. Les publications des TEAM sont *Wherever* et *The Missionary Broadcaster* (devenu ensuite *Horizons* puis *Team Horizons*).

[124] Van Rooden, P., *op. cit.*, p. 73. Plutôt que d'opposer la communauté au prêtre, Laux, *op. cit.*, p. 107-115, se place dans l'optique du Salut et oppose la pastorale protestante axée sur la Bible à la pastorale catholique, axée sur le prêtre et les sacrements.

missionnaires se chargent de toute l'organisation et paient des ouvriers pour construire le bâtiment de l'église. Du côté catholique, le « tri » de la culture appartient au missionnaire, qui prêche en faveur ou en défaveur de certaines attitudes et institutions, et le prêtre oriente la « réponse de foi » de la population par la solution de l'inculturation. Au contraire, les pasteurs protestants invitent les croyants à réaliser ce tri eux-mêmes grâce à leur familiarisation avec les Écritures, et à effectuer des choix qui excluent tout compromis. Ainsi, le prêtre, assimilé au missionnaire américain, reste indispensable à la définition de l'Église catholique, et c'est sans doute une des raisons pour lesquelles il n'y a pas de clergé asmat, par opposition à l'assemblée de croyants protestante.

Enfin, quoi qu'ils fassent, les protestants de TEAM ne perdent pas de vue leur objectif de conversion et cherchent à l'atteindre rapidement. Ils sont donc davantage tournés vers le *présent* (*urging*, *doers*) que les missionnaires catholiques, plutôt orientés vers l'*avenir* (en douceur). Cela rejoint la conversion instantanée protestante et progressive catholique. Le résultat s'en ressent sur la clarté de la perception du missionnaire par les Asmat et sur la présence d'une relève asmat. Comme on l'a dit plus haut, leur métier est choisi dans le but de servir leur vocation de missionnaire, et leur action sociale dans le marais asmat vise avant tout à répandre leur foi. Leur générosité sert donc un but (elle n'est pas « gratuite »), alors qu'elle est inspirée par la culpabilité ou par une envie réelle de dévouement du côté catholique. D'emblée, ils inspirent confiance à la population par la présence de leur épouse et des enfants. Instruits en matière médicale, ils se prononcent avec assurance sur la santé des Asmat. Ils choisissent leurs amis parmi les fonctionnaires indonésiens, confient leurs enfants à des internats et se retranchent derrière la police en cas de tensions avec les populations. S'ils restent périphériques à la société asmat faute de vouloir s'y mêler, leur rôle est bien *circonscrit* et ne comporte pas d'ambiguïté.

De leur côté, les catholiques se dispersent. Affairés à la préservation de la tradition, l'inculturation, la vente d'art, les salons mondains et la défense du patrimoine forestier, ils donnent l'impression d'avoir oublié la raison de leur établissement dans les basses terres, à savoir la conversion. Leur formation médicale sommaire, voire absente, rend moins probantes leurs initiatives en matière de santé. Leur influence thérapeutique revêt une autre nature : le prêtre, le prénom chrétien et l'objet « bible » se voient prêter un pouvoir susceptible d'aider à la guérison. Aux yeux des populations, leur rôle est *ambigu*.

CHAPITRE II

Repères géographiques et historiques

Après cette entrée en matière méthodologique et ecclésiologique, je vais situer l'île de la Nouvelle-Guinée dans son contexte géographique et historique. Nous verrons que les premiers balbutiements des ministres du Christ dans cet environnement ne furent pas toujours couronnés de succès mais qu'ils surent, à terme, utiliser différents facteurs pour se faire aider.

La géographie de la deuxième île du monde

D'une superficie de 884 224 km², soit presque celles de la France et de l'Italie réunies, la Nouvelle-Guinée[1] est la deuxième île du monde après le Groenland. Culturellement, elle appartient à la Mélanésie et est située dans le Pacifique Sud, au nord du continent australien. Par ailleurs, la « ligne Wallace[2] », séparant les anciens continents de Sunda et de Sahul[3], constitue une démarcation physique entre deux continents, facilement discernable par les divergences de faune et de flore. Dans Sahul, la Nouvelle-Guinée était reliée à l'Australie septentrionale par une bande de terre qui s'enfonça progressivement dans l'Océan pour ne plus subsister que sous la forme de quelques îles dans le détroit de Torres. L'île fait donc partie non de l'Asie mais de l'Océanie, ce qui fut rappelé par l'administration coloniale néerlandaise puis australienne[4]. Cette répartition est également valide du point de vue géologique[5].

---

[1] 2 500 km de long et 675 km pour la plus grande largeur. Cf. Villeminot, J. & P., *La Nouvelle-Guinée*, Marabout Université 111, Paris, Marabout, 1966, p. 10.

[2] Du naturaliste Alfred Russel Wallace (1823-1913), connu pour sa théorie de la sélection naturelle.

[3] Terres distinctes ayant existé de la fin du Pliocène (il y a 2 millions d'années) jusqu'à la dernière glaciation (entre 20 000 et 18 000 av. JC environ), avec d'un côté Sunda (formant un bloc incluant notamment l'Indonésie, les Philippines, Myanmar, la Chine et Taiwan) et de l'autre Sahul (Nouvelle-Guinée et Australie).

[4] Defert, G., *L'Indonésie et la Nouvelle-Guinée Occidentale. Maintien des frontières coloniales ou respect des identités communautaires*, Paris, L'Harmattan, 1996, p. 22-24.

[5] Souter, G., *The Last Unknown*, Sidney, Halstead Press, 1964, p. 18 ; Lagerberg, K., *West Irian and Jakarta Imperialism*, New York, St. Martin's Press, 1979, p. 30.

La Nouvelle-Guinée se divise en deux entités politiques. D'un côté, la Papouasie occidentale (ex-Irian Jaya), officiellement indonésienne depuis 1969, est la province la plus étendue[6]. Elle est peuplée d'environ un million de Papous et d'un million d'Indonésiens des autres îles[7], essentiellement transmigrants. De l'autre côté de la frontière verticale, La Papouasie Nouvelle-Guinée est indépendante depuis 1975 après une tutelle australienne et occupe les 53 % restants de l'île, soit 462 243 km² de superficie terrestre pour 4,1 millions d'habitants en 1995[8].

Au fil des siècles, la « grande île » se vit octroyer divers surnoms. La dénomination longtemps persistante sur les cartes espagnoles de *Isla de las malas gentes*, « l'île des mauvaises gens », suite à la résistance des autochtones aux invasions, fut oubliée au profit de celle de « pays de la boue », en allusion aux pluies abondantes. C'est aussi « l'île des tessons de bouteille », en raison de l'irrégularité caractéristique du relief.

La diversité culturelle de la Nouvelle-Guinée est remarquable. On trouve sur l'île environ 20 % des langues parlées dans le monde, c'est-à-dire entre 100 et 250 à l'ouest et de 700 à 800 à l'est de l'île, pour la plupart non décrites. Les langues papoues (ou non austronésiennes) comportent un peu plus de soixante familles, chacune issue d'une langue ancestrale propre. Taylor[9] attribue les causes de cette diversité à l'isolement des régions, limitant les migrations et les conquêtes, et à des modifications conjointes de la faune et de la flore instaurant des « niches » écologiques investies par des populations distinctes.

Au centre sud de la grande île

Au sud-ouest de la Papouasie occidentale, l'Asmat[10] est un marais parsemé d'un entrelacs de rivières sinueuses que borde une jungle dense

---

[6] 421 981 km², c'est-à-dire 47 % de l'île et 22 % de la superficie totale de l'Indonésie. Cf. Cribb, R., *Historical Atlas of Indonesia*, Richmond, Curzon, 2000, p. 3.

[7] Le Bureau Central de Statistiques recense 2 291 952 habitants en 1999, soit 600 000 environ de plus qu'en 1991. Cf. Jelmau, N. S., *Data Katolik Propinsi Irian Jaya Tahun 1999*, Jayapura, Department of Religious Affairs, 1999. Avec une fiabilité relative, peu de Papous de l'intérieur des terres disposant d'une KTP (carte d'identité obligatoire). En 1995, les Indonésiens d'autres autres îles composaient 70 % de la population urbaine. Les prévisions pour 2010 sont de 2,6 à 3,9 millions d'habitants. Cf. Wing, J. R., *West Papua Information Kit*, Millers Point, Australia West Association, 1995, ou sur internet http://www.cs.utexas.edu/users/cline/papua.

[8] Cribb, *op. cit.*, p. 72.

[9] Taylor, P. M., « Irian Jaya. The Land and its People », in Konrad, G. & U. (eds.), *Asmat. Myths and Rituals. The Inspiration of Art*, Venice, Pizzi Amilcare/ Erizzo Editrice, 1996, p. 33.

[10] 25 000 km² pour la mission croisier, cf. DeLouw, *op. cit.*, p. 18, et 26 700 km² pour l'ensemble de l'Asmat, cf. van der Zee, *op. cit.*, p. 9.

et disparate d'arbres hauts, de sagoutiers et de mangroves[11] ainsi que de conifères et de casuarinas[12] dans les zones côtières. Outre des précipitations annuelles de cinq mètres[13], la pénurie de pierres et le peu de terre ferme dans la majeure partie du territoire justifient la description d'une mer de boue perforée de pilotis supportant un réseau de passerelles reliant entre elles les maisons villageoises. La route reliant Agats à Sjuru serait la plus longue route sur pilotis du monde.

D'après l'évêque Alo Murwito*, environ 75 000 Asmat habitaient le marais des basses terres en 2004, contre 60 000 en 1958 suivant les estimations du gouvernement néerlandais[14]. Les villages comptent de 35 à 2 000 habitants, pour une moyenne de 300 à 600[15]. L'amélioration des soins de santé et la quasi disparition des guerres sont les principaux facteurs en faveur de la hausse de l'espérance de vie, parallèlement à une régression démographique suite à l'arrivée massive d'étrangers[16].

Du point de vue du biotope, le vaste territoire asmat se divise en quatre « zones écologiques[17] » comportant des variations hydrologiques, géologiques, zoologiques et botaniques jouant sur le mode de vie, l'alimentation et les transports : les côtes, le marais d'eau saumâtre, le marais d'eau douce et l'intérieur des terres[18]. La zone des marais saumâtres a pour particularité principale d'être tributaire des marées de la mer d'Arafura, dont l'amplitude, « une des plus importantes du monde » selon Steiger[19], peut atteindre cinq mètres et correspondre à un doublement de la marée d'un mois à l'autre. Située sur la rive gauche de l'Asewetsj, Agats est la ville principale asmat. Par elle passent les bateaux en provenance d'autres villes côtières. Il s'y déroule l'essentiel de la vie économique.

---

[11] *Bruguiera* spp., Rhizophoraceae ou « mangrove blanche » et *Rhizaphora* Spp., Rhizophoraceae ou « mangrove rouge » parmi les plus courantes.

[12] *Casuarina* spp. Arbres robustes dépourvus de feuilles en tant que telles.

[13] van der Zee, *op. cit.*, p. 10.

[14] DeLouw, *op. cit.*, p. 18.

[15] Schneebaum, T., *Embodied Spirits. Ritual Carvings of the Asmat*, Salem, Peabody Museum of Salem, 1990, p. 14.

[16] Schneebaum, T., *op. cit.*, *La demeure des esprits*, p. 100.

[17] Helfrich, K., « The Asmat », in Konrad, G. & U. (eds.), *Asmat. Myths and Rituals, The Inspiration of Art*, Venice, Pizzi Amilcare/Erizzo Editrice, 1996, p. 36-37.

[18] Mes enquêtes de terrain de 2001 et 2004 se sont déroulées dans les villages des marécages d'eau saumâtre, depuis Ayam en amont de l'Asewetsj sur la rivière Ivir, et Yamasj et Sawa-Erma de part et d'autre du Pomatsj à l'Ouest et ensuite vers Atsj via Warse et Amborep sur le Siretsj, puis vers Binei, Kanami, Sogoni et Asgon à l'Est à partir d'Agats, Cemnes, Sjuru, Ewer et environs dans le centre Sud et enfin jusqu'à Hom-Hom en passant par Beco, Hujin et Hobio à la périphérie nord du territoire.

[19] Steiger, J., *op. cit.*, p. 85.

La saison chaude commence en avril pour se terminer six mois plus tard, et celle des orages débute en décembre. Pendant la saison des pluies, les pistes se transforment en ruisseaux dont certains méandres se traversent à la nage. En cette saison, les ruissellements créent à Agats un univers aquatique qui détourne les habitants de leurs activités habituelles. L'après-midi, tous suspendent le cours de leur vie pour pêcher ou plonger dans l'eau sombre. La faible distance entre les planchers sur pilotis et l'eau donne l'impression d'une ville suspendue au-dessus d'un lac. C'est dans cet environnement que le premier missionnaire accosta il y a cinquante ans, déterminé à pacifier au plus vite ces guerriers redoutés chez qui la chasse aux têtes battait son plein sans fléchir, malgré les expéditions punitives de l'armée néerlandaise.

L'histoire : d'une colonisation à l'autre

Un intérêt tardif pour la demi-île

L'Océanie est le dernier continent qui fut l'objet de la colonisation européenne et de la christianisation. Reprenant la carte hypothétique de Ptolémée du IIe siècle ap. JC, des explorateurs partirent en quête de la *Terra Australis Incognita*, supposée faire contrepoids aux terres émergées de l'autre côté de l'équateur, l'Eurasie, et empêcher ainsi la planète de basculer[20]. Sur la carte dessinée par Abraham Ortelius en 1570, cette terre était devenue *Terra Australis Nondum Cognita*[21] et la Nouvelle-Guinée s'y profilait en forme d'île. Au XVIIe siècle, le mythe de la terre australe s'évanouit au gré des expéditions françaises et anglaises.

Aperçue par le capitaine portugais Antonío de Abrea (Antonio d'Abreu) en 1511 et par Jorge de Meneses en 1526, la Nouvelle-Guinée reçut en 1529 le nom de *Isla del oro* par l'Espagnol Alvaro de Saavedra, en 1545 celui de *Nueva Guinea* par Ynigos Ortiz de Retes passé près de l'embouchure du Mamberamo, et *Ilhas dos Papuas*[22] par Antonio d'Abreu en 1551. À partir du XVIe siècle, les côtes furent revendiquées par le sultanat de Tidore dans les Moluques voisines. En 1605, Willem Jansz proclama à son tour propriété du royaume des Pays-Bas la moitié

---

[20] Bonnemaison, J., *Gens de pirogue et gens de la terre. Les fondements géographiques d'une identité. L'archipel du Vanuatu*, Essai de géographie culturelle, Livre I, Paris, Orstom Éditions, 1996 (1re éd. 1986), p. 19.

[21] C'est-à-dire « la terre du Sud non encore découverte ».

[22] Du malais *pua-pua* signifiant « cheveux crépus » pour l'explication la plus répandue. Selon Defert, G., *op. cit.*, p. 16 et 57, le terme, d'origine moluquoise, prend plutôt le sens de « sans père » en raison de l'absence d'autorité centralisée sur les côtes pour se révolter contre les marchands d'esclaves. Enfin, *Papua* signifierait « pirate » en timorais et en kisar, en allusion aux larcins des habitants des îles voisines.

Repères géographiques et historiques

ouest de l'île[23]. Une série de traités furent signés entre les sultanats moluquois et la Compagnie des Indes Orientales, confirmant le patrimoine néerlandais sur les îles néo-guinéennes avec tutelle de Tidore[24].

Le premier Européen à jeter l'ancre le long de la côte asmat fut le marin portugais Luis Váez de Torres en 1606, comme en atteste le dessin qu'il réalisa d'un homme portant un bouclier asmat. Il fut suivi d'un commerçant néerlandais, John Carstensz, vigoureusement repoussé en 1623, comme son compatriote Thomas Pool en 1636. Carstensz fut la risée de ses pairs pour avoir aperçu un glacier au sommet du mont qui porte encore son nom[25] sur certaines cartes. Quand James Cook aborda sur la côte sud le 3 septembre 1770, il fut accueilli comme ses prédécesseurs : plusieurs marins furent tués. L'explorateur néerlandais Kolff, jetant l'ancre le 13 mai 1826 dans les mêmes parages, fut reçu tout aussi vivement. La première colonie européenne en Papouasie occidentale, de courte durée, fut la britannique Fort Coronation, près de Manokwari, en 1793[26].

Hormis de rares explorateurs aux XVIIe et XVIIIe siècles, les Européens se découvrirent un intérêt pour l'île au XIXe siècle, en particulier les Néerlandais et les Anglais. Des suites des guerres napoléoniennes, les colonies néerlandaises furent sous administration britannique entre 1811 et 1816 ; ceci incita les Pays-Bas en 1828 à proclamer leur souveraineté sur la Papouasie occidentale jusqu'à 141° de longitude est, confirmée dans un traité avec la Grande-Bretagne en 1848 et avec le sultanat de Tidore en 1872[27]. Comme le fait remarquer Farhadian[28], « l'impact de cette décision se répercuterait sur les 150 années suivantes de l'histoire de la Papouasie ». La même année (1828), la côte sud fut cartographiée par Modera ; ses contours avaient déjà été dessinés par Torres en 1606, par Carstensz en 1623 et par Cook en 1770. Aucune administration de cette colonie des Indes occidentales néerlandaises ne fut instaurée avant le XIXe siècle et la Nouvelle-Guinée fut la dernière région du Pacifique à voir arriver les négociants et les colons européens.

---

[23] Nile, R. & Clerk, Ch., *Cultural Atlas of Australia, New Zealand & the South Pacific*, New York, Facts on File, 1996, p. 146.

[24] Defert, G., *op. cit.*, p. 68-70 ; Farhadian, C. E., *op. cit.*, p. 34-39.

[25] Le nom indonésien est Puncak Jaya (5039 m).

[26] Souter, G., *op. cit.*, p. 20.

[27] Nile, R. & Clerk, Ch., *op. cit.*, p. 146 ; Wassing, R., « History: Colony, Mission and Nation », in Smidt, D.A.M. (ed.), *Asmat Art. Woodcarvings of Southwest New Guinea*, New York, George Braziller & Leiden, Rijksmuseum voor Volkenkunde, 1993, p. 27.

[28] Farhadian, C. E., *op. cit.*, p. 37.

Quatorze expéditions néerlandaises de repérage côtier furent organisées entre 1875 et 1883, et plus de 140 vers l'intérieur des terres entre 1900 et 1914[29]. Celles de la Société nationale géographique néerlandaise, entre 1903 et 1917, visaient à gagner le mont Carstensz, finalement atteint en 1936. En 1902, un poste administratif fut établi à Merauke suite à une vague d'intrusions marind[30] en Nouvelle-Guinée britannique en 1899[31]. En 1920, 820 aventuriers tentèrent leur chance avec 59 bateaux. Les sculptures asmat collectées lors des deux premières décennies du XXe siècle rencontrèrent l'admiration européenne et aboutirent aux voyages de collecte d'objets en 1922 de l'ethnologue Paul Wirz, actuellement dans les réserves du Museum für Völkerkunde de Bâle, et en 1935 de Lord Moyne du Museum of Mankind à Londres. En région mimika au nord-ouest Asmat, des postes néerlandais furent détruits par une centaine d'Asmat lors d'un des trois raids contre les Mimika de 1928. Ils furent punis par l'exécution de seize guerriers asmat par les forces néerlandaises en 1930 et par une expédition punitive en 1931 dont seuls dix-sept Asmat réchappèrent. En 1933, quatre policiers néerlandais furent tués par les Asmat[32].

Malgré l'arrivée des missionnaires, des commerçants et des aventuriers, la colonie néerlandaise ne comportait que 200 résidents européens en 1938[33], cantonnés à Manokwari d'après Carleton Gajdusek*. Tandis que des chasseurs de crocodiles et des négociants remontaient les fleuves, Felix Maturbongs posa les jalons de futurs postes gouvernementaux notamment au lieu-dit Akhat[34], renommé en « Agats », dans l'espoir de réduire les raids asmat en territoire mimika[35]. Un poste fut ouvert à Agats (1938-1942), et Maturbongs quitta les lieux lors de l'invasion japonaise. Un bateau japonais à la recherche de recrues jeta l'ancre en 1942, à proximité d'Amborep. Leur souvenir est encore

---

[29] Avant 1900, le seul Occidental à s'engager à l'intérieur des terres fut le naturaliste italien Luigi Maria d'Albertis vers 1870. Cf. Taylor, P. M., *op. cit.*, p. 32.

[30] Dans la région de Merauke, les Marind-Anim firent beaucoup parler d'eux pour leurs parures haut en couleurs, leurs rituels imprégnés de sexualité et leur pratique active de la chasse aux têtes. Les pères du Sacré-Cœur MSC néerlandais, dont le peintre belge Petrus Vertenten MSC, s'installèrent dans la région en 1905.

[31] Zubrinich, K., *op. cit.*, p. 32.

[32] Trenkenschuh, F., « Some Additional Notes on Zegwaard from a 1970 Vantage », in Trenkenschuh, F. A. (ed.), *An Asmat Sketch Book n° 1*, Agats, The Asmat Museum of Culture and Progress, 1982, p. 36.

[33] Defert, G., *op. cit.*, p. 81.

[34] En réalité, ce terme – « bon », qui qualifie aussi la tradition asmat – ne concernait pas un lieu-dit, le nom vernaculaire étant Buitsjiwew, le lieu des sources. Agats n'est pas le seul endroit à avoir été pensé *akhat* originellement : c'est aussi le cas d'Ayam.

[35] Gerbrands, A. A., *op. cit.*, *Wow-Ipits*, p. 11.

présent dans les mémoires : un prisonnier asmat parvint à s'enfuir, et deux autres furent emmenés par les Japonais. L'après-guerre suscita davantage d'explorations, notamment grâce au développement de la cartographie aérienne. En 1946, de nombreux Asmat migrèrent en région mimika suite à un surcroît de chasses aux têtes ; ils regagnèrent le marais dès 1953, encouragés par le gouvernement néerlandais[36].

L'oubli du droit des peuples à disposer d'eux-mêmes

Parallèlement à la pacification des basses terres, la Papouasie occidentale changea de mains. Sous occupation japonaise (surtout à Biak) pendant trois ans lors de la Seconde Guerre mondiale, elle redevint néerlandaise en 1945. Des missionnaires furent emprisonnés pendant cette période. L'indépendance de l'Indonésie, décrétée unilatéralement le 17 août 1945 par Mohamed Hatta et accordée sous la pression américaine le 30 décembre 1949, excluait ce territoire. Pour Mohamed Hatta, défenseur du droit des peuples et futur vice-président de l'Indonésie, les frontières du nouvel État devaient correspondre à celles des anciennes Indes néerlandaises, sauf la Papouasie occidentale en raison de son peuplement mélanésien justifiant la création d'une nation distincte[37]. Un comité néerlandais, incluant l'anthropologue J. G. Held et l'administrateur colonial J.P.K. Eechoud, statua sur les différences entre les peuples de part et d'autre, et recommanda aux membres du cabinet néerlandais en 1949 de les considérer comme des entités politiques distinctes. Le contrôle armé sur la demi-île fut alors renforcé. En 1952, l'anthropologue Jan van Baal, conseiller colonial et anthropologue spécialiste des Marind[38], devint gouverneur de la colonie. À la même période, la pression internationale sur l'Australie et les Pays-Bas pour renoncer à leur mainmise sur les peuples du Pacifique, en l'occurrence ceux de la Nouvelle-Guinée, incita les Pays-Bas à publier des livrets sur leurs efforts à fournir aux Papous des outils pour l'indépendance[39].

La constitution de plusieurs entités indépendantistes à majorité autochtone et le « droit des Papous à l'autodétermination » défendu par les Néerlandais et les Australiens dès 1957 aboutirent à un Mouvement pour l'Unité de la Nouvelle-Guinée (Gerakan Persatuan Nieuw Guinea ou New Guinea Council) le 19 octobre 1961[40] et à l'indépendance de fait. Cela n'empêcha pas Sukarno de lancer son « Ordre pour la Libéra-

---

[36] Zubrinich, K., *op. cit.*, p. 25.
[37] Defert, G., *op. cit.*, p. 114-115.
[38] van Baal, J., *Dema: Description and Analysis of Marind-Anim Culture*, The Hague, Martinus Nijhoff, 1966.
[39] Zubrinich, K., *op. cit.*, p. 46-49 et 56-57.
[40] Defert, G., *op. cit.*, p. 165-171.

tion de la Papouasie Occidentale » lors de la campagne Mandala le 19 décembre 1961, avec pour objectif de soustraire la Papouasie « aux griffes de l'impérialisme néerlandais[41] ».

Malgré tout, la Papouasie occidentale fut placée sous tutelle de l'ONU[42] le 15 août 1962 dans le but d'un transfert d'autorité à l'Indonésie le 1er mai 1963, selon une interprétation fantaisiste du « droit des peuples à disposer d'eux-mêmes ». En réalité, l'appui militaire soviétique à l'Indonésie[43] en cette période de guerre froide alerta les Américains, qui craignirent une perte d'ascendant sur cette partie du monde tout en voulant rester en tête de liste pour exploiter le gisement de Grasberg. Soucieux de s'allier Sukarno, ils firent pression sur les Néerlandais pour les inciter à céder leur colonie et à renier l'autodétermination papoue[44]. L'Indonésie convoitait les ressources naturelles de la demi-île, la main-d'œuvre « gratuite » et l'opportunité de désengorger ses provinces surpeuplées par la transmigration : les déplacements de population commencèrent en 1964 dans la ligne du *Pancasila*[45], instauré en 1985 dans le cadre de l'Ordre Nouveau de Suharto[46]. Les partisans de l'annexion la justifièrent par des précédents historiques, dont l'intégration de la Papouasie dans un tout politique (les Indes néerlandaises) et des accords de rafles d'esclaves du XVIIe siècle entre des chefs de la région de Sorong et les sultans de Tidore. Selon Knauft[47], la souveraineté du sultanat tenait davantage de la fiction que de la réalité. Le 1er décembre 1963, des troupes d'élite de la famille du président Sukarno, les Tiga Komando Rakhyat (« Trikora ») furent envoyées en Papouasie pour en prendre le contrôle effectif.

Simultanément à l'invasion militaire de la Papouasie, le décret présidentiel n° 8 de 1963 rendit illicite la formation de nouveaux partis ou de sections de partis dans la 26e province indonésienne et abolit les partis autochtones, et des décrets ultérieurs prônèrent la répression diligente

---

[41] Souter, G., *op. cit.*, p. 226.

[42] Sous le nom United Nations Temporary Executive Authority (UNTEA).

[43] Sukarno avait été jusqu'à envisager une intervention armée contre les Pays-Bas s'ils continuaient à refuser de céder leur colonie.

[44] Souter, G., *op. cit.*, p. 201.

[45] Les cinq principes fondateurs de l'État Pancasila, dont l'adhésion à une religion officielle, visent à rassembler des gens de toutes origines dans une société juste, prospère et harmonieuse. Cf. Martono, *Transmigration in the National Development of Indonesia*, Jakarta, Department of Transmigration, 1985, p. 2-17.

[46] Spyer, P., « Serial Conversion/Conversion to Seriality: Religion, State, and Number in Aru, Eastern Indonesia », in Van der Veer, P. (ed.), *Conversion to Modernities: The Globalization of Christianity*, New York & London, Routledge, 1996, p. 181.

[47] Knauft, B. M., *op. cit.*, p. 32.

des actes de subversion[48]. Une fraction d'intellectuels papous – la majorité de la population, isolée, ignorait ces changements politiques – se mobilisa et créa le 28 juillet 1965 l'OPM (Organisasi Papua Merdeka), l'Organisation pour l'Indépendance de la Papouasie, encore active. Des militants rencontrés à Merauke en 1999 me montrèrent la preuve de 50 000 morts pour subversion à l'occasion de l'annexion. Le 19 novembre 1969 fut signé « Pepera » (Penentuan Pendapat Rakyat), un Acte de Libre Choix (*Act of Free Choice* surnommé *Act Free of Choice*) qui se concrétisa en « une consultation fictive dont les résultats lui étaient d'emblée acquis[49] ». Dix ans avant le référendum, donc avant les Trikora, la Papouasie était déjà acquise sur la carte d'un « Dictionnaire des peuples » américain[50].

À l'ouverture officielle de la mine d'or et de cuivre de Tembagapura en 1973[51], le plus gros gisement du monde, Suharto rebaptisa la Papouasie occidentale, appelée Irian Barat (Irian[52] occidental) depuis 1962, en Irian Jaya (Irian glorieux ou victorieux). Avec la transmigration, la pression sur l'habitat et l'exploitation outrancière des ressources, les

---

[48] *Ibid.*, p. 243.

[49] Outre l'admission des volontaires de l'ONU aux scrutins *après* les élections, les délégués papous furent « avertis que toute réponse négative le jour des consultations, serait considérée comme "une trahison" » selon Suharto cité par Reuter, d'après Defert, G., *op. cit.*, p. 237 et 257-258. Parmi les 1 025 signataires, certains furent poussés à signer en échange de prostituées et de riz et d'autres signèrent sous la contrainte, après avoir été parqués dans des camps. Il y eut des morts.

[50] Nevins, A. J., *The Maryknoll Book of Peoples*, New York, John J. Crawley & Co., Inc., 1959, p. 256.

[51] D'après O'Neill, Th., « Irian Jaya », in *National Geographic* 189 (2), 1996, p. 29, le premier contrat fut signé en 1967 pour 12 000 hectares et le dernier en 2004 pour 4,5 millions d'hectares sur 40 ans, soit « une fois et demi la taille du Vermont ». L'exploitation de la mine de Ertsberg commença en 1967, et celle de Grasberg fut « découverte » en 1988. À l'époque, les Amungme se recueillaient devant les montagnes Grasberg et Ertsberg, propriété des ancêtres des clans amungme et surnommées en indonésien *gunung susu ibu* (les montagnes du lait maternel), la première montagne étant devenue un gouffre.

[52] On trouve plusieurs hypothèses sur l'origine du terme, proposé en 1946 par Frans Kaisiepo. La première, vraisemblable, est un terme malais signifiant pour l'île « couvert de nuages ». Une autre hypothèse est un acronyme indonésien pour « Ikut Republik Indonesia Anti-Nederland ». Cela semble peu plausible car les Portugais nommaient déjà l'île « Irian » dans un document de 1536. De plus, les articles de Petrus Vertenten MSC évoquaient déjà « l'Irian Sud » plus de 40 ans avant l'annexion par l'Indonésie. Il y est aussi fait référence dans un texte poétique de Biak. Enfin, une hypothèse distingue *iri* et *an*, signifiant « terre chaude » dans une langue de Biak, ou « territoire d'origine » dans un idiome de Merauke.

tensions entre les populations papoues et les Indonésiens des autres îles subsistent plus que jamais[53].

Bien que les hostilités envers l'envahisseur soient vite étouffées en milieu urbain, le mouvement de résistance prit de l'ampleur au fil des ans et se propagea dans la jungle. En dehors des groupuscules incontrôlés qui s'en revendiquent, les dirigeants de l'OPM cherchent à obtenir l'indépendance par des voies pacifiques. Ils fondèrent le Foreri, un forum pour la réconciliation de la société irianaise, puis le Panel, un organe législatif de 501 membres, et le Praesidium, l'organe suprême exécutif de 31 membres. La TPN (The Liberation Army of the Free Papua Mouvement) est l'armée de libération de l'OPM. En parallèle, aux Pays-Bas, des intellectuels papous tentent de démontrer l'illégalité de l'Acte de Libre Choix. Les premières mobilisations eurent lieu dans les années 1990, avec le déploiement d'emblèmes politiques unissant les deux moitiés de l'île. Le 6 juillet 1998, une grande manifestation à Biak, dans le Nord, fut punie par l'exécution de 500 personnes. Il en résulta la diffusion par un réseau de résistants de T-shirts arborant le drapeau de la Papouasie occidentale et son étoile du matin.

Finalement, depuis l'arrivée des Indonésiens en Papouasie en 1963, on ne compte plus les soulèvements en faveur de l'indépendance. Le rôle de l'Église catholique, neutre ou militant, varie d'un groupe ethnique à l'autre. En 2000-2001, la Papouasie se révolta en une seule voix pour mettre fin à l'oppression. On appelait ces rebelles les *pasukan koteka* (« guerriers en étui pénien » armés d'arc et de flèches). Les représailles furent brutales. Des tirs en rafale balayèrent les côtes ; mes informateurs décrivent l'armée tirant à vue sur les femmes et les enfants à Merauke. Depuis lors, les velléités se font plus discrètes.

Ces ressources naturelles qui tombent à pic

Cette description du contexte socio-politique ne peut se passer de celle de l'exploitation des ressources naturelles, entamée avec l'Acte de Libre Choix. Auparavant, une consultation populaire précédait la vente des ressources forestières, étendues sur 80 % du territoire. Ce n'est plus le cas. Lors d'un discours en 1971, Suharto déclara : « il n'est pas nécessaire de nous prendre la tête à propos des dettes, puisqu'il nous reste encore des forêts pour les rembourser[54] ! ». Suite à la vente de

---

[53] de Hontheim, A., « Évangélisation catholique des Asmat en Papouasie occidentale : une composante de une composante de "l'humanisation" », in *Anthropos* 98, 2003, p. 407-419.

[54] Baker, R. W., « The Deforesting of Irian Jaya », in *The Nation* 258, Issue of February 7, 1994, p. 162.

bois[55] et à la transmigration, le taux de déforestation est le deuxième du monde[56], après le Brésil. La clause 17 de l'Acte forestier de base pour l'Indonésie de 1967 interdit aux communautés locales de s'opposer à l'abattage de ses forêts en raison de projets de développement à large échelle, dont fait partie la transmigration[57]. En 2000, 57 entreprises se partageaient l'abattage et le négoce des bois[58]. L'intellectuel papou John Rumbiak[59] résume la situation :

> Les Français cherchent de l'uranium dans la péninsule à tête d'oiseau. Les Australiens étudient la région korowai pour l'or. Les Anglais et les Américains cherchent du gaz naturel et du pétrole dans les forêts des basses terres. Et les Japonais coupent du bois dans le marais de mangroves de Bintuni Bay. L'Irian Jaya est en train de devenir la Sibérie de l'Indonésie, une réserve de matières premières. (traduction AdH)

En plus de l'impact sur l'équilibre médico-sanitaire et socio-économique de nombreux groupes humains, des espèces animales et végétales s'éteignent suite au saccage de la forêt, de la pollution[60] et de la libre exploitation des produits commercialisables (plumes d'oiseaux de paradis[61], rotin, essences de bois, perroquets, cacatoès, calaos, résine de copal[62], coprah, muscade, poissons, or et argent, cuivre, uranium, hydrocarbures, nickel, cobalt, gaz naturel, lawang[63]).

---

[55] L'Indonésie est le premier exportateur mondial de contre-plaqué. Cela représente 37 millions de m^3 de bois par an. Cf. Warloya, L., « Menace sur la plus grande forêt d'Asie », in *Demain le Monde* 48, 2000, p. 18-19.

[56] 1,5 millions d'hectares par an d'après un rapport de la Banque mondiale cité par Warloya, *idem*. Il s'agit également de la deuxième sylve du monde.

[57] Wing, J. R., *op. cit.*

[58] Warloya, L., *op. cit.*, p. 18-19.

[59] O'Neill, Th., *op. cit.*, p. 29.

[60] Autour d'Agats, les fleuves contiennent des myriades de gouttes huileuses brunes visibles à l'œil nu dont sont responsables les habitants de la ville. En contrebas de Jayapura, à l'embouchure d'une rivière, des abris de tôles et de tissu surplombent des monticules de détritus de plusieurs mètres de haut, fouillés par les habitants papous.

[61] Il y a 43 espèces sur l'île. L'appellation « oiseau de paradis » provient d'une rumeur du XVIIIe siècle selon laquelle ces oiseaux, dépourvus de pattes – en réalité coupées avant d'être vendus pour les chapeaux des coquettes européennes – vivaient dans le ciel et se reproduisaient en vol. « La demande [de plumes] par les Européens a bouleversé nombre de sociétés avant même que la colonisation ne s'installe officiellement » d'après Lemonnier, P., « La chasse à l'authentique. Histoires d'un âge de pierre hors contexte », *Terrain* 33, 1999, p. 101.

[62] Tiré d'*Agathis alba*.

[63] Huile essentielle extraite des arbres de l'espèce *Cinnamomum*.

Dans un texte de 1978, Van Arsdale[64] évoquait déjà la gestion problématique des ressources naturelles de l'*Irian kaya* (Irian riche) :

> L'écosystème de la forêt pluviale des marais est extrêmement délicat. Il faut constater ses limites, spécialement l'exploitation du bois de coupe. En dépit des difficultés y-afférentes, des programmes de reboisement devraient être mis en place immédiatement. Le crocodile est une autre ressource en péril qui devrait également être renouvelée, peut-être via sa réintroduction sélective dans les zones dépeuplées. (traduction AdH)

Sur la côte sud, des richesses telles que l'or[65], l'argent[66], l'uranium, les hydrocarbures, le cuivre, le nickel, le gaz naturel et les bois précieux attirent les convoitises étrangères depuis des décennies et motivent l'expropriation des villages. En 2004, un marchand citait des papillons[67] vendus 200 euros, du bois de chemin de fer[68] acheté à 30 euros et vendu 1200 euros en Chine et l'*aruana*[69], prisé en gastronomie et vendu au prix du kilo de l'argent de Senggo. Lorsqu'ils se déplacent à « l'intérieur[70] » pour arrondir leurs fins de mois, les militaires exigent des populations sept types de ressources : paradisiers, oiseaux de compagnie[71], pierres noires[72], cochons, fruits et poissons. Dans un village des piémonts, je vis que d'autres denrées les intéressaient également : pépites d'or, pierres de couleur, pyrite, œufs de tortue et « nid d'oiseau[73] ». Parmi ces ressources,

---

[64] Van Arsdale, P. W., *op. cit.*, p. 325.

[65] Des gisements sont exploités à Tembagapura, Nabire et Jayapura. J'ai cité la mine de Grasberg, exploitée par Freeport McMoRan et ses camions les plus gros du monde. Cf. Mealey, G.A., *Grasberg: Mining the Richest and Most Remote Deposit of Copper and Gold in the World, in the Mountains of Irian Jaya, Indonesia*, New Orleans (LA), Freeport-McMoRan Copper & Gold Inc., 1996, p. 185.

[66] L'argent extrait à Senggo, à l'est de l'Asmat, est acheté 0,3 euros en Papouasie et revendu 150 euros à Singapour.

[67] La Nouvelle-Guinée abrite la plus grande espèce du monde, le « papillon à ailes d'oiseau » (*Ornithoptera alexandrae*), une variété noire de 30 cm d'envergure, endémique au nord de la Papouasie et figurant dans la liste CITES des espèces menacées d'extinction. www.cites.org/fra/app/appendices.doc

[68] Certaines voies d'eau transversales entre les grands fleuves sont obstruées par un tapis de troncs ébranchés, reliés entre eux et destinés à l'exportation.

[69] *Ophicephalus* spp. ou « poisson-dragon ». *Goldfish* se traduit par « poisson rouge ».

[70] De l'expression indonésienne courante *di dalam*, « dedans » ou *di tenggah*, « au milieu », exprimant la densité et l'étendue de la jungle, malgré la déforestation.

[71] *Urib* (lorries et perroquets) et cacatoès dont *Probisciger atterimus goliath*.

[72] À Agats, je vis plusieurs Indonésiens posséder des pierres polies par l'eau « les plus foncées possibles » manipulées comme un trésor. Plus la pierre est « noire », plus elle suscite l'intérêt, tant des Indonésiens que des Asmat.

[73] Nids faits de sécrétions salivaires, fabriqués par plusieurs espèces de martinets (*Collocalia* spp., *burung walet* en indonésien) et prisés dans la gastronomie chinoise.

le bois d'aigle[74] est celle qui suscita le plus de remous. Entre 2001 et 2004, la côte sud fut envahie par des milliers de prospecteurs de tous pays d'Asie. Des villages masculins naquirent dans la jungle, visités par des bateaux de prostituées qui remontaient les fleuves pour repartir ensuite, fortune faite. Les rues sur pilotis offraient le spectacle d'hommes marchant sur la pointe des pieds pour éviter les copeaux séchant au soleil, avec pour sujet principal de conversation le taux du bois d'aigle et de la prostituée. Dans ces bastions de pionniers sans police ni mission, les comptes se réglaient au couteau. Dans les villages autochtones, les écoles et les églises furent désertées au profit de la ruée. Les ressources en bois d'aigle furent taries en quelques années.

Cette description économico-politique donne un aperçu du bouillonnement social auquel furent soumises les terres de basse altitude, à peine visitées cinquante ans plus tôt par des marchands de passage et par les expéditions punitives. Cette négligence se justifiait surtout par la crainte des habitants dont la réputation de férocité faisait parler d'eux jusqu'à Jakarta. C'est dans ce contexte que les missionnaires intervinrent.

Une déferlante de missionnaires en Océanie

De la Propaganda Fide à l'atomisation religieuse

Au cours des deux derniers siècles, l'expansion spectaculaire du christianisme en Afrique et en Asie constitue selon Etherington[75] « une des transformations culturelles les plus remarquables de l'histoire de l'humanité ». Dans l'idée « d'extirper la sauvagerie » d'hommes parfois traités en curiosités scientifiques[76], l'exportation de la foi catholique s'intensifia au début du XIXe siècle sous la direction de la Sacrée Congrégation pour la Propagation de la Foi[77]. Créée le 22 juin 1622 par Grégoire XV, elle instruisait les missionnaires avant leur envoi sur le terrain. À partir du XVIIIe siècle, la Propagande affecta des congréga-

---

[74] *Aquilaria* spp., *gaharu* en indonésien. Acheté à 1 200 euros le kilo et revendu dix fois plus cher en Arabie Saoudite et à Taiwan, la valeur du bois augmente selon l'imprégnation d'une résine causée par un spore sur *Aquilaria malaccensis (Thymelaeacae)*.

[75] Etherington, N., *op. cit.*, p. 1.

[76] La Vénus hottentote stéatopyge eut un équivalent australien. Truganini, « la dernière aborigène de Tasmanie », fit l'objet d'examens détaillés avant d'expirer en 1876. Exhumés, ses restes furent exposés dans des musées avant d'être rapatriés en 1976 pour être incinérés. Les scientifiques du XIXe siècle prenaient les aborigènes pour le chaînon manquant de l'évolution et envoyèrent les restes de milliers d'entre eux dans les grands musées d'Europe. Cf. Nile, R. & Clerk, Ch., *op. cit.*, p. 34 et 139.

[77] Sacra Congregatio de Propaganda Fide devenue plus tard « Congrégation pour la Propagande de la Foi » puis « Congrégation pour l'Évangélisation des Peuples ».

tions aux régions du monde dont la christianisation était jugée la plus pressante, administrées par des vicaires apostoliques et confiées ensuite en partie à une autre congrégation[78].

Dans la mouvance du courant romantique, de l'exploration territoriale et de la colonisation de terres lointaines, l'Océanie du XIXe siècle vit arriver une déferlante de missionnaires soucieux d'apporter le Salut et la civilisation aux sauvages et aux démunis[79]. Faute de moyens aisés de communication, le voyage était souvent un aller simple et nombre d'entre eux disparurent avant même d'arriver à destination. D'autres succombèrent dans les six premiers mois de leur ministère suite aux privations, aux maladies, à l'isolement, au climat et aux assauts des autochtones[80]. Partout dans le Pacifique, de nouvelles maladies comme la rougeole, la variole, la grippe espagnole et la coqueluche se répandirent, tandis que les maladies locales et les flèches emportaient les missionnaires[81]. « En lisant les récits de ces premiers temps, la plus grande question à poser est si une seule mission parvint à s'implanter », écrit Barker[82]. Plutôt que de décourager les candidats, ces « martyrs morts pour la foi » exaltèrent les consciences et éveillèrent de nouvelles vocations. En Océanie, les églises sont si nombreuses que Bonnemai-

---

[78] Perbal, A., « La direction centrale de l'apostolat », in *Histoire universelle des missions catholiques. L'Église catholique face au monde non chrétien*, Delacroix, S. (dir.), Paris, Librairie Grund, 1958, p. 78-79.

[79] Pirotte, J., « Le renouveau missionnaire de l'époque romantique et coloniale (du milieu du XIXe siècle à 1914) », in Pirotte, J. & Soetens, C. (dir.), *Évangélisation et cultures non européennes. Guide du chercheur en Belgique francophone*, Cahier de la revue théologique de Louvain n° 22, Louvain-la-Neuve, Faculté de Théologie, 1989, p. 19.

[80] De l'autre côté de la frontière, le moral et la santé des catholiques eurent aussi à pâtir du pays ; dans les années 1880, « le courrier [de Papouasie] faisait état des santés délabrées en raison des conditions précaires d'existence, de l'isolement dont souffraient les missionnaires confinés chacun dans sa station, et surtout de la crise d'autorité qui sévissait parmi le personnel par suite de la sénilité de son chef, Mgr. Navarre […] [dont] l'état maladif […], comme autrefois au temps de Mgr. Verjus, se trouve dans une sorte d'amollissement du système nerveux. Il oublie, il prend des ombres pour des réalités, il rêve et fabrique des faits qui n'ont jamais existé » selon Delbos, *op. cit.*, p. 104. « Le gouverneur […] dit que la mortalité et la maladie sont plus grandes parmi nos pères et nos sœurs que parmi le personnel des autres missions […] [qui] n'ont pas la connaissance qu'on a ailleurs des conditions imposées par le climat de la Nouvelle-Guinée », *ibid.*, p. 121.

[81] Shadbolt, M. & Ruhen, O., *Les îles du Pacifique sud*, Paris, Flammarion, 1977 (traduit de l'américain), p. 158 ; Barker, J., « An Outpost in Papua: Anglican Missionaries and Melanesian Teachers Among the Maisin, 1902-1934 », in Brock, P. (ed.), *Indigenous Peoples and Religious Change*, Studies in Christian Mission 31, Leiden, Brill Academic Publishers, 2005, p. 81 et 84.

[82] Barker, J., « Where the Missionary Frontier Ran Ahead of Empire », in Etherington, N. (ed.), *Missions and Empire*, Oxford, Oxford University Press, 2005, p. 87.

son[83] parle d'une « atomisation religieuse » partiellement due à la compétition entre églises et à la division des sociétés.

Les sphères d'influence en Nouvelle-Guinée protestante

Dans la baie de Geelvinck, les premiers missionnaires protestants de Papouasie occidentale, des Allemands, arrivèrent dès 1855 à Mansinam. En 1863, ils furent rejoints par J. C. van Hasselt de l'Utrecht Missionary Union[84] (UZV), soutenue par les Églises réformées néerlandaises[85]. Nombre de ces pionniers périrent. « Après vingt-cinq ans d'efforts acharnés, le nombre de morts parmi les missionnaires et les membres de leurs familles dans la région excédait le nombre de baptêmes[86] ». Ces missionnaires ne parvinrent pas à convertir plus de 200 personnes avant 1905[87]. Leurs successeurs s'installèrent sur les traces des expéditions de repérage du début du XXᵉ siècle, ce qui sema la confusion dans les esprits des habitants entre les religieux et l'administration coloniale.

Par la suite, les sociétés missionnaires protestantes créèrent en Nouvelle-Guinée des centaines d'Églises d'orientation théologique différente[88]. Ces « royaumes religieux, sortes de théocraties locales[89] » furent fondés en marge des commerçants athées occidentaux et du « paganisme » autochtone. Ceci répondait à la division de l'île en sphères d'influence lors d'un accord de 1890 à Port Moresby entre les anglicans et les wesleyens de la LMS[90]. Cautionnée par Chamberlain (ministre anglais des Colonies) et MacGregor (gouverneur de la Nouvelle-Guinée britannique), cette politique octroyait à chaque confession un territoire délimité pour éviter les rivalités religieuses. En 1904, le congrès eucharistique de Melbourne s'y opposa[91]. L'unité des sociétés missionnaires se concrétisa par un Conseil international des missions en

---

[83] Bonnemaison, J., *op. cit.*, p. 305.

[84] Un siècle plus tard, elle deviendrait en 1956 la GKI (Gereja Kristen Injili), associée à TEAM en région asmat. Cf. Cooley, F. L., *Indonesia: Church and Society*, New York, Friendship Press, 1968, p. 161.

[85] Lange, R., *op. cit.*, p. 291.

[86] Souter, G., *op. cit.*, p. 23.

[87] *Idem*.

[88] Dans un film de Balmès, un guerrier de Mundugya cite, par ordre chronologique depuis le premier blanc en 1955, les méthodistes, les catholiques, les adventistes, l'Église évangélique de Papouasie, les luthériens et les apostoliques. Cf. Balmès, Th., *L'évangile selon les Papous*, Canal +, Les Films d'ici, TBC Productions, Millenium Film, Programme Media de l'Union européenne, 1999. Il y aurait une centaine d'Églises rien que dans la cordillère de Papouasie Nouvelle-Guinée.

[89] *Ibid.*, p. 303.

[90] *London Missionary Society* fondée en 1795.

[91] Delbos, G., *op. cit.*, p. 153.

1920 – ensuite fusionné avec le Conseil Œcuménique des Églises – à la tête de conseils nationaux et de commissions de contact[92].

Des villages modèles sur la côte sud

Chez les catholiques, le premier vicariat de Mélanésie fut confié en 1844 à Mgr. Epalle. En 1880, la Congrégation des pères du Sacré-Cœur d'Issoudun se vit assigner par le pape les deux vicariats de Mélanésie et de Micronésie[93]. Sur la côte sud, le père Lecocq d'Armandville SJ[94] fut le premier catholique à établir une mission en 1892 à Kapaur, près de Fak-Fak ; il fut tué en 1896, ce qui fit de lui le premier martyr catholique de Papouasie occidentale[95]. En 1894, le père van der Heijden SJ s'y établit pour peu de temps[96]. Les deux premiers postes gouvernementaux furent bâtis en 1898 à Manokwari et à Fak-Fak, puis un poste permanent le 13 février 1902 près de l'embouchure du Maro à Ermasu, devenu Merauke de Maro ke, « fleuve Maro ». Cette région dut être pacifiée suite aux plaintes anglaises relatives aux attaques de Marind « citoyens néerlandais » de l'autre côté de la frontière[97]. Avec des aventuriers moluquois et chinois, les fonctionnaires néerlandais, revenus dans la région d'Agats en 1911 et chez les Muyu en 1912, déclenchèrent la fureur des Marind pour s'être installés chez eux sans autorisation. Ils furent suivis en 1904 par le premier missionnaire MSC, Mathias Neijens, puis par d'autres sur la côte sud le 14 août 1905. En 1913, les « villages modèles[98] » créés pour contrer la syphilis et abritant des centaines de

---

[92] Colin, P., « Les missions anglicanes et protestantes », in Delacroix, S. (dir.), *Histoire universelle des missions catholiques. L'Église catholique face au monde non chrétien*, Paris, Librairie Grund, 1958, p. 268-269.

[93] Delbos, G., *op. cit.*, p. 41.

[94] Serikat Jesus (« Union de Jésus ») en indonésien ou « Société de Jésus ».

[95] Camps, R., « Pater Cornelis Le Cocq d'Armandville s.j.: eerste missionaris van Nieuw Guinea », in *Missienieuws* 69 (6), 1961, p. 82-87.

[96] Évêché de Merauke, *op. cit.*, p. 6.

[97] La région marind, dans les marais du sud, était néerlandaise, et les raids marind de l'autre côté de la frontière étaient perçus par les autorités britanniques comme des incursions néerlandaises en territoire anglais. Cf. Defert, G., *op. cit.*, p. 76 ; Wassing, R., *op. cit.*, « History: Colony, Mission and Nation », p. 27.

[98] Évêché de Merauke, *op. cit.*, p. 12-13. Comme ces missionnaires MSC, soucieux de soustraire les Marind à l'influence des marchands, Gruzinski, S., *op. cit.*, *La pensée métisse*, constate une propension des religieux du XVIe siècle à reproduire le monde des premiers chrétiens dans l'Amérique indienne. Également chez les missionnaires du XIXe siècle décrits par Salvaing, B., « Le paradoxe du missionnaire », in *Revue d'histoire moderne et contemporaine* 30, 1983, p. 271-282, affairés à bâtir un royaume chrétien dans l'Afrique sous emprise diabolique mais non encore dégradée par l'Europe. Voir enfin Laux, C., *op. cit.*, p. 201 : « L'Océanie christianisée apparaît donc aux hommes d'Église comme un havre loin de l'Occident matérialiste ».

Marind au début des années 1920, déstructurèrent les familles et interdirent les maisons des jeunes, les rituels et les parures.

Dans un climat de rivalité entre nations, les obédiences furent réparties pour éviter la confrontation en 1912, avec les protestants au Nord (Société des Missions d'Utrecht et Luthériens) et les catholiques au Sud (Sacré-Cœur néerlandais et français et Franciscains[99]), reproduisant le modèle en vigueur aux Pays-Bas. En 1920, la Préfecture Apostolique de Nouvelle-Guinée occidentale se mua en Vicariat Apostolique avec un premier évêque, Mgr. Johannes Aerts MSC. Sur la côte sud, les missionnaires MSC furent suivis en 1925[100] par des professeurs de l'île de Kai et de Manado au nord Sulawesi, à l'origine d'un violent conflit entre chrétiens[101]. À la fin des années 1920, une frontière fut tracée sur les cartes par les autorités néerlandaises depuis la baie Etna à l'ouest jusqu'à la frontière avec la Papouasie orientale à l'est. Des tensions survinrent quand Mgr. Aerts obtint l'envoi d'un prêtre à Fak-Fak, en région protestante, parce qu'il s'y trouvait des catholiques. Dans une lettre à l'évêque, les autorités protestantes menacèrent d'investir la zone mimika et celle de Merauke et de « placer un instituteur protestant à côté de chaque instituteur catholique ». Ils s'exécutèrent dès l'arrivée du prêtre à Fak-Fak et les catholiques répliquèrent en implantant des écoles partout. De nombreux villages furent divisés et certains instituteurs rivaux allèrent jusqu'à se battre physiquement. Le conflit prit une formidable ampleur jusqu'à ce que l'armée accède aux doléances catholiques en prohibant les protestants à Uta et à Kokonau et en envoyant des vêtements aux écoliers[102].

À la fin des années 1950, la plupart des convertis de Papouasie occidentale vivaient sur le littoral. Lors de l'annexion par l'Indonésie, il fut déclaré qu'un « grand pourcentage des Papous de Nouvelle-Guinée occidentale avaient été convertis au christianisme[103] ». Depuis les débuts effectifs de l'administration néerlandaise, les églises assuraient l'éducation religieuse et l'alphabétisation des jeunes papous via leurs écoles villageoises (*beschavingschool*[104]) tandis que l'enseignement public

---

[99] Defert, G., *op. cit.*, p. 76-77.
[100] Ce fut aussi l'année d'ordination du premier prêtre papou.
[101] Évêché de Merauke, *op. cit.*, p. 36.
[102] *Ibid.*, p. 38-41.
[103] Lijphart, A., *The Trauma of Decolonization: The Dutch and West New Guinea*, Yale Studies in Political Science 17, New Haven, Yale University Press, 1966, p. 151.
[104] Littéralement « école civilisatrice ». Cette expression trahit un parti pris ethnocentrique niant l'existence de civilisation chez les populations à évangéliser. Le malais était la langue dominante des côtes depuis le début du XXe siècle.

urbain était surtout destiné aux minorités européennes et asiatiques[105]. De part et d'autre de la frontière, les premiers contacts avec les missionnaires furent parfois tardifs. Dans la Western Province de PNG, les Gebusi étudiés par Knauft[106], par exemple, n'avaient été approchés par aucun missionnaire au début des années 1980.

Premiers pas missionnaires

La division religieuse du territoire impliquait un veto sur les visas que les deux parties n'hésitaient pas à faire valoir pour freiner leurs rivaux. Dès l'indépendance de l'Indonésie, TEAM introduisit des demandes de visas qui furent refusées, l'Église officielle clamant son droit exclusif d'évangéliser la côte nord et les sociétés de l'intérieur. Le gouvernement néerlandais était favorable à TEAM, mais les tensions avec la ZGK[107] persistèrent jusqu'au parachutage des Trikora en 1963. D'autres sociétés missionnaires protestantes avaient commencé à s'implanter, notamment Australian Baptist Mission, Unevangelized Fields Mission (UFM) et Regions Beyond Missionary Union (RBMU) ; leur service aérien était déjà assuré par la Missionary Aviation Fellowship (MAF). Dans les quatre ans qui suivirent la mort en 1952 de Edward Tritt et Walter J. Erikson, les deux premiers martyrs, TEAM envoya dix-neuf nouveaux missionnaires en Papouasie dont Charles et Bernita Preston, Calvin et Ruth Roesler et Robert et Doris Frazier[108].

Sur la côte sud, les catholiques avaient donc la prééminence. À la fin des années 1930, Hermann Tillemans MSC créa une école pour une poignée d'Asmat venus en région mimika et envoya des professeurs mimika en pays asmat, mais ces activités prirent fin avec la guerre[109]. D'après Willem Lommertzen MSC*, à la suite des Jésuites, les pères néerlandais du Sacré-Cœur se virent confier l'évangélisation du marais asmat en 1949, avec l'aval de Rome. Cependant, peu de personnel missionnaire fut affecté par l'évêque à la région asmat, les pères ayant déjà fort à faire avec les Mimika voisins. Pour libérer les forces vives, il convint d'un accord avec les franciscains en poste à Jayapura pour

---

[105] Defert, G., *op. cit.*, p. 148-149.

[106] Knauft, B. M., « Creative Possessions: Spirit Mediumship and Millenial Economy Among Gebusi of Papua New Guinea », in Lambek, M. & Strathern, A. (eds.), *Bodies and Persons. Comparative Perspectives From Africa and Melanesia*, Cambridge, Cambridge University Press, 1998, p. 199.

[107] Zending Gereformeerde Kerken (ZGK) ou Église Réformée Néerlandaise. Branche missionnaire dérivée de la Nederlandse Hervormde Kerk (NHK).

[108] Mortenson, V., *God Made it Grow*, Pasadena, William Carey Library, 1994, p. 444-448.

[109] Wassing, R., *op. cit.*, « History: Colony, Mission and Nation », p. 28-29.

remplacer des missionnaires du Sacré-Cœur en région mimika, et de cette façon rendre ces derniers disponibles pour la région asmat. C'est ainsi que Gerard Zegwaard MSC gagna les côtes du pays asmat en 1953 et que des catéchistes mimika furent envoyés dans des villages[110]. La mission ne fut théoriquement construite qu'en 1956, à l'arrivée de quatre missionnaires MSC qui s'installèrent à Agats, Yamasj, Ayam et Atsj, puis à Komor en 1959[111]. Malgré ces efforts, en 1957, personne n'était supposé habiter à l'intérieur des basses terres, réputées trop hostiles[112]. Il semble par ailleurs que « mission » soit un terme pompeux pour désigner les installations existantes : Carleton Gajdusek* assure qu'aucun bâtiment n'avait été construit lors de ses deux premiers séjours en région asmat en 1956-1958. Après avoir piteusement campé sur le rivage avec des marées de sept mètres, les missionnaires avaient monté leurs tentes à l'intérieur des maisons asmat, et cela résumait leurs installations.

Le missionnaire sait qu'il est un agent de changement

Le contact entre les peuples s'assortit toujours d'influence sur les comportements respectifs. Barker[113] met en garde contre l'exagération du rôle des missionnaires dans le changement et la sous-estimation de celui des catéchistes indigènes. Etherington[114] constate que les agents de conversion sont plutôt les indigènes que les missionnaires étrangers. Toutefois, dire que de nombreuses transformations ont découlé de l'action directe des missionnaires est un truisme. Une autre vérité d'évidence est l'affirmation unanime des missionnaires que les changements se sont déroulés malgré eux. Du côté protestant, ils n'ont pas l'air de percevoir la contradiction entre l'absence d'intention de transformer la culture et l'intention exprimée d'enseigner la parole de Dieu. De leur point de vue, la connaissance n'est ni neutre, ni assimilée de manière

---

[110] Selon le niveau et la confession, les catéchistes locaux furent appelés « évangélistes », « aides » ou « instituteurs », le terme « missionnaire » étant réservé aux blancs. Au XIXe siècle, la sollicitation massive de catéchistes donna lieu à des débats houleux en Océanie et en Afrique, les sceptiques arguant qu'ils répandraient la confusion et l'hérésie. Cependant, leur faible coût, leur adaptation rapide et leur remplacement aisé leur donnaient l'avantage sur les missionnaires blancs. 130 des 250 instituteurs polynésiens de la LMS en Nouvelle-Guinée moururent au cours des 26 premières années de ministère. Cf Barker, J., « Where the Missionary Frontier Ran Ahead of Empire », p. 94.

[111] DeLouw, J., *op. cit.*, p. 15 et 20.

[112] Rees, F. M., Lettre du 8 octobre au provincial Benno Mischke, Amersfoort, 1957 (Source : archives des Croisiers à Shoreview).

[113] Barker, J., *op. cit.*, « Christianity in Western Melanesian Ethnography », p. 154-155.

[114] Etherington, N., *op. cit.*, p. 7.

passive : elle provoque l'*action*. Être chrétien n'est pas seulement la connaissance de la Bible et l'aptitude à la lire, mais aussi l'adoption des attitudes assorties à la foi nouvelle. Les missionnaires de TEAM ne s'établissent pas dans le marais dans l'idée de priver les Asmat de leurs habitudes culturelles. Cependant, leur enseignement comporte une résolution implicite : écarter d'eux les objets, les fréquentations et les comportements déconseillés par la foi chrétienne. Interrogés à ce sujet, les missionnaires s'insurgent contre « les histoires de bonne femme et les histoires folkloriques », qui font partie de l'histoire des Asmat mais qui pèchent par fausseté : la seule vérité est le *gospel*. Malgré tout, « la culture est forte et elle continue à exister en filigrane », me dit Ruth Roesler* en 2005. Les missionnaires mettent en exergue l'excellent accueil et l'enthousiasme des Asmat à adhérer à la religion nouvelle, tandis que la résistance – la « force » de la culture – s'exprime depuis le début sous des formes variées.

Par rapport au changement, une différence entre les évangéliques et les Croisiers est que les seconds disent faire ce qu'ils peuvent pour le restreindre. Selon Alphonse Sowada OSC*, les groupes voisins des Asmat (Mimika, Muyu, Awyu) avec une production artistique comparable dans les années 1960, n'offrent plus qu'une « culture détruite » à défaut d'efforts pour la préserver. Les Croisiers se décrivent eux-mêmes comme des sauveteurs de culture ; la réification culturelle induit donc un changement « à reculons », quand ce n'est une reconstruction pure et simple.

En parallèle, Alphonse Sowada OSC* admet que le changement culturel est inévitable et irréversible : « Dès qu'un missionnaire pose le pied sur la terre asmat, il change des choses ». Sa manière de s'habiller, sa langue, ses actes vont influer sur celles des Asmat. Pour son amie Ursula Konrad*, « c'était le travail des missions d'apporter le changement ». Des changements surviendront de toute façon, avec ou sans le missionnaire. Forts de cette certitude, les Croisiers orientent la mutation dans le sens souhaité. Tant pour le christianisme que pour l'économie de marché, Alphonse Sowada OSC* insiste sur le fait qu'il ne faille rien forcer pour laisser les Asmat assimiler d'eux-mêmes les nouvelles valeurs dans leur contexte culturel.

Greg Poser OSC* préconise de distinguer les efforts inconscients des efforts conscients des missionnaires. Ceux-ci portent sur le souci de maintenir la culture asmat intacte tandis qu'inconsciemment (ou involontairement), la culture du missionnaire américain[115] compromet le

---

[115] Notamment son alimentation, ses moyens de locomotion, les médicaments, le port de vêtements, l'écriture de sa langue et la mixité dans sa maison cérémonielle.

succès de la préservation culturelle. Des aspects visibles de cette « culture » sont, chez les protestants, les maisons en aluminium et l'utilisation de carabines en tournée, et chez les catholiques la consommation de tabac et d'alcool et l'absence théorique de partenaire féminin. En affirmant que leur vie quotidienne se fond dans ses prolongements matériels, les missionnaires sous-entendent que c'est aussi le cas pour le christianisme.

La croix et l'épée des années 1950-1960

Dans la première décennie de l'évangélisation, les missionnaires furent impressionnés par le désir généralisé des Asmat de figurer parmi leurs ouailles. De part et d'autre, ils assurent avoir été suppliés par les Asmat de s'installer chez eux pour les instruire en religion[116]. Les populations se laissèrent tenter par les « stratégies de séduction » selon l'expression de Laux[117], c'est-à-dire les incitants matériels ou *barang*, les objets nouveaux importés par barils entiers et distribués à tout vent ou en récompense des services rendus.

À Uwus, Kasmirus Amdusu* avait un mètre de haut quand ses parents se rendirent à Agats pour participer à « la fête pour les nouveaux arrivants », des blancs. Leur couleur lui faisait très peur, comme aux autres enfants asmat. Au contraire des fonctionnaires, les missionnaires distribuaient des cadeaux : tabac, vêtements, pantalons, miroirs, colliers, couteaux, haches, assiettes, cuillers, et médailles et chapelets pour le baptême. Les Asmat étaient heureux parce qu'ils achetaient « des sculptures, des *tifa*, des boucliers, des os de casoar, des haches que l'on avait depuis longtemps, ils achetaient tout, des [colliers en] dents de cochon et de chien, tout un matériel que les ancêtres détenaient, tout comme des têtes humaines ».

---

[116] À présent, les Asmat se disent plutôt satisfaits de l'abolition de la chasse aux têtes, ce changement ayant reçu l'aval des ancêtres. Et puis, la fin de la guerre rend les déplacements plus sereins. Joe DeLouw OSC* décrit la joie des jeunes de voir s'évanouir leur standard de vie misérable, la crainte de l'ennemi et le danger permanent. Schneebaum, T., « Change in Asmat Art », in Minnesota Museum of Art (ed.), *People of the River, People of the Tree: Change and Continuity in Sepik and Asmat*, Saint-Paul, Minnesota Museum of Art, 1989, p. 57, écrit que « la plupart des Asmat préfèrent la moindre violence de leur vie actuelle et la quête de nourriture en forêt sans être constamment sur la défensive ». Il ne faut plus tuer pour assurer son Salut. Comme l'écrit Konrad, G., « Head-Hunting and Cannibalism. Past and Present Significance », in Konrad, G. & U. (eds.), *Asmat. Myths and Rituals. The Inspiration of Art*, Venice, Pizzi Amilcare/Erizzo Editrice, 1996, p. 80 : « la mort de Jésus de la main d'autrui a libéré collectivement les Asmat chrétiens de l'obligation individuelle de vengeance ».

[117] Laux, C., *op. cit.*, p. 103.

Profitant de l'attraction des objets nouveaux, Frank Pitka, un des quatre Croisiers pionniers, trouva une manière efficace pour apprendre aux Asmat l'amour du prochain[118] :

> Un de nos missionnaires qui avait vécu parmi eux pendant sept ans vint à notre bureau. Nous nous demandions comment il ferait intégrer la loi chrétienne de l'amour du prochain à des gens qui tuaient leurs voisins. Il expliqua qu'il devait utiliser une hache, mais comme cadeau. Comme ils n'avaient que des instruments en os et en bois, ils avaient surtout besoin d'une hache. Après leur avoir prêché la loi de la charité, il leur promit de donner une hache à chaque cannibale qui promettrait de ne jamais plus voler la hache d'un autre et de ne plus jamais tuer ou manger d'autres gens, parce qu'ils avaient également été créés par Dieu. (traduction AdH)

Cette situation doit être située dans le contexte de l'époque : en dépit des baptêmes catholiques de masse et des églises bondées, la conversion était encore loin. Le caractère tardif de l'évangélisation de ces régions se justifiait certes par la jungle dite impénétrable, mais surtout par l'hostilité dissuasive de ses habitants. Une des premières tâches des missionnaires fut de pacifier les basses terres avec le concours des autorités. Lesquelles étaient favorables aux missions, car elles craignaient les chasseurs de têtes et préféraient que les flèches soient destinées aux missionnaires plutôt qu'à eux. John Ohoiwutun*, le *camat* de la région asmat en 2001, s'exprima sans ambiguïté à ce sujet, tout comme Josias Benyamin Sahetapy*, employé dans les gouvernements successifs depuis 1958, et qui prit une part active à l'entreprise de pacification. Craints par les Mimika voisins qui les surnommaient *manowe*[119], les Asmat en particulier étaient de redoutables guerriers qui s'adonnaient à l'anthropophagie et à des rituels déployant une sexualité opaque aux esprits puritains néerlandais et indonésiens.

Dès 1955, les autorités luttèrent donc contre la chasse aux têtes avec la collaboration des missions[120]. La danse, les longs rituels, le jeu du *tifa*

---

[118] Becker, A. L., *Crosiers Remembered: U.S.A. 1854-1999*, Onamia, Crosier Press, 2000, p. 52.

[119] Le surnom de *manowe* des Néerlandais viendrait de *we mana we* (« les hommes qui mangent les hommes ») utilisé par les Mimika, selon le film de Corillion, J.-M., *Asmat*, Zed, Odyssée/Rai 3, Canal +, RTBF/TV5, 2001. Zegwaard, G. & Boelaars, J., « An Annotated Translation of De Sociale Structuur van de Asmatbevolking », in Trenkenschuh, F. A. (ed.), *An Asmat Sketch Book n° 1*, Agats, The Asmat Museum of Culture and Progress, 1982, p. 14, traduisirent l'inverse du mimika *manowe* « les mangeables », qui justifierait le mauvais accueil du terme en Asmat. Sowada, A., « New Guinea's Fierce Asmat: A Heritage of Headhunting », in *Vanishing People of the Earth*, Washington, National Geographic Society, 1968, p. 189, cite quant à lui *maneowé* comme un terme asmat signifiant « notre nourriture ».

[120] Sowada, A., *op. cit.*, « New Guinea's Fierce Asmat », p. 192.

et la sculpture étant pensés étroitement liés à la chasse aux têtes, ces activités furent prohibées de 1962 à 1968, et la région asmat fermée au monde extérieur. Pour décourager ces pratiques, le gouvernement néerlandais utilisa des arguments de choc. Une lettre de Delmar Hesch de 1959 citée par Zubrinich[121] relate l'abattage par balle de sept fuyards, arrêtés l'instant d'avant pour chasse aux têtes à Kaimo en octobre 1957[122]. L'incompréhension des Asmat fut totale. Ignorants la signification de l'incarcération, trois prisonniers demandèrent au HPB[123] d'envoyer leurs têtes[124] à leurs proches après les avoir mangés[125]. Ne voyant pas revenir leurs parents prisonniers, décédés de mauvais traitements ou de maladies contractées en prison, la croyance des premiers temps associant les blancs à la mort les incitait certainement à penser que s'ils étaient emmenés par eux, ils ne reviendraient pas. DeLouw[126] cite des gens tués à Otsjenep pour avoir désobéi aux ordres du gouvernement et d'autres de Sjuru qui furent emprisonnés pendant trois ans pour chasse aux têtes. Alphonse Sowada* relate que la punition ne fut pas subie par les véritables coupables, ces derniers en ayant désigné d'autres pour les remplacer en prison. De leur côté, Zegwaard et Boelaars[127] estiment plus judicieux de châtier non les chefs, mais le village entier. Comme pour leur faire écho, les raids de chasse aux têtes, de plus en plus nombreux, furent punis par la destruction des villages par le gouvernement[128]. Le commandant de la police, Robert Dias, interrompit une « fête cannibale » et abattit plusieurs Asmat[129]. Selon Maximilian Hulurean*, un des premiers catéchistes mimika, il était courant que l'armée tirât à vue sur les pirogues asmat pendant les raids.

Pour Josias Benyamin Sahetapy*, entré en fonction en Asmat en 1958, le gouvernement représentait la force armée des missions. Quand

---

[121] Zubrinich, K., *op. cit.*, p. 308.

[122] À la même époque (1960-1975), Godelier, M., *La production des grands hommes. Pouvoir et domination masculine chez les Baruya de Nouvelle-Guinée*, Paris, Fayard, 1996 (1re éd. 1982), p. 299, cite des mesures comparables à l'encontre des Youndouyé, voisins des Baruya.

[123] Hoofd van Plaatsiej Bestuur.

[124] Au contraire du reste du corps, l'insistance pour conserver la tête à tout prix est une constante dans les sociétés de chasseurs de têtes. Les Gaulois et les Celtes du Moyen Âge cherchaient par tous les moyens à récupérer les têtes de leurs parents prises par l'ennemi. Cf. Sterckx, C., *Les mutilations des ennemis chez les Celtes préchrétiens. La Tête, les Seins, le Graal*, Paris, L'Harmattan, 2005, p. 38.

[125] Frazier, B. & D., *op. cit.*, p. 52.

[126] DeLouw, J., *op. cit.*, p. 23.

[127] Zegwaard, G. & Boelaars, J., *op. cit.*, p. 27.

[128] Frazier, B. & D., *op. cit.*, p. 51.

[129] *Ibid.*, p. 81.

il prit ses quartiers à Uwus en 1970, les villageois s'encoururent ; il apprit plus tard que son prédécesseur avait pris l'habitude de les fouetter pour décourager le *papisj* (échange rituel d'épouses). Ce cas était loin d'être marginal : des Asmat d'Ewer tâtèrent du bâton des policiers au début des années 1980 pour avoir rechigné à travailler sans contrepartie à l'abattage du bois, et des femmes furent violées en l'absence de leur mari employé dans ce contexte. En 1973, les hommes d'Atsj refusèrent de collaborer avec les deux entreprises de bois, et s'attirèrent une réputation de paresse et d'inefficacité encore d'actualité[130]. Certains moyens de pression furent plus pacifiques. Josias Benyamin Sahetapy* se chargea de l'éducation des populations, leur intimant de cesser certaines pratiques, dont la polygynie[131]. Les Asmat durent renoncer à déménager, car le gouvernement voulait mettre fin aux changements de droits fonciers engendrés par les guerres. La pratique du christianisme fut décrétée obligatoire, mais les Asmat préféraient rester en forêt.

Pour arrêter une guerre, une intervention musclée ne fut pas toujours nécessaire. Postée entre les deux groupes de pirogues, il arrivait que la police tirât en l'air pour les dissuader d'avancer davantage. L'intervention d'un blanc avait la même efficacité. Le père Huub von Peij MSC* raconte que peu de temps après son arrivée en 1956, il fut informé du départ à Ayam d'un raid de chasse aux têtes. Sautant dans une pirogue, il s'interposa, tout seul, au milieu du fleuve, attendant de pied ferme les quelque soixante-dix pirogues de guerriers armés qui naviguaient dans sa direction. Interloqués, les guerriers adoptèrent des mimiques sceptiques, se concertèrent, puis firent demi-tour en maugréant. Le lendemain, von Peij* fut à nouveau averti du départ du raid. Il reprit sa pirogue, et s'interposa à nouveau. Les guerriers rebroussèrent chemin, cette fois définitivement. À la question de la raison pour laquelle une armée de redoutables guerriers fait demi-tour devant un homme seul qui ne parle même pas leur langue, il répond avec un air d'évidence : « J'étais en colère[132] ».

Dans la foulée, les crânes d'ennemis et d'ancêtres et les haches en pierre furent confisqués ; à la fin des années 1960, il n'y avait plus de crânes d'ancêtres, se plaint Anton Tsjosow*. Encore actuellement, les Asmat se demandent ce que les autorités ont bien pu en faire. L'avidité occidentale s'accentua avec la renonciation attendue des Pays-Bas à leur

---

[130] Zubrinich, K., *op. cit.*, p. 299-300.
[131] Condition d'un homme qui a plusieurs épouses, par rapport à la polygamie qui consiste, pour un homme ou pour une femme, à être marié à plusieurs conjoints.
[132] Il manque l'avis des guerriers sur la question, faute de les avoir retrouvés. D'autres Asmat interrogés ne s'étonnent pas de cette histoire, qu'ils ne commentent pas. La seule source est donc celle de von Peij*, qui me paraît s'exprimer en toute bonne foi.

souveraineté. L'obligation de quitter les lieux incita de nombreux ressortissants néerlandais à rassembler des objets, comme des proues de pirogue sculptées[133]. Les Croisiers arrivèrent dans la région et comme les pères du Sacré-Cœur, s'opposèrent à la chasse aux têtes et trouvèrent des assistants zélés parmi les catéchistes des îles Kei.

La fermeture de la région asmat fut déclenchée par un fait divers qui fit la une des grands journaux de New York. En novembre 1961, le fils du gouverneur de New York, Michael Clark Rockefeller, disparut sur les côtes asmat, lors de sa seconde expédition de collecte d'œuvres d'art avec un fonctionnaire néerlandais anthropologue, Rene Wassing, pour le compte du Peabody Museum. Quantités d'Américains et d'Australiens se rendirent sur place, dont le gouverneur et la sœur jumelle du disparu. J'ai relevé une dizaine de versions des circonstances du décès[134]. Pour Ken Dresser* de TEAM, interrogé par les journalistes, il fit les frais du ressentiment consécutif au dernier passage des policiers néerlandais, qui avaient tué sans raison une dizaine de guerriers. Arrivé épuisé sur la plage, Rockefeller fut attaqué par deux pêcheurs d'Otsjenep et mangé. La presse s'empara de l'affaire, dénonçant le scandale d'un riche Américain mangé par les cannibales. Ce fut l'occasion de reprocher aux Pays-Bas leur gestion coloniale, et d'ajouter de la pression pour qu'ils y renoncent définitivement.

Lorsque l'on évoque cette période trouble, les Asmat se souviennent d'autodafés, de tir sur les guerriers et de confiscation d'objets, mais pas d'une interdiction limitée dans le temps. Si elle eut lieu, disent-ils, les rituels continuèrent à se dérouler dans la jungle, à l'insu des patrouilles armées. Rufus Sati* de Sawa raconte que les assauts du gouvernement furent contenus avec ardeur par les Asmat. Mieux armés, les policiers avaient tôt fait de maîtriser la résistance et d'emmener les principaux responsables en prison. Malgré leur colère et leur refus de céder, les vieux craignaient les armes inconnues. Quand Virgil Petermeier OSC* s'établit à Amborep en 1974, il ne vit qu'une maison rituelle (*jeuw*) brûlée, attestant de l'absence de « fête ». Frank Trenkenschuh OSC[135] écrit que les objets furent détruits par les autorités pendant une courte

---

[133] Hoogerbrugge, J., « Art Today: Woodcarving in Transition », in Smidt, D.A.M. (ed.), *Asmat Art. Woodcarvings of Southwest New Guinea*, New York, George Braziller & Leiden, Rijksmuseum voor Volkenkunde, 1993, p. 149 et 152.

[134] Certaines sont fantaisistes. Par exemple, Michael Rockefeller, poète à l'âme sensible, aurait profité de la situation pour se retirer du monde, et habiterait la banlieue d'Amsterdam après s'être marié quatre fois. La version de Dresser*, corroborée par une conversion entendue dans les années 1970 par un instituteur d'Otsjenep selon Frazier, B. & D., *op. cit.*, p. 96, paraît plus plausible.

[135] Trenkenschuh, F., *op. cit.*, p. 35.

Chasseurs de diables et collecteurs d'art

période, les *jeuw* subsistant dans les villages en amont. John Fleischhacker OSC* suggère également que le zèle pyromane du gouvernement fut très localisé. À Ayam, des fonctionnaires brûlèrent une *jeuw*, des manches de haches et des boucliers, sans autre action d'éclat. Une *jeuw* fut brûlée à Sjuru en 1960 à la suite d'une dispute du HPB avec un dignitaire asmat[136].

En plus des interventions des autorités, de nombreux informateurs de tous bords prétendent avoir vu ou entendu parler de *jeuw* brûlées et de rituels interdits par les missionnaires protestants[137]. La présence de Satan dans le discours protestant des premiers temps pourrait avoir induit l'association des missionnaires avec le feu, tout comme la tendance des populations à confondre « le gouvernement » et « la religion » a pu leur faire imputer les agissements des fonctionnaires aux missionnaires protestants, avec qui ils nouèrent des relations d'amitié. Notons que les catéchistes catholiques, malgré leurs virulentes menaces d'enfer, ne furent pas accusés d'autodafés.

Interrogés, les missionnaires protestants contestent ces accusations. Ils disent ne pas s'être aperçus de l'interdiction, à l'exception des *jeuw* brûlées[138]. Même Frazier, en contact étroit avec la police, reste silencieux à ce sujet. Le nombre de témoignages pose toutefois question. Au total, j'ai relevé deux accusations envers les catholiques, contre plusieurs dizaines pour les protestants. Évidemment, la nette disparité de nombre de protestants au profit des catholiques joue sur le nombre de partisans des deux factions. Mais comme il ne subsiste ni photos ni relations des faits, nous devons nous en tenir au souvenir.

---

[136] Gajdusek, D. C., *op. cit.*, *West New Guinea Journal*, p. 31.

[137] Schneebaum*, sans se souvenir du nom du missionnaire incriminé, déclare avoir été témoin d'un autodafé de *jeuw* alors qu'il remontait le fleuve avec Virgil Petermeier. Ce dernier aurait brûlé une maison à Amborep à la fin des années 1990, d'après Ruth Roesler*. Carleton Gajdusek* affirme avoir vu des missionnaires protestants brûler des objets. Pour Erik Sarkol*, ils brûlèrent tout jusqu'aux piémonts à partir de Yaosakor. Les descriptions des Asmat concordent avec ces accusations. À Amborep, Anton Tsjosow* affirme que Cal Roesler s'opposait à toutes les fêtes et se mettait en colère lorsqu'elles avaient lieu. Rufus Sati* explique comment les protestants modifiaient les longs rituels, supposés instaurer la méchanceté et la guerre. Étant petit, il entendit la police et les protestants brûler des *jeuw* remplies de sculptures et de décorations, associées au diable. À Sawa-Er, ils brûlèrent le patrimoine (« le matériel ») d'un clan devant l'église. En brûlant des haches, des boucliers et des « substances » (*unsur* en indonésien), ils brûlèrent aussi la croissance des Asmat, et les affaiblirent. « Ils venaient de l'extérieur, ils ne pouvaient pas comprendre. [...] Ils ne regardaient pas les valeurs, en réalité ils ignoraient ce qu'il y avait dans la *jeuw* ».

[138] Au retour de *furlough* en 1961, Ruth Roesler* vit qu'il ne subsistait aucune *jeuw*.

Repères géographiques et historiques

Inventaire des dénominations missionnaires

Un bref état des lieux sur les congrégations et sociétés missionnaires clôt ce chapitre sur le contexte de travail des missionnaires pionniers. Les dénominations catholiques dénombrées en région asmat sont les suivantes :

– Les Chanoines réguliers de l'Ordre de la Sainte-Croix ou pères croisiers OSC[139] américains en Asmat depuis 1958 ;

– Les pères du Sacré-Cœur MSC[140] de Tilburg (Pays-Bas) ;

– Les pères Mill Hill MHM[141] d'Autriche basés à Londres ;

– Les pères et les frères Maryknoll MM[142] d'Ossining à New York ;

– Les sœurs du Sacré-Cœur TMM[143] des îles Kei ;

– Les sœurs ursulines OSU[144] de Java.

Et, du côté protestant[145] :

– TEAM[146] (The Evangelical Alliance Mission) basée à Wheaton (IL), en Asmat depuis 1955 ;

– La GPIP[147] (Gereja Protestan Indonesia di Papua), arrivée en Asmat le 13 mars 1970 ;

---

[139] Ordinis Sanctae Crucis ou Ordre de la Sainte-Croix.
[140] Missionarii Sacratissimi Cordis.
[141] Les Mill Hill Missionaries (MHM) portent le nom officiel de St. Joseph's Missionary Society.
[142] Maryknoll Missioners (MM) dont le nom officiel est Catholic Foreign Mission Society of America, et Maryknoll Sisters of St. Dominic pour les sœurs.
[143] Sisters of Mother Mary.
[144] Ordinis Sanctae Ursulae.
[145] Sur le terrain, à côté des Croisiers et de TEAM, les Asmat ne s'y retrouvent pas très bien dans les dénominations et se trompent souvent dans leur intitulé. Ils les mettent toutes sur un même pied sauf les prêtres indonésiens qui constituent une catégorie à part, sujette à critique. Les populations parlent de GKI ou de Gereja Alkitab, voire de Alkitab et de GPI pour l'ancienne Église des Moluques, mais ignorent souvent de quelle Église il s'agit. Dans certains cas, des villages évangélisés changèrent de mains, comme Comoro au départ administré par Bob Frazier qui, faute de personnel, confia ce village à un de ses confrères de la RBMU, également active à Kamur.
[146] La GPKAI (Gereja Persekutuan Kristen Alkitab Indonesia) est l'Église nationale à laquelle TEAM est intégrée.
[147] Basée à Fak-Fak et séparée de la GPM ou Gereja Protestan Maluku, basée à Ambon, depuis le 20 mai 1985.

– La MAF (Missionary Aviation Fellowship) en Papouasie depuis 1952 et dont les pilotes sont considérés comme des missionnaires[148], au contraire des catholiques AMA (Associated Mission Aviation).

Les Croisiers et les membres de TEAM sont la référence dans cet ouvrage pour une question d'effectif, leurs collègues n'ayant mobilisé qu'un petit nombre de missionnaires pour travailler chez les Asmat contre plusieurs dizaines du côté des deux groupes qui peuvent donc être considérés comme les principaux acteurs de l'évangélisation des Asmat. Enfin, les pentecôtistes de la GPDI (Gereja Pentekosta di Indonesia), arrivés en 2001, sont laissés de côté parce que leur type d'évangélisation, de seconde main, sort du cadre de cette étude.

Concernant le nombre de croyants, les seuls chiffres officiels disponibles portent sur la province entière. La moyenne provinciale des croyants pour l'année 1999 est de 592 344 catholiques, 509 972 musulmans, 1 186 838 protestants, 5 374 hindous et 3 449 bouddhistes dans une population de 2 291 952 habitants, c'est-à-dire 51,78% de protestants, 25,84% de catholiques (pour un total de 77,62% de chrétiens), 22,25% de musulmans, 0,23% d'hindous et 0,15% de bouddhistes[149]. Faute de recensements réguliers, ces chiffres sont moins précis pour la région asmat. En 2004, le pasteur Paternus Cuakces* compte plus de 5 000 Asmat protestants pour 35 groupes de fidèles (*jemaat*), dont plus de 300 à Agats sur 2 700 personnes d'après Virgil Petermeier OSC*. Le pasteur Lowpati*, en région asmat depuis 2002, estime le nombre de ses ouailles de la GPIP à un peu plus d'un millier environ pour Beriten, Buet-Kwar (environ 300), Atambut et Bepinsoh pour les villages asmat, et Agats, Atsj, Sawa-Erma et Asgon pour les villages mixtes. Pour les pentecôtistes, le pasteur Willibrodus Ekyak* dénombre 25 chefs de famille pentecôtistes à Agats, Ewer, Cemnes, Sjuru et Uwus. Du côté catholique, pour Atsj seulement, l'évêché donne le chiffre de 5 000 catholiques pour 12 stations réparties en deux paroisses de 9 et 3 stations chacune.

---

[148] J'eus la puce à l'oreille en lisant H. Frazier, *op. cit.*, qui appelle les pilotes « missionnaires ». Cette assimilation des pilotes à des missionnaires, distincts des constructeurs d'églises (*church planters*), se confirma à l'analyse des archives de la MAF au Billy Graham Center à Wheaton, IL. Outre le pilotage, ils aménagent les sites (les pistes sont construites par d'autres), collaborent aux enquêtes préliminaires et éduquent et développent les communautés religieuses. Ils ont un contact médical et spirituel avec les populations et sont soucieux d'améliorer leur quotidien selon la philosophie de la servitude. Aucun ne fit du *church planting* ni de linguistique.

[149] Jelmau, N. S., *op. cit.*

DEUXIÈME PARTIE

LES IDENTITÉS

Chapitre III

La distinction

Les identités missionnaires

Depuis leur fondation

Sans être vraiment entrés dans le vif du sujet, nous avons pu observer au fil de l'histoire de la mission en région asmat des divergences de réaction des missionnaires catholiques et protestants devant une même situation. Nous allons explorer ce qui sous-tend les comportements missionnaires en remontant jusqu'au fondateur, aux profils personnels des missionnaires et aux grands principes spirituels des congrégations.

La longue histoire catholique

L'habit blanc, rouge et noir

L'histoire des Croisiers commence par leur habit, le premier élément visible de l'inscription de leur fondateur dans l'histoire. L'habit croisier est immédiatement reconnaissable par la croix, brodée au niveau du plexus et épinglée sous forme de broche aux vêtements de tous les jours. Cette croix, rouge et blanche, rappelle celle des croisés francs. Outre l'allusion à la *spiritualité de la croix* (du Christ), elle symbolise la force, le pouvoir, la compassion et l'amour. Le sens du mot « pouvoir », sous-entendu : « le pouvoir et la sagesse de Dieu », pris au départ dans le sens du signe de croix comme protection contre le Diable[1], a évolué avec le temps et comporte à présent une connotation de « capacité de tout donner aux autres ». Souvent confondue avec la croix de Malte monochrome aux extrémités en queue d'aronde, la croix des Croisiers s'en distingue aussi par ses lignes courbes, les lignes de la croix de Malte étant droites. Sur le plan des couleurs, le rouge est le symbole du sacrifice et du sang versé et le blanc celui de la pureté et de l'engagement désintéressé.

---

[1] Janssen, R., *750 Years of the Crosiers. Five Turning Points in the Tradition and Renewal of the Order of the Holy Cross 1248-1998*, Rome, OSC Generalate, 1999, p. 37-38.

Porté à la prière matinale et lors de célébrations spéciales, l'habit noir et blanc se compose de plusieurs éléments. Le vêtement le plus près du corps, la tunique, dérivée de la *tunica alba* romaine, est tissée de laine blanche grossière ; elle symbolise la pauvreté et la simplicité. Une courte cape couvrant les coudes, la *mozetta*, provient d'un vêtement similaire porté par les agriculteurs au Moyen Âge. La *mozetta* et la large ceinture de cuir représentent le lien du chanoine avec l'église cathédrale[2]. Le scapulaire, tombant en deux pans des épaules aux genoux, a pris la couleur noire au XVe siècle ; sur le côté, une bande d'étoffe noire rappelle l'épée du croisé.

L'habit n'est pas le seul élément visible à traverser le temps. Lors de la cérémonie de départ[3] (*farewell*), les missionnaires en partance reçoivent de leur provincial une « croix de mission », symbole avec le cahier de notes du travail du prêtre sur le terrain. Dans les premiers temps, les photos d'archives la montrent sous la forme d'un crucifix d'une vingtaine de centimètres avec un Christ entier. Dans les années 1990, la croix avait pris une allure indigène, en « bois de fer » gravé.

Historique des missions américaines

Le symbolisme de la croix croisier rappelle que l'histoire de ces missionnaires remonte au Moyen Âge et à la 3e croisade. Lors de la chute d'Acre en 1191, Théodore de Celles entra en contact avec les chanoines réguliers du Saint-Sépulcre. Leur vie de prière et d'accueil des malades, basé sur la règle de Saint Augustin, le fascina. En 1210, Théodore quitta le chapitre cathédral des chanoines de Liège avec quatre compagnons pour fonder l'Ordre de la Sainte-Croix, d'inspiration dominicaine[4]. Suivant l'exemple des premiers chrétiens, il s'agissait de remplacer la vie dirigée vers soi-même et l'autosanctification par la vie en communauté[5]. Bien qu'absente dans les statuts de l'ordre, l'aide aux pauvres, aux malades et aux pèlerins fut, après la prière chorale, la seconde tâche des Croisiers des premiers temps.

---

[2] Cotone, M., « A Pretty Jazzy Habit », in *Crossview* (2), 1991, p. 1 et 19.

[3] Chez les Maryknoll, la cérémonie d'envoi est l'occasion de faire tinter une lourde cloche chinoise gravée du XVIIe siècle, au centre du déambulatoire à Ossining, NY. Avant d'être emportés vers leur destin, les missionnaires, leur crucifix de mission autour du cou, font leurs adieux en trois tours de rond-point. Dries, A., *op. cit.*, p. 129, note que ce rituel, auquel participent la famille, les paroissiens et la presse locale, adopte un mode dramatique. L'envoi en mission suit de peu l'ordination, comme Bob Baudhuin MM, ordonné le 12 juin 1954 et parti en mission le 13.

[4] Van Rooijen, H., *Blessed Theodore. The story of a holy man, the Founder of the Crosiers*, Onamia (MN), Crosier Press, 1999, p. 92 et 123.

[5] Janssen, R., *op. cit.*, p. 35.

Le nom officiel des Croisiers est Chanoines réguliers de l'Ordre de la Sainte-Croix, jadis *fratres Sanctae Crucis, ordinis Sancti Augustini*, c'est-à-dire les Frères de la Sainte-Croix de l'Ordre de Saint Augustin. Dans les constitutions successives de l'ordre, l'accent est mis sur l'apostolat, même si les Croisiers sont davantage centrés sur la vie en communauté que sur le ministère externe. Les textes de référence de la Bible sont donc ceux où le Christ envoie les apôtres prêcher (Mt 28:16-20) ; la dimension missionnaire est prééminente dans l'évangile de Matthieu[6]. La dernière constitution des Croisiers fut votée en 1967 lors du « chapitre du renouveau ». Il y est fait référence aux principes de Vatican II notamment au décret *Ad Gentes Divinitus* (divinement vers les nations) publié en 1965, centré sur l'activité missionnaire de l'Église et rappelant aux membres d'apporter la parole divine aux nations.

D'après un manuscrit du XVe siècle, Van Rooijen[7] décrit la spiritualité des Croisiers :

> Dans sa Passion [du Christ] trois choses dominent, et toutes les autres peuvent être réduites à elles. Elles expriment sa nature [portée dans la croix croisier] mieux que tout et permettent d'effectuer dans la vie un test de patience parfait. La première est l'abandon et la privation de tous les biens ; la deuxième, le dédain et la moquerie ; la troisième, la souffrance corporelle et le tourment. […] Les autres Ordres furent nommés soit d'après leur lieu d'origine, ou d'après une vertu ou l'autre, soit d'après un grand saint dont ils voulaient la protection. Nos pères fondateurs, cependant, souhaitaient seulement glorifier la Croix de notre Seigneur Jésus-Christ, se placer sous sa protection, et pour de justes raisons distinguer les membres de leur institution par son nom glorieux. (traduction AdH)

Des manuscrits du XVe siècle relatent le caractère miraculeux de la fondation de l'ordre et le mysticisme de son fondateur. De l'extase de la souffrance du Christ sur la croix vécue par Théodore aurait découlé la spiritualité de la croix, caractéristique des Croisiers[8]. À sa mort en 1236, les communautés se multiplièrent. En 1248, l'ordre fut reconnu officiellement par le pape Innocent IV et son légat, Henri de Gueldre, prince-évêque de Liège, autorisa les Croisiers à adopter les constitutions des Dominicains pour les détails de leur vie en communauté. Plus tard, ils eurent leurs propres constitutions.

Les vitraux de l'église Sainte-Odile à Onamia au Minnesota retracent l'histoire des Croisiers. Entre autres détails, on peut y voir Sainte Odile[9]

---

[6] Bosch, D. J., *op. cit.*, p. 79
[7] *Ibid.*, p. 137,
[8] Janssen, R., *op. cit.*, p. 39.
[9] Martyrisée à Cologne au début du IVe siècle, elle apparut trois fois au frère Jean à Paris en 1287 pour lui indiquer l'emplacement de ses reliques et pour lui annoncer

sur un bateau, l'inscription *canon regular* et les missions croisiers dans le monde. Est également illustrée leur activité de copistes et d'enlumineurs, dont l'œuvre la plus notable est un livre de plus d'un mètre de haut, conservé à la maison-mère mondiale des Croisiers de Sainte-Agathe à Cuijk, aux Pays-Bas. Un autre vitrail relate leur persécution par le monde ; il montre un révolutionnaire français le brandon à la main et un père s'enfuyant subrepticement, les reliques de Sainte Odile sous le bras. En effet, les communautés croisiers finirent par disparaître du fait de la réforme protestante, de la révolution française et des réformes napoléoniennes. Aux Pays-Bas, le roi Guillaume Ier prononça l'interdiction du prosélytisme, levée à son abdication en 1840 par son fils le roi Guillaume II[10]. Il ne restait alors que quatre Croisiers âgés dans deux monastères : Sainte-Agathe à Cuijk et Uden. En 1841, Henricus Van den Wijmelenberg fut nommé administrateur général de l'ordre aux Pays-Bas par le pape Grégoire XVI, puis fut élu maître général en 1853 lors du premier chapitre général ayant eu lieu depuis 1784. Le nombre de membres augmenta si rapidement que Van den Wijmelenberg décida d'étendre l'ordre à l'extérieur des Pays-Bas, par crainte de nouvelles entraves des autorités néerlandaises. Des communautés avaient été fondées en Belgique et aux Pays-Bas en 1845 ; d'autres éclorent à Onamia au Minnesota en 1910, au Congo belge en 1920 et sur l'île de Java en 1927[11]. Actuellement, les 500 membres de l'ordre de la Sainte-Croix sont implantés en Indonésie, en République Démocratique du Congo, en Europe[12], aux États-Unis et au Brésil. Le maître général est basé à Rome, à l'église de San Giorgio al Velabro. En 2007, deux communautés de Croisiers subsistent aux États-Unis : Onamia depuis 1922 et Phoenix en Arizona depuis 1983.

    Quelques mots ensuite sur les congrégations américaines venues seconder les Croisiers en pays asmat. Sous le nom initial de Catholic Foreign Mission Society of America, la société Maryknoll[13] fut fondée le 25 mars 1911 par James Anthony Walsh et Thomas Frederick Price : ce fut la première congrégation américaine catholique missionnaire. À cette époque, la Propaganda Fide pressait les évêques de mobiliser du

---

    qu'elle serait la protectrice de l'ordre par commandement divin. Cf. Mischke, B. C., *St. Odilia*, Onamia, Crosier Fathers, Inc., 1991, p. VII et vii.

[10] Becker, A. L., *op. cit.*, p. 8.

[11] van den Bosch, P., *The Crosiers. They Share with Everyone*, Religious Order Series, volume 5, Collegeville, The Liturgical Press, 1992, p. 121-126.

[12] Les provinces belge, néerlandaise et la pro-province d'Allemagne furent remplacées par une seule province européenne à cause du trop petit nombre de Croisiers.

[13] L'établissement de la communauté sur la colline d'Ossining (NY) lui a donné son nom : « Maryknoll » vient de « Mary's knoll », la butte de Marie.

La distinction. Les identités missionnaires

personnel pour partir en mission, ce qui rencontra l'enthousiasme de nombreux membres, eux-mêmes immigrants. Aux États-Unis, la vie religieuse des immigrants favorisait l'ascétisme, l'obéissance et la privation, tandis que sur les terrains de mission, l'accent fut surtout mis sur les valeurs familiales traditionnelles en utilisant l'école comme place forte de conversion[14]. Actuellement, l'architecture du quartier général à Ossining rappelle la localisation chinoise de la première mission et le goût de la congrégation pour la Chine[15]. Les pères et frères maryknoll sont 249 dans 32 pays[16].

De son côté, la société de Mill Hill fut créée dans le but d'être une « mission à domicile » (*home mission*). Fondée en Angleterre par l'évêque Herbert Vaughan en 1866, la société de Saint Joseph de Mill Hill est arrivée aux États-Unis en 1871 pour évangéliser les noirs émancipés. La société se divisa en deux en 1893, la branche américaine prenant le nom de Société de Saint Joseph du Sacré-Cœur ou Joséphites[17]. Quand Toon Putmann MHM* était jeune missionnaire, les Mill Hill comptaient 8 000 membres, contre 500 de nos jours. La vie en communauté n'est pas à la base de la philosophie mill hill.

Depuis la fondation de la congrégation maryknoll en 1911, l'Église catholique américaine plaçait la mission au centre de ses priorités. Un American Board of Catholic Missions fut fondé en 1925[18], puis un Secrétariat de la Mission en 1962, remplacé par le United States Catholic Mission Council en 1969. La « réhabilitation » de l'Amérique Latine en 1959 attisa l'engouement américain pour la mission, axée sur l'évangélisation, la justice et la présence missionnaire parmi les pauvres. En 1970, 72 institutions catholiques masculines, 188 féminines et 11 laïques ainsi que 373 prêtres diocésains américains exerçaient des activités missionnaires dans le monde[19].

La révolution de Vatican II

En plus du contexte américain, un événement historique joua un rôle essentiel sur le déroulement des missions en région asmat. Sous l'égide des papes Jean XXIII et Paul VI, le concile œcuménique de Vatican II se

---

[14] Dries, A., *op. cit.*, p. 58-60 et 74-78.

[15] Pendant les premières décennies du XXe siècle, ce pays plus que d'autres attirait les catholiques américains. Son imposante population était supposée vivre dans les ténèbres et *Rerum ecclesiae* (1926) promouvait les vocations dans le monde entier. Cf. Dries, A., *op. cit.*, p. 115-116.

[16] Chiffres communiqués par le quartier général d'Ossining en avril 2005.

[17] *Ibid.*, p. 29 et 74.

[18] *Ibid.*, p. 247.

[19] *Ibid.*, p. 237-242.

déroula d'octobre 1962 à décembre 1965. Sans s'être consultés, 200 évêques exprimèrent simultanément les mêmes remarques, attribuées *a posteriori* au Saint-Esprit. À l'issue du concile, seize documents traitaient de la réorganisation de l'Église et de son comportement vis-à-vis de l'extérieur, donnant lieu plus tard à un conflit divisant les partisans de « l'ouverture au monde » et les conservateurs inquiets à l'idée de dénaturer le message religieux initial. Kepel[20] analyse ces textes comme une réaction de l'institution religieuse face à la modernité. Les nouvelles mesures visaient à remplir les églises vides en écartant les dogmes et les rites supposés avoir causé l'éloignement des fidèles. Le but était donc davantage de définir la hiérarchie religieuse et la place des laïcs que d'abolir le port de la soutane et la messe en latin. Le concile ouvrit la porte à une sorte « d'église sociale » et à des mouvements cherchant à rechristianiser l'humanité avec les laïcs pour instrument[21]. Une idée neuve fut de parler de peuple de Dieu plutôt que d'Église. Apporter Dieu aux gens ne suffisait plus, il fallait observer Ses œuvres en eux. Ce fut l'occasion de rappeler le rôle missionnaire de l'Église.

L'inculturation catholique et la contextualisation protestante

Cette entrée en matière sur Vatican II permet d'introduire un concept-clé de l'évangélisation en terre asmat : *l'inculturation*. Ce terme vient immédiatement à l'esprit des Croisiers lorsqu'on évoque leur spiritualité. Sans être exprimée textuellement, l'idée d'inculturation vient à l'avant-plan dans les préoccupations missionnaires avec Vatican II, le mouvement de décolonisation et la montée des Églises autochtones. Le terme apparaît pour la première fois au synode de 1977 sur la catéchèse[22] et s'officialise avec le pontificat de Jean-Paul II en 1978[23].

En 1997, le comportement à adopter par le clergé en Océanie fit l'objet d'une Assemblée Spéciale pour l'Océanie du Synode des Évêques composée principalement de prélats de ce continent et préparée à l'aide de questionnaires soumis à tous les évêques en fonction, dans la continuité de Vatican II. Dans les *lineamenta*[24] de cette Assemblée

---

[20] Kepel, G., *La revanche de Dieu. Chrétiens, juifs et musulmans à la reconquête du monde*, Paris, Seuil, 1991, p. 81-93 et 101.

[21] Cette perspective s'installait dans les esprits : les encycliques du pape Pie XII *Evangelii praecones* (1951) et *Fidei donum* (1957) prônaient déjà l'implication des laïcs. Cf. Cheza, M., « Vers les églises locales. De 1945 à nos jours », in Pirotte, J. & Soetens, C. (dir.), *Évangélisation et cultures non européennes. Guide du chercheur en Belgique francophone*, Cahier de la revue théologique de Louvain n° 22, Louvain-la-Neuve, Faculté de Théologie, 1989, p. 50-51.

[22] Zorn, J.-F., *op. cit.*, p. 176.

[23] Chanson, Ph., *op. cit.*, « Inculturation », p. 166-167.

[24] Directives, indications d'une politique à suivre.

La distinction. Les identités missionnaires

Spéciale, la foi implique l'engagement du croyant « dans un esprit de mission » et l'acte d'évangélisation est décrit comme un acte de charité[25]. Le rôle du missionnaire peut aussi bien être assumé par des laïcs et l'Océanie doit être considérée par les catholiques océaniens comme leur « terrain de mission[26] ».

L'utilisation massive du terme « culture » pour justifier la pertinence de l'action missionnaire, montre l'intérêt du Synode pour ce concept. Il apparaît en outre que la christianisation ne vise pas à remplacer une idéologie par une autre mais à « améliorer la qualité » de l'idéologie en place, selon une hiérarchie de valeurs implicite. Le lien établi entre l'Évangile et la culture se décèle à la transformation de cette dernière selon un principe de réciprocité[27].

En référence aux Apôtres qui prêchaient en faveur d'une religion empreinte de culture juive mais innovante, le processus d'inculturation est décrit dans les *lineamenta* comme la « dynamique dualiste » du missionnaire qui se sert de sa culture d'origine pour formuler l'enseignement religieux des Évangiles à sa façon, adapté par la suite par les autochtones. Toujours selon les *lineamenta*, l'inculturation doit être opérée en respectant certains critères :

> À l'origine, lorsqu'il fut prêché en Océanie, l'Évangile a contesté les éléments imparfaits ou négatifs de la culture locale. Une grande sagesse a été, et est toujours, nécessaire pour discerner les éléments positifs et négatifs dans le processus d'inculturation. Selon le Pape Jean-Paul II les deux critères à suivre pour une saine inculturation sont : 1) la compatibilité avec les éléments fondamentaux de l'Évangile et 2) la promotion de la communion avec l'Église universelle. Nombreuses sont les valeurs traditionnelles positives qui sont présentes en Océanie et influencent la vie de l'Église. […] En pratiquant une inculturation adaptée, l'Église s'efforce d'incorporer les éléments d'une culture particulière dans sa liturgie, sa pratique des dévotions, sa catéchèse et ses arts sacrés. […] Alors que les traditions culturelles locales peuvent être mises en valeur si, par la dynamique dualiste de l'inculturation, elles se trouvent rehaussées par l'Église, elles peuvent également être purifiées de leurs éléments négatifs au cours du processus[28].

Dans ce texte, la notion-clé d'inculturation reste vague et laissée à l'appréciation des évangélisateurs. La « compatibilité avec les éléments

---

[25] Cité du Vatican, *Jésus-Christ : suivre son chemin, proclamer sa vérité, vivre sa vie : un appel pour les peuples d'Océanie*, Lineamenta de l'Assemblée spéciale pour l'Océanie, Cité du Vatican, Secrétairerie générale du Synode des Évêques & Libreria Editrice Vaticana, 1997, p. 3. Sur internet http://vatican.va/.

[26] *Ibid.*, p. 12.

[27] Chanson, Ph., *op. cit.*, « Inculturation », p. 168.

[28] Cité du Vatican, *op. cit.*, p. 13-14.

fondamentaux de l'Évangile », ce souci primordial des missionnaires de toutes les confessions, se révèle être une question de point de vue dans la pratique. Le texte exprime également que des éléments culturels autochtones, choisis par les missionnaires selon ces critères flous, sont « purifiés » (c'est-à-dire dépouillés de leur caractère « négatif ») par assimilation à la pratique chrétienne. En ce sens, cette dernière se voit confier un rôle de « filtre culturel » dans le processus d'inculturation défendu par l'Église.

Peelman[29] résume clairement cette définition. Au cours d'une rencontre entre trois acteurs (l'évangélisateur, l'évangile et la société évangélisée) s'opère l'inculturation de l'évangile (et non de l'Église) compris comme un facteur endogène de transformation globale (*transculturation*) de la culture évangélisée, et dans le but d'y créer une réponse de foi qui soit évangélique. Au contraire de la conversion, l'inculturation n'est jamais achevée. Bosch[30] fait remarquer à cet égard que l'agent actif n'est plus le missionnaire mais le Saint-Esprit et la communauté locale, à la différence des modèles qui l'ont précédé, comme l'accommodation, l'indigénisation et l'adaptation.

Maurier[31] ajoute une nuance supplémentaire. Vue du côté du missionnaire, l'inculturation signifie « faire pénétrer dans la culture de l'autre ». Du côté de la population à évangéliser, « s'inculturer est synonyme de s'incorporer », c'est-à-dire, pour cette culture, d'assimiler des éléments culturels étrangers. Peelman[32] écrit quant à lui qu'il « n'y a pas d'inculturation de l'évangile sans l'évangélisation de la dimension religieuse de la culture » ; l'inculturation concerne le champ religieux dans la mesure où « la religion [...] peut être quelque chose d'aliénant et doit donc être évangélisée[33] ».

De manière plus rhétorique, l'inculturation implique de rechercher la présence de Dieu dans les actes quotidiens des gens car « Dieu se trouve déjà en eux ». Ceci rejoint la notion d'*incarnation* de Dieu, présente dans l'évangile de Jean où « le Verbe s'est fait chair », soit Dieu incarné, Dieu devenu humain, présent dans l'Autre. Pour Chanson[34], « le principe actif de l'inculturation repose sur un fondement à la fois d'ordre théologique et anthropologique : l'*Incarnation*[35] du Verbe de

---

[29] Peelman, A., *op. cit.*, p. 112-140.
[30] Bosch, D. J., *op. cit.*, p. 606.
[31] Maurier, H., *op. cit.*, p. 201.
[32] *Ibid.*, p. 139.
[33] Chanson, Ph., *op. cit.*, « Inculturation », p. 168.
[34] *Idem.*
[35] La majuscule et les italiques sont reprises du texte original.

Dieu qui s'est fait membre d'une société humaine culturellement située dans l'espace et dans le temps. [...] À travers elle, on est même autorisé à penser que seuls les chrétiens autochtones sont qualifiés pour mener à bien une véritable inculturation du christianisme ». Selon Dave Gallus OSC*, Dieu ne peut devenir humain que dans une culture, et il appartient aux missionnaires de l'y découvrir[36].

Du côté protestant, l'inculturation pourrait trouver son équivalent dans le concept de *contextualisation*, apparu en 1972 lors d'une assemblée du Theological Educational Fund (TEF) regroupant une majorité de théologiens du tiers-monde[37]. À cette différence près que l'inculturation est considérée par les protestants de TEAM qui s'y entendent comme une « contextualisation critique » (*critical inculturation*) parce qu'elle aboutit au syncrétisme. Cette critique porte sur l'inculturation telle qu'elle est mise en œuvre par les Croisiers, parce qu'elle met en valeur des rappels matériels de la chasse aux têtes. Or, favoriser le syncrétisme est une hérésie (un blasphème, selon la missionnaire évangéliste Ruth Roesler*) et son existence dans une société atteste de la persistance de Satan sur son territoire. Par ailleurs, les protestants accusent les catholiques d'avoir instauré un culte des ancêtres qui n'existait pas avant.

Comme l'inculturation, la contextualisation vise l'appropriation du christianisme par la population évangélisée, supposée produire une réponse de foi attestant de sa conversion. Après une attitude de rupture avec les cultures traditionnelles, la contextualisation se pose en retrait par rapport à la *plantatio ecclesiae* en tenant compte du contexte historique des populations à évangéliser, en particulier la sécularisation et le développement technologique[38]. Cependant, une différence primordiale avec l'inculturation est que selon la logique protestante de séparation de Dieu et du monde, l'incarnation du Verbe ne peut avoir lieu que dans le Christ ; « la *contextualisation* tente d'*assumer*, tant méthodologiquement que théologiquement, la tension entre réalité du monde et expression de la foi, alors que l'*inculturation* tente de la *résoudre*[39] ».

D'après Dave Broucek* de TEAM, la contextualisation consiste à présenter les Écritures avec les techniques locales de transmission du

---

[36] En parallèle, la spiritualité de la croix, qui oriente l'apostolat des Croisiers, consiste à chercher le Christ sur des lieux de souffrance, comme les hôpitaux et les terrains de mission. L'articulation de ces concepts montre qu'avant l'arrivée des Croisiers, Dieu était déjà doublement présent : dans la culture, le seul endroit où il puisse s'incarner, et dans le « lieu de souffrance » de la région asmat. Et par extension, comme Dieu s'est révélé lui-même dans la culture, les missionnaires ne l'y apportent pas.
[37] Zorn, J. F., *op. cit.*, p. 173.
[38] *Ibid.*, p. 174-175
[39] *Ibid.*, p. 181

discours (alors que nous argumentons pour conclure, de façon linéaire). C'est donc un moyen de communication, absent des terrains de mission dans les années 1970. Peu à peu conscients de l'importance des chants dans la tradition asmat, les missionnaires évangéliques poussèrent leurs ouailles à inventer des paroles sur les mélodies d'origine, sans succès cependant, les Asmat refusant de mélanger le christianisme avec la tradition. Des paroles asmat se greffèrent donc sur des chants indonésiens et américains. L'invention de chants chrétiens par les locaux semble avoir été la principale expression de la contextualisation sous l'instigation des missionnaires ; c'est typiquement la « nouvelle création […] dont l'initiative vient de Dieu » évoquée par Zorn[40].

Les protestants : un fondateur organisé

Cette description conceptuelle spécifique aux protestants est l'occasion d'introduire l'histoire de la fondation de leur société missionnaire. Décrit par son biographe comme un « véritable enfant du réveil spirituel suédo-américain du XIXe siècle[41] », Fredrik Franson naît le 17 juin 1852, en pleine vogue du mouvement piétiste luthérien dans les milieux suédois immigrés aux États-Unis. Converti à l'âge de vingt ans, il crée de sa première église le 26 juin 1880 à Denver, après un porte-à-porte missionnaire dans différents États américains. Puis il part évangéliser l'Europe en commençant par la Scandinavie. Son fer de lance, l'annonce du retour du Christ couplé à un évangélisme agressif, est mal perçu par ses détracteurs européens[42]. L'hostilité accueille de toutes parts ses harangues, ses cours de bible et ses réunions évangéliques ; il est jeté en prison et banni à vie du Danemark en 1885. Rien ne le décourage. L'objectif de sa vie est de convertir la Chine : « Estimant la population de la Chine à 250 millions, cela correspond à environ 50 millions de familles ; si cinquante familles sont approchées chaque jour pendant 1 000 jours par chacun des 1 000 évangélistes, chaque créature de Chine pourrait être approchée en l'espace de trois ans, ce qui laisse aux évangélistes deux ou trois dimanches de repos par mois[43] ». Dès 1889, Franson crée quatorze sociétés missionnaires dont TEAM en 1891[44]. L'une d'elle, International Missionary Alliance, devint C&MA et allait

---

[40] *Ibid.*, p. 186.
[41] Torjesen, E. P., *Fredrik Franson: A Model for Worldwide Evangelism*, Pasadena, William Carey Library, 1983, p. 101.
[42] *Ibid.*, p. 33-34.
[43] *Ibid.*, p. 67.
[44] Le premier nom, The Scandinavian Alliance Mission of North America, devient The Scandinavian Alliance Mission of North America Incorporated en 1897 et enfin TEAM en 1949.

La distinction. Les identités missionnaires

également s'orienter vers la côte sud de Papouasie occidentale. En juin 1900, environ 230 missionnaires furent tués lors de la Révolte des Boxeurs en Chine (1899-1906) ; ce sont les premiers martyrs de TEAM.

TEAM de jadis était une Église Libre (*Free Church*), indépendante du gouvernement[45]. Actuellement, ce n'est pas une Église mais une société spécialisée travaillant avec des Églises) dont cinq la supportent financièrement. Sa raison d'être est d'aider les Églises à envoyer des missionnaires sur le terrain. La Bible Christian Union (BCU), centrée sur l'Europe, a fusionné avec TEAM en 1995. Actuellement, environ 750 missionnaires sont actifs dans 47 pays.

Une autre société missionnaire soutient TEAM en Papouasie : La MAF (Mission Aviation Fellowship, jadis Missionary Aviation Fellowship), fondée en 1945 aux États-Unis par trois pilotes de la Seconde Guerre sous le nom CAMF (Christian Airmen's Missionary Fellowship) dans le but de déplacer personnes et marchandises rapidement et en sécurité. Le premier vol de MAF fut effectué par une femme, Betty Greene, à Mexico en 1946. Contrairement aux causes habituelles de la crise des vocations, le nombre de pilotes tend à diminuer car il y a de plus en plus de spécialistes IT (e-mail, internet et enseignement à distance).

MAF fournit aussi une assistance aux ONG – pas spécialement chrétiennes – et dans les catastrophes naturelles depuis 1992. 190 familles de pilotes sont « missionnaires de l'air » dans 16 pays et offrent des services en matière d'aviation, de technologies de l'information et de l'apprentissage, dans l'objectif général de franchir les frontières (*break over barriers*) naturelles ou politiques et rendre l'Évangile accessible au plus grand nombre par la communication. Avec une flotte de 56 avions, leurs services sont utilisés par plus de 600 sociétés missionnaires et humanitaires[46].

Les textes fondateurs

À la différence des références multiples des catholiques[47], celle des protestants est unique : les *Écritures*, et la sacralité ne concerne qu'elles. Des textes furent produits par des fédérations missionnaires, mais ils ne

---

[45] Les *Free Churches* européennes n'ont pas de rapports entre elles. Elles ne doivent pas être confondues avec les *Community Churches*, indépendantes de toute dénomination et acceptant pour seules autorités la Bible et la parole de Dieu.

[46] Voir sur internet www.maf.org, 2006.

[47] La référence catholique regroupe certes les Écritures, mais aussi les textes des pères de l'Église, ceux de Vatican II et les encycliques, avec une tendance dans le mouvement de renouveau post-millenium à préférer les extraits les plus adaptés aux réalités sociales actuelles.

font pas autorité. Les premières réunions de sociétés missionnaires furent organisées à Liverpool et à Londres en 1860, 1878 et 1888. En 1921, l'organisation des conférences fut confiée au Conseil International des Missions (CIM), et le mouvement de rapprochement des Églises se concrétisa en 1948 par la création du Conseil Œcuménique des Églises (Zorn 2004:57-58). Le XXe siècle vit la conclusion de plusieurs conventions dont Berlin, Manille et Lausanne[48], la plus connue, en 1974. Aucun texte ne rencontre l'assentiment général mais des évangéliques de TEAM furent présent et en approuvèrent certains. La présence des représentants des Églises à une convention est tacitement reconnue comme un accord de principe.

À la différence des conventions, les sociétés missionnaires et les fédérations de missionnaires rassemblent plusieurs Églises sous des valeurs théologiques communes. Conformément au souhait de Fredrik Franson[49], les évangéliques établissent aussi des fédérations croisées ou alliances évangéliques qui regroupent plusieurs Églises et/ou sociétés missionnaires évangéliques, comme la World Evangelical Alliance pour TEAM. Par contre, les membres candidats à une société missionnaire sont soumis à un examen sur des questions de foi et en cas de réussite la signature d'un acte de foi (*statement of faith*), attestant de leur adoption de la spiritualité de la société missionnaire. Cet engagement assure cette dernière d'une cohésion spirituelle en son sein. Le nom des Églises évangéliques (presbytérienne, luthérienne, calviniste, méthodiste, baptiste[50], etc.) ne comporte en effet pas toujours de conséquences tangibles

---

[48] Le Lausanne Committee for World Evangelisation est accessible sur internet www.gospelcom.net/lcwe/statements.html. John R. W. Stott, l'auteur de la convention de Lausanne (revue par un comité), est un des prêcheurs et écrivains évangéliques anglophones les plus influents.

[49] Torjesen, E. P., *op. cit.*, p. 119.

[50] Les précisions ci-après se révéleront utiles pour limiter la confusion sur les grandes dénominations protestantes. Les baptistes viennent de la Réforme, comme les presbytériens ; le fait qu'ils baptisaient une seconde fois par immersion à l'âge adulte leur valut le surnom « d'anabaptistes », du grec *ana* signifiant « nouveau ». Les Églises bibliques n'exigent pas le baptême pour devenir membre de leur Église, au contraire des baptistes. Chez les Anglicans, une *high church* ordonne les évêques. Les Anglicans ont une branche évangélique dont certains sont membres de TEAM. De leur côté, les méthodistes tiennent leur nom d'un pasteur anglican très méthodique dans sa foi. Au XIXe siècle, le méthodisme était la plus importante dénomination évangélique américaine. Leur doctrine de « perfection chrétienne » ou de « sanctification » veut que le converti expérimente une « seconde bénédiction » qui le décharge du péché originel. Engagés dans une forme de millénarisme, les adeptes du mouvement se focalisent sur la guérison par la foi. Cf. Robbins, J., *op. cit.*, « The Globalization of Pentecostal and Charismatic Christianity », p. 120.

La distinction. Les identités missionnaires

sur leurs orientations spirituelles. Toutefois, les évangéliques[51], dits *born again Christians* comme les pentecôtistes, les méthodistes et les baptistes, semblent présenter une certaine homogénéité de foi et de comportement, et rencontrent l'avis a priori favorable des autres évangéliques[52]. Une caractéristique notable des évangéliques est d'être missionnaire.

Trois pierres angulaires du mouvement évangélique

Le christianisme évangélique met avant tout l'accent sur la *conversion* : les fidèles ne naissent pas dans la foi mais doivent faire un choix lors d'une puissante expérience personnelle de conversion. En vertu de la conviction qu'elle est potentiellement accessible à tous, ils insistent sur l'importance du prosélytisme et s'en tiennent strictement à leur lecture de la Bible, littérale selon eux[53]. D'après Dave Broucek*, docteur en théologie et responsable pédagogique chez TEAM, les travaux de Hofstede sur l'individualisme des nations[54], qui concluent à la primauté américaine sur l'échelle mondiale, pourraient expliquer la mouvance des Églises indépendantes américaines avec Dieu pour seul leader. Les trois valeurs évangéliques de base sont les suivantes :

1) L'*expérimentation*, ou l'expérience de la foi active, est fondamentale par rapport au baptême réduit à l'affichage extérieur de la spiritualité intérieure. Couplée à l'observation du changement de vie chez les autres, cette expérimentation rallie de nombreux fidèles aux Églises évangéliques aujourd'hui. Entre 2003 et 2005, Dave Broucek* constate une augmentation de 5% des missionnaires américains et canadiens, pour la plupart évangéliques. L'engagement intérieur avec Dieu s'accompagne d'une renaissance (*rebirth*) spirituelle et d'un changement radical (*complete turnaround*) dans tous les domaines de la vie du converti. La première épître de Pierre rappelle à ses lecteurs dispersés sa reconnaissance à Dieu d'être rené des choses périssables.

2) Les *Écritures* doivent être lues quotidiennement en pressant l'entourage de faire de même. Les croyants organisent leur vie person-

---

[51] De l'anglais *evangelical*, membre d'une Église évangélique, à distinguer de l'évangéliste (*evangelist*), dont la tâche principale est l'évangélisation.

[52] Cela se révèle notamment dans le jugement porté par les missionnaires de TEAM sur le président américain George W. Bush, déclaré agir en toute bonne foi et conscience en raison de sa qualité de vrai chrétien.

[53] Robbins, J., *op. cit.*, « The Globalization of Pentecostal and Charismatic Christianity », p. 119-120.

[54] Hofstede, G. H., *Cultures and Organizations: Software of the Mind Intercultural Cooperation and Its Importance for Survival*, Columbus (OH), McGraw-Hill Companies, 2004 (1re éd. 1996), dévoile les règles cachées de la vie en société en ce temps de globalisation avec un intérêt particulier pour le « choc culturel », parfois profitable, entre un individu et un pays, entre les organisations ou entre les sexes.

nelle et leurs églises conformément à la Bible, malgré les différences d'interprétation. Les conciles ecclésiastiques ont beaucoup moins d'autorité dans les cercles évangéliques que dans l'Église catholique. Les Écritures sont la pierre de touche de la croyance évangélique, l'accent étant mis sur leur sacralité. Pour les catholiques, la sacralité demeure dans les Écritures *et* dans la tradition, c'est-à-dire la liturgie et l'histoire de la doctrine catholique.

3) L'*évangélisation*, autrement dit le fait de communiquer la foi à ceux qui ne sont pas encore croyants, est la 3e valeur. Le terme « évangile » signifie « bonne nouvelle » en grec. Lorsque Hérode, roi des Juifs, annonçait un changement politique ou la naissance de son fils, il employait ce terme, repris du grec. À la fin du premier évangile (Mathieu), Jésus ressuscité encourage ses disciples à prêcher à toutes les nations : c'est le grand commandement. Cette formulation apparaît dans Marc, Luc et Jean, et au début des Actes des Apôtres (1:8) : « Vous serez des témoins dans le monde entier ». Le Livre des Révélations 5 et 7 indique que l'évangélisation concerne « chaque tribu, langue, vision et peuple ». Le Salut est donc accessible à tous, pas seulement à un nombre limité d'élus.

Dans sa définition de la théologie évangélique de la mission, Farhadian[55] cite les Écritures, l'évangélisation focalisée sur l'édification de congrégations locales, la nécessité d'une décision personnelle de foi et la réconciliation des hommes avec Dieu dans la mort et la résurrection du Christ. C'est ici qu'apparaît l'importance de traduire les textes en langue vernaculaire : Farhadian définit le message chrétien, tel que compris par le protestantisme évangélique, comme « la primauté de la traduction vernaculaire des Écritures et la centralité de Jésus Christ comme médiateur unique entre Dieu et les hommes[56] ». Pour Zorn[57], la traduction des Écritures est « l'acte missionnaire protestant par excellence ». Toutefois, « l'Évangile ne peut se lire que par rapport au contexte car c'est là qu'il fait sens, mais le contexte est *norma normata*, norme relative, par rapport au texte qui est *norma normans*, norme normative[58] ».

Le Salut, le baptême et l'expression de la grâce divine

Finalement, l'objectif de l'action missionnaire est d'apporter aux populations une voie vers le Salut. Toutefois, la compréhension du Salut

---

[55] Farhadian, C. E., *op. cit.*, p. 21.
[56] *Idem.*
[57] Zorn, J.-F., *op. cit.*, p. 175.
[58] *Ibid.*, p. 186.

diffère chez les catholiques et les protestants, tout comme le rôle du baptême et le lieu d'expression de la grâce comme nous allons le voir.

Du côté protestant, tout homme est destiné à la destruction à cause de sa nature pécheresse. Accessible à tous, le Salut écarte l'homme de la destruction. On ne le gagne pas, car il dépend de la *grâce* divine (un des cinq points de Calvin) et non du *mérite*. La grâce se manifeste par une faveur inattendue, sa plus grande manifestation étant la mort du Christ pour les péchés du croyant. D'après le missionnaire évangélique Elmer Lorenz*, « on peut sauter plus ou moins loin au-dessus de l'océan mais il faut Dieu pour jeter un pont » : la foi ne suffit pas pour être sauvé, il faut aussi l'intervention de la grâce. Cependant, le terrain doit être favorable. Le pays des ténèbres qu'était supposée être la région asmat avant l'arrivée des missionnaires devait d'abord être débarrassé de son emprise démoniaque pour permettre aux missionnaires de proposer aux Asmat une voie vers le Salut. Parler de « la » voie est plus adéquat, le christianisme étant un passage obligé conformément à la parole du Christ : « je suis la voie ».

Dans son ouvrage comparatif, Laux[59] résume la conception du Salut de part et d'autre :

> Les différences de pastorales ont des origines théologiques. Le protestantisme, religion du Livre, place la Bible au cœur de toute relation avec Dieu alors que pour le catholicisme, le Salut passe nécessairement par la vie divine, transmise par les sacrements. Certes, pour eux aussi, la lecture de la Bible entretient et alimente le lien du croyant avec Dieu – et, en cela, elle est essentielle –, mais seul le prêtre, par le biais des sacrements, détient le pouvoir de transformer des païens en enfants de Dieu. Il en résulte donc que l'effort protestant porte avant tout sur la diffusion du Livre, alors que les missionnaires catholiques, eux, cherchent en priorité à administrer les sacrements aux indigènes afin de leur ouvrir les portes du Royaume de Dieu. Entre les deux confessions, l'incompréhension domine, chacune attribuant à sa rivale les motivations les plus viles et les plus démagogiques.

Avant de penser au Salut, le baptême catholique signe l'entrée dans l'Église : c'est le premier sacrement. Virgil Petermeier OSC* considère que l'adhésion de la plupart des Asmat au christianisme se limite au baptême. Son homologue Greg Poser* estime que le baptême n'implique pas de modification de statut. Il est la reconnaissance d'une vérité : celle que le baptisé appartient à Dieu parce que Dieu est en lui. En raison de l'accent mis sur la transformation, le baptême apparaît du côté évangélique comme un rituel de discontinuité, maintenant la rupture par le

---

[59] Laux, C., *op. cit.*, p. 107.

respect d'un code d'ascèse lui-même imbriqué dans des conceptions dualistes qui alimentent le discours sur l'influence satanique[60].

Avant Vatican II, le baptême était une condition sine qua non de Salut selon le principe *ex opere operato* (« l'acte en lui-même opère ») : recevoir le sacrement transformait la personne spirituellement. Actuellement, les missionnaires ne se préoccupent plus de la question, l'accent étant mis sur la qualité de vie du chrétien et sur la sincérité de sa foi. Du côté protestant, le baptême a un tout autre sens. À l'exception des enfants en bas âge, supposés trop jeunes par les membres de TEAM pour avoir une conscience du christianisme, le baptême est la proclamation publique d'un engagement intérieur fait avec Dieu (*personal commitment* ou *inner commitment*). Comme l'eucharistie (*Lord's supper*), il ne crée pas de surnaturel : c'est une image, et l'on s'y plie par obéissance. La dévotion se déclare officiellement par la profession de foi signée par le nouveau croyant *avant* le baptême. À la différence de la communion catholique, le baptême protestant ne donne théoriquement pas lieu à une fête. Malgré tout, catholique ou protestant, le baptême rencontra un succès notable, au point pour certains Asmat de se le faire administrer plusieurs fois. Sur le terrain des premiers temps, la durée de la procédure distinguait les deux dénominations, les missionnaires protestants préférant patienter par rapport aux baptêmes de masse des catholiques, le changement radical escompté après la profession de foi se faisant souvent attendre[61]. Frazier[62] insiste sur le refus de ses commissionnaires et lui de baptiser des gens sans réel repentir ni transformation de leur vie. En outre, le baptême protestant n'implique généralement pas de changement de nom (sauf chez Frazier), au contraire du baptême catholique qui confère au baptisé un prénom biblique. Par immersion ou par aspersion, il ne s'adresse qu'aux adultes en pleine possession de leurs moyens, tandis que les catholiques baptisent aussi des enfants et des mourants. Enfin, l'octroi d'un nom chrétien au baptême chez les catholiques est peut-être à mettre en relation avec le changement de nom des prêtres lors de la prise d'habit[63], même si chez les Maryknoll, seuls les frères changent de nom.

---

[60] Robbins, J., *op. cit.*, « The Globalization of Pentecostal and Charismatic Christianity », p. 127.

[61] Au contraire d'autres sociétés missionnaires, comme RBMU. Cf. Tucker, D. A., *op. cit.*, p. 110. Les entretiens sur le terrain tendent toutefois à contredire cette idée. De plus, un article paru dans le *Broadcaster* parle de la première église construite en 1957 et de baptêmes en 1956, l'année de l'arrivée des missionnaires.

[62] Frazier, B. & D., *op. cit.*, p. 238.

[63] Missionnaire de Picpus à Hawaii au XIXe siècle, le père Damien s'appelait Joseph De Veuster. Porter un nom sous-entend une dévotion préférentielle pour le saint patron. Cf. de Hontheim, A., *Damien ou la fureur missionnaire*, Ath, AB Éditions, 2004.

Nous venons de voir comment la grâce se manifeste chez les protestants. Chez les catholiques, les fidèles vont à la messe notamment pour recevoir le sacrement de l'eucharistie par lequel l'hostie et le vin se transforment en corps et en sang du Christ. La grâce s'exprime dans le *rituel*, indissociable de la pratique religieuse et compris comme une superstition, voire comme du syncrétisme, par les protestants. Conférés par le prêtre comme intermédiaire entre Dieu et les hommes, les sacrements sont cumulatifs et souhaités par les croyants. Des grâces sont accordées en échange de prières énoncées dans un contexte précis, parfois explicité lors d'une apparition mariale.

Le rôle des saints dans le catholicisme est un maillon reliant la grâce et le mérite. Au-delà de la méritocratie des indulgences de jadis, la sanctification outrepasse le modèle du martyr protestant : elle rapproche de Dieu. Est canonisé celui à qui l'on a reconnu une vie exemplaire et au moins trois miracles, attestés par une commission d'homologation. Remplaçant les dictionnaires médicaux, des « dictionnaires hagiologiques » dressent un inventaire des spécialités des saints et des prières qu'il convient de leur adresser en présence de maux les plus variés[64]. Le goût catholique pour l'extraordinaire et l'incroyable se retrouve également dans les lieux d'apparition mariale, théâtre de nombreuses guérisons et conversions. Les missionnaires protestants interrogés ne cachent pas leur scepticisme : pourquoi un intermédiaire alors que l'on peut s'adresser à Dieu directement ? En quelque sorte, l'intermédiaire (saint, prêtre, la Vierge dans les apparitions) « humanise » le rapport au divin et instaure une forme de proximité familiale : en s'adressant au prêtre, appelé « père[65] », le croyant parle à Dieu et entend Sa réponse. Nous avons vu que les protestants préfèrent puiser leurs réponses dans les Écritures : « les Écritures contiennent la manière dont il faut vivre, et le croyant se forge sa propre opinion », dit Ruth Roesler*. Opinion guidée par les missionnaires, qui enseignent aux Asmat « comment comprendre ce qu'ils lisent » aux cours de l'école biblique.

---

[64] Par exemple Dubart, J.-L., *Les saints guérisseurs*, Ath, AB Éditions, 2002. L'association des personnalités religieuses avec la santé ne date pas d'hier ; jadis, les rois de France, sacrés, guérissaient les écrouelles.

[65] Le rapport catholique d'enfant à parent divin est à mettre en rapport avec le rapport protestant de créature à créateur. Porte-parole de la volonté divine, l'intermédiaire catholique trouve son équivalent protestant dans le *témoin*. Pendant le culte dominical, il n'est en effet pas inhabituel de voir des fidèles, postés en larmes devant l'assemblée, exprimer un poignant témoignage de foi. Cela permet aux autres croyants de s'identifier au témoin, de compatir à ses misères et de se réjouir avec lui des bienfaits de Dieu. Le témoignage fait intervenir l'*émotion*.

Dimensions ecclésiologiques

Du chapitre général au particulier

Après ces précisions historiques et théologiques, nous pouvons aborder l'organisation générale des Églises, en commençant par les catholiques. La structure de l'ordre croisier est capitulaire, c'est-à-dire divisée en chapitres. Dans la tradition des chanoines réguliers, le *chapitre* est le plus haut corps de décision ou de délibération et se situe à tous les niveaux hiérarchiques. Les membres du *prieuré* (dirigé par un prieur) sont membres du chapitre. Toutes les communautés ne sont pas des prieurés mais toutes ont un supérieur. La *province* est quant à elle dirigée par un provincial, assisté par un conseil exécutif ; des délégués représentent les communautés aux chapitres provinciaux. Au plus haut niveau de l'ordre, le chapitre général a lieu tous les six ans à Rome, le dernier s'est tenu à l'été 2003. Conformément au fonctionnement collégial, le chapitre du prieuré a autorité sur le prieur, comme le chapitre provincial sur le provincial. Certaines matières sont votées à la majorité simple, d'autres aux deux tiers des voix. Pour aider les pères à accepter les changements préconisés par le chapitre, un *facilitator* assiste au chapitre hebdomadaire d'Onamia toutes les six semaines. Il existe aussi des comités provinciaux réunis sur diverses matières, composés du provincial et de six conseillers. Pour donner un exemple d'actualité[66], un de ces comités sollicite des experts extérieurs pour parler des troubles sexuels au sein de l'Église et de la santé sexuelle. D'autres comités s'intéressent à la redynamisation du site d'Onamia ou aux programmes d'enseignement.

Un faisceau de superviseurs

L'organisation protestante est assez différente. TEAM compte trois divisions principales : les missionnaires en poste (*global ministries*) sous l'autorité du directeur exécutif, suivis sur le terrain par un directeur régional (*field leader*) qui les visite « souvent » (au moins une fois l'an) et qui veille à la qualité des relations de TEAM avec les missionnaires et avec le gouvernement. Dans certains pays une équipe « Timothy » veille à leur bien-être psychologique. Le conseil de la *field conference*, élu et dirigé par le *field director*, assigne des comités chargés de désigner les couples de missionnaires et de les affecter à un terrain de mission. En Papouasie, la conférence annuelle ou Field Council Meeting a lieu à

---

[66] Huit Croisiers – dont trois décédés – sont impliqués dans un procès d'abus sexuels sur mineurs depuis avril 2006.

l'école biblique Tritt-Erikson de Manokwari, d'où sont diplômés les pasteurs et les assistants des missionnaires.

De plus, chaque missionnaire est supervisé par un directeur de conscience (*supervisor*) dont l'identité est connue de lui seul et à qui il rend compte de son évolution spirituelle. Avec sa collaboration, il se plie au jour de prière, une retraite personnelle au moins annuelle de mise au point spirituelle sur ses buts, sa croissance, ses besoins et son travail de mission. À chaque retour de mission (*furlough* appelé maintenant *home assignment*), Dave Broucek* s'assure que les missionnaires l'ont accompli, bien que ce ne soit pas obligatoire. Séduits par l'efficacité de l'ermitage catholique[67], les protestants évangéliques empruntent de plus en plus cette tradition. À l'issue du jour de prière, le missionnaire établit un rapport résumant ses résolutions (*growth plan*), remis à un pair (ami, confrère sans autorité sur soi) et au superviseur, et qui donne lieu à une évaluation annuelle. Sur le terrain, les trop grandes distances contraignent le supérieur à espacer ses visites. Comme TEAM est « décentralisé », tout cela peut beaucoup changer d'un pays à l'autre. Malgré cette avalanche de contrôles, les relations sont informelles et détendues au sein de TEAM. Il y a quelques décennies, les membres de TEAM utilisaient entre eux le terme relationnel « frère » ou « sœur » ; bien que démodé, le terme garde une connotation d'amitié et de collégialité[68].

À chaque retour de mission (jadis un an sur cinq, plus souvent maintenant avec le développement des transports), les missionnaires participent à un débriefing envisagé sous quatre angles : médical, psychologique (ils subissent des tests), de développement personnel et social. Tous les trois ans – la prochaine fois en 2007 – s'organise une *Field Chairmen Consultation* avec le conseil d'administration de TEAM à qui les *field leaders* présentent leur rapport.

De manière très générale, la hiérarchie de l'église protestante se compose d'un conseil d'aînés (*elders*) et de plusieurs pasteurs, du junior au senior. La structure hiérarchique peut changer d'une église à l'autre. Certaines ont un *senior pastor* et des diacres, qui assument plutôt un rôle de management par rapport aux aînés, les dirigeants spirituels. Comme les aînés peuvent démettre le pasteur, celui-ci doit exercer son ministère conformément au souhait de la communauté religieuse. À la College Church de Wheaton (Illinois), très connue dans les milieux évangéliques américains, douze pasteurs directeurs travaillent à temps plein pour

---

[67] L'ermitage hebdomadaire est suivi par le confesseur ou le directeur de conscience, en plus d'un rapport pastoral périodique qui complète la remise en question.
[68] Ces termes sont beaucoup plus utilisés sur le terrain de mission qu'aux États-Unis. L'origine de cette pratique se trouve dans Matthieu (23), qui déconseille d'user des titres et de la reconnaissance publique parce que cela instaure de la distance.

l'église, et six à temps partiel, en charge de ministères (*ministry*) ou public-cible. Les enfants, les jeunes couples, les adultes célibataires, le culte et la musique, la communication, etc., constituent des ministères et se voient attribuer un ministre spécifique.

En Papouasie comme sur le plan mondial, les Églises protestantes se rassemblent en fédérations. La GPI (Gereja Persatuan Indonesia, traduite par The Federation of the Protestant Churches of Indonesia), la plus importante d'Indonésie, collabore avec l'Église catholique. La GPI regroupe six Églises et forme l'Indonesian National Council of Churches avec 42 autres Églises. Les pentecôtistes restent à part, peu désireux de frayer avec l'Église catholique, pensée d'inspiration diabolique. La traduction des Écritures qui comporte l'appellation « Lembaga Alkitab Indonesia » (institut protestant) est aussi reconnue par la conférence catholique. En raison de la limitation de la loi indonésienne n'autorisant qu'une seule Église protestante et une seule catholique, les protestants créèrent TMF (The Mission Fellowship), une fédération protestante de plusieurs Églises actives en Papouasie occidentale, dont ABMS (Australian Baptist Missionary Society), RBMU et TEAM. Marve Newell* de TEAM constate que l'ancienne Église réformée néerlandaise, actuellement GKI (dite aussi « Gereja Kristen Alkitab »), n'y adhère pas en raison de divergences théologiques, comme le baptême des enfants. Tucker (2001:156) cite aussi la GIIL (Gereja Injili Irian Jaya ou Églises Évangéliques d'Irian Jaya, vraisemblablement devenue GKII, Gereja Kristen Injili di Indonesia) regroupant notamment RBMU, UFM, C&MA, TEAM et APCM (Asia Pacific Christian Mission).

L'Église au milieu du village : définition

Après cette avalanche d'abréviations, il est temps de définir en quoi consiste l'Église. Chez les protestants, le mot « église » désigne un groupe de gens identifiables *et* un bâtiment ; à l'origine, le mot « église » vient de *eklesia* en grec, c'est-à-dire « groupe de gens ». La majuscule et le pasteur ne sont pas indispensables à sa définition : il y a église lorsqu'un groupe de gens se rassemble pour prier. Ainsi, « Église » et « église » sont synonymes. Une Église peut donc émerger spontanément sans ministre ordonné tandis que, pour reprendre les termes de Dave Broucek*, il faut un *pedigree* du côté catholique[69]. Il en résulte une grande diversité des Églises du côté protestant.

---

[69] Pour les évangéliques, le prêtre est un reliquat du système juif, qui requiert un représentant pour le sacrifice ; la déchirure du voile du temple de Jérusalem à la mort du Christ a ouvert la voie à la présence directe de Dieu, qui se passe depuis

En parallèle, il est attendu beaucoup plus du croyant protestant que du croyant catholique. Sans avoir spécialement prononcé sa profession de foi, le croyant protestant s'inscrit à une Église en tant que membre et la fréquente avec assiduité. Se faire membre implique la fidélité à l'église et l'engagement de s'investir dans le développement de la communauté religieuse. Aux États-Unis, l'Église est une véritable institution avec *Sunday classes*, jardin d'enfants, cuisines, salle de sport et bureau d'accueil pour les visiteurs. Plus personnalisée que chez les catholiques, l'église est aussi un lieu de réception, où se tiennent des goûters pour les jeunes et des collations après le culte. En plus de contribuer au financement de son église, il est attendu du croyant qu'il évolue spirituellement : il emporte sa bible partout avec lui et veille à la qualité de ses fréquentations, qui font souvent partie du même groupe que lui dans l'église (les jeunes, les futures mères, les jeunes parents, etc.). De plus, le croyant est un missionnaire et a tendance à considérer que sa foi est la seule vraie.

Les catholiques, quant à eux, distinguent l'Église avec une majuscule de l'église sans majuscule. Tandis que l'Église est la hiérarchie, distante du croyant, l'église est le bâtiment du culte : la messe, le catéchisme et la répétition de la chorale sont les seules activités hebdomadaires. L'église-bâtiment n'existe qu'à travers un membre de l'Église-clergé, le prêtre, qui constitue à lui seul l'Église des catholiques. Le croyant n'est pas tenu de s'engager dans des activités ni d'assister à la messe de sa paroisse, et peut décider d'en fréquenter une autre, où le prêche correspond mieux à ses attentes. Ainsi, être affilié à une paroisse n'implique pas d'adhésion formelle à une église déterminée, et ne dépend que des aléas des affinités et des déménagements.

Le financement des Églises

Aux États-Unis, l'Église est indépendante de l'État, ce qui requiert de consacrer une partie des ressources humaines à collecter des fonds. Les Croisiers reçurent toujours l'aide de bienfaiteurs. Grâce aux relations de l'ancien Provincial Benno Mischke, les quatre premiers missionnaires furent « adoptés » par quatre couples qui les supportèrent financièrement pendant toute la durée de leur séjour en Asmat, soit 24 ans dans le cas du frère Joe DeLouw OSC[70]. Chez les Croisiers, les missionnaires sont payés par l'ordre, financé grâce aux relations établies par des *fund raisers*. Chargé du « développement » dans les années 1990, Dave Gallus OSC* collecta des fonds alloués tantôt aux mission-

---

d'intermédiaire. On peut donc venir directement à Dieu sans solliciter le concours d'un autre homme.

[70] DeLouw, J., *op. cit.*, p. 11.

naires en région asmat, tantôt au diocèse. Il appartenait à l'évêque de répartir ces sommes dans les domaines jugés prioritaires, tels que l'amélioration de la condition féminine. Dans ce cadre, Dave Gallus OSC* fonda avec le directeur de mission la Sago Worm Society pour maintenir le contact avec les mécènes et les personnes fortunées dont il guida le voyage en Asmat. Cette société comporte un conseil d'administration et environ 300 membres, dont Mick Jagger, le chanteur des *Rolling Stones*, Colleen Needles, réalisatrice d'un film sur les Asmat (1993), et Jim Olsen, *Fund Raiser* pour les Croisiers. Y sont admis ceux qui ont consommé des larves de capricorne, dont les Asmat sont friands. Chaque année, deux fêtes sont organisées au Minnesota et en Californie, à l'intention des membres et de leurs invités. Dave Gallus* trouve ces gens « fascinants, pas normaux et dont le champ d'intérêts est beaucoup plus vaste que ce que l'on voit à la télévision ». En règle générale, les activités et les mondanités (cocktails, dégustations de vins, etc.) au profit du musée attirent une clientèle de la *jet set* de tous les États-Unis.

Sur le terrain, les missionnaires demandent une participation modique aux Asmat, mais cela vise davantage à leur enseigner un mode de fonctionnement qu'à financer les dépenses locales. En plus de la collecte dans les églises, le revenu local principal provient des cocotiers, mais ce sont les dons de Rome et des mécènes extérieurs qui assurent la survie du diocèse. Une différence entre les missionnaires catholiques et protestants est que ces derniers collectent eux-mêmes les fonds de leur ministère. De plusieurs décennies jadis, leur séjour sur le terrain est désormais beaucoup plus court, « à l'image de la société de consommation et du marché de l'emploi » d'après Ken Dresser*. TEAM perçoit l'argent[71] et l'alloue à différents postes, mais ne gratifie pas les missionnaires d'un salaire. L'efficacité des réseaux de relations est redoutable : en un jour, Frazier[72] obtint 8 000 USD de son église alors que ses comptes accusaient un déficit de 5 000 USD. En plus de la collecte de fonds préalable au départ en mission, les missionnaires reviennent aux États-Unis une année sur cinq et organisent des campagnes de financement auprès de leurs églises d'origine. À l'appui de photos, films et objets, ils rendent compte de l'allocation des fonds reçus et exposent les progrès réalisés depuis la dernière campagne. Leurs films sont donc réalisés non par désir de préserver la culture ou de la mettre en valeur comme les catholiques, mais pour montrer leurs réalisations aux sympathisants de leur projet et aux membres des Églises.

---

[71] Chez MAF, les fonds rassemblés par les missionnaires sont fructifiés par des *fund raisers*, comme dans l'ordre croisier.
[72] Frazier, B. & D., *op. cit.*, p. 228.

Dimensions psychologiques

Les parents des missionnaires

L'éveil de la vocation est une autre distinction entre missionnaires catholiques et protestants. Du côté catholique, le missionnaire s'inscrit dans une continuité familiale : il compte un missionnaire parmi ses parents proches dont il suit l'exemple[73]. Les parents du missionnaire, catholiques, approuvent sa vocation, qui fait souvent des émules dans la même congrégation. Jeune adulte, il assiste à des conférences de missionnaires, visionne leurs films et lit des biographies. La quasi-totalité des missionnaires étant issus de familles de fermiers, l'habitude acquise de nouer des « relations simples avec des gens simples » facilite les contacts avec les populations asmat. Dans l'ensemble, ils aiment vivre dans la forêt tropicale, même si tous n'en supportent pas le climat. Certains purent mettre leurs talents en pratique aux États-Unis, comme Joe DeLouw OSC et sa productive ferme de Fort Wayne[74].

À l'unanimité des Croisiers interrogés, l'atmosphère conviviale et la petite taille des communautés américaines leur plaisent et recréent l'ambiance familiale de leur enfance. La communauté missionnaire sur le terrain est une copie de la version américaine : les missionnaires s'informent de leurs déplacements respectifs et ont – ou ont eu – chacun leur chambre à Agats. Entre eux, les rapports humains sont informels et ils se décrivent eux-mêmes comme des gens joyeux et de bonne humeur. En évoquant les motivations missionnaires, on ne pense en effet pas toujours au bonheur procuré par la vocation. Pour les missionnaires de TEAM, c'est un but à atteindre. « Le missionnaire est la personne la plus heureuse que j'ai jamais vu », dit Elmer Lorenz*. David Tucker[75] de RBMU décrit une missionnaire prenant la parole devant lui sur son expérience de terrain : « sa joie radieuse était évidente ». Le missionnaire protestant s'est lui-même converti au fil de ses rencontres, le plus souvent vers vingt ans. L'appel de Dieu s'imposa littéralement à lui. Chez les protestants, se consacrer à Dieu est central dans la vie du chrétien. Comme être membre d'une Église suppose de mettre collectivement la main à la pâte comme on l'a vu, l'impact de la conversion sur la vie quotidienne des fidèles est beaucoup plus prégnant que chez les catholiques.

---

[73] Vince Cole MM*, par exemple, n'avait pas envisagé de devenir missionnaire mais fut influencé par son frère et sa sœur, tous deux maryknoll.
[74] DeLouw, J., *op. cit.*, p. 5.
[75] Tucker, D. A. & Knickerbocker, A., *op. cit.*, p. 48.

Cette autonomie de décision vis-à-vis des proches pourrait faire supposer une autonomie comparable dans la préparation et le déroulement de la mission. Il n'en est rien. Sur le terrain, le missionnaire bénéficie d'un soutien actif et fidèle tant de la part de sa famille que de ses amis, membres de TEAM et de son église d'origine, jusque dans la composition de ses bagages. Dans la lignée de la collaboration mutuelle, la famille et les amis sont ses créanciers principaux et s'engagent par écrit envers la société missionnaire à leur apporter un soutien régulier sous forme de correspondance, de prières et de dons de toute nature[76].

Au contraire, dans le marais, la solitude est une épreuve pénible pour beaucoup de missionnaires catholiques, accentuée par les faibles perspectives de retour et par l'irrégularité de la correspondance de leurs proches. Pour limiter cette situation chez les Maryknoll, le *Maryknoll Spiritual Directory*[77] présente comme une obligation pour les missionnaires d'écrire à leur famille chaque semaine, malgré le retard des réponses. Surtout au début, ceux qui sont en poste dans les villages, loin de leur communauté religieuse, combattent le désœuvrement par le whisky[78] ; ce n'est le cas d'aucun missionnaire protestant. L'isolement et le mal-être des missionnaires catholiques ont pu jouer sur leur difficulté à assumer leur célibat, rare chez les protestants.

Dans le couple

Le choix du conjoint

Au recrutement, les futurs missionnaires MAF et TEAM sont en effet évalués en tant qu'individus et unités familiales, en raison du petit nombre d'hommes pilotes célibataires chez MAF et de femmes célibataires chez TEAM[79]. Les missionnaires protestants choisissent généralement leur conjoint en fonction de sa propre vocation de missionnaire, quand ils ne ressentent pas directement un appel pour ce conjoint. Quand Frazier[80] fut présenté à sa futur femme, il sut immédiatement que

---

[76] Dans les années 1980, Suzan Forsythe* de MAF a un jour mesuré l'épaisseur de la pile de courrier de supporters et de sympathisants en attente : 18 pouces (45,72 cm). Dans les foyers de TEAM que j'ai visités, les missionnaires priaient à chaque repas pour des commissionnaires différents, puisés dans un album de photos annoté.

[77] Walsh, J. E., *op. cit.*

[78] L'alcoolisme de trois d'entre eux devint pathologique.

[79] Dans la LMS décrite par Laux, C., *op. cit.*, p. 55, le comité directeur refuse la candidature d'hommes célibataires depuis 1795. Actuellement, suite aux scandales sexuels ayant éclaboussé leurs premiers missionnaires, la plupart des sociétés missionnaires protestantes restreignent leur engagement à des hommes mariés. Cf. Etherington, N., *op. cit.*, p. 9.

[80] Frazier, B. & D., *op. cit.*, p. 13.

ce serait elle (*this is the one!*) parce qu'elle avait ressenti le même appel pour les missions. Gwen Broucek ressentit un appel pour devenir la femme de Dave*, sans intention de devenir missionnaire au départ, tandis que Bernita Preston* dit avoir cherché un homme qui avait le même appel qu'elle. Dave Broucek* énumère les avantages à être marié en tant que missionnaire, comme pouvoir donner l'image d'une famille unie dans une société qui n'en a souvent jamais vu, offrir une occasion pour les femmes de se confier (ce qu'elles ne font pas avec le pasteur), et ne plus être considéré comme un enfant, au contraire d'un missionnaire célibataire, même d'un certain âge.

D'ordinaire, le mariage entre missionnaires est célébré avant de partir sur le terrain, et leur premier enfant – qu'ils emmènent avec eux – est déjà né lorsqu'ils s'y établissent. Les femmes sont indépendantes de caractère, tout en se soumettant à la règle leur imposant de faciliter le travail de leur mari. Les femmes célibataires, au contraire, dirigent des hommes asmat avec autorité et préfèrent les exclure de leur enseignement plutôt que de voir les tensions persister. Installées à proximité d'autres missionnaires, elles ne doivent pas affronter l'isolement des pères catholiques. Les femmes célibataires le restent pour la plupart. En 1968, H. Frazier[81] rapporte les paroles de son supérieur Delbert Kuehl pour qui elle peut oublier toute opportunité de mariage faute de candidats dans la jungle. Tout comme l'adoption d'un enfant sur place, l'union avec un membre de la société à évangéliser est donc exclue d'emblée en raison de ses implications culturelles cachées, difficilement décelables sans avoir grandi dans la société concernée.

Considérations sur la femme missionnaire

Une question à soulever est la présence des femmes dans le commandement. Fredrik Franson, le fondateur de TEAM, encourageait les femmes à évangéliser et à prêcher comme les hommes tant qu'elles ne sont pas le dirigeant principal[82]. Chez TEAM, il n'y a pas de femme ordonnée. Certains membres considèrent que les femmes ne devraient pas occuper un poste de direction au-dessus de l'homme, suivant l'enseignement controversé de l'apôtre Paul. Au quartier général de TEAM à Wheaton, certains s'opposèrent à la nomination de Shelley Cochrane comme directrice des relations publiques il y a quelques années selon l'argument que les « aînés » décrits dans la Bible sont masculins, et qu'un apôtre doit être « le mari d'une seule femme », donc un homme. Le directeur exécutif Charles Davis* rétorqua que « TEAM n'est pas une Église ».

---

[81] *Idem.*
[82] Dans l'Église évangélique, tous n'approuvent pas cette opinion.

Cela n'empêche pas que l'épouse de missionnaire soit nommée en tant que missionnaire (*commissioned to be a missionary*) par TEAM dont elle reçoit une lettre d'engagement distincte de celle de son mari, qui la fait exister officiellement en tant que missionnaire. Cette caractéristique est un incitant déterminant dans le choix de cette société missionnaire dans le chef des femmes. Dans la lignée des écrits de Paul, de la même manière qu'un chrétien doit se soumettre aux autres chrétiens, la femme doit se soumettre à son mari. Les protestants de TEAM adoptent donc une philosophie *complémentaire* en matière de genres : au quotidien, la femme de missionnaire ou de pasteur asmat est l'alliée précieuse de son mari. Assistante linguiste ou infirmière, elle soigne les Asmat qui se présentent à sa porte, en particulier les femmes auprès desquelles son discours prosélyte rencontre une oreille attentive. En l'absence de son mari, les Asmat savent qu'ils peuvent compter sur sa présence permanente. Mondaine, elle veille sur la qualité des relations du couple avec les autorités, qu'elle convie à sa table de temps à autre. En plus des cours de bible qu'elle organise à l'intention des femmes asmat, elle recrute des gens de maison, instruits selon son goût. En règle générale, les femmes de missionnaires sortent peu de chez elles : Doris Frazier passait son temps en correspondance.

De leur côté, les sœurs catholiques n'ont généralement pas les compétences médicales des protestantes. Cloîtrées dans leur communauté religieuse d'Agats, d'Ewer (jadis), de Pirimapun ou de Bayun, elles sont moins présentes que les femmes missionnaires parmi les Asmat, qui s'en souviennent peu. Comme tâches principales, elles enseignent à l'internat et à l'école et apportent leur contribution aux programmes sociaux et sanitaires des délégations de l'évêché.

Les enfants de missionnaires

Lorsqu'on interroge les mères missionnaires, l'accouchement en Papouasie et la perspective d'éduquer leurs enfants dans cet environnement est envisagé avec sérénité, hormis quelques exceptions. À l'accouchement comme dans d'autres épreuves, les missionnaires sont confiants dans l'action de la prière, qu'ils sentent de la part des proches.

À l'unanimité des Asmat interrogés, voir les étrangers avec leurs enfants plaît, mais beaucoup se plaignent de ne les voir que de loin, contrairement aux affirmations missionnaires. D'après les Asmat et les Croisiers, les enfants des missionnaires ne furent pas mélangés avec les enfants asmat et restaient à la maison, instruits par un professeur particulier venu d'Europe. La « peur des étrangers » de Bobby Frazier Junior devant le médecin indonésien[83] est révélatrice quant au manque d'habitude de l'enfant d'une présence autre que celle de sa famille. Il y eut des exceptions : certains MK's (*missionary kids*), souvent garçons en raison du danger pressenti par les parents à laisser les filles seules, comptèrent d'excellents amis parmi les Asmat, comme Neil Roesler.

En règle générale, les femmes mariées, rivées à leur maison de village pendant les patrouilles de leur mari, prirent en charge l'éducation de leur quatre à six enfants en moyenne, avant de les envoyer à l'internat spécialisé pour MK's de C&MA à Sentani vers l'âge de dix ou onze ans[84]. Plus tard, les MK's suivirent des voies variables, comme la *high school* de la SIL à Okarumpa et celle de la Faith Academy à Manille, cette dernière école étant assez prisée. Dans certaines familles, presque tous les MK's devinrent missionnaires à leur tour, comme chez les Preston où la vocation s'est révélée chez quatre enfants sur six.

Bien que les missionnaires semblent unanimement persuadés de la croissance harmonieuse de leurs enfants en Papouasie, tant dans le marais qu'à l'internat, l'analyse des archives apporte quelque nuance à cette affirmation. Les maladies à répétition, les plaintes et les crises de larmes des enfants sont des indices que ni les parents ni les enfants devenus grands ne mentionnent pas – je pense de bonne foi – dans les entretiens, mais dont on trouve trace dans la littérature de proximité (correspondance, journal) et abondamment dans l'ouvrage de Frazier. Les enfants Frazier additionnèrent les difficultés : tous cumulèrent des maladies insolites, Bobby fut renvoyé chez lui parce qu'un blocage mental l'empêchait de satisfaire aux exigences scolaires et la maladie grave de Kathy, diagnostiquée par le médecin comme une « perturbation émotionnelle », fut interprétée par le père comme une attaque de Satan[85]. Sans voir dans les pleurs de leurs enfants un désir de les voir plus souvent, les parents leur consacrèrent un temps limité pour garantir leur stabilité émotionnelle. Soucieux de ne pas les déranger à Sentani, les parents Preston* ne leur téléphonèrent pas. Le retour aux États-Unis ne semble pas non plus avoir été de tout repos. Les « faux migrants » qu'ils sont supposés être firent même l'objet d'une formation au Wheaton College, IL. Sans que cela se ressente dans les entretiens de missionnaires, certains MK's auraient été sujets à de fortes perturbations émotionnelles et scolaires, faute de savoir à quelle culture se rattacher.

---

[83] Frazier, B. & D., *op. cit.*, p. 146.
[84] En Polynésie au XIXe, les enfants des missionnaires protestants recevaient également une éducation à part. Cf. Laux, C., *op. cit.*, p. 177.
[85] Frazier, B. & D., *ibid.*, p. 158.

Profils académiques missionnaires

Après l'appel pour une vocation, qu'est-ce qui fait un bon missionnaire ? La formation, assurément, concourt à aiguiser des qualités précieuses sur le terrain. Pour commencer par les catholiques, les Croisiers sont anthropologues, et c'est une de leurs caractéristiques notoires. Précisément, leur formation de base suit des orientations variées, de la linguistique aux sciences sociales. Le cursus en théologie, le Master's of Divinity Degree ou M'Div, peut être complété par d'autres branches, comme l'anthropologie et le chant grégorien chez les Maryknoll. Ils ne reçoivent par contre pas de formation médicale, au mieux quelques semaines de premiers soins. Chez les protestants, il existe aussi le D'Mis (Doctor in Missiology). S'ils le désirent, les candidats à la mission suivent une formation spécifique, linguistique mais aussi religieuse, relative à la théologie de la mission et au travail de mission transculturel.

Jadis, dans la mesure du possible, on conseillait aux futurs missionnaires croisiers de passer un court séjour en terre asmat avant de s'y établir définitivement, à la façon du « terrain » de l'anthropologue ; ils n'achevaient leurs études qu'à l'issue de cette première expérience. Ce ne fut pas le cas de tous les missionnaires : à l'issue de son séminaire, Toon Putmann MHM* fut directement envoyé sur le terrain après six semaines de cours de médecine et de cuisine, car l'époque était à l'urgence. L'insistance à réaliser une immersion préalable a tendance à s'estomper, et les successeurs indonésiens des Croisiers ne la jugent pas utile. Les missionnaires sont en principe volontaires (dans la pratique, beaucoup furent sollicités par leur hiérarchie), bien que certains ne le soient que pour un temps et rejoignent ensuite la communauté, qui est la base de la philosophie croisier. Enfin, le niveau d'instruction de ceux qui ne sont pas prêtres est souvent sommaire (frères, sœurs, catéchistes, instituteurs).

Une des raisons ayant incité les Croisiers à réaliser une première prise de contacts avec le terrain asmat est la durée de leur établissement sur place. Leur mission était un contrat à vie, mué en contrats de dix ans par la suite. Ils revenaient beaucoup moins souvent aux États-Unis que les protestants, et pour des périodes n'excédant pas deux mois. Piet van Mentsvoort MSC* me confia que les Sacré-Cœur ne se rendaient dans leur famille aux Pays-Bas que tous les sept ou huit ans ; pourquoi aurait-il fallu rentrer plus souvent ? Chez les Croisiers, l'accent mis sur la tradition, sur ce qui dure, sur l'histoire étalée sur le long terme, est renforcé par la pérennité de l'engagement. Pour les protestants, tant la mission que l'appartenance à TEAM sont temporaires. En effet, les missionnaires de TEAM s'établissent chez les Asmat dans le but de

La distinction. Les identités missionnaires

traduire le Nouveau Testament en langue vernaculaire et rentrent chez eux une fois leur tâche accomplie. Ils ne sont pas tenus de maintenir leur engagement envers TEAM et peuvent consacrer leur énergie à d'autres activités. Lors de leur retour périodique aux États-Unis, les missionnaires se réhabituent totalement à la vie à l'américaine au point de vivre un « choc culturel inversé » (*reverse cultural shock*).

En préparation au travail de mission, les protestants réalisent une étude de faisabilité sur les possibilités d'implantation d'une mission dans la région et demandent conseil à leurs supérieurs. C'est lors d'une de ces études que Tritt et Erikson, les premiers martyrs, furent tués dans le nord de l'île. En guise de préparation au terrain, les futurs missionnaires préfèrent se former en « médecine missionnaire » tout en lisant des biographies de missionnaires pionniers. Ils suivent aussi les cours préparatoires à la mission de la société missionnaire qui les emploie. Ils partent donc en mission sans la moindre idée de ce qui les attend, à la différence des pilotes de la MAF, habitués aux inventaires exhaustifs du chargement. En plus de l'instruction médicale, les missionnaires de TEAM sont tous titulaires d'un diplôme d'études théologiques dans une école biblique.

En plus de leur formation académique de haut niveau, une caractéristique des protestants est leur maîtrise des Écritures. Après s'être interrogés sur le métier qui servirait le plus adéquatement leur vocation de missionnaire, les protestants choisissent de devenir médecins, infirmiers ou linguistes, avec une nette dominante médicale. Une fois admis en Papouasie, les missionnaires de TEAM postulent pour obtenir une certification les autorisant à exercer un ministère médical chez les Asmat. Le plus connu, le Dr. Ken Dresser*, étudia la médecine à l'université de Queens dans le but avoué de devenir missionnaire et sa femme Sylvia* suivit des études d'infirmière à l'université de Montréal dans le même objectif. À les écouter, leur efficacité sur le terrain fut si convaincante que malgré les tensions entre les catholiques et les protestants, les instituteurs catholiques envoyaient des patients aux médecins protestants[86].

En plus de leurs compétences de base, les missionnaires de TEAM bénéficiaient de compétences secondaires qui favorisèrent leur autonomie. Par exemple, ils utilisèrent les aptitudes de Chuck Preston* en menuiserie pour construire eux-mêmes leurs bâtiments. Une autre

---

[86] Dans les congrégations américaines, cette plus grande maîtrise médicale des protestants prévalait déjà au début du XXe siècle, l'Amérique catholique tardant à reconnaître la médecine comme une priorité dans le travail de mission. Il en résulta que de nombreux missionnaires catholiques pionniers se firent aider par leurs homologues protestants sur le terrain. Cf. Dries, A., *op. cit.*, p. 101.

matière de la formation des protestants est la linguistique, leur premier objectif étant de rendre les Écritures accessibles aux populations.

Comment on devient missionnaire

Des magazines missionnaires à internet

L'étape logique suivant la formation est la recherche d'un emploi pour la mettre à profit. Dans la propagande de recrutement, les différences entre les Croisiers et les membres de TEAM sont frappantes. La publicité discrète adressée aux candidats croisiers les invite à rejoindre la *tradition* : un habit croisier sans visage rappelle l'impersonnalité du prêtre, dont l'individualité est fusionnée avec les autres dans la communauté. Sous la croix, les mains jointes pour la prière exposent l'activité principale.

La plupart des Croisiers ayant travaillé chez les Asmat découvrirent l'ordre par l'école croisier d'Onamia au Minnesota. Comme ailleurs, la suppression du séminaire fit chuter le nombre de membres[87]. Chapeautée par le bureau des vocations et le département de communication, la promotion de la vie religieuse s'opère désormais via le site internet des Croisiers ou par le bouche à oreille, comme chez les Maryknoll. Certains Croisiers se consacrent à temps plein à la promotion au sein des campus universitaires et des écoles, invitant les étudiants dans une *vocation chat room* le soir pour échanger des propos sur la prêtrise.

Chez TEAM, la publicité est plus au dynamisme et à l'*innovation* : elle montre par exemple un jeune en jeans et en T-shirt flanqué de la question « Pourquoi pas toi ? », soulignant l'aspect personnel, novateur et individualiste de la vocation et sur le jeune âge des missionnaires. Visiblement adressée à des jeunes, la publicité, très variée, met en avant l'exotisme et les voyages lointains et offre des campagnes thématiques pour tous types de publics. La propagande est également assurée par des représentants qui parlent de TEAM dans les églises.

Qu'est-ce qu'un bon missionnaire ?

C'est dans la congrégation maryknoll que les exigences sont les plus claires sur ce qui définit le missionnaire idéal. Dans cette congrégation, le missionnaire doit présenter onze caractéristiques : l'accessibilité, l'adaptabilité, l'affabilité, la charité, la confiance, le courage, la dureté, l'humilité, l'initiative, la franchise et la loyauté. Sa vraie nature est d'être un homme d'action, porteur d'un message divin, n'accordant pas d'importance au confort, à l'esprit curieux et désireux d'apprendre des

---

[87] Environ 295 en 1968 à l'arrivée de Tom Carkhuff OSC*, contre 89 en 2003.

autres[88]. Chez missionnaires mill hill et du Sacré-Cœur, les fonds personnels jouèrent un rôle dans la répartition des vocations : dans les années 1950-1970, les fils de familles fortunées assumaient leurs propres frais d'éducation et restaient aux Pays-Bas, tandis que les autres étaient envoyés en mission. Leur vocation de missionnaire rétribuait ainsi la congrégation pour leurs études.

Chez les Croisiers, le prieur accueille des candidats et décourage ceux qui ne possèdent pas le charisme des Croisiers. On attend du candidat d'aimer le contact et de choisir une profession en réponse aux besoins de la communauté. L'étape de la candidature précède celle du postulat et du noviciat. Chez les Maryknoll, les missionnaires retraités suivent les candidats, partagent leurs repas, les accompagnent à la messe et leurs conseillent des lectures, dont des biographies de missionnaires.

Dans la définition de ce qu'est un Croisier, le *charisme* est un terme récurrent dans le discours des prêtres interrogés. Jerry Schik OSC*, l'ancien directeur du noviciat à Shoreview, définit un charisme comme un don spirituel du Saint Esprit qui rend naturel, pour une personne ou un groupe, d'accomplir une tâche. Les Jésuites auraient celui de l'enseignement, les Dominicains celui du prêche et les Croisiers celui de l'établissement de communautés. Méditer la règle de Saint Augustin permet aux Croisiers d'approfondir leur conscience de ce charisme. Pour Bob Leland*, chaque pasteur en possède un et il lui appartient de l'identifier, éventuellement avec l'aide des membres de l'Église.

Chez TEAM, les candidats suivent trois jours de séminaire « Explore » afin d'évaluer si leurs attentes correspondent au travail de mission. En cas de doute sur la vocation, TEAM les encourage à suivre une formation de seize semaines intitulée *Perspectives on the World Christian Movement*[89]. Ensuite, le dossier de candidature inclut des lettres de recommandation de l'Église, des professeurs, des parents et des amis des candidats, et une lettre décrivant leurs croyances dans laquelle le comité de sélection cherche les 4 « c » (*call, charism, competence* et *compassion*). Les candidats doivent avoir fait preuve d'excellence dans leur domaine d'activité, pas seulement religieux[90]. Certains sont jugés

---

[88] Walsh, J. E., *op. cit.*

[89] C'est aussi le titre d'un gros ouvrage de théologie de base publié par le United States Center for World Mission, l'organisateur de la formation. Cf. Winter, R. D., Hawthorne, S. C., Dorr, D. R., Graham, B. G. & Koch, B. A. (eds.), *Perspectives on the World Christian Movement: A Reader*, Pasadena (CA), William Carey Library Publishers, 1999 (1re éd. 1981).

[90] Laux, C., *op. cit.*, p. 58-59 cite trois compétences essentielles à l'évangélisation (linguistiques, médicales et techniques), effectivement maîtrisées par TEAM. « L'efficacité est le maître-mot de la pastorale protestante ». *Ibid.*, p. 108.

prêts à partir en mission le lendemain, d'autres non. À l'issue de la procédure, ils se voient proposer une fonction dans un pays déterminé, en accord avec leurs éventuelles préférences. En plus de l'engagement personnel de foi des missionnaires, les amis, parents et églises sont invités à compléter des questionnaires à leur sujet et à se porter garants de leur sérieux et de leur support financier lors de la dernière étape appelée « députation » (*deputation*) ou « recherche de soutien[91] » (*support discovery*).

Les pilotes missionnaires de MAF traversent un parcours similaire à leurs collègues de TEAM, à quelques détails près. Selon John Forsythe*, « un bon missionnaire MAF a un bon sens de l'humour et un faible sens de l'odorat », c'est-à-dire qu'il doit garder le moral en toutes circonstances et oublier le confort et la propreté dans son ministère. En plus de comprendre les objectifs de sa société missionnaire, il doit avoir un but, une foi solide et consistante, une forte personnalité et un bon esprit d'équipe, ce dernier trait faisant souvent défaut. Enfin, l'altruisme et l'amour du prochain sont salutaires dans les missions à long terme.

David Tucker[92] complète les critères du comité de sélection par des indications sur l'état d'esprit du candidat. Avant de s'engager pour RBMU chez les Kayagar[93], il réagit à la réticence de ses amis à la perspective de travailler comme missionnaire en Nouvelle-Guinée :

> Quel genre de personne irait en Irian occidental ? Quelqu'un qui a un point de vue aventureux, quelqu'un qui n'est pas satisfait de ce qu'il a réalisé avant, quelqu'un qui veut un défi, quelqu'un qui veut quelque chose d'excitant pour le Christ. Moi ! (traduction AdH).

Une question de réputation

Les intentions du « vrai » missionnaire

On peut justement se demander ce qui poussa les missionnaires à choisir un terrain de mission tel que la Nouvelle-Guinée. Dans la seconde moitié du XXe siècle, on constate une tendance plus générale à la revitalisation du thème du martyre qui se trouvait au cœur de la mouvance romantique du siècle précédent. À l'analyse, la correspondance montre le goût des Croisiers pour les missions difficiles à un endroit à la réputation désastreuse, « primitif et rude comme la Nouvelle-Guinée[94] ».

---

[91] Tucker, D. A. & Knickerbocker, A., *op. cit.*, p. 56.
[92] *Ibid.*, p. 52.
[93] Aussi nommés bowpram, à l'Est du marais.
[94] Mischke, B., Lettre du 20 octobre au maître général F. M. Rees, 1957 (Source : archives des Croisiers à Shoreview).

La distinction. Les identités missionnaires

On retrouve cette attirance pour les terres « vierges » accompagnée d'une valorisation de la combativité missionnaire dans les entretiens des religieux du Sacré-Cœur, pour qui la Nouvelle-Guinée fut le lieu d'accomplissement par excellence des « vrais » missionnaires[95]. Seuls s'y rendaient les candidats dont la condition physique était jugée suffisante, « avec un corps solide ». Ainsi, la pratique difficile du terrain l'entourait de tant de prestige que seule la crème y avait accès. Comme si ces hommes, après avoir renoncé à affirmer leur virilité dans un couple et une famille, l'affirmaient dans la terre vierge à déflorer, peuplée d'une ribambelle de gentils sauvages à sauver, à distraire avec des saynètes et des jeux et à instruire avec les écritures saintes. La fameuse barbe du missionnaire, voulue la plus longue et la plus hirsute possible, est caractéristique de ce souci d'afficher un tempérament de « dur » qui a bravé mille dangers, hommes sauvages, jungle, moustiques et épidémies, pour planter son église au milieu de nulle part. Elle est peut-être aussi à mettre en rapport avec une certaine image du sage (oriental ou générique), ou du missionnaire jésuite adapté à la société chinoise au point d'avoir adopté la barbe des notables. Malgré la chaleur et l'humidité, les missionnaires tiennent fermement à leur barbe. L'argument de la pénurie du nécessaire de rasage ne trompe personne ; même en zone urbaine, les missionnaires attendent les limites de la décence[96] avant de se raser et conservent souvent le bouc, une version domestiquée des turbulences capillaires de la jungle.

Cette envie de défricher une terre « vierge » est peut-être liée à la fascination des missionnaires pour les Américains pionniers en Amérique du Nord. Dries[97] décrit l'admiration du fondateur de la Société de Mill Hill, lui-même chercheur d'or, pour les Américains, en particulier « l'énergie, le sens de la grande aventure, et l'aptitude à tout risquer pour une bonne cause ». En terrain asmat, on peut constater de la part des Croisiers et des Maryknoll une mise en avant de l'image de

---

[95] La tendance des missionnaires néerlandais MSC à discréditer leurs homologues américains sur ce point était déjà répandue au début du XXe siècle : « Dans l'esprit des hommes d'Église européens, cette "douceur" rendait les Américains impropres à être missionnaires. Au contraire, le missionnaire était pour eux un "martyr vivant", celui qui abandonnait tout type de confort, qui s'écartait de la mentalité mercantile de l'Amérique », Cf. Dries, A., *op. cit.*, p. 79.

[96] La barbe semble mal perçue, voire rejetée si elle n'est pas méticuleusement entretenue. Ce trait me paraît plus marqué chez les missionnaires américains, marquant une différence de perception des poils de part et d'autre de l'océan.

[97] *Ibid.*, p. 74.

l'Amérique conquérante, symbolisée par le Stetson et les lunettes solaires[98].

Du côté protestant, l'argument déterminant pour les missionnaires était la description des Asmat comme étant *unreached*[99]. Le premier poste de la mission TEAM fut directement ouvert à Ayam, vraisemblablement en raison de la réputation de férocité des habitants et de leur propension à s'opposer systématiquement aux étrangers[100].

Pour Frazier[101], le but du missionnaire est une « recherche passionnée d'âmes dans l'ignorance de l'amour de Dieu ». Avant son arrivée, écrit-il, la Nouvelle-Guinée abondait de régions inexplorées habitées par des chasseurs de têtes sauvages et cannibales. Il cite Erikson en contact avec « certaines des tribus de Nouvelle-Guinée les plus immorales, dégénérées, sauvages » et son collègue Harold Lovestrand qui décrit les Asmat comme « nus, sauvages, cannibales, nomades, et pleins de maladies[102] ». Dans ce contexte, l'émoi suscité par la mort des missionnaires Tritt et Erikson et l'afflux des candidats à suivre leurs traces illustre le renouveau du thème du martyr dans l'orientation de l'Église missionnaire américaine pendant la seconde moitié du XXe siècle.

L'ambiguïté

Après les intentions, l'action. En 1957, le maître général des Croisiers, F. M. Rees, prit connaissance de la requête de son ami Hermann Tillemans MSC, évêque et vicaire apostolique de Merauke : il fallait de nouveaux missionnaires en région asmat. En plus de freiner l'avancée

---

[98] Partout aux États-Unis, « les missions s'emparèrent de l'imagination religieuse de la dévotion catholique américaine. Une spiritualité missionnaire façonnée sur la valeur du sacrifice en contre-pied de l'individualisme, « le Nouveau Paganisme » […], et le narcissisme des années 1920 » selon Dries, A., *op. cit.*, p. 146. La vigueur et la force physique, corrélées par un mépris du confort, facilitent l'adaptation au nouveau climat et s'associent aux vertus d'initiative, de courage et de confiance qui poussent en avant le « christianisme musclé » de l'Amérique du XXe siècle. *Ibid.*, p. 254-255.

[99] Contrairement à une erreur courante, cette notion n'implique pas l'absence de premiers contacts avec des Occidentaux mais celle de l'accès à la Bible. Actuellement, il y aurait environ deux mille sociétés présentant cette caractéristique. Cf. Spindler, 2005, com. pers.

[100] Ce village fut le théâtre de nombreux troubles (cf. au chapitre VII « La rébellion d'Ayam »). Encore actuellement, les villageois d'Ayam effraient certains groupes asmat de « l'intérieur ». De façon plus générale, comme l'écrit Cohen, M., « Designing the Asmat », in *Asian Wall Street Journal* du 6-7 mars 1992, 1992, p. 2, « l'Irian Jaya est encore largement vue comme une île obscure hantée par les chasseurs de têtes et les cannibales qui subsistent dans les mémoires ».

[101] Frazier, B. & D., *op. cit.*, p. 13.

[102] *Ibid.*, p. 15.

La distinction. Les identités missionnaires

protestante en région asmat[103], le nombre de prêtres était insuffisant pour évangéliser la région entière et les Asmat eux-mêmes auraient demandé des missionnaires pour les débarrasser de la chasse aux têtes et du cannibalisme[104]. D'une seule voix, les missionnaires protestants et catholiques clament qu'ils s'établissent dans les villages où la population leur demande d'aller. En réalité, certains Asmat, fuyant l'invasion japonaise pendant la Seconde Guerre mondiale, furent pris sous la protection des missionnaires en région mimika ; de retour au village, leur compte-rendu à leur famille suscita l'envie généralisée de les faire venir. Ainsi, de nombreux Asmat pensent que la religion apportée, *acceptée par les ancêtres*, est la religion catholique (et non protestante).

Faute de volontaires, des catéchistes remplacèrent les prêtres dans de nombreux villages, avec l'idée à terme d'y construire des écoles[105]. Les protestants réalisèrent eux-mêmes le travail de première évangélisation, leurs aides évangélistes achevant une tâche déjà entamée. Le catéchiste était d'abord choisi par le prêtre – plus tard, par l'évêque – pour enseigner les rudiments de l'écriture, de l'arithmétique et du christianisme. Il recevait de temps à autre la visite du prêtre, qui s'enquérait de ses progrès et vérifiait la validité de ses méthodes. Dans certains cas, il précédait l'instituteur, tenu de suivre les programmes d'enseignement du gouvernement que complétait, dans les écoles catholiques, un enseignement propre. Les premiers catéchistes envoyés par Zegwaard furent mimika, puis des îles Kei puis muyu à partir de 1964.

Lorsqu'on leur pose la question, les catéchistes mimika interrogés affirment que rien dans la société asmat – sorcellerie, chasse aux têtes, rituels sexuels – ne fut estimé répréhensible. Leur discours sucré trouve d'ailleurs écho chez la plupart des missionnaires. La présence de ces derniers n'aurait donc pas généré de tension, à l'exception des tentatives protestantes d'attirer les catholiques dans leur Église. Selon eux, les

---

[103] Rees, F. M., Lettres du 8 octobre et du 5 novembre au provincial Benno Mischke, Amersfoort, 1957 (Source : archives des Croisiers à Shoreview).

[104] Ceci corrobore la réflexion de Strathern, A., « Introduction », in Crawford, A. L., *Aida. Life and Ceremony of the Gogodala*, The National Cultural Council of Papua New Guinea, Bathurst, Robert Brown & Associates, 1981, p. 11-12, pour qui les missionnaires se justifient par la demande des populations à être converties au christianisme : « comme cela [l'évangélisation] était le fait des "gens eux-mêmes", les missionnaires clamèrent que le changement était voulu par eux ».

[105] Lange, R., *op. cit.*, p. 316-317, souligne le rôle crucial des catéchistes masculins dans les premières missions dans le Pacifique, souvent appelés « instituteurs » eu égard au caractère central de l'enseignement dans l'exercice de leur fonction. Le terme « missionnaire », jadis réservé aux blancs, justifie l'utilisation massive du terme « instituteur » (*teacher*) dans le Pacifique et en Afrique. Cf. Barker, J., *op. cit.*, « Where the Missionary Frontier Ran Ahead of Empire », p. 94.

Asmat acceptèrent les changements avec le sourire et furent ravis d'accueillir les catéchistes chez eux. Ces assertions sont à moduler avec d'autres discours, comme celui de Carleton Gajdusek* selon qui une grande partie des catéchistes furent tués par les Asmat, faute de protection policière.

Le premier instituteur chez les Asmat, Maximilian Hulurean*, trace également un autre portrait de cette époque. Pour lui, « il appartient au gouvernement et aux prêtres de changer les attitudes et habitudes des Asmat ». Il exerçait un contrôle strict sur les populations via le recensement, repérant qui devait être à l'école ou au village. Comme ses méthodes n'étaient pas bien acceptées, il fut menacé de mort à plusieurs reprises, sans passage à l'acte de crainte de la police, qui s'interposait entre les parents mécontents et lui lorsqu'il battait les écoliers retardataires[106].

Le point de vue des Asmat sur la question

D'autres personnes s'emploient à décolorer quelque peu la peinture idyllique brossée par les catéchistes mimika de l'évangélisation des premiers temps. Rufus Sati*, l'assistant de Vince Cole MM à Sawa-Erma, n'est pas le seul à décrire la colère et la peur des Asmat lorsqu'ils virent construire des écoles chez eux. Les fréquents coups d'éclat des autorités les renforcèrent dans leur détermination : ils ne voulaient pas du catéchisme de Zegwaard. À la longue, la force personnelle et les méthodes de Zegwaard, familiarisé avec le mode de vie asmat et généreux en tabac et en allumettes, finirent par les convaincre. Des Mimika furent envoyés dans les familles pour enseigner « la religion ». Malgré tout, de nombreux Asmat se rendirent à l'église et à l'école sous la contrainte, molestés ou soudoyés par les catéchistes en cas de retard ou d'infidélité en faveur de l'école protestante. Ces agissements eurent lieu au vu et au su du prêtre, qui laissait faire lorsqu'il ne mettait pas lui-même la main à la pâte. Cela eut pour conséquence qu'au lieu de rassurer les populations sur le bien-fondé de leurs intentions, les catéchistes inspiraient crainte et méfiance, tout comme les prêtres.

À quelques exceptions près, les Asmat protestants se rangent à cet avis. Selon le pasteur asmat Sabinus Ekpiwi* par exemple, les catéchistes catholiques, plus nombreux que les évangélistes protestants, nouaient les premiers contacts et veillaient à attiser l'influence de l'Église partout. Dès le départ, ils rencontrèrent la résistance généralisée (*penuh*

---

[106] Chez les Maisin de PNG, les conflits des instituteurs avec les populations portaient sur l'éducation des enfants, la localisation des jardins et les affaires sexuelles. Cf. Barker, J., *op. cit.*, « An Outpost in Papua », p. 97.

tantangan) des populations, dont « beaucoup n'étaient pas heureux qu'ils soient là ». Le caractère aléatoire du choix des premiers catéchistes a dû jouer sur le peu de sérieux avec lequel, bien souvent, ils accomplirent leur tâche. Les missionnaires le reconnaissent eux-mêmes, comme en atteste le récit de Willem Lommertzen MSC* :

> Puis Zegwaard partait en patrouille. Il prenait avec lui les deux grandes pirogues avec quelques garçons de Mimika et on les a bombardés catéchistes. Catéchistes ! [il rit] Ils n'ont absolument pas étudié pour ça mais c'était des gamins braves, sages. Ils devaient donc aller aider le curé en Asmat. […] Ces jeunes gens ne savaient pas le faire [enseigner le catéchisme] non plus. Ils étaient eux-mêmes devenus chrétiens récemment. Ils avaient juste appris par cœur ce qu'on avait voulu catéchiser en langue mimika. C'était également le père Drabbe qui avait préparé tout cela en mimika. Tous les pères qui étaient là avaient à disposition ces textes en mimika. Ils avaient appris à les réciter. […] Je l'ai un jour accompagné en tournée ; cette fois-là, il est parti avec les pirogues asmat et il a « ouvert » plusieurs villages. On a déposé ses catéchistes [sur place]. On a dit au sacristain, qui connaissait les chefs de ces villages : « Occupez-vous bien de ces gens. Ils sont venus pour vous aider. De mon côté, je reviendrai à chaque tournée pour jeter un coup d'œil. Nous allons voir si on vous donne des haches ou non ». Et ça, c'était la grande motivation, évidemment.

Comme aux îles Cook décrites par Brock[107], le statut et la connaissance du catéchiste le plaçait en marge des hiérarchies sociales. Plus encore que l'instituteur, il s'octroyait dans le village une position d'hôte de marque. Comme assistant du prêtre, il se considéra souvent lui-même comme important au point de prendre plusieurs épouses. Cela perturba les missionnaires qui, à cette époque, imposaient aux nouveaux chrétiens de n'en garder qu'une[108]. Par ailleurs, l'impossibilité de licencier les catéchistes nommés par l'évêque créa des tensions entre les missionnaires pas toujours en phase avec le comportement des catéchistes et ces derniers, qui agissaient comme bon lui semblait. Les missionnaires n'auraient toutefois pas pu se passer de leur aide : selon Henri Bing Miller OSC*, ils prirent en charge tout le travail de conversion et il ne restait au prêtre qu'à poser quelques questions avant de baptiser le candidat.

---

[107] Brock, P., « Setting the Record Straight: New Christians and Mission Christianity », in Brock, P. (ed.), *Indigenous Peoples and Religious Change*, Studies in Christian Mission 31, Leiden, Brill Academic Publishers, 2005, p. 118.
[108] Schneebaum, T., *op. cit.*, *La demeure des esprits*, p. 216, cite un catéchiste surnommé Don Juan qui collectionnait les conquêtes féminines « parce qu'elles [les jeunes filles] n'étaient pas encore baptisées » ; cette attitude se retrouve aussi chez les Maisin selon Barker, J., *op. cit.*, « An Outpost in Papua », p. 95.

En plus du christianisme, les catéchistes mimika propagèrent des usages inattendus. Méprisant les pratiques[109] associées aux très péjoratifs « hommes de la forêt » (*orang hutan*), ils instaurèrent eux-mêmes de nouvelles pratiques culturelles, comme le limage des dents en forme de cône avec une épine effilée[110]. L'obsolescence de la guerre et la fréquentation des églises furent en partie responsables de l'abandon d'une partie des ornements guerriers, comme chez les Huli où le dernier guerrier annonce qu'il jettera ses plumes lorsqu'il se fera baptiser[111]. Barker[112] souligne cette disposition des évangélisateurs non européens à diffuser leurs propres traits culturels et à inciter à renoncer à certains usages, souvent contre l'avis des missionnaires.

Remarquons que les difficultés des missionnaires avec leurs assistants ne furent pas l'apanage exclusif des catholiques. Dans une lettre du 5 juin 1972, Frazier[113] écrit : « Les Asmat ont l'air de revenir à certaines de leurs anciennes pratiques […] L'église est quasi vide […] Un [instituteur], diplômé de la Bible School, dit à Bob que les filles dans son village le tentaient vraiment ». Deux ans plus tard, « Satan travaille à temps plein » sous les traits d'un homme qui tente de convaincre les instituteurs qu'ils ne sont pas assez payés. Malgré tout, les évangélistes semblent plus contrôlables que les catéchistes, et leurs comportements plus en accord avec les attentes des missionnaires.

Un élément ayant sans doute desservi les Croisiers est d'avoir choisi leurs catéchistes parmi les Mimika, les ennemis traditionnels des Asmat[114], et de les avoir formés en quelques semaines[115]. Les catéchistes

---

[109] Citons entre autre l'occultation de la nudité, la raréfaction des scarifications et la désuétude de la perforation du septum nasal chez les hommes. Pendant la *pesta budaya* (fête culturelle) d'Agats en 2001, certains jeunes arboraient sous le nez le dessin à la chaux du coquillage taillé (*bipane*) qu'ils auraient porté jadis.

[110] Très répandue à Uwus, cette particularité esthétique, œuvre d'un spécialiste dans le village, concerne le plus souvent les incisives supérieures. Elle est peut-être à l'origine de la propension masculine de grincer bruyamment des dents en dormant.

[111] Film de Balmès, Th., *En attendant Jésus*, Canal +, Les Films d'ici, TBC Productions, Ex Machina, 2000.

[112] Barker, J., *op. cit.*, « Christianity in Western Melanesian Ethnography », p. 154.

[113] Frazier, B. & D., *op. cit.*, p. 184.

[114] Pourtant assimilés aux Asmat par plusieurs auteurs, dont van der Zee, P., *op. cit.* La différence fondamentale entre les deux est la pratique de la chasse aux têtes, absente chez les Mimika chez qui les Asmat prenaient des épouses lors des raids. Mes informateurs désapprouvent l'idée, comme le mythe asmat distingue les vrais hommes, les Asmat (*Asmat'ow*), et les autres, les Mimika, créés par Fumewr'ipitsj.

[115] Cet écart entre la formation sommaire des catéchistes catholiques et des évangélistes protestants se retrouve chez les Maisin de PNG, où la piètre instruction des instituteurs mélanésiens contrastait avec celle des évangélistes fidjiens et samoans, recrutés dans des séminaires protestants de bon niveau. Cf. Barker, J., *ibid.*, p. 91.

originaires des Kei étaient quant à eux critiqués par les Asmat en raison de leurs responsabilités imméritées au sein de l'évêché, et les Muyu présentés aux Asmat comme des modèles à suivre (sédentaires, cultivateurs et éleveurs). Au contraire, les aides évangélistes de TEAM, originaires de l'île de Biak, furent choisis au terme de trois ans d'école biblique à Manokwari. Évangélisés au début du XXe siècle, les insulaires de Biak recevaient la visite d'Européens et d'Américains depuis beaucoup plus longtemps que les groupes de la côte sud. Au contraire des catéchistes choisis parmi les nouveaux croyants, le long parcours des évangélistes dans le giron missionnaire a vraisemblablement consolidé leur foi et émoussé les angles éventuels de leur caractère. Ils ont enfin la réputation d'aimer voyager et d'être ardus à la tâche et, comme l'indique Marve Newell* de TEAM, furent peu sujets aux écarts du travail pastoral car emmenaient leur famille avec eux.

D'une religion à l'autre

Des tensions entre factions

Nous voyons dans ce qui précède que l'étiquette de chrétien englobe des attitudes très différentes. En règle générale, tant les protestants que les catholiques ont tendance à exclure systématiquement l'autre partie dans leur définition du chrétien. Les Asmat interrogés, de leur côté, utilisent peu le terme. Ils ne considèrent pas que le catholicisme et le protestantisme soient des variantes d'une même religion mais bien des religions distinctes, si pas opposées. Ils annoncent souvent leur religion fièrement, avec un air de défi envers l'autre camp. Conformément au *Pancasila* qui distingue les deux religions, la langue indonésienne[116] distingue le prêtre (*pastor*) du pasteur (*pendeta*), et la mission catholique (*misi*) de la mission protestante (*zending*). Eu égard aux différences de comportement et d'exigences des missionnaires, et aux hostilités entre les deux factions, il ne leur fallut vraisemblablement pas beaucoup d'efforts pour les penser en camps séparés.

Tout clivage peut sous-entendre une certaine forme de compétition. Dries[117] constate le développement de la mission protestante fut un des facteurs qui précipitèrent l'activité missionnaire américaine au cours de la seconde moitié du XXe siècle. Sur le terrain, les uns ignoraient quasi tout des autres, ce qui atteste au moins de leur peu de

---

[116] Ces distinctions viennent du néerlandais. Le terme « missionnaire » est peu utilisé, ce qui peut expliquer la disparition de la distinction originale entre missionnaires catholique (*misionaris*) et protestant (*zendeling*) au profit du terme catholique.

[117] Dries, A., *op. cit.*, p. 252.

Chasseurs de diables et collecteurs d'art

contacts entre eux ; Carleton Gajdusek* dit qu'ils ne se parlaient pas. Un consensus tacite apparaît dans les entretiens des Asmat pour décrire les contacts entre missionnaires catholiques et protestants comme exécrables, contrastant avec le discours des intéressés. Outre la tendance de certains missionnaires protestants à contredire tout ce qu'on dit d'eux, les deux groupes livrent – à quelques anecdotes près – une image optimiste et bien ficelée de leur séjour dans le marais, à l'exception d'Alphonse Sowada OSC* et de Bob Frazier de TEAM, dont l'ouvrage comporte un titre intitulé « la guerre sainte ».

Pour nourrir le feu des deux factions, les anecdotes sont pléthore. Par exemple, plusieurs Asmat protestants racontent que les enfants asmat qui s'aventuraient du côté des protestants se faisaient battre vigoureusement par les catholiques. Dans un contexte où tous cherchent à gagner le plus d'adeptes possible, Sabinus Ekpiwi* décrit la difficulté, les missionnaires de TEAM, d'affronter la résistance des populations, car les catholiques avaient décrit leur foi comme la religion de Satan. Quand il était en 3e année SD[118], Sabinus* et ses amis furent encouragés par le prêtre d'Amborep à jeter « de la boue et toutes sortes de choses » dans le *speed boat* des missionnaires protestants. Enfin, plusieurs Asmat catholiques confient leur peur des protestants étant enfants ; certains catéchistes inventaient des histoires qui terrorisaient les écoliers, comme le livre noir dans lequel les protestants étaient prétendus inscrire les noms des Asmat en partance pour l'enfer.

Les catholiques et les protestants travaillant dans la même région, on peut s'attendre que leur travail empiète sur celui de leurs voisins[119]. Tous les missionnaires catholiques se plaignent que les protestants aient cherché à attirer les Asmat déjà « convertis » par l'autre camp. Dave Gallus OSC* affirme qu'au début des années 1970, les pasteurs de TEAM et de la GKI disaient de lui qu'il était Satan. Las de voir les aides protestants établir leurs quartiers dans « ses » villages, il abandonna celui de Beriten à un pasteur venu s'implanter à côté de lui. Les ministres se passèrent effectivement de demander l'autorisation des catholiques pour s'installer. Schneebaum[120] relate une conversation entre un pasteur néerlandais – sans doute Bill Heckman – et l'évêque Sowada à Tiau, qui se seraient échangé des populations pour une répartition équitable des missions des deux Églises, rejoignant l'idée des sphères d'influence. Quand Virgil Petermeier OSC* se rendait à Comoro, le

---

[118] Sekolah Dasar ou école primaire.
[119] On retrouve ces tensions dans d'autres régions d'Indonésie. En 1979 à Aru, un prêtre néerlandais qualifie les heurts entre sa mission du Sacré-Cœur et les protestants de GPM de « guerres de religion en miniature ». Cf. Spyer, P., *op. cit.*, p. 173.
[120] Schneebaum, T., *op. cit.*, *La demeure des esprits*, p. 165-166.

pasteur attendait son départ pour baptiser « ses » catholiques – déjà baptisés – dans la rivière, supposée plus efficace que l'église[121]. À Senggo, les pasteurs chassèrent carrément les catéchistes selon Toon Putmann MHM*. Cela n'empêcha pas la cordialité de certaines relations, concrétisée dans des parties d'échec, des invitations à partager un en-cas et un coup de main dans la construction des églises.

De leur côté, les missionnaires de TEAM interrogés se défendent d'avoir jamais été en compétition avec les catholiques : « nous ne sommes pas venus pour ça ». Ils évoquent plutôt les obstacles placés par les catholiques à leur travail de mission. À Ayam, Hermann Tillemans MSC baptisa cinq cents personnes en catastrophe dès qu'il apprit les projets d'implantation protestante. Lors d'un dîner à Merauke, l'évêque tenta de détourner Cal Roesler et Chuck Preston* de leur projet en leur proposant d'autres villages en amont, mais rien n'y fit. Dans son récit de vie chez les Asmat, Frazier[122] décrit les interventions incessantes des prêtres catholiques dans les efforts protestants. Les Roesler* trouvèrent leur courrier ouvert (sous-entendu : les catholiques les espionnaient jusqu'à les fouiller). Frazier décrit la défaillance de peur de certains enfants à l'arrivée du prêtre et le chantage au tabac pour dissuader les parents d'inscrire leurs enfants à l'école protestante. Entre autres menaces, les catéchistes dirent aux enfants catholiques qu'ils ne pouvaient pas changer d'Église à cause de l'eau bénite dont le prêtre les avait aspergés, signe de l'irréversibilité du sacrement[123].

En réalité, la principale difficulté des protestants au cours des deux premières décennies réside en la partition spirituelle de la demi-île, obsolète à leur arrivée mais mise en avant par leurs homologues catholiques pour contester leur présence[124]. Ces querelles tournent au drame au début 1965, lors du meurtre de Jan Smit OSC par le KPS[125] pour avoir, malgré son interdiction, donné du tabac aux parents afin de détourner leurs enfants des écoles protestantes[126]. Selon la version catholique (Joe DeLouw OSC*), ce « martyr assassiné par les protestants » fut tué à Pirimapun pour s'être rebellé contre le transfert des élèves de l'école

---

[121] Cela tient sans doute à la phase du rituel d'initiation masculine de la renaissance dans la rivière avant le changement de nom et d'identité qui fait le sens du rituel.

[122] Frazier, B. & D., *op. cit.*, p. 50.

[123] *Ibid.*, p. 85.

[124] Jadis, les zones blanches *relief data uncomplete* sur les cartes géographiques pouvaient être pacifiées par les missionnaires sans empiéter sur le lieu de travail des autres congrégations. La mesure s'assouplit après 1953, et les protestants désireux de travailler sur la côte sud devaient juste en demander l'autorisation au HPB local.

[125] Kepala Pemerintah Setempat.

[126] *Ibid.*, p. 127-128.

catholique vers celle du gouvernement[127]. Sa statue trône à côté de la cathédrale d'Agats.

Une poignée de musulmans dans le marais

Après cet aperçu des relations entre Églises, il serait légitime de s'interroger sur la présence musulmane dans ce bastion chrétien que représente la Papouasie en Indonésie. L'écrasante majorité chrétienne dans un pays comptant 87% de musulmans[128] a tout lieu de surprendre. Gordon[129] décrit l'islam indonésien en particulier comme « fondamentaliste », c'est-à-dire opposé au pluralisme religieux. Citant différents travaux dont ceux de Hefner[130], il constate que l'islam en Indonésie est utilisé à la fois pour contrer l'occidentalisation et l'emprise des traditions locales (*adat*). Dans cette forme d'islam, la modernisation ne va pas de pair avec la sécularisation, mais avec un durcissement des pratiques religieuses anti-syncrétiques dans une démarche dynamique de construction de l'avenir : « les femmes musulmanes javanaises portent le voile non pas pour revitaliser un passé indigène, mais pour se distancier vis-à-vis de l'histoire locale afin de créer un avenir plus parfait[131] ».

En Papouasie, la pression contre les traditions locales, très présente, ne relève pas d'arguments religieux. Il s'agit plutôt d'un effort global des autorités de modeler en êtres humains (*manusia*) les hommes de la forêt (*orang hutan*), jugés proches de l'animal, en adaptant leur mode de vie jugé critiquable à l'idéal-type javanais[132]. Les relations entre chrétiens et musulmans sont généralement harmonieuses, en tout cas dans la régence d'Agats-Asmat. Pendant des décennies, les militaires mutés en Papouasie occidentale furent choisis de préférence chrétiens pour éviter d'alimenter les tensions intragroupes (et par extension les velléités indépendantistes), l'islam étant plutôt le fait des transmigrants[133]. D'ordinaire, l'appartenance religieuse n'entre pas en compte dans les

---

[127] Hesch, D., Development of Theory 1958-1968, in *An Asmat Sketch Book n° 2*, Trenkenschuh, F. A. (ed.), Agats, The Asmat Museum of Culture and Progress, 1982, p. 42.

[128] Feillard, A., *Islam et armée dans l'Indonésie contemporaine*, Paris, L'Harmattan, 1995, p. 13.

[129] Gordon, J., *op. cit.*, p. 44-47.

[130] Hefner, R. W., « Islam, Class, and Civil Society: ICMI and the Struggle for the Indonesian Middle Class », in *Indonesia 56*, 1993.

[131] Gordon, J., *ibid.*, p. 45.

[132] de Hontheim, A., *op. cit.*, « Évangélisation catholique des Asmat... ».

[133] Alphonse Sowada OSC* affirme que la transmigration vise à instaurer une parité numérique entre chrétiens et musulmans afin de garantir le contrôle musulman de la structure politique, empêchant à terme les revendications indépendantistes d'aboutir.

La distinction. Les identités missionnaires

conflits et hormis la présence de mosquées dans les bourgs à forte concentration indonésienne, c'est à peine si l'on devine la présence des musulmans[134]. Pour éviter de déranger leurs voisins chrétiens, les musulmans d'Agats auraient même diminué le son de l'appel à la prière. En raison de son illégalité[135], le prosélytisme reste discret. Au cours de ces dernières années, seules quelques familles asmat de villages côtiers (Per, Yepem) se laissèrent convertir à l'islam. La méthode d'islamisation – les *rice muslims* – rappelle le christianisme du tabac : la conversion en échange d'un sac de riz ou de marchandises. Avec un tiraillement vis-à-vis de la « vieille » religion : selon Virgil Petermeier OSC*, une fois de retour à Agats, voir surgir Jésus dans leurs rêves emplit ces nouveaux musulmans d'une culpabilité si pesante qu'ils revinrent au catholicisme.

Sans très bien savoir quoi leur reprocher, les Asmat ne les aiment pas beaucoup. Plusieurs églises se liguèrent contre l'érection de mosquées dans le marais, et les musulmans se heurtent à l'hostilité des populations lorsqu'ils veulent en construire une dans un village asmat[136]. Du côté missionnaire, plusieurs se plaignent que la montée de l'islamisation se traduise par des entraves légales au travail de mission[137].

---

[134] Il en est autrement dans les zones de transmigration, à Merauke et à Sentani. Les migrants ont quitté leur île natale pour s'implanter « au bout du monde » dans l'espoir d'améliorer leur mode de vie, dans une forêt imaginée peuplée de sauvages cannibales et d'animaux dangereux. Beaucoup ne résistent pas et retournent à Java.

[135] Cf. chapitre VII « Les avis sont partagés ».

[136] Cette hostilité me paraît surtout s'exprimer contre l'étendard du néocolonialisme indonésien que les Asmat refusent de voir s'implanter dans leur paysage quotidien.

[137] Les mesures les plus contraignantes sont l'interdiction de bâtir une église, l'obsolescence de la fonction de missionnaire, le départ progressif des étrangers et le non-renouvellement des visas des missionnaires.

CHAPITRE IV

L'identité asmat

Les ancêtres sont toujours au pluriel

Après cette description des identités missionnaires, ce chapitre vise à décrire certaines facettes des identités de ceux qui ont fait l'objet des tentatives d'évangélisation. En premier lieu, on ne peut prétendre à décrire la société asmat sans en mentionner les ancêtres. Or, le lieu de rencontre par excellence des hommes et des ancêtres est la maison rituelle, la *jeuw*.

Des bâtiments

La jeuw au milieu du village

Parmi ses rôles principaux, la *jeuw* est à la base de la cosmologie, la parenté et la structuration du temps, organisé en fonction des longs rituels. Bâtie parallèlement au fleuve sur des pilotis de trois mètres en moyenne, la *jeuw* est un parallélépipède long d'une trentaine de mètres au toit circonflexe. Sur ses flancs, elle est percée d'ouvertures rectangulaires, chacune en regard d'un âtre *dow'se* encadré de deux mâts d'ancêtres *bisj*[1]. Dirigé par un stratège (« chef de guerre »), chaque *dow'se* possède une pirogue de guerre et un ancêtre commun. Au centre physique de l'édifice, le *wair* divise symboliquement la communauté de la *jeuw* en deux moitiés exogames (la *jeuw* étant endogame) dont les membres résident en amont ou en aval du fleuve. En dépit de cette séparation, l'appartenance à une *jeuw* crée des liens étroits et sous-entend une autonomie suffisante pour faire sécession et s'installer dans un autre village[2]. Virgil Petermeier OSC* déplore l'erreur stratégique des premiers missionnaires de ne pas y avoir construit l'église, désormais considérée comme le bâtiment du prêtre.

---

[1] Mât d'ancêtres d'environ cinq mètres de haut taillé dans un palétuvier retourné dont une racine symbolise la virilité masculine. Cf. Schneebaum, T., *op. cit.*, *La demeure des esprits*, p. 13-14. van der Zee, P., *op. cit.*, p. 20, opte plutôt pour un muscadier sauvage. Ce mât commémore les décès récents des proches parents, faisant jadis office de rappel de chasse aux têtes.

[2] Helfrich, K., *op. cit.*, p. 38-39.

La communauté de la *jeuw* décide des règles à adopter dans le village et, en cas de guerre, des alliances politiques. La décision est consensuelle et négociée, et chacun s'incline quand le groupe se prononce. La société asmat ne comprend ni castes professionnelles, ni hiérarchie réelle de pouvoir politique ou religieux ; cela changea avec les missionnaires, qui instaurèrent l'assemblée des aînés protestante et le conseil paroissial catholique. Le prestige personnel s'acquiert par l'éloquence, le savoir, la sagesse ou la bravoure, rejaillit sur les descendants et se récompense par la dation d'un nom d'ancêtre, l'héritage d'un patrimoine sorcier ou matériel, ou encore le remplacement d'un *wair'ipitsj* (spécialistes de la tradition, se tenant dans le *wair*) au décès de celui-ci. Il s'acquiert aussi par une descendance nombreuse – donc de nombreuses épouses – qui garantit une forte participation au maintien de la tradition et donc la bienveillance des ancêtres. Ainsi, un homme acquiert le respect de ses pairs à partir du moment où il devient père. La transmission intergénérationnelle est symbolisée notamment par l'éperon phallique des mâts d'ancêtres *bisj*, explicitement désigné par le terme *tsjemen* (verge).

Chez les Asmat, la *jeuw* est un fait social total. Traduite hâtivement par « maison des hommes[3] », son appellation complète est *jeuw ar dat mbi*, c'est-à-dire la chaux et les esprits de la *jeuw*. Autrement dit, le vocable asmat qui la désigne ne stipule ni le terme « maison » (*tsjem*) ni le terme « homme » (*ipitsj*). Il est plutôt fait mention de la chaux par laquelle les Asmat la dédient aux ancêtres, et des entités invisibles qui s'y rassemblent. Les hommes peuvent y passer des journées entières et logent le plus souvent chez une de leurs épouses. La *jeuw* est aussi le lieu où s'organisent les longs rituels tels que les funérailles et l'instruction des jeunes hommes, et le point de départ d'un raid de chasse aux têtes, d'une chasse en forêt et des visites aux malades. En outre, les ancêtres étant les vrais possesseurs du marais avec les propriétaires de la terre, il est impératif pour un visiteur de leur rendre visite dans la *jeuw* avant de vaquer à ses occupations.

---

[3] Elle concerne essentiellement les célibataires dans certaines régions et est alors nommée *je*. Inquiets de la condition féminine, les prêtres et le gouvernement firent pression pour inclure les femmes dans la *jeuw*, dont l'accès ne leur est théoriquement plus interdit. Helfrich, K., *op. cit.*, p. 39, les voit « catégoriquement impures d'un point de vue religieux » ; on pourrait plutôt parler d'accusation d'ignorance, au même titre que les jeunes. D'ordinaire, les femmes ne se rendent dans la *jeuw* que si le rituel le prévoit ou pour apporter le sagou de leurs parents masculins. De temps à autre, les officiels indonésiens et le médecin les y convoquent mais elles n'osent pas y pénétrer seules, entrent avec hésitation, et s'en vont à la première occasion.

L'habitat et le semi-nomadisme remis en question

De part et d'autre de la *jeuw*, les maisons asmat sur pilotis sont bâties en une ou deux rangées parallèles sur les berges étroites, parfois des deux côtés du fleuve. Elles abritent plusieurs familles dont les membres dorment dans une pièce unique, éparpillés près de l'âtre dont ils se rapprochent à mesure du froid de la nuit. Jadis, la nouvelle maison asmat était bâtie à côté de l'ancienne, construite en hauteur voire au sommet de la canopée, 15 à 25 mètres au-dessus du sol, sur des arbres-pilotis. En dépit de l'admiration de certains Croisiers pour ces maisons[4], ils ne purent s'empêcher de les reconstruire à leur manière. D'après Alphonse Sowada OSC*, les Asmat furent enchantés d'apprendre comment scier des planches et les assembler à l'aide de clous[5]. Après un temps, ils utilisèrent les clous dans un autre domaine que la menuiserie : la sculpture, à la place des coquillages et des os d'autrefois. Un grand changement est l'utilisation du bois de fer dans la construction. Hormis pour la confection de certaines sculptures, la norme asmat interdit formellement l'abattage de cet arbre. Toutefois, la résistance de ce bois à la putréfaction le fait préférer aux autres essences par les nouveaux arrivants et donne lieu à un abattage sauvage, au grand dam de nombreux Asmat.

Dans les bourgs à forte présence indonésienne, la préférence pour la rénovation des maisons (au lieu de leur reconstruction) favorisa la sédentarisation et, pour les familles chrétiennes, le parti pris de s'installer à l'écart du groupe dans des maisons individuelles. Toutefois, cela ne changea rien à la nécessité de partir en forêt pour s'alimenter, parfois pendant des mois ; de nombreux Asmat préfèrent d'ailleurs vivre dans leur *isi'tsjem* (maison de jungle, *befak* en indonésien) plutôt que dans le village. Hormis les longs rituels, peu d'incitants retiennent les Asmat dans le village. Greg Poser OSC* constate que les Asmat « ne vivent pas vraiment dans le village, leur cœur ne sort jamais de la jungle », à la consternation de l'Évêché et du gouvernement. Trenkenschuh[6] écrit dans le même sens : « tous les villageois […] sont enclins à trouver le plus d'excuses possible pour rester dans la jungle plutôt que dans le village ». La réticence des Asmat à adopter le modèle villageois est liée au fait que la notion de village n'est pas traditionnelle, l'entité de

---

[4] DeLouw, J., *op. cit.*, p. 16.
[5] Sur le terrain, les planches, symbole de modernité, sont assez prisées, même si peu d'Asmat peuvent se permettre ce luxe.
[6] Trenkenschuh, F., « Asmat Sago Gathering Practices », in Trenkenschuh, F. A. (ed.), *An Asmat Sketch Book n° 1*, Agats, The Asmat Museum of Culture and Progress, 1982, p. 46.

référence étant la *jeuw* ou la moitié de *jeuw*. Eyde[7] évalue la fréquence des déménagements à tous les quatre ou cinq ans.

Dans la continuité du gouvernement néerlandais, le gouvernement indonésien s'efforça de rassembler les *jeuw* semi-nomades en villages et de reconstruire les maisons à hauteur d'homme, avec des cloisons pour séparer les pièces[8]. En plus d'un contrôle plus aisé, ces réaménagements visaient à freiner les mouvements de droits fonciers engendrés par les guerres. Entre autres réaménagements urbains, Van Arsdale[9] cite le Programme des Villages Modèles initié par le gouvernement[10] vers 1973 à Yamasj et dans d'autres villages autour d'Agats. Les *jeuw* furent supprimées et de nouvelles maisons, de cinq mètres sur sept flanquées d'une cuisine à l'arrière, furent érigées en rang et reliées entre elles par des passerelles aériennes (*jembatan*).

Du protocole

Si ces changements architecturaux visaient un changement social radical, la base de la société asmat reste tout de même la *jeuw* et les valeurs qu'elle sous-tend. Dans les relations hommes-ancêtres, l'action de base est l'offrande (*ok'abwitamfes* ou *derma* en indonésien), qui assure le soutien des ancêtres dans certaines actions – chasse, voyage, construction, rituel, visite d'un lieu sacré – et dispose les ancêtres à accepter le changement. Elle est aussi une rétrocession des bienfaits des ancêtres : tout Asmat doit honorer les ancêtres de ses deux parents, surtout s'il en a les moyens, sous peine de s'attirer leur colère. Dans la *jeuw*, les jeunes préparent l'offrande pour les *wair'ipitsj* et pour le visiteur, s'il y a lieu. L'offrande se compose obligatoirement de sagou, de poisson, de tabac et parfois d'argent et d'objets de valeur. La nourriture est présentée aux convives par ordre de préséance. Il est impératif d'absorber l'offrande (au moins d'y goûter), car son ingestion par les ancêtres se fait par l'intermédiaire des convives. À Ayam, une odeur de moisi signifie que les ancêtres ont consommé les denrées offertes, que l'on jette. Il ne s'agit donc pas seulement du prélèvement de l'essence

---

[7] Eyde, D. B., *op. cit.*, p. 112-113.

[8] Laux, C., *op. cit.*, p. 146, remarque que « l'apprentissage de la pudeur [...] passe par la différenciation des espaces intimes [...] et les zones de mises en commun et de partage, des repas, en premier lieu, mais aussi des rituels religieux, à commencer par la prière. Cette conception de l'habitat toutefois ne saurait être réduite à une simple expression de la pudeur chrétienne. On peut tout autant y trouver l'empreinte d'une morale non religieuse mais bourgeoise, centrée sur la notion d'intimité. On assiste au même phénomène dans l'Europe rurale de la fin du XVIIIe siècle ».

[9] Van Arsdale, P. W., *op. cit.*, p. 139-140.

[10] Cela fait penser aux villages modèles des missionnaires MSC chez les Marind dans les années 1910, évoqués au chapitre II. Cf. Évêché de Merauke *op. cit.*, p. 24-25.

de l'offrande par les esprits de la forêt *wasan'dat* ou par les mânes des Kayagar[11] : elle est ingérée physiquement. Il en résulte que le processus est irréversible : si la cause de l'offrande ne peut être honorée, les membres de la *jeuw* devront affronter la colère des ancêtres pour avoir transgressé la norme.

La tradition n'est pas seulement agie dans le rituel, l'offrande ou le respect de la norme des ancêtres : elle tient aussi une place de choix dans les conversations. Et l'évoquer attire inévitablement les ancêtres à proximité. Ne dit-on pas des sociétés du Pacifique qu'elles sont des sociétés de la parole ? En Polynésie, les talents oratoires se déploient dans des joutes dont l'issue intervient dans la distribution du pouvoir. Chez les Asmat, les mots jouent un rôle capital : ils donnent corps à ce dont on parle. Au point que le simple fait de parler de personnages dangereux les fait exister. C'est la raison pour laquelle Rofenus Unir* préconise de ne pas prononcer le nom de Satan : seulement celui de Dieu. De manière plus large, tout mot prononcé dans le marais est entendu par les ancêtres et les esprits. Le nom donné à l'enfant après la naissance par l'*arow'ipitsj* sera voulu le plus absurde possible, afin d'éviter aux mauvais esprits d'entendre son vrai nom et de le tourmenter. La vigilance des ancêtres et des esprits s'aiguisant pendant la nuit[12], il est dangereux de les évoquer pendant cette période, toujours selon le principe que dire le nom en attire le porteur. De jour et sous un ciel sans nuages, la *jeuw* est donc *le* lieu décent pour s'exprimer au sujet de la tradition. Certains sujets ne peuvent d'ailleurs être abordés que là.

Dans la *jeuw*, les seuls autorisés à s'exprimer ont déjà un long parcours derrière eux. L'influence sur l'entourage tient à la capacité à mettre en mots et l'aptitude à convaincre se manifeste par un argumentaire riche, articulé avec force. L'orateur gagne à se tenir debout, à regarder chacun et à impliquer des membres de la communauté en les citant. Détenteur de la tradition et porte-parole des ancêtres, le conteur est le « maître de l'histoire » des Asmat. Dans la pratique, ses pairs rectifient constamment son discours, et pas seulement pour éviter de froisser les ancêtres : dans la *jeuw*, le mensonge est puni gravement. Ainsi, la narration d'un passage mal maîtrisé peut être recommencée à

---

[11] Tucker, D. A. & Knickerbocker, A., *op. cit.*, p. 131.
[12] Quand tout est calme, des êtres invisibles errent et tentent de séduire les faibles et les nouveaux arrivants. Chez les Aylat décrits par Courtens, I., « The Manes Kaya Healing Rite: Blood, Sago, and Sacred Cloths for the Ancestors », in Stewart, P. & Strathern, A. (eds.), *Humors and Substances. Ideas of the Body in New Guinea*, Westport & London, Bergin & Garvey, 2001, p. 53, ils se manifestent bruyamment après le coucher du soleil et s'emparent du corps qu'ils terrassent par la maladie.

plusieurs reprises. En racontant, le conteur instille une morale à son auditoire et l'oriente sur les rails d'une façon de penser[13].

De l'ancestralité

En principe, la *jeuw* ne peut jamais être vide : un ou plusieurs *wair'ipitsj* veillent sur l'édifice et protègent le bien des ancêtres[14] dont les mythes du village retracent l'histoire, disposé avec les offrandes au « grenier », une plate-forme au plafond percée d'orifices et construite à hauteur d'homme. À Ayam, dès qu'ils pénètrent dans la *jeuw*, les trois *wair'ipitsj* de service sentent physiquement leur poids augmenter du « corps des ancêtres » : ils se déclarent habités par eux et se sentent dès lors « plus lourds ». Ils expriment la voix des ancêtres dont la présence ancestrale se décèle à des bruits et craquements à l'extérieur de la *jeuw*. En outre, tout Asmat adulte peut les sentir « comme un vent » sans les voir, à l'exception du guérisseur-exorciste *damer'ipitsj*.

On devient ancêtre en recevant un nom d'ancêtre, qui confère une identité d'ancêtre vivant. Ce privilège ne se reçoit pas à la mort du corps : l'ancêtre s'incorpore. Des personnes d'un âge avancé, influentes et réputées pour leur science peuvent devenir ancêtre de leur vivant. Cela n'a jamais concerné les missionnaires, même ceux qui se sont fait adopter. À l'inverse, une personne âgée peut mourir sans bénéficier de l'ancestralité, cette dernière relevant de la décision collective.

En plus de leur omniprésence dans la *jeuw*, les ancêtres peuvent apparaître en rêve pour réprimander leurs descendants. Le rêve est le vecteur des intentions ancestrales : celui qui rêve sait immédiatement quel ancêtre lui transmet le message et le communique dans la *jeuw* après avoir évalué sa gravité. Comme autre mode de communication, de nombreux arrivants se laissent impressionner par l'efficacité des requêtes aux ancêtres. Afin de s'assurer du succès de sa chasse, on présente l'offrande *ok'abwitamfes* aux ancêtres dans la *jeuw* et on les prie avant d'aller en forêt, les yeux dirigés vers le « grenier » : « Les ancêtres, je vais en forêt. Donnez-moi de la viande, un morceau [à manger], donnez-

---

[13] Le rôle du mythe va au-delà d'une grille de lecture de l'environnement et de la société : en posant ses héros en exemples, il contient aussi un code de prescriptions permettant d'orienter la construction de l'avenir et la perpétuation de la société. Lévi-Strauss, C., « La structure des mythes », in *Anthropologie structurale*, Paris, Plon, 1958, p. 231, souligne le rapport du mythe au passé, au présent et au futur ; le mythe répond à une « double structure, à la fois *historique* et *anhistorique* ».

[14] Armes des défunts, boucliers et objets sacrés comme les crânes d'ennemis, les sculptures de figures ancestrales ou les tambours. Par contre, un autre type d'héritage est stocké dans la maison, comme les colliers de la compensation matrimoniale, les crânes décorés d'ancêtres, les coquillages *pirkow* et les haches en pierre *sii*.

moi un gros poisson ». Si le jour visé est un dimanche, cette prière libère le chrétien de ce qui lui reste de culpabilité.

Remarquons qu'être un ancêtre ne s'assortit pas toujours d'une attitude bienveillante. Conscients de cette ambivalence, les villageois s'approchent des masques du *jipae pokm'bui* (rituel funéraire) avec hésitation : il ne savent pas d'emblée à quel ancêtre correspond chaque masque, dont certains sont capables de réactions violentes.

Du point de vue de l'influence du christianisme sur l'ancestralité, certains Asmat citent Yo Smit[15], le plus vieil ancêtre, installé au paradis tandis que les ancêtres vivent sur la terre. Pour Abraham Buipir* de Sjuru nomme Yo Smit *ji'ipitsj*[16] « parce qu'il est au-dessus », puis les ancêtres. Cependant, je ne trouvai ce Yo Smit qu'à Atsj, à Uwus et chez Abraham Buipir*, donc parmi une minorité d'Asmat investis dans des activités chrétiennes (pasteurs ou membres du conseil paroissial). Quand on interroge les autres Asmat, il existe effectivement un ancêtre le plus vieux, dont le masque funéraire se distingue des autres par sa forme conique. Toutefois, le mot *ji'Ipitsj* (ou *jii'tsjowotsj* pour l'équivalent féminin) ne concerne que les ancêtres, pas Dieu. Bien qu'ils acceptent souvent Jésus parmi leurs ancêtres, ils sont outrés d'entendre placer Dieu au-dessus des ancêtres. Enfin, les saints catholiques ne sont pas représentés dans les églises asmat, alors que les ancêtres y ont une place de choix sous forme de *bisj*.

La transmission de la tradition

Lieux, signes et formes du savoir traditionnel

Bien avant l'enseignement formel dans la *jeuw*, l'apprentissage passe par le geste sous l'observation attentive des vieux *wair'ipitsj*. Rufus Sati*, de Sawa, explique en quoi le premier apprentissage sert de base à la capacité d'apprendre requise par la suite dans la *jeuw*. Les adultes placent les enfants à une certaine distance d'un arbre, testent leur force et attendent d'eux de maîtriser la cible. La technique pour atteindre la cible est un *modèle* que les enfants doivent penser ; « cela fait les yeux des premiers enfants ». Le premier tir à l'arc « éduque les enfants, les libère, les fait bouger ici et là, sans les lier ». Les Asmat évitent de donner une orientation *a priori* aux jeunes enfants, désignés pour une fonction au fur et à mesure de la découverte de leur personnalité par les aînés. Ceux qui sont sélectionnés sont dits *itsju 'Ipitsj*.

---

[15] Je me demandai dans quelle mesure ce nom ne venait pas de celui de Jan Smit OSC, tué en 1965 par un fonctionnaire indonésien.

[16] Ce qui signifie « ancêtre masculin ». Les ancêtres sont *ji'ow* ou *atow'ow*.

Les fonctions de *wair'ipitsj*, cumulables, sont celles de conteur, « faiseur de temps » *tasma'ipitsj*, chanteur, percussionniste et sculpteur *wow'ipitsj*. Guidés par les ancêtres dont ils traduisent la parole ou l'image, les *wair'ipitsj* détiennent la tradition et veillent au respect de la norme en vue des rapports harmonieux entre les mondes visibles et invisibles. Cette norme est un mélange d'acquis et de ressenti. L'action traditionnelle collective permet le passage de la voix des ancêtres par le « canal de la tradition » dont le flux ne peut être interrompu : un *wair'ipitsj* décédé est immédiatement remplacé. Il existe d'autres fonctions, comme le guérisseur masseur *eeram'ipitsj*, le guérisseur exorciste *damer'ipitsj*, ou le jeteur de sortilèges *arow'ipitsj*. La plupart de ces fonctions ont leur équivalent féminin.

Long et progressif, l'enseignement du métier de spécialiste de la tradition se déroule dans la *jeuw* et s'assortit d'un code de comportement à honorer[17]. Distillé tout au long de l'adolescence, il concerne les mythes, les chansons et les mots sacrés, les techniques (chasse, sculpture, musique, vannerie, architecture), la sorcellerie (décoctions, mantras, sort de mort, médecine familiale, métamorphose), et l'histoire familiale. Les savoirs spécifiques ne sont transmis qu'à certains garçons. Lorsqu'il est devenu un adulte complet, le garçon est initié et reçoit arc, flèches et pot à chaux de ses aînés, marquant son acceptation dans la communauté. Dans certaines régions, l'initiation concerne également les filles, scarifiées pour l'occasion et instruites par le chant. L'initiation des filles est moins répandue que celle des garçons et plus discrète, peut-être en raison de son absence apparente de lien avec la chasse aux têtes.

Le chant comme mode de communication

Toutes les fonctions ont une part d'improvisation. Utilisé comme mode de communication pour les questions graves, le chant ne peut toutefois s'écarter du modèle d'origine. Dans ces circonstances, le chanteur se distingue des autres fonctions des *wair'ipitsj*.

Le 7 mai 2004, Felix Owom'ipitsj* et ses compagnons de Sjuru chantèrent pour préparer les ancêtres à la cession de 23 hectares de terres collectives au gouvernement, incarné par le *bupati*. L'absence de précédent accentuait le caractère délicat de la vente[18]. Felix Owom'ipitsj* se préparait à remplacer Abraham Buipir, bientôt trop

---

[17] Voir aussi Goo, P., « Tribal Leadership Among the Simai Asmat », in Konrad, G. & U. (eds.), *Asmat. Myths and Rituals. The Inspiration of Art*, Venice, Pizzi Amilcare/ Erizzo Editrice, 1996, p. 83.

[18] Cette dernière fut scellée par un rituel repris de la chasse aux têtes : les hommes de Sjuru plantèrent une flèche dans le sol, formant une courte frontière en rotin que complétèrent la lance du *bupati* et un bouclier placé au sommet.

L'identité asmat

vieux pour assumer son rôle de meneur du chant ; il effectuait la première démonstration publique de ses talents. Entonné tour à tour par les anciens et les plus jeunes à l'orée des terres cédées, le chant ressemblait à une plainte qu'approuvaient les réponses individuelles des partenaires. En cas d'erreur du meneur ou d'oubli des paroles du chant de tête, les autres le corrigeaient aussitôt afin que les fragments chantés par chaque soliste s'assemblassent pour former un ensemble cohérent. Même en direct, le chant est intégré à un enseignement permanent et déroule son message en même temps que la présentation de l'obole des ancêtres, posée sur la terre. Dans l'histoire qui nous occupe, les hommes s'étaient grimés pour la circonstance et se tenaient debout sur la terre boueuse, chantant l'histoire de grandes figures de l'histoire asmat. Il ressort des entretiens que les Asmat *aiment* chanter, y puisant un bonheur comparable à celui que procure le contact avec la tradition, notamment dans le port des parures corporelles *tsjosow'pok*.

La combinaison du bonheur ressenti et du rôle capital du chant dans le changement fit prendre conscience aux missionnaires protestants de sa qualité de véhicule culturel primordial ; plusieurs s'en inspirèrent pour transmettre leur enseignement. Au contraire des pères croisiers, les protestants de TEAM ne sont pas anthropologues – même si certains se réclament de cette discipline – mais leur maîtrise de la langue facilite leur identification des pratiques culturelles tolérables. Ils se rendirent donc aux rituels pour voir de quoi il en retournait mais se heurtèrent malgré tout au barrage linguistique : d'après Ken Dresser*, la langue asmat archaïque des rituels, connue des seuls chanteurs et transmise par initiation, échappa à son commissionnaire linguiste Cal Roesler[19]. Ils finirent par s'apercevoir qu'à l'exception des chants pour enfants, les chants incitent à la violence, à la chasse aux têtes et au vol de femmes[20], et les bannirent tels quels de l'église, alors qu'ils sont monnaie courante dans les églises catholiques. À la différence des catholiques, attachés à la culture pour son intérêt intrinsèque, les protestants l'étudièrent pour en extraire ce qui convient au christianisme et inciter les fidèles à renoncer au reste.

Plus tard, les missionnaires évangéliques encouragèrent les Asmat à composer des paroles sur la mélodie d'origine, rejoignant l'idée de contextualisation. Cependant, les Asmat refusèrent de faire entrer « la tradition » dans l'église et de mélanger les éléments de rituel asmat et chrétiens. Les chants entonnés dans l'église protestante diffèrent donc de

---

[19] La linguiste missionnaire Bernita Preston* conteste l'existence d'une langue asmat archaïque.

[20] De la même façon, Tucker, D. A., *op. cit.*, p. 21, missionnaire chez RBMU, s'aperçut que certaines danses kayagar permettaient de se remémorer les guerres par le mime.

ceux de la *jeuw*. Bob Frazier[21] souligne par ailleurs la difficulté à enseigner les chœurs aux Asmat qu'il dit peu habitués à chanter de cette manière, ce qui contraste avec l'affirmation de Jim Remmerswaal OSC* selon laquelle, à son arrivée en 1971, les Croisiers avaient inculqué aux Asmat des chants grégoriens. Les missionnaires catholiques ne traduirent pas les chants, et acceptèrent leur rôle de lien entre les Asmat et les ancêtres. Actuellement, les chants chrétiens sont créés de toutes pièces en langue asmat et en indonésien en adaptant le texte au contexte local.

L'héritage des ancêtres

Le patrimoine reçu des ancêtres ne se limite pas au savoir enseigné dans la *jeuw* : il prend aussi des formes concrètes, tels que les objets de la compensation matrimoniale. Ainsi, l'héritage permet une double circulation de la vie d'un monde à l'autre : il permet la communication avec les ancêtres par l'intermédiaire des haches en pierre *sii* et sert à payer la compensation matrimoniale pour assurer la descendance du *dow'se*. À Amborep, mon grand-père Primus Akum* hérita des objets ancestraux de sa mère Atoas, la 5e épouse d'Akumpiro. De son vivant, il la surveillait, la nourrissait et la transportait sur son dos. Le frère aîné de Primus étant décédé avant lui, sa mère lui transmit le droit de rivière et de terre, ainsi que des haches enterrées dans une source sur l'une des terres. Lorsque aucun petit-enfant ne s'est distingué par un comportement exemplaire, la tendance est de transmettre les haches à l'aîné de la famille avec une primauté féminine. Traduits par le nom collectif, les droits fonciers s'héritent des deux parents.

Il existe un échange de bons procédés en vue de la conservation « en bon père de famille » de la présence de l'ancêtre – incarnée dans le masque funéraire *jipae* et les haches – des terres héréditaires par ses descendants qui, en échange, reçoivent la santé. Rufus Sati* explique qu'en cas de bris du masque, ses descendants reviennent mettre la présence de l'ancêtre sur les terres de celui-ci, habitées par sa force depuis son enterrement, et ensevelissent des haches supplémentaires, idéalement dans une source, pour fertiliser la terre. Je reviendrai aux haches plus loin dans ce chapitre.

La complexité du droit du sol asmat (*hak tanah* en indonésien) désempare souvent les non Asmat qui le sollicitent. Tant que les pourparlers n'aboutissent pas avec tous les Asmat concernés, le médecin indonésien Oka Wijaya* ne peut déplacer son poste de soins d'Atsj, déserté par les Asmat parce qu'il est construit à côté d'un cimetière. Même la propriété de la terre utilisée par l'évêché est sujette à contestation. Selon

---

[21] Frazier, B. & D., *op. cit.*, p. 88.

Knauft[22], les conflits de droits fonciers furent à l'origine de nombreux raids de chasse aux têtes et scissions à l'intérieur d'un village.

Agats est elle-même sujette à contestation. Le 12 mai 2004, une semaine après la vente de terres par Sjuru au gouvernement indonésien, les guerriers d'Ayam déclarèrent la guerre à Sjuru pour rétablir l'histoire à propos de la terre Buitsjiwew et contester l'usurpation des droits collectifs héréditaires en vendant la terre aux envahisseurs. Choisi par ses pairs pour parler à l'ethnologue au nom des guerriers d'Ayam, Petrus Kaimes* s'exprima en ces termes :

> Le problème de ce matin avait pour but le problème de la terre d'Agats. Car nous sommes une famille, la famille simai, et nous parlons au sujet du problème de cette terre car nous avons des droits héréditaires. Hier, une famille a vendu cette terre avec la famille bismam. [...] Nous essayons de discuter avec la communauté de Sjuru : comment faire un rétablissement de l'histoire à propos de cette terre Buitsjiwew. Cette terre ne porte pas le nom d'Akhat : avant, cet endroit s'appelait Buitsjiwew. C'est un endroit où il y a de l'eau. [...] [Les guerriers de] Ewer, Yutri, Yaun, Yepem, Yamasj, Per, Warse, Amborep, Sesakam, Kate, Pau [sont arrivés à Agats] car [ils sont] en faveur du redressement de l'histoire de cette terre Buitsjiwew, cette terre d'Agats. [...] Les Asmat ne veulent pas vendre la terre. Les Asmat veulent que d'autres gens entrent pour construire cette région. C'est mieux. [...] Car notre culture interdit de vendre cette terre à n'importe qui. Car plus tard, nous allons subir la condamnation ancestrale. Le droit de la tradition va nous tuer. Les ancêtres ne sont pas d'accord, c'est vrai. Il y a déjà eu un accident : c'est à dire qu'au moment de recevoir cet argent, le quai à Agats s'est effondré. [...] Ça, c'est un signe. [...] Cette nuit, nous voulons rencontrer le *bupati*. Dans sa maison, pas au bureau. Demain, c'est la guerre ethnique. C'est le problème de la terre d'Agats. À la base de ma vie est la guerre. La base de ma vie est l'Asmat. Mes ancêtres sont la guerre. [...] Nous le voulons ainsi, que l'on respecte ce pour quoi nous combattons depuis avant. Nous sommes de nouveaux Asmat. Nous devons respecter ceux qui ont ouvert la route car les ancêtres nous ont précédés. Les grands-pères, les pères ont ouvert la voie de plusieurs manières, au temps du commencement. Maintenant, nous voulons les respecter. Nous devons respecter leur combat.

Rufus Sati* rappelle l'importance capitale de la terre, « la matrice des femmes » qui permet aux Asmat de croître et de vivre en harmonie. Les ancêtres ne sont pas les seuls êtres invisibles à avoir une mainmise sur elle. Il existe aussi des propriétaires mythiques des terres (*Tuan tanah* en indonésien, ou Monsieur terre) et des eaux, souvent des animaux, qui sauvent les Asmat des plus grands périls et détiennent le

---

[22] Knauft, B. M., *op. cit.*, *South Coast New Guinea Cultures*, p. 74.

savoir des rituels courts qui donnent une prise humaine sur la vie, comme l'*eeram'pok* (sort de guérison et de victoire guerrière). Lorsqu'ils passent à proximité de leur lieu de prédilection, les occupants des pirogues de passage se plient à la coutume de leur présenter une offrande. Dans certains cas, ils se laissent voir. Sur la rivière Djen se trouve un champ de sagoutiers où les propriétaires de la terre sont dits « trop serrés », et les Asmat les voient. Daso est visible avec le visage de Rofenus Unir*, jadis avec les traits de son père. À la mort de Rofenus*, il prendra la forme du visage de son frère plus âgé classificatoire, Primus Akum. Seul le visage est visible.

J'ai évoqué plus le rôle des haches en pierre dans l'héritage et l'ancrage pérenne des ancêtres parmi les vivants. Elles sont d'autant plus précieuses que dans le marécage boueux des basses terres, les pierres font défaut. Les plus estimées, polies et noires, proviennent des piémonts de la cordillère centrale où elles sont achetées ou échangées. Elles sont utilisées en amulettes contre les sortilèges, comme véhicule de communication avec les ancêtres (haches), en porte-parole du corps malade (petits tas de pierres), ou en symbole sanglant de la tradition dans l'initiation (*biwinum*[23]).

D'un noir de jais, les haches en pierre *sii* sont stockées sur la plate-forme des maisons (« grenier ») ; chaque maison à Sjuru en contient. Niko* d'Ayam en possède deux, héritées de sa mère et de sa grand-mère, et échangea une troisième contre un collier de dents de chien. En rêve, sa grand-mère avait reçu un message des ancêtres le désignant comme le bénéficiaire des haches. Depuis qu'il fut jugé apte à en disposer par les aînés, la présence des haches dans la terre lui permet de converser avec ses ancêtres et de faire bonne chasse. Sièges de la présence ancestrale, les haches captent l'énergie du défunt lors des funérailles. Elles sont dites avoir une « tête » (la partie la plus fine) et des « pieds », à l'endroit desquels on prélève la poussière qui précédera le cadavre dans la boue. La norme asmat interdit de les vendre. Traitées comme des personnes, les haches ne doivent pas se sentir négligées sous peine de se venger. Laissées seules, elles se transforment en serpent, c'est pourquoi il faut les surveiller. Si le nombre excessif de haches abritées dans le grenier devient dangereux pour la maisonnée, elles sont enterrées sur les terres des ancêtres correspondants, autour d'un plan d'eau, et deviennent des serpents quatre ou cinq mois plus tard.

Chez les Asmat, le symbolisme ophidien jette un pont évident entre la vie et la mort. Ce reptile joue un rôle de choix dans le sortilège de

---

[23] Ici aussi, les ancêtres exercent leur autorité par l'intermédiaire des pierres et communiquent à travers elles ; la pierre rituelle consacre le changement de l'identité.

L'identité asmat

mort, l'*arow'pok*, dont un des effets est une morsure de serpent ou d'un homme transformé en serpent. Un sculpteur exceptionnellement habile est aussi capable de métamorphose en combinant une grande sculpture de serpent à ce sortilège. Dans le mythe asmat, les ancêtres primordiaux descendirent le fleuve Siretsj, symbole mythique du sperme[24], depuis une grotte des montagnes[25] (autrement dit, depuis les entrailles de la terre) dans une pirogue serpentimorphe – autrement dit, un énorme serpent-phallus – pour donner naissance à la société asmat. Le guérisseur, dit « quatre yeux », tient ce surnom au port du maquillage *manmot jak* lui cerclant les yeux, à base de charbon et de graisse de serpent, qui lui confère le don de double vue, qui est aussi le privilège des guerriers ayant ramené une tête pendant les quelques jours suivant le raid. C'est aussi grâce à un serpent que l'ornement nasal *bipane* est un symbole de la chasse aux têtes. En donnant la mort, la chasse aux têtes contribue au renouvellement du principe vital collectif du *dow'se* et transmet à l'initié la vie, le nom et l'identité de l'ancêtre. Sterckx[26] remarque que le symbolisme du serpent, du point de vue de la psychanalyse des profondeurs, est celui de « la force génératrice qui féconde la nature », autrement dit le phallus, et du point de vue de l'histoire des religions, « le serpent est l'animal funéraire par excellence, incarnant les âmes des ancêtres morts et, par son "immortalité" apparente, la pérennité de ces âmes ». Chez les Asmat, ces deux fonctions fusionnent dans la sortie des masques. Messager ponctuel des ancêtres, un serpent prévient en effet le *teser'ipitsj* de la visite de leur grand-père sous les traits du masque *jipae*[27] qui, à Sjuru, s'assure des aptitudes génitrices des jeunes en faisant jaillir le sperme du sexe des garçons et le lait des seins des filles. Dans d'autres sociétés de Nouvelle-Guinée, le serpent symbolise le renouvellement et le retour de la fertilité. Ses mues évoquent également le revirement social caractéristique des situations de crise, inversant les comportements habituels et le respect des interdits ; cette stratégie de survie permet un nouvel aménagement du cosmos et le retour à la normalité[28].

---

[24] Les rivières furent créées par l'inceste entre le héros d'épopée Beworpitsj et sa sœur.
[25] Je n'obtins pas d'autres détails, les conteurs s'interrompant, craignant une maladie.
[26] Sterckx, C., *op. cit.*, p. 135.
[27] En plus de critiquer l'usage des masques *jipae*, les missionnaires protestants se montrèrent méfiants vis-à-vis du symbolisme du serpent, associé à Satan.
[28] Stewart, P. J. & Strathern, A., « A Comparative Discussion of Witchcraft and Healing Rituals », in Stewart, P. & Strathern, A. (eds.), *Humors and Substances. Ideas of the Body in New Guinea*, Westport & London, Bergin & Garvey, 2001, p. 75.

Juste le temps d'un long rituel

Des missionnaires dans l'agenda

Laux[29] souligne la temporalité particulière des archipels polynésiens, centrale dans les mythes sur les Mers du Sud, qui fit percevoir leurs habitants comme primitifs et en marge de la « civilisation ». Au cœur des rituels de longue durée, la *jeuw* règle le temps des Asmat. Sans *jeuw*, il n'y a pas de long rituel[30]. Le temps n'est donc pas figé dans un agenda précis, et ne dépend pas non plus de la saison. De nombreux Asmat préférant vivre dans la jungle, les rituels justifient leur retour au village. Ceux-ci s'étalent sur une durée idéale de base, modulable (deuil, maladie, décision d'extraire ou de compléter le rituel par un fragment) et composée d'une suite de parties rituelles complexes parfois étalée sur plusieurs années. Celui qui prononce le début, la fin, l'interruption et la reprise d'un long rituel est un « faiseur de temps », ou *tasma'ipitsj*. L'importance de ce personnage échappe souvent aux observateurs extérieurs. Pourtant, un rituel courant lui est consacré : le *tow pokm'bui* (*pesta ulat sago* en indonésien), auquel de nombreux missionnaires et fonctionnaires se sont rendus sans y voir d'autre signification qu'une occasion de s'empiffrer de larves de capricorne. Ce rituel vise à célébrer la dextérité guerrière d'un *tasma'ipitsj*, à la demande de celui-ci. Accrochés l'un à l'autre au plafond de la *jeuw*, ses crânes d'ennemis forment une glorieuse grappe, comme des fruits à l'arbre des ancêtres. À côté des monceaux de larves collectées les jours précédents, le guerrier raconte l'histoire de la première prise de tête et coupe le lien la rattachant à l'amalgame. Lorsque le crâne touche le sol, tous crient : « Wuh ! », du même cri de ralliement qui signale le contentement ou la gratitude. Et ainsi de suite, jusqu'à former un monticule de crânes. La suite du rituel, publique, attire parfois des visiteurs, mais elle se limite à un banquet de larves grillées suivi de danses jusqu'à l'aube.

Évidemment, les échelles temporelles indigènes ne laissant aucune place pour la scolarité et la participation régulière au culte, les missionnaires s'attelèrent à les transformer[31]. Constatant la raréfaction et des

---

[29] Laux, C., *op. cit.*, p. 46 et 131-136.
[30] N'en déplaise aux historiens de l'art et aux passionnés d'art asmat, le mot *pokm'bui* ne peut être traduit par « fête », vu sa connotation cérémonielle et la centralité de l'affliction dans le *jipae pokm'bui*, comme dans nos enterrements. Il existe aussi des rituels courts, désignés par le suffixe *'pok* (*arow'pok, eeram'pok, tsjosow'pok*, etc.). Manifestations concrètes de l'emprise humaine sur la vie, ces techniques sorcières aux multiples facettes sont pratiquées individuellement et visent un résultat sur autrui.
[31] Pour plus de détails voir de Hontheim, A., « La croix dans l'agenda : tentatives de domestication du temps asmat », in *Corps, performance, religion. Études anthropo-*

longs rituels et leur plus courte durée, plusieurs Croisiers admettent que les absences prolongées des Asmat pour des raisons cérémonielles n'arrangeaient ni les missionnaires (scolarité, offices religieux, travaux divers), ni le gouvernement (coupe de bois, autres emplois). Certains segments de rituels eurent lieu sur demande, pour les touristes. Cependant, le temps chrétien ne se surimposa au temps de la *polis* qu'à certains égards : les rites de passage restent préférentiellement traditionnels et les longs rituels continuent à rythmer la vie de la *jeuw*. Et malgré les pressions, l'existence d'un jour chômé continue de paraître incongrue à ces chasseurs-collecteurs, habitués à glaner leur nourriture au jour le jour, et justifie les rangs clairsemés à l'église le dimanche.

L'avis du clergé protestant sur les « fêtes »

Dans la plupart des cas, les missionnaires de TEAM s'abstinrent d'assister aux longs rituels, conformément à leur objectif d'un comportement exemplaire posé en modèle pour les Asmat. Ils accusaient les participants aux longs rituels d'avoir deux dieux, dans l'espoir que cette remarque causerait suffisamment d'embarras pour les faire changer d'avis[32]. Sabinus Ekpiwi* raconte que passant les rituels au crible des Écritures, les missionnaires s'adressèrent à des personnes choisies, espérées entraîner les autres dans l'abandon des cérémonies d'adoration de Satan. Les Asmat prêtèrent oreille sans se laisser fléchir. Renoncer à un comportement instauré par les ancêtres leur paraît en effet le comble de l'absurdité, ce que confirme Paternus Cuakces*. Sabinus Ekpiwi* partage l'avis des missionnaires : « avec ces pratiques, la foi des Asmat ne va pas avancer car elle est liée aux croyances sur les fêtes, les traditions. La communauté asmat ne peut ni évoluer ni penser à quoi que ce soit pour l'avenir. Cela [renoncer aux longs rituels] assurerait un avenir plus lumineux à nos enfants ».

Le principal grief formulé par les missionnaires envers les longs rituels est leur lien intime avec la chasse aux têtes dont ils constituent des supports mnémoniques. Il est aisé de les comprendre. Le *tsjii pokm'bui*, par exemple, n'inaugure pas seulement une pirogue de guerre, mais aussi un apport spirituel de *dambuw* au *dow'se*, en d'autres termes il augmente l'énergie collective du groupe. À l'inverse, chaque décès dans

---

logiques offertes à Philippe Jespers, Noret, J. et Petit, P. (dir.), Paris, Publibook, 2007, p. 309-327.

[32] C'est une différence par rapport aux missionnaires du XIXe siècle en Polynésie qui, conscients de l'absence de monothéisme dans les représentations des populations à évangéliser, commencèrent plutôt par prôner l'énothéisme avec la victoire du Dieu chrétien, plus puissant, sur les dieux polynésiens. Cette phase transitoire d'énothéisme serait également indispensable en politique pour passer des chefferies multiples à l'État national. Cf. Laux, C., *op. cit.*, p. 97-99.

le groupe de parenté et d'alliance affaiblit le *dow'se* et diminue ses chances de victoire aux raids de chasse aux têtes. C'est dans ce rituel que le lien entre le système rituel asmat et la chasse aux têtes me paraît le plus évident, car il met en présence les liens d'alliance et de parenté, l'intervention des ancêtres, la fusion de la spiritualité individuelle dans celle du groupe, le respect de la norme asmat et l'incorporation d'un esprit dans un objet-clé de la société.

De façon plus générale, les longs rituels rappellent aux Asmat l'imbrication des institutions et des liens sociaux et en inscrivent les termes dans leur corps. Le rituel des pirogues *tsjii pokm'bui* renforce les liens d'alliance et de parenté, celui des larves de sagoutier *tow pokm'bui* honore les prouesses guerrières du *tasma'ipitsj* faiseur de temps, et le rituel funéraire *jipae pokm'bui* permet faire son deuil des derniers décès, de se remémorer la généalogie et d'accepter la mortalité élevée dans le marais. Le schème rituel asmat présente une cohérence, tant individuelle (chaque rituel pris isolément) que globale (les longs rituels entre eux), et constitue une composante essentielle et variée de l'apprentissage de la norme asmat. De la part des missionnaires, tenter un tri dans ces « fêtes » en écartant celles qui ne seyent pas avec la morale chrétienne n'a en conséquence pas de sens. Un Kayagar explique au missionnaire Tucker[33] que tant que l'équilibre de leur vie n'est pas compromis par la survenance d'un changement, les esprits, la nature et les Kayagar continuent d'être heureux. Cette idée d'équilibre est également évoquée par Ernest Nditsjim* : les longs rituels asmat maintiennent l'équilibre entre hommes et femmes, jeunes hommes et jeunes filles, enfants et adultes, jeunes et vieux.

Faute de points de repère, nombre d'officiels – clergés et fonctionnaires – ne prennent pas ces rituels au sérieux et nourrissent des préjugés à leur sujet, notamment sexuels. Pour éviter la critique, il en résulte une nette tendance des Asmat à éviter leur présence, hormis pendant certaines sections spectaculaires auxquels ils sont d'ordinaire conviés. Mes informateurs asmat déplorent de plus que certains Indonésiens s'imposent à la communauté de la *jeuw* sans autorisation ni offrande aux ancêtres préalables. Un autre reproche formulé est qu'ils « parlent trop » : ils prennent la parole alors que le silence est de mise et discréditent les rites et à travers eux, la société asmat.

L'initiation au cœur de la guerre

Comme une ritournelle, les descriptions des rituels et des institutions de la société asmat nous ramènent systématiquement à la chasse aux

---

[33] Tucker, D. A. & Knickerbocker, A., *op. cit.*, p. 132.

têtes. Nous avons vu que cette dernière provoquait la révision des droits fonciers et créait de nouveaux liens matrimoniaux par l'enlèvement de jeunes filles nubiles. Ainsi, l'histoire d'une *jeuw* se lisait dans celle de ses chasses aux têtes. En outre, une de ses principales raisons d'être était l'initiation masculine (*tsjes*, *aites* [aussi initié] ou *otsjen*), distincte de l'initiation féminine, plus marginale. Lorsque les signes envoyés par les ancêtres étaient favorables à l'organisation d'une *tsjes* pour la classe d'âge suivante, les membres des *dow'se* d'une même famille étendue s'alliaient pour collecter des têtes. Comme les autres longs rituels, l'initiation inscrit la tradition dans le corps et la mémoire des participants et rappelle l'emboîtement cohérent des institutions et des liens d'alliance. De plus, elle se répercute sur l'énergie spirituelle collective du *dow'se*, et sa complexité justifie sa rareté. À Atsj, Markus Yisimamtsji* se souvient d'un seul rituel *aites* depuis sa naissance car « l'ordre des ancêtres ne vient que de temps en temps ».

Après la proclamation du début du rituel dans la *jeuw* par les *tasma'ipitsj*, les hommes rassemblaient la nourriture pendant la claustration des initiés dans la maison des os *emak'tsjem*. Le corps décoré, renforcé par de la graisse de serpent et paré du matériel de guerre offert par les aînés, les initiés étaient subordonnés aux plus âgés de leur *dow'se* qui se chargeaient pour eux de tuer l'ennemi dont ils convoitaient le nom. Les pirogues de guerre se faisaient escorter par un *eeram'ipitsj*, qui accomplissait un sort de victoire à un endroit sacré le jour du départ. Tous les Asmat interrogés approuvent l'idée qu'avec *eeram*, celui qui part en guerre la gagne.

Au village assailli, on savait d'avance quelles étaient les têtes susceptibles de tomber : le but n'était pas de prélever des têtes[34] – même si la finalité est la mutilation du corps ennemi – mais des *noms*. Il s'agissait donc davantage d'une prédation ontologique que d'une démonstration de bravoure. Comme chez les Marind-Anim voisins[35], seules les têtes des groupes homophones étaient convoitées ; celles des allophones n'avaient pas d'intérêt. Carleton Gajdusek* confirme que la tête devait simplement être asmat, sans connotation de genre lié au nom. La guerre s'achevait une fois le nombre de têtes – une par initié – atteint.

---

[34] Une preuve du côté secondaire des têtes par rapport aux noms est que l'obsolescence de la chasse aux têtes, sans conséquence sur la transmission des noms, a vu remplacer les têtes par des fac-similés en bois, et même par des noix de coco. Cf. Gajdusek, D C., *op. cit.*, p. 78. À Uwus en 2004, un homme m'apporta une tête saisissante de réalisme en bois blanc, dont le revêtement de chaux accentuait l'aspect livide.

[35] Sterckx, C., *op. cit.*, p. 65.

Après le retour des guerriers dans des péans de victoire, l'initié s'aspergeait le front et le buste du sang de la tête mêlé des cendres de ses cheveux brûlés, tandis que les membres de son *dow'se* se partageaient la chair et le cerveau. Dans son analyse de la littérature, Sterckx[36] atteste d'une généralisation de la combinaison de la chasse aux têtes et de l'encéphalophagie en Nouvelle-Guinée[37]. Vient l'épisode le plus pénible de l'initiation : le crâne était logé entre les jambes de l'initié pendant trois jours. Le nom d'ancêtre, *owam juwus*, lui était transmis avec la personnalité de l'ancêtre, répondant à une limitation du nombre de noms dans l'humanité. Connaître le nom des victimes dans les raids de chasse aux têtes était capital, le crâne ne pouvant être utilisé sans être identifié[38].

Après cette contemplation approfondie du visage de la victime, l'initié était mené à la rivière en mimant un vieillard s'appuyant sur un bâton dont le pommeau est un *biwinum*, une pierre blanche en forme d'étoile utilisée pour extraire le cerveau du crâne du guerrier mangé. Après trois immersions dans la rivière[39], on lui demandait son nom : il donnait celui du mort. En effet, un échange d'adoption scellait l'alliance entre les deux groupes en guerre. L'initié devenait le « frère de sang » du défunt et prenait impunément sa place dans la famille endeuillée[40].

L'initiation actuelle (*nao pokm'bui*) à Sawa-Erma est à distinguer de ce qui précède. Pendant un mois (trois ailleurs), les enfants apprennent « la culture asmat » (mythes et histoires familiales, extraction du sagou, sculpture). Ailleurs, il est progressif, et complété lors de l'initiation. Cet apprentissage est à ce point considéré comme essentiel que l'instituteur en parle dans ses cours de religion. À Sawa, l'initiation est tout aussi obligatoire que l'enseignement de « l'église traditionnelle » (*gereja adat* en indonésien). Malgré la croyance de certains missionnaires en la disparition de l'initiation à Agats et environs, pour les Asmat interrogés, l'initiation confère la qualité d'Asmat ; s'en passer à Agats ou ailleurs ne serait pas concevable. À ceci près qu'elle n'existe carrément pas dans

---

[36] *Idem.*

[37] Cette pratique causa 1 400 décès chez les Fore entre 1957 et 1964 due à la maladie du kuru, apparentée à l'encéphalite spongiforme bovine. Carleton Gajdusek* reçut le Prix Nobel de médecine en 1976 pour sa déduction de la transmission de la maladie par le prion, une protéine, présente chez les encéphalophages femmes et enfants.

[38] Voir notamment Zegwaard, G. A., *op. cit.*, p. 1036 ; Konrad, G., *op. cit.*, p. 76.

[39] À lier au baptême chrétien, ce que n'ont pas manqué de faire les missionnaires.

[40] Zegwaard, G. & Boelaars, J., *op. cit.*, p. 25 ; Zegwaard, G., « Name-Giving Among the Asmat People », in Trenkenschuh, F. A. (ed.), *An Asmat Sketch Book n° 1*, Agats, The Asmat Museum of Culture and Progress, 1982, p. 39-44 (traduit du néerlandais), p. 41.

certaines régions, comme Ayam. Vu son incompatibilité avec la claustration des initiés mâles, la scolarité a dû jouer dans son abréviation ou son abandon. Mais il y a des exceptions. Virgil Petermeier OSC* cite un village qui « a trouvé une façon de combiner les deux mondes » par la présence alternée des garçons à l'école et dans la maison d'initiation.

Construire une identité par le recensement

L'influence des évangélisateurs se ressentit dans une voie inattendue : les recensements. Spyer[41] constate en effet que dans l'histoire de la colonisation, notamment en Papouasie, les recensements concernèrent davantage les colonies que les colonisateurs. Depuis la fin des années 1950, les prêtres de paroisse sont supposés tenir à jour des cartes de famille détaillant l'historique familial des Asmat. Aussi appelées *daftar paroki* (textuellement « listes paroissiales »), ces listes incluent les protestants et reprennent l'inventaire des épouses et des enfants, les dates de naissance, de baptême, de communion et de mariage, les adoptions, les noms des parents et les clans, le veuvage et les séparations. Recenser engage le dialogue avec les populations, situe les habitués de l'église le dimanche et consigne sur un registre l'impact du christianisme sur les familles (actes religieux). D'abord confiés aux catéchistes, les recensements des missionnaires et du gouvernement concernaient surtout les convertis. Cohn[42] montre qu'au lieu d'être un instrument passif de collecte de données, le recensement crée une logique pratique et façonne de manière nouvelle l'identité de catégorie. Par exemple, le *krisma* (première communion, mais pas toujours) était parfois assimilé à l'initiation asmat *aites*. En Inde, il crée les conditions pour de nouvelles stratégies de mobilité, de politique de statut et de lutte électorale. De façon significative en Indonésie, l'énumération et les statistiques comparatives donnent du crédit au progrès supposé induit par l'Ordre Nouveau de Suharto, le Père du Développement[43]. Ces chiffres ne visent pas seulement à convaincre ceux qui les lisent ; l'interrogatoire lui-même est susceptible d'induire ou de favoriser des comportements. Chez les Asmat en particulier, il favorise la mémorisation de la date de naissance (et un ajustement à l'échelle temporelle des missionnaires), le baptême catholique des enfants, le mariage chrétien, la constitution de familles nucléaires et la sédentarisation. Il montre aussi une nette sous-estimation du nombre effectif d'épouses, aucun recenseur n'ayant compris que les épouses d'un même homme pussent résider dans des villages distincts.

---

[41] Spyer, P., *op. cit.*, p. 176.
[42] Cohn, B. S., *An Anthropologist Among the Historians and Other Essays*, New York, Oxford University Press, 1991 (1re éd. 1987).
[43] Spyer, P., *ibid.*, p. 192.

Parce que les noms chrétiens sont souvent les seuls pris en compte, cette désignation identitaire moderne met en désuétude les noms d'ancêtres acquis par la chasse aux têtes. Typiquement, les informations chiffrées extraites des recensements étaient utilisées par les missionnaires pour témoigner du dynamisme de leur mission auprès de la Propaganda Fide à Rome[44]. Pour l'ethnologue, ces informations permettent de compléter les schémas de parenté et donnent des indications sur le nombre d'enfants par femme, la mortalité infantile, l'espérance de vie, l'âge de la première maternité, l'endogamie, le nombre moyen d'enfants baptisés et adoptés, les règles d'adoption, etc. De plus, elles sont l'occasion de comparer les données des missionnaires et celles de l'ethnologue. En l'occurrence, j'ai étudié ces fiches pour le village d'Amborep, en région simai, au départ afin de mieux comprendre mes liens de parenté avec ma famille d'adoption et quels termes de parenté adresser à ses membres. Cependant, les recensements catholiques sont épisodiques et incomplets et les autorités indonésiennes n'en réalisent pour ainsi dire pas. De plus, on ne peut pas les recouper avec des données médicales[45].

Dans ce cadre, le suivi des fidèles – et la réalisation des schémas de parenté de l'anthropologue – sont une gageure. Les noms asmat sont en effet légion, au nombre variable d'un individu à l'autre, susceptibles de changer plusieurs au cours de la vie et avec d'autres significations que nos patronymes. De plus, l'enfant *suit* le nom collectif et/ou familial de son père – voire d'un (arrière-)grand-parent – si c'est celui d'un ancêtre illustre, et ce en ligne patri ou matrilinéaire au choix. Ainsi, mes frères et sœurs d'adoption se déplacent dans des grandes pirogues différentes, selon qu'ils suivent un nom de *dow'se* en ligne paternelle ou maternelle. En région simai-bismam, on dénombre différents types de noms :

– le « nom grotesque » donné à l'enfant par le *damer'ipitsj* ou l'*arow'ipitsj*[46], destiné à plonger les esprits dans la confusion afin qu'ignorant de qui il s'agit, ils ne puissent le tourmenter. Certains de ces noms d'enfance embarrassent leur porteur, qui se saisissent de l'opportunité d'en changer. Par exemple, Owo'pok'ipitsj signifie « il n'y a

---

[44] *Ibid.*, p. 177.

[45] Un facteur jouant sur l'absence de suivi des données médicales est la courte durée des missions des médecins indonésiens sur place, accablés d'ennui. En 2001 et en 2004, je ne trouvai aucun médecin en poste depuis plus de deux ans. Enfin, certains protestants recensèrent à des fins médicales, mais seulement les jeunes enfants.

[46] Ainsi, l'*arow'ipitsj* donne la vie par ce nom protecteur et la reprend par le sortilège de l'*arow'pok*. De la même manière, la femme donne la vie par la naissance et la reprend : les vieilles causent la maladie et la mort et seules les femmes portent le deuil. À ceci près que l'*arow'ipitsj* ne reprend pas la vie de ceux à qui il l'a donnée (sauf exceptions, comme Soter Baien* à Uwus qui envisageait de tuer son fils par *arow'pok* pour le punir de rester dans un autre village).

personne », Asm'be'akhat « bonne diarrhée », et Masinim'pinim « bonne odeur de transpiration ». Ce nom peut aussi être le nom d'un héros[47], d'une bonne mère ou du premier animal aperçu par la mère après l'accouchement (spécifique à Sawa-Erma) ;

– le nom collectif asmat (décrit à tort comme « patronyme », même s'il finit par le devenir) associé à des droits sur un patrimoine foncier et rituel (droits de chasse, de cueillette et de pêche, haches de pierre). Il change souvent, quand la communauté l'estime nécessaire ou à la mort d'un porteur pour garantir la représentation du nom ;

– le nom familial de famille étendue, de *dow'se* ou de *jeuw*, voire de lieu, de terrain de chasse ou de rivière. Le nom de *dow'se* comporte une signification qui rassemble ses membres et leur assure la victoire à la guerre : à Beriten, John Kawor* appartient au *dow'se* Aman, ceux qui tirent à l'arc le plus loin ;

– le prénom chrétien à l'indonésienne (celui conféré par l'instituteur ou le recenseur, ou celui dont le porteur du nom se souvient) ;

– un nom unique d'ancêtre célèbre, masculin ou féminin, reçu à la mort ou à l'agonie de son porteur, assorti des caractéristiques et facultés liées à la personne de l'ancêtre ;

– les noms reçus après une cérémonie d'adoption : on *mange* les noms d'un défunt et ses liens de parenté, engendrant la substitution de ce dernier dans la famille comme enfant ou parent, frère ou sœur, mari ou femme. De la même façon qu'une victime d'un sortilège le mange, le nom est incorporé et fait partie de la personne.

Le nom constitue donc une entité cumulable dont le destin est lié à celui de son porteur, et qui confère un certain pouvoir sur lui-même lorsqu'il est révélé. Fenansius Bism'bi*, le *kepala desa* d'Amborep, refusa au départ de me livrer son nom, de crainte que je l'emporte en Belgique. Une des épouses de mon grand-père d'adoption punit sévèrement son fils pour l'avoir appelée depuis la rive. Il y a du danger à prononcer le nom en vain : les mauvais esprits pourraient s'en emparer.

Pour revenir à l'identification des Asmat par le recensement, on imagine les incohérences résultant de l'incompréhension de ce système de noms. Une autre difficulté fut de baser le recensement sur le prénom chrétien, pourtant distinct du nom d'adresse entre Asmat. L'oubli de leur propre nom chrétien incite d'ailleurs à donner au recenseur le premier prénom qui leur passe par la tête. Malgré tout, les prénoms chrétiens se généralisent en Asmat et ce pour les raisons suivantes :

---

[47] Zegwaard, G., *op. cit.*, « Name-Giving Among the Asmat People », p. 41.

– Originaires d'autres régions, les instituteurs et les catéchistes, non instruits en langue asmat, contournèrent la difficulté de prononcer les noms locaux en assignant des noms chrétiens aux villageois, ensuite repris dans les recensements catholiques dans la mesure de la fiabilité mnémonique des intéressés. Ce nom est utilisé notamment en situation de contact avec les étrangers.

– L'abolition de la chasse aux têtes[48] et de la transmission du nom d'ancêtre par « l'échange d'âmes » (termes de Ruth Roesler*) n'empêche pas que ces noms en nombre limité doivent avoir un porteur pour faire « vivre » l'ancêtre. À présent, la dation du nom a lieu avec des simulacres de têtes en bois peints à la chaux à la mort d'un porteur lors d'une cérémonie rapide, comprenant l'échange d'adoptions.

Dans cet état d'esprit, de nombreux Asmat voulurent le baptême catholique pour le nom chrétien, qui confère une protection spéciale, implique de posséder autant de biens que les missionnaires et s'assortit des qualités du saint qui s'y rapporte. Les missionnaires approuvent l'idée que c'est une motivation majeure à devenir catholique. En un sens, le saint est un *ancêtre moderne mineur* : le porteur prend le nom et les caractéristiques de l'ancêtre, qui s'incorpore en lui, mais sans figurer dans la généalogie. Un Asmat déclara à Sowada[49] que le baptême assurait force et protection en remplacement de l'*owam juwus*, le nom de la tête acquise pendant les raids. Être chrétien se réduirait à porter un nom chrétien, un peu à la façon du stigmate positif de Goffman[50]. Cela explique aussi partiellement pourquoi, dans les saynètes organisées par les Crosiers, les Asmat se pressèrent au portillon pour jouer le rôle de Jésus et qu'il n'y eut aucun volontaire pour celui de Satan.

Ces considérations montrent que le nom contribue davantage à façonner la personne sociale asmat que la naissance, clarifiant la faible ritualisation de cette dernière. Cela nous conduit au modèle de M. Strathern[51] selon lequel l'historique des relations passées est constitutif de la personne sociale mélanésienne, construites et déconstruites en parties de personne qui font sens dans des contextes donnés. La notion de *personne* est centrale dans de nombreux travaux d'océanistes car, comme le remarque LiPuma[52],

---

[48] Certains Asmat assurent qu'elle a encore lieu épisodiquement, « dans la forêt là-bas », en dehors de la sphère indonésienne, dans les régions difficiles d'accès.
[49] Sowada, A., *op. cit.*, « New Guinea's Fierce Asmat », p. 201.
[50] Goffman, E., *Stigmate : les usages sociaux des handicaps*, Paris, Minuit, 1975.
[51] Strathern, M., *op. cit.*
[52] LiPuma, E., Modernity and Forms of Personhood in Melanesia, in Lambek, M. & Strathern, A. (eds.), *Bodies and Persons. Comparative Perspectives From Africa and Melanesia*, Cambridge, Cambridge University Press, 1998, p. 53 et 56.

Les concepts de la personne (*personhood*) originaires de Mélanésie et de Papouasie Nouvelle-Guinée en particulier sont significativement différents de ceux [que l'on trouve] exprimés dans la pratique et les textes occidentaux et présupposés par les institutions politiques d'inspiration coloniale qui définissent les états émergents d'Océanie ». […] « l'Occident construit l'individu tandis que la Mélanésie construit des dividus (*dividuals*) ou des personnes relationnelles ». (traduction AdH)

La révolution culturelle

L'école catholique

Après cet aperçu des modes de transmission de la tradition asmat, il me paraît indiqué d'étudier le principal mode de transmission de l'enseignement missionnaire catholique : l'école. Parmi les dispositifs de pacification des Asmat, la scolarité s'est vue attribuer un rôle significatif, et fut imposée par les autorités coloniales néerlandaises, puis indonésiennes. La promptitude des Croisiers à construire l'école montre l'importance qu'ils lui accordent : elle est bâtie avant l'église. Les Comaroff[53] écrivent que « l'éducation (*schooling*) procure le modèle de la conversion ; la conversion, le modèle de l'éducation ». Dans cet ordre d'idées, la lecture des textes du catéchisme fait partie du « processus d'inscription de vérités catégoriques dans des esprits vierges[54] ». Pour le théologien Maurier[55], l'école est la principale composante de l'universalisation : « une religion universalisante ne peut durer et se multiplier sans ces institutions de formation avec leurs nombreux spécialistes. Or, […] d'innombrables sociétés ne sont pas équipées, civilisationnellement, pour supporter le poids de ces institutions ».

L'école des missionnaires ne souleva pas de véritable enthousiasme, sauf l'internat où les pensionnaires étaient nourris et vêtus. Dans les années 1950-1960, il fut procédé à l'enlèvement d'enfants asmat pour leur dispenser une éducation chrétienne en région awyu et marind et les inciter à propager à leur tour les idées nouvelles dans leur communauté. Exercée sous la contrainte d'une carabine à plomb, cette initiative rencontra la désapprobation et la tristesse des parents[56]. Les rafles

---

[53] Comaroff, J. & J., *op. cit.*, p. 233.
[54] *Ibid.*, p. 234.
[55] Maurier, H., *op. cit.*, p. 37.
[56] Au Vanuatu, un comportement comparable – maltraiter les enfants et les envoyer sur d'autres îles sans l'accord parental – fit renoncer les parents au catholicisme. Cf. Jolly, M., « Devils, Holy Spirits, and the Swollen God: Translation, Conversion, and the Colonial Power in the Marist Mission, Vanuatu, 1887-1934 », in van der Veer, P.

commencèrent à Ayam, à Warse, à Amborep et à Atsj, et continuèrent avec les villages dans le voisinage de Kepi. À Amborep, Rofenus Unir* se souvient d'avoir été enlevé de force à sa famille pour recevoir l'instruction des pères du Sacré-Cœur à Kepi et à Merauke, en compagnie d'autres enfants de huit à dix ans. Ce fut aussi le cas de Paternus Cuakces*. Tout ne dut pas se passer comme prévu car des enfants d'Atsj furent renvoyés rapidement chez eux. D'autres enfants vinrent de la région de Safan, de Jokor et de Sareuuw. Des dizaines de garçons et de filles, mélangés dans les classes, parlaient des langues différentes ; le problème fut résolu en imposant l'enseignement en néerlandais. Dispensés par les missionnaires, les cours portaient sur la lecture, le calcul, le néerlandais et la religion et menaient à une formation médicale à la SBPK (Sekolah Bidan Perawat Kesehatan) ou au RSU (Rumah Sakit Umum).

Après les pères du Sacré-Cœur, les Croisiers prirent le relais. Dans un premier temps, ils adoptèrent les méthodes énergiques – dont les textes par cœur en latin et en néerlandais – de leurs prédécesseurs et ne conçurent les leurs qu'une vingtaine d'années plus tard[57]. Delmar Hesch OSC à Ayam fut le premier à créer un *asrama* (internat) dans le but explicite de soustraire les jeunes à l'influence des aînés. D'autres internats furent créés dont celui d'Agats, encore en activité actuellement.

L'école n'apporta pas seulement de nouvelles explications du monde et la réorganisation du calendrier. Dans les classes, le mélange des sexes s'imposa à une tradition rétive à la mixité. Des cours d'éducation sexuelle y furent dispensés à l'instigation des Croisiers, sans se préoccuper des traditions en la matière. À y regarder de plus près, les Croisiers déployèrent aux Asmat un enseignement qu'ils trouvent normal d'organiser pour eux-mêmes. D'après Jim Remmerswaal OSC*, ce mélange contribua au bouleversement général (*whole upset*) de la société asmat. À cet égard, les protestations outrées de plusieurs de mes informateurs, en particulier d'Ernest Nditsjim* et sa famille, ne s'adressent pas au contenu du cours mais à la mixité dans la classe. En 1968, les internats des filles et des garçons furent installés côte à côte et le frère Joe DeLouw OSC*, alors directeur de l'internat des garçons, s'attela à déloger les couples tapis sous les cocotiers la nuit tombée[58].

(ed.), *Conversion to Modernities: The Globalization of Christianity*, New York & London, Routledge, 1996, p. 250.

[57] Les prêtres maryknoll, dont l'influence se ressentit sur les croisiers dès leur arrivée en 1978, adoptent une méthode consistant à attirer à l'église des familles entières, de crainte de l'interférence des parents non chrétiens. Cf. Dries, A., *op. cit.*, p. 135.

[58] Les relations amoureuses avec les filles de l'internat sont devenues tellement courantes qu'il est désormais bien considéré, voire « moderne » de choisir une épouse

Les tentations étaient favorisées par le personnel de l'internat lui-même : le samedi soir, des filles internes et une religieuse se rendaient à l'internat des garçons pour danser et jouer de la guitare[59]. Toutefois, trop de promiscuité engendre des drames. En juin 2004, six filles de l'internat étaient enceintes ; les sœurs les expulsèrent de l'école[60], entraînant colère et déshonneur dans la famille.

Les Croisiers finirent par s'apercevoir de l'inadéquation des programmes scolaires par rapport à la vie en jungle. Pour Alphonse Sowada OSC*, l'école devrait être mise en relation avec les valeurs de la culture asmat (les « fêtes » et les mythes) et avec l'environnement (les plantes). Le rôle de l'école devrait être de faire prendre conscience aux enfants de leur culture. Sans imaginer un instant que les adultes asmat n'ont pas attendu sa permission pour s'en charger, il est persuadé que cela remplirait les écoles à nouveau. Dans un registre comparable, Jim Remmerswaal OSC* lança au début des années 1980 une école catéchiste (*catechist school*), centrée sur l'entretien d'une ferme. Planter des pommes de terre et soigner des poulets était pensé plus judicieux que « l'enseignement élémentaire », vite oublié faute de lire, et la sédentarisation croissante due à l'école augmentait les chances de rentabiliser ces connaissances.

Pour transmettre leur message, les Croisiers multiplièrent les techniques pédagogiques. Virgil Petermeier OSC* raconte qu'il prononça son premier sermon en exhibant une noix de coco germée, symbolisant l'émergence du christianisme dans le village. Les Asmat raffolant des symboles, des paraboles et des analogies, il en utilisait abondamment pour leur parler de religion. Une autre méthode consistait à mettre en scène des passages de la Genèse au cours de saynètes jouées par les Asmat. Dans les paroisses de Jim Remmerswaal OSC*, la semaine était consacrée aux répétitions et la représentation avait lieu le dimanche, à la place du prêche. L'assemblée riait et appréciait beaucoup ces spectacles, au contraire des lectures du prêtre qui laissaient sans réaction. Le théâtre ou la narration étaient donc utilisés pour inculquer certaines valeurs sous le couvert du divertissement. En plus d'adapter la liturgie aux histoires villageoises, les missionnaires fusionnèrent les mythes et la leçon biblique. Les Asmat apprécièrent beaucoup de monter les saynètes, écoutèrent les histoires avec attention et prirent parti avec passion pour les

---

parmi les internes, réputées pour la qualité de leur éducation ; mon grand-père Primus Akum* choisit sa 4ᵉ épouse de cette manière.

[59] DeLouw, J., *op. cit.*, p. 31-32.

[60] Chez les Maisin, les écarts sexuels des internes avec des villageois(es) sont également un argument pour les renvoyer de l'institution. Cf. Barker, J., *op. cit.*, « An Outpost in Papua », p. 102.

personnages des différents scénarios mais n'en retinrent finalement pas grand-chose.

L'enseignement missionnaire fut l'occasion de familiariser les Asmat avec une autre valeur nouvelle : la compétition. LiPuma[61] montre que le Salut et la relation personnelle avec Dieu, le comportement des missionnaires, les résultats scolaires individuels, le commerce et les notions de tribunal et de jugement axés sur la culpabilité menèrent à décréter la composante individuelle de la personne comme synonyme de modernité. Pour rappel, la place de la personne dans la société néo-guinéenne est « dividuelle[62] », c'est-à-dire fonction de ses relations avec les autres. L'observation participante révèle l'inconvenance de posséder un magasin ou un salaire sans partager : tout Asmat bénéficiaire d'un surplus le redistribue à ses parents proches, en respectant la préséance. Ainsi, les *toko* (petits magasins) tenus par les Asmat se vidèrent tout seuls sans rien vendre. Candy Preston* de TEAM se souvient d'un homme qui travailla pendant une semaine pour un pantalon, repartit vêtu, revint nu la semaine suivante et recommença à travailler pour obtenir un nouveau pantalon : il avait donné l'ancien. Erik Sarkol*, le conservateur du musée d'Agats, m'expliqua en 2004 qu'il se désespérait de trouver un assistant asmat suite à la démission de Boni, le dernier en date, dont le salaire s'évanouissait en dix jours, le privant d'argent pour assurer sa subsistance pendant le reste du mois. De la même façon, plusieurs missionnaires me firent part de la colère de certains Asmat de ne pas être payés sans s'être présentés au chantier de la journée. Leur sens de l'équité correspond en effet à un montant égal pour chacun, quelle que soit sa collaboration à l'ouvrage qui justifie le paiement.

Dave Gallus* souligne la contradiction entre l'idéologie croisier de préservation culturelle et le nouveau système, basé sur la compétition, la course et le commerce. Pour les Asmat, il était normal d'arriver tous en même temps, et l'obligation de désigner un « premier » ou un « gagnant » leur parut le comble de l'aberration. L'apprentissage du football fut fastidieux pour cette raison[63]. Des photos d'archives montrent également des jeunes filles pratiquer la course de sacs et de jeunes garçons escalader des mâts de cocagne et lutter sur un tronc au-dessus d'un plan d'eau.

Un autre argument culturel ralentit l'adhésion des Asmat aux valeurs commerciales. Faute de sols fertiles à cultiver, l'économie asmat est essentiellement axée sur la chasse, la pêche et la cueillette et se conçoit

---

[61] LiPuma, E., *op. cit.*, p. 73-74.
[62] Strathern, M., *op. cit.*
[63] Sowada, A., *op. cit.*, « New Guinea's Fierce Asmat », p. 202.

au jour le jour : à l'exception du sagou et de l'héritage des ancêtres, on ne stocke pas. Pour le père Charles*, ce mode de vie façonne pour une grande part une pensée fondée sur la proximité, incompatible avec la planification temporelle nécessaire à l'agriculture, la prêtrise, la scolarité et l'emploi rémunéré.

L'école protestante

Au contraire des missionnaires catholiques, les missionnaires protestants observèrent d'abord. Nous avons vu comment ils s'y prirent pour tenter de glisser le message chrétien dans les chants. Comme d'autres de ses collègues, Cal Roesler de TEAM s'aperçut que dans la *jeuw*, les hommes répétaient l'*atakham* du maître conteur plus âgé pour apprendre l'histoire des Asmat et les mythes fondateurs. À l'école biblique qu'il fonda à Ayam, il fit répéter à ses élèves des messages d'une page en respectant le mode narratif asmat et vérifia quotidiennement l'ancrage de l'instruction chrétienne par un quiz, comme ses commissionnaires.

En plus des écoles bibliques réservées aux futurs chefs d'église, les écoles protestantes furent peu nombreuses, la priorité des missionnaires de TEAM étant davantage les soins médicaux que l'enseignement. Comme le dit Dave Broucek*, responsable de la formation des nouveaux missionnaires au quartier général de TEAM : « le Christ enseigna aux apôtres sans créer d'école ». Pour l'évêque Alo Murwito OFM*, l'école protestante a pour but essentiel d'enseigner les Écritures, avant la lecture et le calcul. C'est par la connaissance des Écritures que l'on reconnaît aux fidèles leur qualité d'être humains nouveaux.

Chez les catholiques, l'école est construite par les Asmat avec l'aide des frères et se distingue de la mission. Du côté protestant, les missionnaires construisent eux-mêmes leur maison, un kit préfabriqué en aluminium inclus dans les bagages de tout missionnaire. La mission est le premier bâtiment construit et la première école y est installée : il y a donc fusion entre le lieu de vie des missionnaires et l'enseignement.

Selon le pasteur asmat Paternus Cuakces*, l'enseignement cherche à éveiller de nouvelles vocations de missionnaires parmi les Asmat : son but est d'élever les enfants asmat au statut de cadre dans l'église. Les employés du gouvernement les aidèrent à instruire les Asmat en indonésien dans différents domaines : la construction, la santé, l'hygiène, l'éducation des enfants et la religion. L'ancien *camat* (maire) Yosias Benyamin Sahetapy* précise que les missionnaires donnèrent d'abord leurs cours en indonésien, car des décennies leur furent nécessaires pour maîtriser une langue asmat. Confrontés à ces affirmations, la plupart de mes informateurs asmat évoquent avec admiration l'habileté des missionnaires protestants à s'exprimer dans leur langue, au contraire des missionnaires catholiques. Les cours étaient organisés dans un but de prosélytisme, comme l'école du dimanche des enfants.

En parallèle, les successeurs des missionnaires TEAM organisent chez eux des cours en indonésien à l'intention de publics cibles déterminés, suivant le modèle des Églises américaines : le lundi pour les jeunes hommes, les jours suivants pour les enfants et les adolescents, les femmes, les familles et les membres du conseil des anciens, le dimanche étant réservé au culte. Dans les villages asmat de Beriten, Buet-Kwar et Akhambut, les fidèles s'expriment en langue asmat envers les mêmes publics dans les maisons individuelles. Ces formations spécifiques personnalisent la relation du pasteur au croyant qu'elles fidélisent, et permettent à chacun de se sentir inclus dans un groupe.

L'école des femmes

Les femmes étant laissées de côté dans la transmission du savoir, l'école biblique protestante et les écoles YPPGI (Yayasan Pendidikan Persekolah Gereja Indonesia) furent créées à l'intention des garçons. Dans l'idée de les faire construire eux-mêmes leur église, les missionnaires de TEAM orientèrent certains cours sur les techniques de construction immobilière et l'architecture des maisons en bois. Au sens propre comme au figuré, la construction de l'Église protestante asmat appartenait exclusivement aux jeunes hommes envoyés à l'internat à Pyramid, dans la cordillère centrale. En plus de l'instruction en sciences pharmaceutiques de jeunes aides hospitalières, des cours de couture et de tressage furent organisés notamment par Ruth Roesler* et Doris Frazier dans le cadre strict du cours de bible. Comme nous le verrons, l'œuvre protestante ne perd jamais de vue l'objectif final de conversion. Le fil conducteur des cours féminins, conforme à cette optique, est religieux. Au contraire des catholiques, les arts ménagers ne firent pas l'objet d'un cours à proprement parler, les aides en poste au foyer des missionnaires étant directement mises en situation. Elles furent récompensées par un matériel permettant de mettre en pratique les connaissances acquises chez les missionnaires : des vêtements, du fil et une aiguille, des aiguilles spéciales pour chaussures, du savon et de la poudre à lessiver.

Du côté catholique, l'objectif des cours féminins[64] est domestique et répond à un souci annoncé de « développement ». Chez les sœurs, les filles reçoivent des cours de cuisine, de nettoyage, de couture et

---

[64] Les Croisiers disent vouloir améliorer la condition de la femme et instaurer l'égalité dans le couple, sans s'apercevoir qu'ils enseignent aux Asmat un mode de vie qui cloisonne les genres dans des activités spécifiques.

d'entretien des vêtements[65]. Selon Greg Poser OSC*, les Asmat ne nettoyant jamais leur maison, il est nécessaire de leur enseigner l'utilisation du savon. Selon la sœur Alfonsa TMM*, les cours d'arts ménagers plaisent aux femmes asmat, qui les oublient une fois de retour au village. Certaines dames furent instruites à l'intention des missionnaires eux-mêmes, qui sollicitent les services de nettoyeuses et de cuisinières supposées au fait des préférences occidentales. Une autre matière nouvelle est le jardinage.

Sur le plan de l'hygiène, de l'alimentation et du comportement dans le couple, la DelSos (*delegatus sosial*) de l'évêché a également mis sur pied des cours féminins organisés lors de tournées dans les gros villages. Dans les « saints bâtiments » d'Agats[66], les délégations (*delegatus*) de l'évêché mettent en commun leurs compétences (*sosial*, la santé *kesehatan*, la foi *iman*, l'éducation *pendidikan*). Vero Indriani*, la dynamique représentante de la DelSos, insiste sur l'importance de la répétition et de la démonstration, tout en soulignant que ces efforts n'atteignent qu'une minorité. En collaboration avec l'équipe DelSos, les sœurs tentent de faire fléchir les femmes en faveur d'un comportement en harmonie avec les prescriptions sanitaires et religieuses. Ces dernières présentent le *papisj* (échange rituel d'épouses) comme immoral et préconisent une certaine manière de gérer une bonne famille.

Dans le système scolaire, les filles ont tendance à obtenir de meilleures notes que les garçons, mais abandonnent l'école plus tôt qu'eux. Dans l'ensemble, Jim Remmerswaal OSC* trouve les garçons « plus ambitieux » et les filles « plus intelligentes », bien que plus réticentes à emprunter les livres dans sa petite bibliothèque[67]. Le zèle des écolières ne dure pas : quand leur poitrine commence à poindre, les filles sont déclarées « bonnes pour le mariage ». Jim Remmerswaal* s'étonnait de

---

[65] Harkin, M., « The House of Longing: Missionary-Led Changes in Heiltsuk Domestic Forms and Structures », in Brock, P. (ed.), *Indigenous Peoples and Religious Change*, Studies in Christian Mission 31, Leiden, Brill Academic Publishers, 2005, p. 215-216, écrit que chez les Heiltsuk d'Amérique du Nord, les missionnaires méthodistes étaient moins dérangés par le sol crasseux et l'intérieur enfumé des longues maisons que par le manque de discipline induit par cette description, opposée à la maison bourgeoise idéale « où il y a une place pour tout et où tout est à sa place ». Gajdusek, D. C., *op. cit.*, *West New Guinea Journal*, p. 31 et 33, mentionne les ordres du HPB aux Asmat de nettoyer et de reconstruire leurs maisons.

[66] Quartier catholique où l'on trouve les deux couvents, le monastère, les bureaux de l'évêché, le Musée Asmat de la Culture et du Progrès et les maisons de l'évêque, des prêtres et des employés de l'évêché.

[67] Après la messe du dimanche, les Asmat pouvaient emprunter des livres pour une semaine à la bibliothèque. Cependant, les pages servaient à la confection de cigarettes et ce qui en restait revenait couvert de traces de colle et de cafards. C'est ce qui résolut Jim Remmerswaal* à organiser des séances de lecture chez lui.

voir d'excellentes élèves, tout à coup, « devenir idiotes ». Il ne parvenait plus à les faire lire, comme si l'entrée dans une catégorie les réduisait à travailler et à subir passivement leur rôle. Devant des élèves prometteuses, les Croisiers tentent de convaincre les parents de surseoir au mariage et d'envoyer leur fille à l'internat d'Agats pour y poursuivre leur instruction, mais les filles elles-mêmes insistent pour se marier. Interrogées sur la question, les femmes asmat, généralement enthousiastes à l'évocation des matières enseignées à l'école, ne voient pas de rapport entre leur abandon du système scolaire et leur mariage. Il est simplement probable que quand vient le temps des premières relations amoureuses, leurs pensées soient davantage dédiées à ces dernières qu'au programme scolaire.

L'école actuelle

Les statistiques de l'évêché montrent que le nombre d'élèves est inversement proportionnel au niveau d'instruction, avec un nombre de garçons supérieur à celui des filles quel que soit le niveau. Ces chiffres sont cependant à considérer avec une certaine réserve. En 2004, par exemple, la nouvelle école d'Amborep – construite grâce à un don néerlandais – y était répertoriée avec 102 élèves alors qu'il ne s'y donnait pas de cours, l'instituteur étant installé à Agats. La même année, les élèves des statistiques se répartissaient en 2 092 catholiques, 70 protestants et 7 musulmans, pour 1 267 garçons et 902 filles dans 18 écoles.

En dépit des statistiques, les écoles sont désertes ou presque, sauf dans les gros bourgs comme Agats et Atsj. En 2004, le gouvernement avait en ligne de mire cinq villages asmat considérés comme problématiques notamment sur le plan de l'éducation : Amborep en tête, Ayam, Buet-Kwar, Atsj et Sawa-Erma. La plupart du temps, les acteurs de l'enseignement scolaire sont partis en forêt en quête de nourriture ou de bois d'aigle (*gaharu*) ou confectionnent des sculptures en vue de la *pesta budaya* (fête culturelle, en indonésien) qui inaugure la vente aux enchères annuelle d'Agats.

L'atmosphère peu engageante des villages presque vides joue sur le peu d'envie des instituteurs non asmat d'y séjourner car ils s'y ennuient. Comme ils ne sont pas tenus d'enseigner pour être payés, une grande partie d'entre eux vit à Agats et ne se rend sur son lieu de travail qu'à l'occasion des examens. Il n'y en a souvent qu'un par école, c'est-à-dire pour six classes. L'évêque Alo Murwito OFM* regrette que certains élèves diplômés du secondaire inférieur ne sachent ni lire ni écrire. Toon Putmann MHM* constate que les enfants passent souvent de niveau sans être présents et le diplôme s'achète ou s'échange contre des haches ou du fil de pêche. Certains se procurent un faux diplôme (*icasa palsu*).

Monika Siburian*, de SOS International[68] à Tembagapura, souligne l'achèvement tardif des études par les Asmat par rapport aux autres peuples d'Indonésie. Les programmes d'enseignement javano-centrés, occultant la Papouasie, modèrent sans doute l'envie des élèves d'assister aux cours, dit-elle. Et selon le chef du département de l'éducation Paiman* à Agats, la région asmat est la plus problématique d'Indonésie en matière d'absentéisme scolaire et de chômage.

Cette caractéristique peu commune justifia, en mai 2004, l'enquête de Ranu, un journaliste de l'hebdomadaire javanais *Hidup*. D'après ce journaliste rencontré sur place, l'Asmat est la seule région d'Indonésie à comporter une proportion aussi élevée d'*inactifs* (sans activité scolaire, professionnelle ou agricole, la chasse et la cueillette n'étant pas un « travail »), et les écoliers qui n'accompagnent pas leurs parents sont laissés à eux-mêmes dans des abris de jungle.

L'aspect pécuniaire est dissuasif pour de nombreux parents, tout comme il fait renoncer aux soins de santé : en 2004, la femme de Rufus Sati* revint bredouille de l'hôpital d'Agats, faute d'avoir pu acheter un remède pour arrêter l'hémorragie de sa fille qui venait d'accoucher. Il y a des exceptions : certains Asmat vendent leur patrimoine familial aux touristes et aux marchands afin de payer les frais d'inscription de quelques-uns de leurs enfants aux examens. Mais cela reste marginal. Seuls deux des onze enfants de Felix Owom'ipitsj* suivent régulièrement les cours, alors que sa qualité de membre du conseil paroissial le rend plus sensible que d'autres à l'importance de la scolarité. D'après la sœur Korina OSU*, à la tête des Ursulines d'Agats, un enfant asmat sur dix va à l'école en moyenne.

Des liens familiaux

Un équilibre des sexes ?

Ce chapitre sur l'identité asmat passerait à côté de son titre s'il n'abordait le thème de la famille. Lors d'un chapitre précédent, j'ai laissé entendre que les missionnaires catholiques s'insurgeaient avec passion contre l'inégalité des sexes. Puisés dans le cadre familial, les éléments qui suivent permettront au lecteur de se faire un avis.

Déjà dans le mythe fondateur de la société asmat, parmi les douze ancêtres primordiaux, au moins trois étaient des femmes. Plus proche de nous, la famille étendue exogame se définit par un couple d'ancêtres

---

[68] Entreprise commerciale de services médicaux présente sur les sites miniers de nombreux pays du monde, dont l'Indonésie. Sise dans les montagnes à 64 km au nord de Timika, Tembagapura est la dernière ville avant le site de la mine de Freeport.

commun mémorable (au sens propre) et sa descendance : « un seul grand-père et une seule grand-mère ». Bien que la parenté et la guerre gravitent autour de la *jeuw* sans équivalent du côté des femmes, de nombreuses fonctions masculines ont leur pendant féminin, notamment sorcières et médicales. La transmission des biens, des noms et des sortilèges est bilinéaire, notamment pour récompenser un enfant au comportement exemplaire.

Au sujet du mariage, les hommes de la famille étendue se rassemblent pour discuter du destin de la jeune fille à marier et annoncent à l'autre partie qu'ils vont *prendre* le jeune homme choisi pour leur fille, en principe avec l'aval de celle-ci[69]. Au contraire de la dot occidentale, le jeune homme est *donné* en mariage à la jeune fille et apporte une compensation matérielle à la famille de celle-ci. Le mariage n'assimile pas la femme à la famille de son mari : la jeune épouse de mon grand-père Primus, originaire de Sjuru, ne porta pas le deuil d'une « grand-mère plus âgée » du clan akum en 2004. Du point de vue de la localité, de nombreuses épouses habitent dans leur village d'origine, visitées par leur mari s'il accorde sa préférence à une épouse d'un autre village. Les enfants suivent tantôt le mari, tantôt l'épouse. Une fois marié, un homme ne se sépare pas de ses femmes : « il faudrait être fou », disent plusieurs maris. Par contre, il est fréquent pour une femme de changer de lit, voire de mari (avec des compensations, au pire le meurtre de l'infidèle et de son amant). Les recensements croisiers sont révélateurs : on peut y voir jusqu'à cinq maris successifs pour une seule femme (cela inclut le veuvage, fréquent à l'ère de la chasse aux têtes). Sur le plan de la division du travail, les hommes font passer pour « travail féminin » des tâches qu'ils accomplissent souvent eux-mêmes, comme le tissage de nattes, tout en assurant assumer le travail lourd comme l'extraction du sagou alors que leur femme s'en charge souvent sans leur aide. Cela n'empêche pas les femmes de faire pression sur leur mari pour en obtenir ce qu'elles désirent, sous peine de le discréditer en public comme à Biwar-Laut[70].

Un autre élément-clé souvent évoqué pour illustrer la domination masculine est l'impureté féminine. Celle-ci ne semble pas concerner les femmes asmat non contraintes par leurs menstruations de quitter la

---

[69] Les mariages arrangés ont fait naître la conviction, chez les missionnaires, du mariage forcé. Si des hommes influents choisissent parfois de contracter des unions difficilement opposables, ce cas de figure n'est, aux dires des femmes, pas une généralité. L'analyse de 102 mariages à Sjuru par Zegwaard, G. & Boelaars, J., *op. cit.*, p. 21, leur permet de conclure à la majorité du libre choix. Ils citent aussi des cas d'enlèvement d'épouses et de relations secrètes finalement admises.

[70] Film de Corillion, J.-M., *op. cit.*

maison, au contraire d'autres sociétés de Nouvelle-Guinée[71]. Par contre, l'accouchement a lieu dans une maison végétale dans la jungle et détruite ensuite, sous peine de contaminer les hommes de la maison. D'après les femmes, les interdits destinés aux femmes enceintes et aux jeunes enfants visent l'allègement du corps alourdi et réchauffé par l'âge et la maladie.

Enfin, plus que son équivalent masculin, la femme âgée se voit conférer une aura particulière. La grand-mère promet des dons et valeurs à son petit-fils par l'intermédiaire du rêve. Yufen Biakai*, l'actuel *bupati*, arbore sur le front une scarification en rectangle autour d'un point, cadeau de sa grand-mère dans un rêve, tout comme les dons du guérisseur de Sona Aloysius* lui furent divulgués en rêve par sa grand-mère. Les femmes âgées qui restent au village sont réputées détenir des pouvoirs dangereux de type mauvais œil ou sortilège de mort[72]. De même, l'ancestralité s'adresse tant à un grand-père vivant ou mort qu'à une grand-mère, et on trouve des représentations des deux sur les *bisj*.

Autour de l'alliance

En dépit des avertissements menaçants des pères interdisant aux filles de « jouer avec les garçons du village », les relations sexuelles prémaritales sont la norme, en particulier à Agats où les filles ont tendance à choisir elles-mêmes leur mari. Partout, les hommes insistent sur l'importance de maintenir un contrôle strict sur les femmes ; le mythe, criblé de viols et d'adultères, suggère en effet que le nec plus ultra est d'agir sans être pris. Un geste discret, le frottement d'un doigt sur la paume adverse pendant la poignée de mains, permet de prendre rendez-vous à l'insu de tous. Au village, l'âge requis pour le mariage chez une fille est évalué selon la capacité de ses seins à donner du lait : en moyenne, elle se marie entre onze et quatorze ans, parfois plus tard. D'application dans de nombreux villages, la compensation matrimoniale prend des formes variées et dépend du nombre d'épouses existantes. Proportionnelle au statut de la jeune fille, elle dessert les femmes instruites, qui peinent à trouver un mari. Elle est parfois remplacée par l'échange de sœurs classificatoires ou par l'échange d'épouses entre les moitiés d'une *jeuw*. L'influence des missionnaires en la matière est

---

[71] Bonnemère, P., *Le pandanus rouge. Corps, différence des sexes et parenté chez les Ankave Anga*, Paris, CNRS Éditions, 1996, p. 29, en cite quelques exemples.

[72] Stewart, P. J. & Strathern, A., *op. cit.*, p. 76, observent que le mauvais œil (*witchcraft*) n'est pas attaché aux femmes par hasard, car elles gagnent souvent plus de liberté économique en période de changement. Les soupçons de mauvais œil sont dirigés soit vers les nouveaux riches, soit vers les vieux, supposés jaloux des plus jeunes. Les sorciers incarnent les contradictions de la modernité.

assez limitée. Ils négocièrent les unions de leurs premiers élèves diplômés, un mariage par affinité pour une « personne éduquée » étant supposé plus durable que le fruit des stratégies familiales.

Dans le rituel, la compensation matrimoniale est échangée contre les droits d'exploitation des sagoutiers, matérialisés par un échange cérémoniel de sagou (*amosj*) imprégné de sueur au cours duquel chacun devient un peu de son conjoint par l'ingestion, comme dans l'adoption. L'ingestion individuelle scelle l'accord collectif : le sagou consommé provient des terres du père de la jeune fille, dont le futur mari reçoit l'usufruit. Visiblement ignorants de ses implications, les missionnaires protestants tendent à dire que le mariage asmat n'est « rien du tout » et le décrivent comme une simple mise en présence des fiancés.

D'après mes informateurs asmat, un nombre croissant de jeunes se détourne du mariage chrétien, lui préférant le mariage traditionnel. Légalement, sans célébration par le prêtre, le mariage est caduc, le prêtre ayant l'autorité d'un officier d'état civil. Pour éprouver la solidité du couple, l'usage catholique veut que le mariage asmat précède le mariage à l'église – souvent une simple bénédiction – de plusieurs années, en général cinq ans. Toutefois, le mari s'est souvent laissé séduire par d'autres épouses entre-temps, et renonce par là même au mariage à l'église. Henri Bing Miller OSC* cite aussi plusieurs cas de fiancés attendant en vain leur épouse partie en forêt le jour du mariage.

Du côté protestant, il n'y a pas vraiment de pression en faveur du mariage chrétien, que les pasteurs asmat ne trouvent pas nécessaire. Ce détachement vient peut-être du discours des missionnaires, qui décrivent le mariage comme une promesse conventionnelle à Dieu et au conjoint ; le divorce n'a aucune conséquence sur le Salut, qui reste assuré au croyant. Plus que le lieu de la célébration, c'est plutôt la présence du pasteur qui compte en tant que garant de l'engagement, témoin d'un événement majeur de la vie du croyant et invité de confiance à une manifestation d'émotions. L'argument est le même pour les funérailles.

Cette discussion sur le mariage permet d'aborder un sujet jadis problématique pour les missionnaires : la polygynie. Jadis, les stratèges (« chefs de guerre ») en avaient plusieurs dizaines (Akumpiro d'Amborep en avait trente-cinq et le père de Niko* d'Ayam, vingt). Comme les épouses se prennent avec l'âge, il semble naturel que les jeunes n'en aient qu'une[73]. En principe, un homme prend une épouse

---

[73] En dépit de ces nombres élevés, la pénurie de femmes est la norme. À la fin des années 1960, les hommes de Yaosakor, contrits de ne plus être craints par leurs voisins, tuèrent toutes les femmes pour prouver leur férocité ; il en résulta une endogamie pendant une génération, le recul de l'âge masculin du mariage et le choix d'une épouse unique, le plus souvent à l'extérieur du village. D'autres solutions sont le rapt

avec l'accord des premières et honore ses obligations envers elles, les nourrir et ne pas les battre, sous peine de déclencher l'ire des ancêtres.

La polygynie est aussi répandue chez les Asmat catholiques que chez les protestants ; les premiers missionnaires et les autorités parvinrent seulement à en réduire le nombre. Au début de l'évangélisation, les pères du Sacré-Cœur fermèrent aux coépouses l'accès de l'église. Ces mesures s'assouplirent : les missionnaires suggérèrent de conserver la première épouse – baptisée et mariée devant le prêtre – et d'abandonner les autres. Certains en profitèrent pour répudier leur épouse la plus âgée pour s'en choisir une plus jeune, expressément pour le mariage chrétien. Actuellement, ils la tolèrent ; l'Alphonse Sowada OSC* la trouve préférable à la prostitution. Le mariage polygyne engendre un dilemme dans le cas du baptême : baptiser l'enfant équivaut à reconnaître une union illégitime et s'abstenir, à le priver d'une éducation chrétienne. En conséquence, les missionnaires refusent souvent le baptême et la communion aux enfants des coépouses.

De leur côté, les missionnaires protestants permirent aux fidèles de maintenir leurs unions antérieures à l'exclusion des chefs d'église[74], mais leur interdirent de contracter un nouveau mariage. Or, de nombreux Asmat des deux obédiences, même pasteurs ou membres du conseil paroissial, ont plusieurs épouses[75]. Le pasteur asmat Sabinus Ekpiwi* le justifie par le désir (*nafsu* en indonésien) qui les taraude. À l'instar des catholiques, il refuse le baptême des coépouses et interdit l'accès de l'église au polygame, dans le péché, qui doit se contenter de visites chez le pasteur. L'interdiction est levée s'il se repent, abandonne ses coépouses et répare le tort causé. Au début de l'évangélisation, Bob Frazier accepta de dire le service dans la maison d'un polygame et ses trois épouses ; ça le marqua tellement que l'anecdote est citée deux fois dans son livre.

Dans les villages étudiés par Van Arsdale[76], la monogamie est le schéma le plus courant, en concurrence avec la polygynie que l'on trouverait surtout chez des chefs de guerre et des hommes influents et de rares cas de lévirat et de sororat. D'après Knauft[77], pour la force de

---

et jadis la chasse aux têtes, où le meurtrier ou l'initié qui se substituait à sa victime héritait également de ses épouses et de ses enfants.

[74] Aux îles Cook du XIXe siècle, le pasteur John Williams et ses confrères de la LMS imposèrent le choix d'une épouse avec l'obligation d'entretenir les autres selon le principe du devoir conjugal. Cf. Laux, C., *op. cit.*, p. 119.

[75] Outre le manque de candidates disponibles, il en résulte le célibat de certains jeunes et la contraction de mariages avec des groupes voisins.

[76] Van Arsdale, P. W., *op. cit.*, p. 31.

[77] Knauft, B. M., *op. cit.*, *South Coast New Guinea Cultures*, p. 71.

travail féminine et les droits d'exploitation du sagou, la polygynie est une dimension cruciale du leadership. Une nuance est à apporter à ce propos. Comme le rappelle Primus Akum*, le héros d'épopée Beworpitsj, déjà réputé coriace, trouva dans ses mariages la force de créer la société asmat. Autrement dit, si le leadership stratégique favorise le nombre d'alliances, il assure aussi une descendance féminine plus nombreuse susceptible, par l'alliance, de fournir à un père la compensation matrimoniale de ses épouses plus jeunes. La dimension de la paternité, essentielle dans l'acquisition du prestige chez l'homme asmat, paraît donc plus fondamentale que la force de travail.

Tensions et violence dans la famille

Une des raisons invoquées par les missionnaires pour décourager les mariages multiples est la violence conjugale. Contredisant le poncif, la violence n'est pas l'apanage des foyers polygynes, comme le constate Bonnemère[78] dans le cas des Ankave. La violence conjugale *est* la norme, tant de la part des hommes que de celle des femmes (à l'exception de la jeune épouse, reléguée dans un coin de la maison et exposée à des traitements parfois proches de la torture morale[79]) : il est considéré comme naturel et légitime de frapper son conjoint (homme ou femme) et ses enfants pour les faire écouter. Il existe en effet un droit du conjoint sur le corps de l'autre : une autre illustration en est qu'après le mariage, les conjoints sont tenus de cesser les brûlures esthétiques *tsjuman* que les célibataires des deux sexes s'infligent en abondance sur les avant-bras. La violence se termine parfois en drame. J'entendis l'histoire d'un stratège réputé qui, fou de douleur devant son enfant mort-né, fracassa sa propre fillette contre un arbre, puis éclata en sanglots en contemplant les conséquences de son geste. Qu'une femme soit tuée par son mari arrive régulièrement : ce sont « les émotions », aux dires de mes informateurs asmat.

À quelques exceptions près, les missionnaires protestants disent rester en-dehors des affaires domestiques et préfèrent provoquer l'étonnement par leur propre comportement érigé en modèle. Contrastant avec les bâtiments fermés du monastère, les maisons protestantes restèrent ouvertes dans le but explicite d'exposer aux Asmat leur vie de famille. « Une fois sur le terrain, les missionnaires et leurs épouses étaient

---

[78] Bonnemère, P., *op. cit.*, p. 127.
[79] Les Asmat de Sjuru la distinguent (*tsjowotsj*) des autres (*ase'tsjowotsj*). Cf. Zegwaard, G. & Boelaars, J., *op. cit.*, p. 19. Isolée dans un coin de la maison, molestée par les autres et par son mari, privée de son enfant et parfois contrainte à l'immobilité prolongée, elle ne peut quitter la maison, hormis pour visiter ses parents en compagnie de son mari.

supposés agir en exemples de vie familiale monogame, pieuse et chrétienne », écrit Etherington[80]. Dès leur arrivée, les missionnaires furent observés attentivement du matin au soir. Ruth Roesler* prenait soin d'être toujours impeccablement habillée, surtout à l'église. En l'absence de son mari, elle renvoyait les Asmat à celui-ci (« C'est Monsieur qui commande »). Aux dires des missionnaires, les relations de couple, notamment en situation de conflit, sidéraient les Asmat, habitués à de bruyantes querelles.

Les missionnaires catholiques, de leur côté, s'immiscent franchement dans les différends, prêchent pour l'entente et font pression sur les parents ou sur le mari pour faire évoluer la situation. À l'évêché, tous n'ont pas cette audace. Vero Indriani*, de la DelSos (*delegasi sosial*), s'insurge contre la polygamie mais évite d'intervenir dans le couple : elle pense que rendre visite à une femme pour l'entretenir de son couple lui attire les retours de flamme du mari. Dans l'ensemble, la philosophie égalitaire des catholiques génère des tensions du côté des hommes asmat, choqués à l'idée de voir leurs épouses assumer des responsabilités religieuses et d'enseignement.

Malgré la mortalité infantile élevée[81], une autre forme de violence familiale est l'infanticide – par surcroît d'enfants, disent les Dresser* – et l'abandon de handicapés et de jumeaux. Dans les années 1970, un couple de Sjuru jeta des jumeaux dans la jungle et fut jeté en prison à Merauke par le HPB Lepre ; à la même époque, les Hyatt sauvèrent des jumeaux brûlés vifs à Nohon[82]. Jim Remmerswaal OSC* vit un jour une mère s'abstenir d'allaiter son bébé handicapé ; il s'absenta quelque temps et trouva l'enfant mort à son retour. Il vit aussi des femmes enceintes tentant d'avorter en se laissant choir sur le ventre depuis une branche d'arbre. Enfin, Carleton Gajdusek* décèle un taux de suicide « très élevé ». Les Croisiers tentèrent de décourager ces pratiques par le prêche.

---

[80] Etherington, N., *op. cit.*, p. 9.
[81] Selon une ONG australienne, « le taux de mortalité infantile en Papouasie occidentale se situe entre 70 et 200‰. La mortalité maternelle est de 4,5‰ dans les districts ruraux, où vit la majorité de la population, comparativement à un taux de 1,3‰ dans d'autres parties d'Indonésie. [...] Le pourcentage des enfants immunisés est de 40,8, nettement en deçà de la moyenne nationale de 60,3. La Papouasie occidentale a l'espérance de vie la plus basse de toutes les provinces indonésiennes, en particulier en ce qui concerne les femmes, dont l'espérance de vie est de 50,3 ans par rapport à la moyenne nationale de 62,7 ». Cf. Wing, J. R., *op. cit.*
[82] Frazier, B. & D., *op. cit.*, p. 143.

Questionnements sur le célibat des prêtres

Compte tenu de l'importance pour un Asmat d'avoir une descendance nombreuse, l'incrédulité accueille le célibat des prêtres. *A fortiori* s'ils n'ont pas de descendance, les étrangers sont souvent assimilés à la catégorie des jeunes, des « idiots » privés du droit à la parole. Aux repas, ils sont servis en dernier. Les plus jeunes sont au service des autres, et vont allumer leur cigarette à l'âtre. L'enfant suit les plus âgés et cède – sa place, son repas, la parole – à l'aîné, qui a le droit de le frapper pour l'éduquer.

Refuser le statut de père, auquel aspire tout Asmat, paraît aberrant : en plus du plaisir de la paternité, les prêtres se privent du respect et du pouvoir politique. Selon la protestante Ruth Roesler*, « les Asmat aiment tellement les enfants, comment pourraient-ils comprendre que les prêtres n'en veuillent pas ? ». Alphonse Sowada OSC* tenta même d'obtenir une dérogation papale pour les futurs candidats asmat à la prêtrise, qui lui fut refusée.

Comme nous le verrons, le mythe asmat prévoit la naissance du monde dans la copulation[83]. En sachant cela, le célibat du prêtre asmat apparaît d'autant plus absurde aux Asmat. Certains soupçonnent les prêtres d'Agats de dissimuler des concubines dans les bâtiments de la mission. Alphonse Sowada* raconte en 2003 que lorsqu'il quittait Sawa-Erma pour s'approvisionner en fournitures à Agats, il ne parvenait pas à départir les Asmat de l'idée qu'en réalité, il courait dans les bras de la grosse sœur néerlandaise de l'évêché. Évidemment, le comportement de certains missionnaires a fourni aux Asmat de quoi alimenter ce genre de croyance. Dans le marais des années 1950-1960, Willem Lommertzen MSC* cite plusieurs réaffectations de missionnaires par l'évêque dont le linguiste Kees van Kessel et lui « parce qu'ils n'avaient pas été très sages (du néerlandais *stout*) », sans s'étendre sur la signification de cette proposition. Or, Kees van Kessel, aujourd'hui décédé, était l'ami de Carleton Gajdusek*, qui explique qu'il avait quatre petites amies de dix à douze ans. Ces deux prêtres restèrent en fonction sur la côte sud pendant environ quarante ans. Au total, trois Croisiers quittèrent l'ordre en raison de comportement problématique envers les jeunes filles asmat et deux se marièrent, dont Delmar Hesch OSC avec une jeune fille asmat qu'il emmena à Hawaii.

Le célibat constitue donc un obstacle à l'épanouissement quotidien des missionnaires et au renouvellement du clergé sur le terrain. Dans

---

[83] Eyde, D. B., *op. cit.*, p. 76, décrit un autre mythe selon lequel l'univers naît du crâne de l'héroïne Nesoipitsj ou Musjejipitsj, la chasse aux têtes rappelant le sacrifice primordial.

l'espoir que préparer à l'épreuve l'atténuera en situation d'isolement, une portion significative des exposés destinés aux candidats à la prêtrise porte sur l'intimité masculine dans la vie religieuse. Il y est fait cas des hommes célibataires, d'aimer et être aimé dans la vie religieuse, des déviances sexuelles du clergé notamment avec les enfants et de la vie privée saine (*healthy intimacy*). L'idée étant de prendre conscience de la sexualité masculine, des rapports des hommes entre eux et des besoins, des aptitudes et des limites masculines. J'ai pu observer la préoccupation constante des Croisiers pour ces questions, vraisemblablement en raison de comportements équivoques de Croisiers à des époques variées et d'une sorte de vogue ayant cours dans l'Église catholique américaine, dite « en crise ».

Les missionnaires se font adopter

L'isolement des missionnaires catholiques fut sans doute à la mesure de leur enthousiasme à se prêter au jeu de l'adoption. Virgil Petermeier OSC* fut adopté à douze ou treize occasions (il ne le sait plus très bien lui-même). D'après Henri Bing Miller OSC*, des mères présentaient un sein au missionnaire en tournée dès son arrivée sur l'embarcadère, signalant leur désir de l'inclure dans leur cercle familial. Dans ses mémoires, le frère Joe[84] raconte que des gens d'Omandesep furent tellement satisfaits de ses soins qu'ils voulurent l'emmener pour l'adopter, avec une maison, une jolie femme et de la nourriture à la clé.

J'ai mentionné l'ingestion des humeurs réciproques dans le mariage ; c'est également le cas lors du rituel d'adoption. Une boulette de sagou est mêlée à la sueur des nouveaux parents, parfois des frères et sœurs, et scelle l'entrée du nouveau venu dans la communauté. Comme en atteste la terminologie de parenté, l'adoption met le nouvel enfant sur pied d'égalité avec les autres enfants. Elle consiste en une promesse d'échange de cadeaux occasionnels contre le gîte, le couvert et la protection des pairs. Le nom donné à l'enfant adopté est souvent celui d'un parent décédé (on *mange* le nom d'un mort), comme Jim Remmerswaal OSC* appelé Sokmer (« menteur ») du nom d'un mort, ou d'un nom signifiant « fils étranger », comme Joe DeLouw OSC*. John Fleischhacker OSC* fut adopté par un homme pour remplacer son père et il hérita des cinq épouses du défunt. Alphonse Sowada OSC* fut appelé « l'homme qui était l'homme », par ressemblance avec un mort. Les missionnaires adoptés ne prirent pas la place d'ancêtres, sans doute en partie faute d'être restés (alors que Clarence Neuner OSC, par exemple, y vécut pendant 44 ans). Ensevelis dans un autre sol, les corps des

---

[84] DeLouw, J., *op. cit.*, p. 17-18.

missionnaires morts ne furent pas intégrés à la boue, l'élément originel. Enfin, que les Occidentaux n'honorent pas leurs obligations d'enfants adoptés dérange beaucoup les Asmat. Certains, comme Tobias Schneebaum*, reçurent un nom d'ancêtre, une famille et un *dow'se*, et leur silence plonge leurs parents d'adoption dans la perplexité.

Notons que tous les missionnaires ne furent pas tentés par l'expérience. Selon l'idée qu'un prêtre appartient à tous, Vince Cole MM* ne veut pas de liens privilégiés avec des individus choisis. Il pense que l'adoption distend les liens sociaux et que les incitants matériels la justifient davantage que la pureté du lien. Il n'est pas le seul à regretter le volet matériel de l'échange. Pour Dave Gallus OSC*, les tensions causées par l'adoption d'un étranger sont assez dissuasives pour y renoncer.

Parmi ceux qui se firent adopter, d'après le pasteur asmat Sabinus Ekpiwi*, un seul prêtre catholique, le père Zegwaard, fut réellement proche des Asmat ; il passait la nuit dans les maisons et était considéré comme faisant partie de la communauté asmat. Dans le discours des Asmat interrogés, le fait de passer la nuit dans le village revêt une importance capitale : personne ne se souvient des visites de passage. Au-delà de la simple courtoisie, passer la nuit inscrit dans l'histoire du village. Or, pour un missionnaire, loger dans le village ne va pas de soi. La littérature fourmille d'exemples de missionnaires qui vont en tournée dans des villages où ils restent quelques heures pour regagner leur foyer ensuite. Lorsqu'ils passent plusieurs jours dans la jungle, la tendance est de loger à l'écart, sous tente ou dans leur bateau. Dave Gallus OSC* confirme que ne pas passer la nuit dans un village équivaut dans l'esprit des gens à ne pas y être allé. Les missionnaires protestants, sous tente, ne restaient pas dans les villages ; selon John Fleischhacker OSC*, les pasteurs ne furent pas acceptés par les Asmat pour cette raison, renforcée par l'interdiction du tabac.

Pour Paternus Cuakces*, l'adoption des missionnaires scelle la paix avec les Asmat. Il existe plusieurs pratiques destinées à instaurer la paix entre deux groupes, dont l'adoption, le *papisj* entre amis d'enfance *ofeeuw*, le mariage et l'enfant de la paix. « L'enfant de la paix », du nom de l'ouvrage de Richardson[85] chez les Awyu et évoqué par de nombreux auteurs[86], est un moyen de conclure une trêve entre deux communautés en conflit tant que l'enfant est en vie. Construit sur la naissance collec-

---

[85] Richardson, D., *op. cit.*
[86] Notamment Konrad, G. & U. et Winkelmann, C., « Asmat Art », in Konrad, G. & U. (eds.), *Asmat. Myths and Rituals. The Inspiration of Art*, Venice, Pizzi Amilcare/ Erizzo Editrice, 1996, p. 305 ; Frazier, B. & D., *op. cit.*, p. 188-189 ; Tucker, D. A. & Knickerbocker, A., *op. cit.*, p. 143 et 147.

tive, le symbolisme du rituel a beaucoup fait parler de lui. Véritable incarnation de l'accord de paix, l'enfant est adopté et élevé par le village d'accueil jusqu'à son mariage. Les missionnaires protestants utilisèrent abondamment cette institution en analogie (*redemptive analogy*, selon les termes de Don Richardson) avec l'idée que « Dieu a sacrifié son fils pour instaurer la paix parmi les hommes ». Vingt ans avant l'ouvrage de Richardson, des missionnaires TEAM vécurent un événement rappelant cette coutume : à Ayam, les hommes se saisirent l'un après l'autre de Candy Preston* bébé et se la passèrent de mains en mains jusqu'à la rendre à ses parents, le silence de l'enfant étant de bon augure quant à l'acceptation des missionnaires par les ancêtres. De la même manière, le père Zegwaard MSC[87] se vit confier un enfant pour faire cesser l'épidémie qu'il était supposé avoir déclenché en représailles contre le vol de sa hache à Atsj. Cela arriva également à Frank Trenkenschuh OSC, qui finit par adopter Fred, le garçon asmat offert par les villageois comme « enfant de la paix ».

Quand on se mêle de sexualité

Des aventuriers sexuels sur la côte sud

En plus des missionnaires, les basses terres de Papouasie attirèrent nombre de visiteurs aux motivations variées. Mis en présence avec des sociétés très différentes de la leur, les nouveaux venus furent confrontés à des mœurs qui les plongèrent parfois dans l'embarras, comme l'anthropophagie, la chasse aux têtes et une sexualité mise à l'honneur dans le rituel. Pour d'autres, ces mœurs constituèrent plutôt un incitant. Ainsi, la côte sud attira quantités de gens en recherche d'eux-mêmes, en particulier sexuelle, notamment Magnus Anderson, un Suédois qui guide des touristes en étui pénien dans le marais depuis les années 1970. D'autres étaient plutôt chasseurs d'images, comme l'expédition de Pierre-Dominique Gaisseau en 1959 qui ambitionnait la traversée de l'île du Sud au Nord.

Il y eut plusieurs films sujets à question ; le film basé sur la vie de Tobias Schneebaum[88] est l'un d'entre eux. Fasciné depuis son enfance par l'homme sauvage, il trouve chez les Asmat une justification à son attirance et base son argumentaire sur la nécessité pour un homme asmat d'avoir au moins un partenaire sexuel masculin. C'est contesté au moins par Eyde[89] qui écrit que, si des relations sexuelles ont lieu entre parte-

---

[87] Zegwaard, G., *op. cit.*, « Name-Giving Among the Asmat People », p. 41-42.
[88] Schneebaum, T., *Keep the River on Your Right. A Modern Cannibal Tale*, Wave Films, Lifer Films Production, Stolen Cars Production, 2000.
[89] Eyde, D. B., *op. cit.*, p. 206.

naires de jeu, elles prennent fin avec le mariage. La question à se poser est moins la survenance de ces pratiques que leur utilisation par celui qui les décrit, anthropologue et conseiller artistique au MET à New York. Visiblement, Schneebaum, issu d'un milieu juif traditionnel, tenta de prouver la spontanéité de l'homosexualité par ses séjours chez des « sauvages cannibales ». Il la déclara le propre de groupes proches de la nature, à l'aube de l'humanité et pas encore corrompus par la morale urbaine : les Arakmbut du Pérou amazonien et les Asmat. Cette vision essentialiste trouva des interlocuteurs parmi les touristes des croisières de luxe à qui il servit de guide. D'après Jim Remmerswaal OSC*, il fut dit aux Asmat qu'il était de la même ethnie que le Christ. Ce fut une révélation : Tobias appartenait à la famille de Jésus. Sa parenté avec le Christ l'a-t-elle aidé à trouver des partenaires sexuels ? C'est délicat à déterminer ; il est troublant que le seul village où ses dires sur la sexualité furent corroborés soit justement Uwus, son village d'adoption[90].

Schneebaum n'est pas le seul à avoir été interpellé par les mœurs sexuelles des Asmat. Les missionnaires protestants de TEAM sont plusieurs à se plaindre d'une forte sexualité entre hommes asmat. Cette sexualité est tournée en dérision dans le rituel, comme chez les Gebusi décrits par Knauft[91]. À ceci près qu'elle ne se dirige pas vers des esprits féminins possédant les partenaires, mais vers la relation masculine institutionnalisée menant au *papisj*. Les rituels rappellent de diverses façons cette institution fondamentale de la société. À l'issue de la construction d'une *jeuw*, un passage non daté des *Notes* de Roesler mentionne la présence de clowns entraînant l'assemblée dans une danse endiablée mimant la sodomie[92]. Un autre passage du 14/06/1958 évoque l'*akopes*, personnage indissociable des « fêtes » clamant sa férocité et effrayant les femmes et les enfants. En 2001, j'eus moi-même l'occasion d'observer un de ces « clowns », nu, gesticulant et grimaçant, qui simulait l'acte sexuel d'un air provocant, à l'hilarité de tous. Il est difficile de déterminer le rôle exact de ces personnages.

On peut s'étonner que de leur côté, les missionnaires catholiques disent les relations sexuelles masculines inexistantes. Soit un surcroît de tâches missionnaires explique leur aveuglement sur un phénomène courant dans la société asmat, soit ce dernier leur pose un problème person-

---

[90] D'aucuns pourraient me reprocher de malmener mes prédécesseurs. Je me suis juste étonnée de trouver, parmi les chercheurs, missionnaires et touristes occidentaux qui s'intéressèrent aux Asmat au-delà d'une première visite, une proportion conséquente d'homosexuels masculins, et cela justifie mes recherches sur leurs motivations.
[91] Knauft, B. M., *op. cit.*, « Creative Possessions », p. 200.
[92] Le mime ne comporte pas d'ambiguïté car un des participants, en transe, articula le mot « sodomie ».

nel. Sans entrer dans les détails, l'accusation généralisée d'homosexualité les concernant ferait opter pour cette dernière hypothèse. La sexualité est aussi un sujet de discussion des chrétiens convaincus. Dans la continuité de la tendance protestante à assimiler Satan et « l'homme médecine », les vrais croyants, tant catholiques que protestants, ont tendance à propager des idées reçues sur la sexualité torve des guérisseurs[93]. Les chrétiens nominaux n'adoptent pas ce discours. Autrement dit, la sexualité est naturelle – on n'en parle pas – chez les Asmat pas trop versés dans le christianisme, et elle devient anormale – on en parle – chez les convertis.

Que les missionnaires trouvent matière à critique dans la sexualité des Asmat n'est pas étonnant : dans bien des cas, elle se donne à voir. Carleton Gajdusek* raconte que les Asmat des premiers temps portaient des boucliers, frappés bruyamment avec des bambous, et agitaient leur pénis en signe de provocation. Dans son journal, il écrit qu'il est courant de tenir son pénis et que certains adolescents sont fréquemment en état de semi-érection[94]. Dans certaines sociétés néo-guinéennes, l'utilisation du sexe masculin dans le salut est un révélateur d'intentions. De la même manière que la poignée de mains visait chez nous à s'assurer de l'absence de dague dans la manche adverse, les Dani de la cordillère centrale se saluaient en poignant dans les testicules de l'autre pour s'assurer de ses bons sentiments.

Comme on peut s'y attendre, l'exhibition de l'érection dérange les missionnaires. Un film néerlandais sans référence visionné chez Ruth Roesler* montre des Asmat atteindre l'excitation sexuelle et morale par la respiration de leurs propres odeurs corporelles. Ruth Roesler* rappelle que l'odeur de transpiration est considérée par les Asmat comme un sommet olfactif. L'excitation est attisée de diverses manières, notamment par surcroît d'un bien-être spécifique causé par le contact avec la tradition. Virgil Petermeier OSC* se disputa avec un pasteur américain et sa femme, parce qu'ils étaient persuadés que le jeu du tambour visait à atteindre l'érection ; même sans approuver leur condamnation des percussions, cette analyse ne les met à mon sens pas en défaut de jugement. En règle générale, les danses asmat choquent les missionnaires. Entre autres exemples, Bob Leland* les qualifie comme étant

---

[93] Certains guérisseurs ont la réputation d'entretenir une relation sentimentale et sexuelle avec une entité qui les possède physiquement, voire d'avoir deux épouses, une « vraie » à la maison et une fausse de la forêt, transformable en crocodile. D'autres guérisseurs sont déclarés imposer des rapports sexuels à leurs patients de sexe opposé et administrer à dessein des remèdes inefficaces.
[94] Gajdusek, D. C., op. cit., West New Guinea Journal, p. 25.

« suggestives et provocantes, dégoûtantes d'un point de vue chrétien parce qu'elles mènent au péché sexuel ».

La sexualité idéale se vit dans l'exception

La mise en avant de la sexualité dans le rituel n'implique pas spécialement une activité sexuelle démesurée. Les entretiens sur le terrain montrent que si un nombre élevé d'épouses constitue en lui-même une garantie de puissance, tout l'art réside à n'avoir des rapports sexuels qu'à des moments choisis, sous peine de s'affaiblir. Primus Akum* tient sa force et son allure juvénile à la fréquence modérée de ses rapports sexuels avec ses femmes. La sexualité des Asmat est donc le fruit d'un calcul savant, et non un déferlement de pulsions anarchiques comme le prétendent certains nouveaux arrivants.

À cet égard, le *papisj* est un exemple éloquent. Souvent défini par les étrangers comme « échange d'épouses[95] » ou « rites échangistes », le *papisj* constitue la preuve ultime de la confiance mutuelle entre *ofeuuw*. Ces derniers sont des compagnons du même sexe avec qui les Asmat échangent tout depuis l'enfance, y compris leur lit. Ils sont dit avoir « une seule naissance » : en cas de décès, le compagnon *ofeeuw* prend le nom du défunt et le remplace dans la parenté. Basée sur l'échange de nourriture – tel un simulacre de mariage – et imprégnée de sacralité comme l'adoption, cette relation conforte les alliances intergroupes[96]. Une certaine asymétrie apparaît cependant entre les genres car il ne rencontre pas toujours l'adhésion des épouses, et il peut en résulter des comportements violents. Un *papisj* collectif permet de faire face à une période de crise, de guerre ou de transition, à la façon des cultes dits « du cargo » dont nous parlerons brièvement au chapitre VII. Grâce au rapport sexuel d'exception, les hommes se sentent investis d'une énergie nouvelle. Abraham Buipir* décrit la vigueur prise chez sa partenaire : « il [l'*ofeeuw* qui s'adonne au *papisj*] a sa compagne derrière lui et son compagnon devant : ça rend courageux devant les ennemis ». Zegwaard[97] et Sowada[98] remarquent le rôle des femmes dans l'épreuve et jadis dans le départ en raid, dans son instigation et dans les rituels préliminaires. Les missionnaires furent supposés s'y livrer aussi, comme en atteste le soupçon que Doris Frazier avait échangé son mari à la conférence de

---

[95] Voir notamment Sowada, A., « Fundamental Concepts of Asmat Religion and Philosophy », in Konrad, G. & U. (eds.), *Asmat. Myths and Rituals. The Inspiration of Art*, Venice, Pizzi Amilcare/Erizzo Editrice, 1996, p. 68.

[96] Van Arsdale, P. W., *op. cit.*, p. 37.

[97] Zegwaard, G. A., *op. cit.*, « Headhunting practices of the Asmat », p. 1035-1039.

[98] Sowada, A., *op. cit.*, Socio-Economic Survey of the Asmat Peoples, p. 11.

L'identité asmat

TEAM à Manokwari d'où elle était revenue sans lui[99]. Néanmoins, le sujet est délicat, et fait naître des sourires gênés sur les visages.

La relation persiste donc malgré la lutte des autorités pour l'abolir depuis 1955 : le pasteur asmat Paternus Cuakces* et d'autres soulignent le peu d'envie des Asmat de l'abandonner. Plusieurs arguments sont avancés pour étoffer la réprobation des missionnaires : son incompatibilité avec le statut de chrétien, la satisfaction personnelle sous le couvert de la tradition et la propagation de maladies sexuellement transmissibles. L'enquête de terrain contredit l'argument utilitariste : la majorité des Asmat interrogés prend cette institution très au sérieux, tout en condamnant certains jeunes qui ne lui accorderaient pas le respect souhaité.

Soumettre par la sexualité

La prégnance de la sexualité chez les Asmat et son intervention dans le rituel inspire certaines rumeurs aux Indonésiens habitant le marais. La plus répandue d'entre elles est que les longs rituels asmat, en plus de donner lieu à des pratiques anthropophages, transforment la *jeuw* en une gigantesque partouze où le danger plane pour les femmes de se faire entraîner par les « chefs traditionnels ». L'origine de cette rumeur est sans doute l'utilisation – réelle – de techniques sorcières de séduction, repérables à un maquillage autour des yeux conférant la double vue et rendant irrésistibles les charmes du porteur.

En cas de tension entre individus, la sexualité peut aussi être utilisée comme arme de domination. Pour impressionner leurs interlocuteurs, les Asmat utilisent la brimade sexuelle : ils imposent la soumission par la mise en avant de leur sexe en érection et par la succion du pénis[100], sans aller jusqu'à la fellation complète[101]. Il est possible que la sexualité ait été utilisée dans un contexte d'évangélisation. Je m'étonnais de la précipitation avec laquelle une famille de missionnaires avait quitté son premier terrain de mission pour s'établir à plusieurs dizaines de kilomètres à l'intérieur des terres, laissant en friche une œuvre entamée avec zèle. Interrogés à ce sujet, les intéressés restèrent vagues sur les causes de leur déracinement volontaire. Quelques mois après ces entretiens,

---

[99] Frazier, B. & D., *op. cit.*, p. 197.
[100] Schneebaum, T., *op. cit.*, *La demeure des esprits*, en fit les frais.
[101] Knauft, B. M., *op. cit.*, *South Coast New Guinea Cultures*, p. 237, considère que l'homosexualité ritualisée n'a pas été prouvée chez les Asmat de la Pantai Kasuari et n'existe sans doute pas dans l'Asmat central.

Carleton Gajdusek* me confia sa version : les enfants de ce couple de missionnaires se faisaient sodomiser quotidiennement par des Asmat[102].

Si l'on accepte cette hypothèse, il convient de s'interroger sur le contexte d'apparition de cette attitude. L'examen de la situation de l'époque montre de fortes tensions avec les populations – voire des menaces[103] – et un sentiment permanent d'insécurité de la part des missionnaires. En s'installant dans le marais, ces derniers se passèrent de l'avis des Asmat. Ils mécontentèrent certains guérisseurs, dont ils dépréciaient le rôle dans la société, et se rendirent coupables sans le savoir de transgressions de la norme asmat. Les blancs inspiraient de la crainte, liée à leurs objets inconnus et à l'effet sur la santé des injections de pénicilline. S'il s'agit de résistance à l'emprise missionnaire, elle vise visiblement à soumettre le missionnaire et à affaiblir ce qu'il représente, ses sortilèges, par l'intermédiaire des enfants. Nous verrons que selon la conception asmat, tant la punition ancestrale que la sorcellerie atteint la victime par l'intermédiaire de ses proches, qui sont les ramifications de la personne sociale. Plusieurs éléments culturels invitent donc à retenir l'hypothèse de la résistance, si pas à l'évangélisation, au moins à la présence étrangère.

---

[102] Les faits sont impossibles à vérifier, tout comme on ne peut déterminer s'il s'agit d'une résistance à la présence étrangère ou d'un jeu sexuel. De plus, on ne peut conclure sur la base de données isolées, et il est peu probable d'en collecter de nouvelles de la même teneur. Les missionnaires concernés taisent ces événements ; force est de constater que le terme « sodomie » est inconnu de plusieurs femmes missionnaires. Vagues sur « l'homosexualité masculine », tout au plus évoquent-ils deux Asmat en train de se sodomiser devant leurs enfants.

[103] Frazier, B. & D., *op. cit.*, p. 81.

Troisième partie

Les méthodes

CHAPITRE V

Le rapport missionnaire à la « culture »

Après cette description des identités des acteurs de la rencontre interculturelle, ce chapitre propose de les mettre en présence en abordant un thème cher aux missionnaires catholiques : la culture matérielle. De même que les Croisiers, les évangélisateurs de la Conquête mexicaine décrits par Gruzinski[1] sont des missionnaires pionniers. L'Église catholique, dont cet auteur souligne la « plasticité idéologique », favorisait malgré elle le métissage par sa comparaison des religions chrétienne et indigène et par la commande d'objets « mixtes », tels que des rosaires en matériaux significatifs sur le plan rituel. À cette époque, les prêtres encourageaient les nouveaux convertis à traduire l'histoire chrétienne dans le théâtre et s'étonnaient de leur habileté à reproduire les scènes. Mais la dextérité indienne ne s'exprimait pas que dans la copie. Les artistes indiens diffusèrent des œuvres d'apparence « purement » chrétienne dissimulant un message religieux et une conception indienne de l'art. Certains obstacles à la communication engendraient donc des variantes non souhaitées de la compréhension religieuse. Nous allons voir comment cela se passe dans un contexte asmat.

L'homme et la matière

D'après Helfrich[2], « chaque acte artistique est tout autant un acte religieux ». Les Asmat ne le disent pas : ils l'agissent. Cela tient notamment à la place du sculpteur dans la société. Le sculpteur *wow'ipitsj* fait partie des *wair'ipitsj* et comme eux, il est en contact avec les ancêtres dont il tire sa science. Avant même de se mettre à l'ouvrage, il a en tête un ou plusieurs projets et sait d'avance à quoi ressemblera le produit fini. Schneebaum, qui qualifie la production artistique récente d'*airport junk*, reconnaît que malgré leur commercialisation massive, les sculptures rituelles sont indissociables du rituel et prennent vie lorsqu'elles sont baptisées du nom d'un mort récent[3]. Jadis, un bouclier ainsi nommé

---

[1] Gruzinski, S., *op. cit.*, *La pensée métisse*.
[2] Helfrich, K., *op. cit.*, p. 43.
[3] Schneebaum, T., *op. cit.*, *Embodied Spirits*, p. 26.

conférait du courage au descendant du défunt et lui assurait la victoire[4]. Les sculptures anthropomorphes se voient d'office attribuer le nom d'un ancêtre[5], mais aussi les pirogues, les maisons, les pagaies, les lances, les sacs de fibres, des colliers de dents de chien, les chiens domestiques et les cochons, désignés par le terme générique *etsjow'pok*, « les choses qui font grandir ». Jadis, ils rappelaient le devoir des hommes de partir en raid pour venger leurs morts[6].

Les transformations de la culture matérielle depuis les années 1950 n'empêchent pas tout objet façonné par un Asmat de posséder une sorte de vie intrinsèque – un double d'après Sowada[7] – audible la nuit, lorsqu'elle a quitté son enveloppe physique[8]. Markus Yisimamtsji* atteste que la nuit dans son village d'Atsj, le lieu de rassemblement des sculptures est parfois bruyant au point de se croire au milieu d'une foule debout. Le jour, il est fréquent d'apercevoir leurs ombres et leurs chuchotements dissuadent les passants de s'aventurer à proximité. Les enfants doivent à tout prix être tenus à l'écart sous peine de tomber malades et, sans pardon rapide des parents, de succomber. Quand il s'agit d'ancêtres, ils font connaître leur présence par un sifflement *fuw* ; ce terme désigne aussi les flûtes en bambou utilisées dans certains rituels et dans le ralliement à la chasse aux têtes.

Toutefois, la *dambuw* peut être délogée et la sculpture abandonnée, détruite ou destinée à la vente, sitôt son rôle rituel accompli. À Cemnes, Geremias M'Baith* m'expliqua en 2001 que le moyen de reconnaître un objet « vide » était de vérifier qu'on lui avait ôté un morceau. Après le rituel à Uwus, les mâts d'ancêtres *bisj* sont amputés et abandonnés dans la jungle pour empêcher les esprits d'y demeurer[9], illustrant cette sécabilité. Normalement, l'art sculpté n'est pas destiné à subsister en dehors de ce pour quoi il a été conçu ; le morceau prélevé empêche donc l'objet de poursuivre une existence ailleurs que dans le village d'origine. Le fragment est impérativement conservé : cet acte *libère* la sculpture.

Pour Paternus Cuakces*, suivre les ancêtres implique de côtoyer des objets recelant un esprit, et enfreindre leurs règles attire sur soi leur condamnation. Profitant de la croyance des Asmat, le démon s'est introduit dans le bois, dit Cuakces, qui reste flou sur ses propres concep-

---

[4] Schneebaum, T., *op. cit.*, *La demeure des esprits*, p. 81.
[5] van der Zee, P., *op. cit.*, p. 24.
[6] Zegwaard, G. A., *op. cit.*, « Headhunting practices of the Asmat », p. 1029.
[7] Sowada, A., *op. cit.*, « Fundamental Concepts of Asmat Religion », p. 67-68.
[8] Cette entité fait penser au *dəɲə'* des Ankave, équivalent à la conscience et susceptible de quitter l'enveloppe corporelle notamment pendant le rêve. Cf. Bonnemère, P., *op. cit.*, p. 226.
[9] Konrad, G. & U. et Winkelmann, C., *op. cit.*, p. 304.

tions : « Enfreindre a des conséquences mortelles. Vous n'y croyez pas ? Pour moi en tant qu'Asmat qui connaît le contexte des *bisj*, que j'y croie ou non, je dois voir. [...] Quand une idole a pénétré dans la sculpture à cause de la vénération qu'on lui porte, maintenant, la sculpture ... Je suis aussi un Asmat. Nous examinons ce qu'elle contient à l'intérieur, et ce n'est pas autorisé. Sauf dans les lieux réservés à cet effet comme la *jeuw* ou à l'extérieur mais pas dans la maison de l'Église ».

Dans la plupart des cas, le sculpteur crée donc un objet vivant, baptisé d'un nom de parent et susceptible de « rancune » en cas de négligence. Après avoir consacré sa sculpture à la chaux à la manière d'une *jeuw*, signifiant son appartenance aux ancêtres, le sculpteur confie son œuvre à l'acquéreur en lui recommandant d'en prendre soin comme d'un être vivant et de l'utiliser à bon escient, sous peine d'être exposé à ses foudres[10]. En échange, l'entité de la sculpture veille sur la maison dans laquelle elle vit et la protège des importuns.

À examiner le vocabulaire, la *dambuw* se distingue des entités animales au service des ancêtres et des entités féminines habitant les arbres sacrés, comme le bois de fer et le banian. Chez l'homme, elle est désignée par le même terme, reçue de la nature à la naissance et *perdue* à la mort du corps. Dans la cosmologie asmat, il n'existe en effet pas d'équivalent à une âme immortelle. Pourtant, *dambuw* est le terme qui fut utilisé pour « âme » par les missionnaires, traduit par *nyawa* ou *jiwa* en indonésien. Notre propension à penser la vie dans une continuité chronologique et linéaire rend ardue d'admettre la spiritualité asmat. Celle-ci s'organise comme un portefeuille d'êtres spirituels aux caractéristiques variées (comme des pièces de monnaie à distinguer par les dessins, la couleur, le métal, la taille, le poids et la valeur nominale), sollicités à des moments distincts et dont les interventions ne se succèdent pas obligatoirement. La disparition de la *dambuw* au décès n'empêche pas l'existence d'ancêtres vivants – qui le resteront au-delà de la mort – ni la manifestation des morts récents dans les jours suivant le décès. Il s'agit de la même *personne*, mais pas des mêmes entités ; le cumul d'identités lié au cumul de noms est une autre illustration de cette

---

[10] Erik Sarkol*, le conservateur du musée d'Agats, relate quantités d'histoires, dont la panne informatique d'Ursula Konrad qui avait tourné en dérision le sexe d'une sculpture féminine ; la panne cessa instantanément après les excuses silencieuses d'Erik*. Un employé de Freeport qui s'était moqué d'une sculpture fut hanté pendant la nuit ; le matin, son bras arborait les blessures infligées par la sculpture avec un poignard en os de casoar. En 1993, Erik* fit vaciller un *bisj* au musée, l'attrapa et fut surpris par son extrême légèreté. Il ne put ensuite le soulever, le *bisj* ayant retrouvé son poids. Enfin, du bruit provient souvent des masques *jipae* au fond du musée.

conception d'entités en portefeuille. Cette construction fonctionne selon le même principe que la personne composite de M. Strathern[11].

Côté catholique, il faut garder

Historique du sauvetage culturel catholique

Avec l'arrivée du premier missionnaire en 1953, l'ouverture de la région asmat au monde extérieur annonçait la globalisation. Quatre premiers Croisiers furent envoyés en Asmat en 1958, suivis de quatre autres en 1959 ; le premier bateau de touristes accosta la même année. En 1960, Gajdusek[12] fut horrifié par l'attitude d'un Croisier et du HPB, demandant aux Asmat de copier des statues américaines de la Vierge dans l'espoir de voir ces figures prendre le pas sur l'iconographie traditionnelle. En 1961, Alphonse Sowada, le futur évêque des Croisiers (de 1969 à 2002), obtint son mémoire de Master's en anthropologie à la Catholic University of America de Washington D.C. C'est le premier Croisier à prendre cette orientation ; d'autres lui emboîtèrent le pas.

Dans les années 1960, l'arrivée massive d'Américains, d'Européens et d'Indonésiens causa un réaménagement social et urbain dans la région asmat. Cela s'ajoutait aux mesures drastiques des autorités successives contre la chasse aux têtes. Comme nous l'avons vu au chapitre II, des populations furent déplacées, des objets rituels confisqués et des maisons rituelles brûlées avec leur contenu. Pendant six ans (de 1962 à 1968), le marais asmat fut fermé aux visiteurs. Dans la continuité de Vatican II, la solution finit par s'imposer aux Croisiers : préserver la production artistique, en modelant les comportements par le prêche. Au départ, cette démarche visait à éviter la dispersion des objets de qualité supérieure et la perte des techniques faute d'éléments visibles pour stimuler le souvenir, dans une optique d'anthropologie de l'urgence. Alphonse Sowada et Frank Trenkenschuh furent les principaux instigateurs dès 1972 de cette collecte d'objets dont une partie devint une des trois collections majeures d'art asmat aux États-Unis[13].

L'établissement des Occidentaux en Asmat avait déjà éveillé l'attention des musées étrangers dont les émissaires se virent confier la mission de collecter des objets « authentiques ». En 1961, Michael Rockefeller participa à deux expéditions et A. Gerbrands effectua son étude de terrain sur l'art. En 1968, le gouvernement leva l'interdiction pesant sur

---

[11] Strathern, M., *op. cit.*
[12] Gajdusek, D. C., *op. cit.*, p. 30.
[13] La constitution de collections est centrale dans le travail de mission des Croisiers. Cf. de Hontheim, A., *op. cit.*, « De la collection missionnaire au commerce équitable ».

plusieurs rituels dont ceux liés à l'extraction du sagou[14]. En 1970, la confusion régnait parmi les officiels, les missionnaires et les Asmat quant au statut des rituels[15]. La levée de l'interdiction en 1968 coïncida avec le Programme de Développement des Nations Unies[16] qui se prolongea jusqu'en 1974. L'île était en effervescence, la Papouasie Nouvelle-Guinée voisine se voyant accorder l'indépendance en 1975. Dans le cadre du projet onusien, les premières coopératives de bois au profit des indigènes virent le jour et les hommes se remirent à la sculpture, achetée en vue d'être acheminée vers les musées occidentaux. De nouveaux touristes accostèrent en 1972.

En 1973, Alphonse Sowada fonda à Agats l'Asmat Museum of Culture and Progress[17]. Günter et Ursula Konrad*, amis des Croisiers et collectionneurs d'art asmat, firent don d'une partie substantielle de leur collection. La même année, Tobias Schneebaum fut engagé par la mission pour sillonner la région asmat à la recherche d'objets pour le musée ; ce travail fit l'objet de son mémoire de maîtrise en anthropologie au Goddard College[18]. Excellent dessinateur, il réalisa le premier catalogue[19]. En 1981, l'évêque lança une vente aux enchères annuelle à Agats pour assurer un revenu aux Asmat et stimuler la production artistique. Les Croisiers transcrivirent des histoires orales, enregistrèrent des chants et firent connaître les Asmat par leurs nombreuses publications. En 1994, ils fondèrent l'American Museum of Asmat Art à Shoreview, au Minnesota, désormais hébergé par l'University of St. Thomas à Saint Paul. Des ventes aux enchères furent organisées au profit des deux musées.

Comme les acheteurs d'art, les missionnaires eurent une influence sur la production artistique, par la commande d'objets – dont des crucifix destinés à l'exportation – et leurs encouragements à préférer les techniques traditionnelles aux techniques modernes. Les Konrad* n'ont dans leur collection que quelques sculptures chrétiennes acquises dans la mission catholique d'Agats dont un calice et une Vierge à l'enfant, et soulignent la rareté de ces objets. Dans ma recherche d'objets chrétiens, je revins bredouille hormis quelques crucifix décevants sous une natte au fond d'une maison végétale d'Uwus. Que les objets chrétiens ou

---

[14] Van Arsdale, P. W., *op. cit.*, p. 318.

[15] Trenkenschuh, F., *op. cit.*, « Some Additional Notes on Zegwaard », p. 36.

[16] Projet n° 18 FUNDWI (Development Fund of United Nations for the Development of West Irian)

[17] *Museum Kedudayaan dan Kemajuan* en indonésien.

[18] Schneebaum, T., *op. cit.*, A Museum as a Focal Point in Acculturation.

[19] Schneebaum, T., *Asmat Images from the Collection of the Asmat Museum of Culture and Progress*, Agats, Asmat Museum of Culture and Progress, 1985.

« modernes » soient écartés d'office de la sélection à la vente aux enchères d'Agats joue certainement sur leur rareté. L'essentialisation dans l'approche missionnaire de l'art asmat se décèle dans les publications du musée de Shoreview destinées à ses membres. Jointe au numéro du bulletin du printemps 2003, une publicité pour un *tour* chez les Asmat et les Dani « offre au voyageur aventurier l'opportunité de faire l'expérience de tribus émergeant de l'Âge de la Pierre[20] et se cramponnant encore à leurs anciens rituels ». Ce discours n'a pas toujours bonne presse : la mise en exergue des ancêtres et du rituel dans l'art inspire des réactions houleuses à certains catholiques américains.

Les entretiens avec les Croisiers montrent le rôle essentiel des Konrad dans leur sensibilisation à la culture matérielle asmat. Si son influence sur Alphonse Sowada est incontestable, Ursula Konrad* la conteste sur la sculpture, indépendamment des « équipes de recherche » et des « ateliers » qu'elle mit sur pied à plusieurs reprises en Asmat[21]. Elle incrimine plutôt les missionnaires MSC, et décrit avec minutie la façon dont Huub Von Peij MSC s'y est pris pour convaincre les Asmat de sculpter des panneaux ajourés[22] (ce dernier* m'a assurée de la carence de l'accusation[23]). L'assemblage des panneaux ajourés de Sawa-Erma en boîtes ou en meubles serait né de la suggestion du père van Dongen, tandis que le père von Peij* conseilla aux gens d'Atsj de sculpter de petits objets en bois pour les touristes. À Pirimapun et à Atsj, les missionnaires en place commandèrent aux Asmat des crucifix selon des patrons universellement acceptés plutôt que de laisser libre cours à leur imagination. Sur le terrain, Rufus Sati* confirme que l'idée des panneaux ajourés vient des missionnaires mais serait lui-même l'inventeur de la forme de base, en silhouette de bouclier. Malgré leur apparition récente, les panneaux font désormais partie de la tradition asmat, comme en témoigne leur insertion dans le mythe.

La nudité des personnages sculptés est un autre élément sujet à transformation. Les missionnaires, les instituteurs et les officiels du gouvernement poussèrent les Asmat à habiller leurs personnages ithyphalliques sculptés, puis les missionnaires changèrent d'avis et sous leur pression, les Asmat purent sculpter leurs nus dans les limites de la décence chrétienne. Les plus choqués par la sculpture asmat ne sont finalement pas les missionnaires, également habitués à la nudité des sculpteurs, mais les touristes et les nouveaux arrivants indonésiens (*pendatang* ou « arri-

---

[20] La majuscule figure dans le texte original.
[21] de Hontheim, A., *op. cit.*, « De la collection missionnaire au commerce équitable ».
[22] Schneebaum, T., *op. cit.*, « Change in Asmat Art », p. 55.
[23] Dans sa maison de St. Joost, il possède un de ces panneaux acquis à son arrivée en 1956 ; il n'aurait donc pu en être l'instigateur. Il est resté en Asmat jusqu'en 1962.

vants », venus à Agats pour chercher du travail dans le cadre du nouveau *kabupaten*).

Polémiques autour du musée

La préservation culturelle par la mise en musée n'est pas au goût de tous et suscite des débats, notamment au sein de l'ordre croisier. Un des reproches de deux Croisiers anonymes envers Alphonse Sowada et les Konrad est de profaner des objets. Une catégorie à part entière de la vente aux enchères d'Agats est formée par les *story boards*, des mythes sculptés en haut-relief dont il ne peut théoriquement subsister de trace matérielle. Rufus Sati* certifie qu'il est interdit de montrer certains objets sacrés, comme les panneaux sculptés qui contiennent un *arow'pok*. Markus Yisimamtsji* et Fabianus Faniptsjes* affirment que tout est montrable au musée d'Agats, sauf les masques funéraires *jipae* interdits aux petits-enfants. D'après plusieurs informateurs, les *jipae* ne sont même pas censés être exposés en permanence : jadis, le musée d'Agats les dissimulait pendant une partie de l'année dans une pièce de stockage, démolie lors de l'agrandissement du bâtiment par Freeport en 1993. Erik Sarkol* s'en souvient : supprimer cette pièce équivalait à tout rendre visible pour repérer plus facilement l'installation de parasites, fréquents en milieu humide. Enfin, vendre les mâts d'ancêtres *bisj* les désacralise, faute de les laisser pourrir dans les champs de sagoutiers comme jadis.

Sans compromis, les deux missionnaires anonymes désapprouvent ces agissements, qu'ils vont jusqu'à qualifier de « génocide culturel ». Erik Sarkol* se range à ces arguments, sans se montrer aussi radical. En 2004, il me racontait qu'une famille asmat était revenue au musée depuis son lointain village de la Pantai Kasuari pour accomplir un rituel de pardon à une statuette et faire sortir l'entité qui avait pénétré dans leur enfant, malade depuis leur passage au musée. Hormis quelques histoires similaires, Erik Sarkol* n'a pas entendu de plaintes de la part des Asmat. Dans la vente aux enchères, il approuve les critères de sélection d'Ursula Konrad qui ont le mérite de garantir la vente des objets, destinés à des acheteurs occidentaux.

Point de vue des Asmat sur la préservation culturelle

Et si le souci de préservation culturelle faisait déjà partie des préoccupations des Asmat *avant* l'arrivée des missionnaires ? Carleton Gajdusek* me fit part des conclusions de l'anthropologue Jan Van Baal, ancien gouverneur de Papouasie, sur les Asmat, soucieux de respecter « la culture », ce trait étant dit caractéristique de la Mélanésie. Les danses, les mythes, les chants, etc., seraient des formes d'expression de ce respect, à mettre en rapport avec celui de la norme des ancêtres. Bien sûr, aucun Asmat ne dit que la prééminence de la culture matérielle dans le discours du quidam vient des missionnaires. Par contre, les avis varient au sujet de l'action missionnaire en sa faveur.

En premier lieu, le musée. En dehors des quelques réserves énoncées au point précédent, mes informateurs sont favorables à l'existence du musée, et se réjouissent que leurs petits-enfants aient accès à l'ancien mode de vie grâce aux objets. Dire « tel bouclier vient de mon village, c'est mon père qui l'a sculpté » les remplit de fierté. Lorsqu'ils commentent les objets du musée, ils se plaisent à identifier la provenance des objets, surtout ceux de leur parentèle, et ceux de l'ethnie voisine : « ceux-là, les gens de la rivière Brazza ». La provenance est exprimée en *jeuw*, en familles étendues et en rivières. Ils ne discutent pas du style, des matériaux ou de la qualité de l'objet. Enfin, certains objets leur permettent de communiquer avec un parent décédé. Paula van den Berg et Koos Knol, anthropologues et marchands d'art aux Pays-Bas, me racontèrent en 2005 que Rufus Sati et son frère passèrent la nuit chez eux en discussion avec leur mère défunte à côté d'objets acquis en région asmat, notamment de masques *jipae*.

Concernant la vente aux enchères, les Asmat en approuvent souvent le principe pour le revenu qu'elle représente, en précisant que tout ne peut pas y être vendu. Pour Ernest Nditsjim*, aucune sculpture contenant une entité ne fut proposée à la vente : on ne vend pas les sculptures célébrées par la tradition. Que les écoles belges, allemandes, canadiennes et américaines soient décorées avec des sculptures asmat le réjouit[24]. Si la présence de sculptures à l'étranger implique la présence des ancêtres outremer et, pour les étudiants asmat, l'opportunité d'y aller, elle implique aussi l'appel de leurs descendants pour les faire revenir dans leur région d'origine. « Quand la personne asmat n'est pas encore en marche, l'esprit marche déjà ». Certains Asmat regretteraient le départ de ces sculptures-là et exigeraient bientôt leur retour. Enfin, il déplore que de nombreux objets du musée d'Agats furent emmenés en Allemagne : « Ursula Konrad possède ces objets, pas les Asmat ».

Le sentiment de dépossession est souvent exprimé par les Asmat notamment par Rufus Sati*. D'après lui, le musée d'Agats soutient le sentiment de fraternité entre Asmat, mais pas ses organisateurs, ni ceux de la vente aux enchères. Également mitigé sur la vente d'octobre, Abraham Buipir* la dit désapprouvée par les Asmat car elle ne récom-

---

[24] À ma connaissance, aucune sculpture asmat ne fut achetée en vue de décorer des écoles. Outre une fable inventée pour convaincre le sculpteur de céder son œuvre, il s'agit peut-être d'une allusion à l'église de Wuperthal en Allemagne, effectivement décorée avec des sculptures asmat pour avoir aidé la mission pendant trente ans.

pense qu'une poignée de sculpteurs sélectionnés alors que tous les sculpteurs produisent des œuvres sur la commande d'Ursula Konrad. C'est une des raisons pour lesquelles l'évêque Alo Murwito* décida d'organiser les prochaines sélections d'objets non plus à Agats mais dans les gros bourgs, afin d'éviter de longs déplacements aux sculpteurs et la perte d'objets suite au naufrage de pirogues.

La gestion culturelle des missionnaires sous-tend de définir ce qu'elle concerne exactement. Au fil du temps, douze « groupes culturels » (*cultural groups*, *rumpun* ou « famille » en indonésien) furent déterminés d'après l'intercompréhension linguistique, certains critères iconographiques et le déroulement des longs rituels, selon une classification évolutive qui dépend de l'affinement de la connaissance en art des visiteurs extérieurs. Alphonse Sowada* précise que l'inventaire se résumait à un seul « groupe général asmat » au début des années 1970, ce à quoi Ursula Konrad* ajoute que la division en cinq idiomes par le linguiste Petrus Drabbe MSC[25] servit de base à la taxinomie iconographique. Notons que tous les instigateurs de cette partition identitaire ne l'approuvent pas.

Les Crosiers se basent donc sur cette classification, et les Asmat sont supposés s'y rallier. La nouveauté de la notion de *rumpun* implique l'ignorance de nombreux Asmat de leur rattachement, surtout les femmes, pourtant au fait de leur appartenance aux structures traditionnelles. Spontanément, les Asmat disent bien qu'ils sont asmat, d'une *jeuw*, d'un *dow'se*, d'une moitié ou d'une rivière, mais pas qu'ils sont simai ou keenok, bien que cela tende à changer. Si, dans l'ensemble, ils se déclarent plutôt indifférents à l'idée de groupes, certains s'en plaignent comme Rufus Sati*, choqué que le groupe Emari-Ducur, auquel il est déclaré appartenir, ne corresponde à rien. Et avant de parler de « groupes culturels », le mot *asmat* (« les vrais hommes ») se décline dans les différentes langues asmat, répondant à une tendance des groupes néo-guinéens à se désigner comme les vrais par rapport aux voisins. Entre eux, il n'y a aucun doute à ce sujet. L'identité asmat suscite plutôt le débat parmi ceux qui ne le sont pas (missionnaires catholiques et protestants, linguistes, historiens de l'art) : à l'extérieur du marais, personne ne s'entend sur qui est asmat et qui ne l'est pas.

La question de l'accord des Asmat se pose aussi à propos des acheteurs occidentaux. Depuis des décennies, les gros acheteurs d'objets asmat, dont Ursula Konrad, utilisent des conteneurs transportés par bateaux jusqu'en Europe. Bien que les Asmat ne comprennent pas ce goût pour les « objets contenant un esprit », Rufus Sati* n'y voit pas

---

[25] Drabbe, P., *op. cit.*

d'objection. Cela se complique lorsque certains Asmat subissent ses réprimandes dans le cadre des explorations artistiques de son « équipe de recherche » ; il ne leur plaît pas d'être traités comme des animaux. Erik Sarkol* s'étonne qu'elle n'interroge pas les participants aux rituels, se contentant de prendre des photos. Primus Akum*, de son côté, trouve plutôt matière à critique du côté de Tobias Schneebaum, dit escroquer les sculpteurs et n'acheter que les meilleurs objets. Malgré ces quelques critiques, toutefois, les Asmat sont ravis de voir des visiteurs arriver.

Côté protestant, il faut trier

Examiner sa culture pour voir ce qui plaît à Dieu

Les protestants trouvent dans la théologie des arguments pour penser « la culture » différemment des catholiques. Dans le catholicisme, l'homme non croyant peut faire le bien dans la sphère naturelle, et peut atteindre par lui-même une certaine connaissance de Dieu. Dans chaque culture se trouve un fragment de Révélation. Traditionnellement, les protestants considèrent que l'homme entier est affecté par le péché dans la continuité de la chute originelle. Sa culture en est imprégnée, comme les autres domaines de la vie. Le péché s'exprime par la pensée et par le corps, qui doivent tous deux en être affranchis.

Même si certains missionnaires apprécient la production d'objets sculptés au point, comme Don Gregory, de les collectionner[26], les objets sont soigneusement maintenus hors de l'église : ils ne mêlent pas « la culture » à leurs affaires religieuses. Au chapitre IV, j'ai évoqué leur façon de décortiquer les chants et les pratiques culturelles pour juger de leur conformité aux attentes divines. Au contraire des catholiques, qui se penchèrent sur « la culture » par souci de préservation et par goût personnel pour son esthétique, les protestants étudièrent « le folklore » pour discerner les éléments à exclure.

La notion de « tri » intervient ici, comme dans la définition de la conversion du pilote missionnaire John Forsythe*. Pour lui, elle consiste à transformer des croyances essentielles (*core beliefs*) reconnues comme non adéquates en une nouvelle série de croyances essentielles. Un Asmat se convertit lorsqu'il veut plaire à de bons esprits puissants au lieu de chercher à apaiser un esprit mauvais. Quelques pasteurs et fidèles

---

[26] Au contraire de ce que prétendent les catholiques à leur sujet. L'engouement des protestants pour les objets asmat atteint même des proportions inattendues : Gajdusek, D. C., *op. cit.*, *West New Guinea Journal*, p. 29, écrit que « la collection dans les maisons du Dr. Dresser et de M. Krosschell surpassent toutes les collections et catalogues d'art primitif du Pacifique que j'aie jamais vu ».

protestants approuvent ce point de vue, même si la majorité des Asmat conteste la nécessité du choix et préfère s'accommoder des deux religions. Paternus Cuakces* raconte qu'à leur arrivée, voyant la forme des sculptures qui constituaient la normalité asmat, les missionnaires comprirent qu'il y avait un esprit à l'intérieur, et refusèrent d'en décorer l'église. L'interdiction des objets dans l'église tient à ce qu'ils sont la représentation d'une idole.

Le vide des églises protestantes, avec pour seule décoration une bible sur une table, surprend face aux églises catholiques supportées de piliers sculptés et décorées d'objets de toutes tailles. Alphonse Sowada OSC* exprime son scepticisme par rapport à ce dépouillement, la préférence des Asmat pour le catholicisme allant aux festivités, aux rituels et à la liturgie. Virgil Petermeier OSC* relève que malgré la pression des missionnaires pour les faire renoncer à certaines facettes de leur culture, « instinctivement, ils restent asmat ». Plusieurs Asmat déplorent que les missionnaires protestants portent un jugement négatif sur les longs rituels, qu'ils ne comprennent pas. D'après Anton Tsjosow*, Cal Roestler en particulier s'opposait à toutes les « fêtes » et se mettait en colère lorsqu'elles avaient lieu. Yosias Benyamin Sahetapy* remarque que les missionnaires protestants refusaient le jet de chaux sur les murs à de l'inauguration de leur église car ils n'aimaient pas les traditions asmat et en interdisaient partiellement les rituels. Jamais Sahetapy* ne vit de sculpture dans les maisons missionnaires. Évidemment, si leur but est de donner l'exemple, on peut s'attendre à ce qu'ils n'exhibent pas la matérialisation de ce qu'ils souhaitent voir abolir[27].

« Pour les protestants, protéger un temple est une aberration intellectuelle », me dit un théologien protestant lors d'un colloque. Frazier[28] relate sa mise à l'écart des objets connotés rituellement : il ne veut pas de rappel du rude paganisme (*raw heathening*) des Asmat dans son église, comme les boucliers dont le prêtre décore la sienne. Ces descriptions de Frazier, plus ou moins chronologiques dans l'ouvrage, coïncident avec la prohibition des sculptures par le gouvernement. Autrement dit, si les sculptures étaient interdites, il était matériellement peu probable d'en trouver au mur de l'église catholique à cette époque comme l'écrit Frazier.

À nouveau, nous sommes en présence de deux discours contradictoires. D'une part, Alphonse Sowada* déduit de la conversion des pasteurs de TEAM après la guerre leur attitude de « solides baptistes ». Ils auraient d'abord interdit la sculpture pour ensuite en faire le com-

---

[27] Cette remarque ne vaut évidemment pas pour leur maison américaine.
[28] Frazier, B. & D., *op. cit.*, p. 115.

merce avec les Nations Unies à l'occasion du projet FUNDWI. L'évêque prétend que grâce à lui, les protestants renoncèrent à clamer l'art asmat contaminé par des pratiques sataniques ; dans d'autres entretiens, cependant, il affirme que la diabolisation de l'art est encore d'actualité. Il convient de nuancer ces propos. D'autre part, aucun protestant de TEAM interrogé n'évoque les quatre ans d'interdiction des « fêtes » ni le projet de soutien culturel des Nations Unies alors que ces événements résument toute une décennie d'actualité du marais dans le discours catholique ; lorsqu'on leur pose la question, certains semblent ne s'en être même pas aperçus, ni de la vente aux enchères annuelle, ni même des démarches catholiques en faveur de la préservation culturelle. On pourrait émettre l'hypothèse que l'imprégnation de la société asmat par Satan leur paraissait aller tellement de soi à l'époque qu'ils ne se souviennent pas des mesures prises pour l'extirper.

L'évêque Alo Murwito OFM* explique que ces divergences d'opinion sur « la culture dans l'église » se construisent dès la formation des missionnaires. Pour les protestants, la dimension humaine dans l'homme vient du monde et non de la Bible, donc la culture ne compte pas dans la transmission des Écritures tandis que selon les convictions catholiques, l'enseignement de la parole de Dieu ne peut se passer des acquis anthropologiques du prêtre faute d'être automatiquement compris par les évangélisés.

Chez les catholiques, le « tri culturel » est sous-jacent

Les protestants ne sont pas les seuls à opérer une sélection d'éléments en accord avec le christianisme. La « préservation de la culture » catholique se limite d'elle-même puisqu'elle concerne un choix d'éléments culturels, conformes à la conception de l'art traditionnel des évangélisateurs. De l'avis de Virgil Petermeier OSC*, un Asmat sent que sa culture se compose de « choses bonnes, attirantes et correctes » : c'est la « bonne partie de la culture ». Du côté d'Alphonse Sowada OSC*, est « bonne pour la culture » la construction d'une structure pour améliorer le système autochtone des lois et des normes, cette structure n'étant autre que la parole divine. L'idée n'est pas de changer les gens, précise-t-il, mais de leur permettre de tirer leurs propres conclusions en utilisant une grille de référence : la parole de Dieu. Au contraire, sont déclarés comme néfastes pour la culture le *papisj*, l'anthropophagie, le « matérialisme » (attrait des biens matériels), l'incitation d'autrui à la cupidité[29] et de manière générale, tout ce qui est susceptible d'engendrer la rupture culturelle, le chaos. Écarter les causes potentielles de chaos est un

---

[29] Alphonse Sowada* fait allusion aux ressources naturelles données par Dieu ; l'avenir de la société asmat étant conditionné à une sage gestion des forêts.

moyen de « maintenir une stabilité culturelle ». Pour Alphonse Sowada*, cette tâche est la raison d'être des missionnaires en Asmat et le premier rôle dévolu à l'Église.

À l'intérieur de l'église

Décorer l'église avec des éléments asmat : l'église de Sawa

L'intérêt des missionnaires pour la culture va de pair avec un concept apparu dans les discours catholiques à la fin des années 1960 : l'inculturation. Ce concept a déjà été débattu au chapitre I. En quelques mots, pour réussir l'inculturation de la société asmat, les Croisiers enrichissent la pratique du christianisme de rappels de la culture évangélisée, dans le but à terme de fonder une « Église asmat » avec des églises décorées et des cérémonies dont les accessoires peuvent être tant des objets profanes que sacrés[30]. L'église de Sawa a ceci de particulier que Alphonse Sowada y fut missionnaire de 1961 à 1969, avant d'être nommé évêque du diocèse d'Agats-Asmat. Il y puisa les informations qui lui permirent de comprendre la société asmat et de publier à son sujet, et y commença son entreprise d'inculturation avant de l'appliquer dans le reste de l'Asmat. D'une certaine manière, l'église de Sawa est une église modèle en matière de christianisme. Citée par les Croisiers et les Konrad qui mettent en exergue la richesse de la culture asmat au sein de l'Église catholique, ce bâtiment est incontournable dans une étude du christianisme chez les Asmat. J'ai eu la chance d'en observer deux versions successives en 2001 et en 2004, qui me paraissent à l'image de la rapidité de transformation de la région.

L'ancienne version (observée en août 2001)

L'ancienne église de Sawa, flanquée d'une petite chapelle annexe, est un exemple idéal de l'intégration par les missionnaires d'éléments culturels à un bâtiment de culte chrétien, pas toujours présents dans les autres églises. Le bâtiment en forme de « L » aux murs de planches et toit de tôle était gardé par de hautes cariatides asmat postées le long des murs comme des cerbères. Cette église étant fréquentée par les chrétiens de Sawa et de Erma, chaque branche du « L » était dédiée à un des deux villages, éclatés en respectivement sept et cinq *dow'se* (âtres) dont les membres accédaient au bâtiment par la porte réservée à leur village. Les *dow'se* étaient disposés en un rang, à partir de « l'arbre de vie », un

---

[30] Laux, C., *op. cit.*, p. 113-114, souligne l'attrait des cérémonies catholiques et des églises décorées chez les Polynésiens au XIXe siècle. Le faste, la pompe et l'aspect festif sont des traits d'un christianisme extériorisé à dessein dans le but d'impressionner les insulaires, et peuvent être considérés comme une méthode de conversion.

arbre cosmique (*axis mundi*) qui traversait l'église de part en part comme pour enraciner dans le lieu de culte la nature domestiquée.

À l'intersection des deux branches du « L », un *dow'se* central, rappelant le *wair* (centre) dans la *jeuw*, frappait par sa sobriété par rapport aux autres *dow'se*, très décorés. Un personnage supplémentaire, pourvu d'un sac d'initiation *ese*, venait enrichir le côté gauche. Les deux sculptures d'ancêtres à l'avant étaient supposées figurer le Christ à droite de Satan, sous les mêmes traits que les ancêtres des mâts *bisj*, en écho à deux toiles sur huile fixées au mur. Sur l'un, un Jésus asmat crucifié et le paysage désolé de montagnes et d'arbres nus, dans des tons sombres, représentaient la mort. Sur l'autre, un Jésus asmat, un *ese* sur le ventre, se prélassait au bord d'une rivière près d'enfants dans un palmier et de cochons au cœur d'un environnement luxuriant. À l'angle opposé du coin du « L », la bible était exposée sur un présentoir formé de trois boucliers sculptés dont un arborait une lune, des étoiles et un volcan en éruption. Or, il n'y a pas de volcan dans la région[31]. L'idée de placer la bible au sommet d'une triade de boucliers, symbole guerrier, pouvait être une manière de représenter la victoire du livre sur la guerre ou de le faire apparaître comme « le bouclier des boucliers ». Depuis les poutres du toit pendaient des franges végétales[32]. À droite de l'entrée se trouvait un bureau et une chapelle annexe, petite pièce carrée dont des nattes et des tapisseries d'écorce[33] (*tapa*) figurant des ancêtres jonchaient le sol. Y étaient véritablement entassés des boucliers et des statues d'âge variable (« dont certains sont très anciens », aux dires de Rufus Sati*) parmi lesquelles on remarquait une statue de couple enlacé, action éminemment insolite dans un lieu de culte catholique.

De tout ceci, la première impression était celle de la familiarité : tant le décor que la disposition des lieux ressemblaient à ceux de la *jeuw*. D'une certaine manière, l'identité chrétienne de l'église se voyait en second lieu, après l'identité asmat qui apparaissait de façon frappante. Cependant, l'usage du bâtiment restait chrétien en dépit de l'abondance des ornements asmat. La série de *dow'se*, semblable à celle de la *jeuw*, exprimait la reconnaissance que les morts et les vivants des *dow'se* considérés ont droit de cité dans l'église, qui tient compte des ancêtres. Comme dans la *jeuw*, il n'y avait pas de sièges et l'assemblée s'asseyait à terre. On voyait dans l'apparence des figures chrétiennes et dans la prééminence de la sculpture que les Asmat s'étaient comme approprié la

---

[31] L'activité volcanique est plutôt présente au nord de l'île, comme dans la province de Manus en PNG ou Rabaul, en Nouvelle-Bretagne.

[32] J'en ai souvent vu dans les régions marécageuses pour décorer les lieux de culte ou de fête ou pour baliser le chemin par lequel doit passer un personnage important.

[33] Il s'agit de l'écorce peinte du mûrier à papier (*broussonetia papyrifera*).

religion nouvelle. Le discours de Rufus Sati*, l'assistant de Vince Cole MM, abondait dans ce sens et exprimait « l'absolue nécessité de recréer une église asmat qui existait déjà avant l'arrivée des missionnaires » dans l'idée d'un Christ ni occidental ni juif, mais universel. Rufus se décrivait lui-même comme le « deuxième prêtre papou » et considérait que le prêtre avait autant appris de lui que lui du prêtre. Enfin, la coïncidence de l'église avec la *jeuw* se confirmait dans son intention de construire une nouvelle église dans une *jeuw*, concrétisée en janvier 2004 par la nouvelle version de cette église.

La nouvelle version (inaugurée le 18 janvier 2004)

Rufus Sati* et Toon Putmann MHM* me vantèrent la beauté de la nouvelle église de Sawa, érigée exactement à la place de l'ancienne. Au lieu de l'originale forme en « L » surmontée d'un toit en feuilles de nipa, la nouvelle église est un cube imposant en bois et en tôle percé de piliers sculptés, avec une charpente apparente à l'européenne. Sur un pilier, la création est représentée par le soleil et les étoiles, d'autres piliers étant réservés aux crocodiles, à des silhouettes humaines entrelacées et à un panaché d'animaux : un poisson dans la mer, un cacatoès, un serpent. Deux piliers sont décorés d'esprits à forme humaine, avec décoration nasale *bipane* et pagne de danse. Ces sculptures et ces panneaux en fibres colorées qui ornent les murs présentent d'indéniables qualités esthétiques, mais la spontanéité semble manquer de cet ensemble trop parfait, aux contours marqués et sans éclat de bois. De l'ancienne église, il ne subsistait en 2004 que le bouclier au volcan, et un autre était en train d'être confectionné pour le remplacer. Le lutrin de boucliers est revenu à une forme plus classique, hormis les personnages asmat représentés sur le montant. Les cariatides d'ancêtres à l'extérieur ont toutes été réalisées selon un modèle unique, comme les ancêtres protecteurs des *dow'se* intérieurs. La sculpture remet à l'honneur les ornements nasaux, en désuétude dans la vie courante. Les peintures au riche symbolisme opposant l'enfer et le Christ en Asmat se sont évanouies. Il n'y a plus non plus d'arbre de vie et deux croix massives ornent le chœur et le jubé, l'une avec un cerceau en fibres et un bouquet de plumes de casoar et l'autre avec un Christ nu (au pénis visible, ce qui me paraît assez neuf) et blessé à la tête et au côté. Une lance en contrebas et une couronne d'épines au-dessus de la tête stagnent à quelque distance du personnage, le tout couvert de peinture rouge (c'est également une première de représenter des blessures sanguinolentes) Le nouveau bâtiment est surnommé « gere-je » (*gereja je*), allusion à la fusion entre l'église (*gereja*) et la *je* (maison des célibataires). Il faut cependant chercher avant de trouver une ressemblance de forme avec la *je*. La pièce à secrets qui abritait des sculptures non exposées en permanence a disparu, et le secret avec elle. Le caractère sympathique et intimiste cède la place à « l'art » et à l'espace, à la manière des grandes expositions européennes. Toon Putmann MM* souligne qu'au moins, la nouvelle taille permet de danser sans problème. D'un style nouveau et un peu mécanique voire « industriel », l'ensemble est sculpté en solide bois de fer, c'est à dire celui que l'on réserve à la vente, plutôt qu'en bois blanc léger. Répondant à un objectif ostensible de pérennité, l'inscription indélébile dans le temps est pourtant contraire aux manières de faire asmat. Somme toute, la nouvelle église semble avoir été construite conformément aux attentes esthétiques occidentales.

Rufus Sati* affirme qu'il est le constructeur de la nouvelle église de Sawa. Plus précisément, les neuf sculpteurs des piliers de soutènement reçurent pour consigne de représenter ce qui leur passait par la tête, les piliers étant ensuite disposés dans l'église par Rufus. Or, les sculpteurs des différentes parties de l'église commentent leurs créations sans rien comprendre au reste, et l'architecte Ignatius Selebun vient des îles Kei[34]. Avec l'invention rituelle de Vince Cole MM* qui se prend au jeu, et la pression d'incitateurs extérieurs de façonner une église « traditionnelle », l'église asmat modèle échappe aux Asmat.

Les différences d'atmosphère lors du culte dominical

Le temps des prières en latin et des chants grégoriens[35] semble loin. Sans être aussi flagrant qu'à Sawa n° 1, la plupart des églises catholiques sont abondamment décorées par les Asmat. Visiblement, la communauté participe à l'érection du lieu de culte chrétien et spécialement par la sculpture. De plus, les nouvelles églises – sauf celle d'Atsj – sont béniés par un jet de chaux sur les murs, comme pour l'inauguration d'une *jeuw*, et sont divisées en autant de *dow'se* que dans la *jeuw*. Des sculptures rituelles sont récupérées pour le culte catholique comme les « pirogues des âmes » (*uramum*, appelées « pirogues de vie » par Yufen Biakai*), essentielles à l'initiation au nord-ouest Asmat et reprises pour la cérémonie du baptême à Yamasj[36]. L'hostie est parfois présentée dans un plat à sagou (Ewer, Sawa-Erma), et certains prêtres, même indonésiens, portent des coiffes en fourrure de couscous et un sac en fibres

---

[34] Depuis les débuts de l'évangélisation, l'Église catholique favorise les habitants de cette région : c'est le cas de la seconde vague de catéchistes, des Ursulines d'Agats, d'Erik Sarkol, de plusieurs personnes de l'évêché et de nombreux *pendatang*.

[35] Il subsiste des maladresses : dans l'église de Sjuru, les chants comportent souvent la métaphore « d'enfants moutons » alors que l'environnement marécageux exclut la présence de ces mammifères en Asmat.

[36] Schneebaum, T., *op. cit.*, *Embodied Spirits*, p. 19.

peintes (*ese*) au cou. Zegwaard[37] écrit que s'ils portent ce sac sur la poitrine, cela atteste de leur statut supérieur ; les gens de moindre condition le portent dans le dos. Sur les photos d'archives, l'étole des prêtres est ornée de dessins asmat. L'absence de bancs dans certaines églises illustre cet élan vers une société qui ne connaît pas les meubles[38]. Tout au long de l'office religieux, la présence de chants, de percussions et de danses, par des fidèles en parures traditionnelles, contribue d'après Virgil Petermeier OSC* à rallier beaucoup de protestants au catholicisme.

Ces efforts sont mis en œuvre pour les cérémonies exceptionnelles ; la messe dominicale standard, en indonésien, ne comporte pas d'éléments locaux sauf la décoration de l'église et est désertée par la majorité des Asmat. Hors circonstances particulières, la cathédrale d'Agats est à moitié remplie, en grande partie par des Indonésiens et par la chorale masculine asmat qui remplit à elle seule une dizaine de bancs. Les chœurs, exclusivement masculins comme dans une *jeuw*, entonnent des chants très sentis et émouvants à l'inverse des chants monotones à l'européenne repris par l'assemblée. Visiblement peu intéressés par le prêche, les fidèles asmat devisent à mi-voix tout en laissant jouer leurs enfants entre les bancs. La plupart d'entre eux – essentiellement des femmes – arrivent en retard, presque à la fin de la messe. L'atmosphère est à la légèreté.

Tout ceci est supposé mener à une Église asmat, indispensable à l'inculturation réussie selon les Croisiers. Cependant, ces derniers citent surtout « l'emballage » du culte, soit l'ornementation de l'église, de la cérémonie et des gens, c'est-à-dire son aspect *esthétique*. Ceci rejoint leur désir de préserver la culture, comprise sous l'angle de l'art (sculpture, fêtes et mythes épurés de la chasse aux têtes et de la sexualité). Pourtant, les missionnaires souhaitent voir les Asmat s'approprier la religion. J'ai souligné l'impression de familiarité qui se dégage de l'ancienne église de Sawa, à rapprocher de la *jeuw* à de nombreux égards. Bien que le mélange soit créé de toutes pièces par les missionnaires, il plaît aux populations.

L'atmosphère des églises protestantes est très différente, bien que le formalisme semble réservé aux églises d'Agats. Dans l'église de Sabinus Ekpiwi* à Agats en mai 2004, une trentaine de participants recueillis et pieds nus remplirent l'église à moitié, les hommes à droite et les femmes à gauche, tous asmat à l'exception d'une dame qui intervint pendant la

---

[37] Zegwaard, G. A., *op. cit.*, « Headhunting practices of the Asmat », p. 1023.
[38] Dans les maisons, les nattes de couchage en feuilles de pandanus cousues sont déroulées le soir sur un lattis de bambou ou d'écorce de nipa, tandis que de grandes nattes tissées en fibres de nipa protègent en permanence le *wair* dans la *jeuw*.

messe. Grâce à la prière, cette marchande au détail avait été délivrée de ses rhumatismes et de neuf ivrognes qui l'importunaient. Elle se rendait à l'église ce dimanche-là pour remercier Dieu de ses bienfaits et s'excuser d'avoir tardé à se présenter. Elle chanta une « louange », entonnée en solitaire en ravalant ses larmes. Le pasteur asmat John Kawor prit la parole – en indonésien à Agats – à plusieurs reprises, dont une fois en chaire. L'ensemble inspirait davantage le dynamisme que dans le culte catholique, en raison de l'intervention des pasteurs et de certains fidèles qui soutenaient constamment l'attention de l'auditoire par la parole, les applaudissements et la danse sur les hymnes chrétiens. Pendant les harangues, les participants se tenaient les yeux fermés et la tête baissée, comme pour s'impliquer. À la fin de la messe, les deux pasteurs asmat serrèrent la main des participants.

Le formalisme s'évanouit lorsque l'on quitte Agats. À la même époque, je me rendis à l'église Emmanuel de la Gereja Alkitab de Sjuru, où prêche Paternus Cuakces. Pas de croix au faîte de cette église de planches mal ajustées et entourée de palmiers qui lui donnaient un air de camp de vacances. Comme ailleurs, plusieurs pasteurs prirent tour à tour la parole, l'on chanta beaucoup et deux personnes déclamèrent avec affliction leur louange personnelle. C'est avec une guitare rafistolée au papier collant qu'un jeune homme accompagna sa chanson et Abraham Buipir fit également une brève apparition. L'assemblée était la plus dissipée qu'il m'avait été donné l'occasion de voir : tous bavardaient, chiquaient, mangeaient et couraient après leurs enfants, largement majoritaires. Même si le carnet de chants est pour moitié en langue asmat, dans la pratique deux tiers des hymnes sont chantés en asmat. Au contraire des chants en indonésien, entraînants et accompagnés à la guitare, les chants en asmat, *a capella*, rappelaient par leur lente monotonie ceux des vieilles églises occidentales ; il s'agit en réalité de paroles asmat sur des chants américains. Pour tout mobilier, deux pupitres avaient été recouverts d'un linge brodé d'une croix, qui s'envolait au moindre coup de vent. Un des trois pasteurs me souhaita la bienvenue en anglais (une première) puis les monologues eurent lieu en indonésien, vraisemblablement à cause de moi. À la fin de l'office, tous les participants se précipitèrent pour me serrer la main.

Toutes les églises ne sont pas vides : l'exception d'Atsj

Au chapitre précédent, j'ai écrit à propos de la préférence des Asmat pour le *befak* forestier à l'heure du culte dominical. Il y a au moins une exception. En juin 2004, la messe catholique d'Atsj attira environ deux cents personnes, y compris la quarantaine de choristes. Seuls deux ou trois Indonésiens assistaient à la messe. Voir autant d'Asmat rassemblés me sembla étrange, le village paraissait vide d'Asmat la veille. Deux des trois prêtres de la paroisse, dont le père Adhi, arboraient leur habit croisier. Les nombreux chants donnaient une impression d'uniformité, peut-être due à la manière de jouer de la guitare sèche, du ukulélé et du *tifa*. De nombreuses femmes, âgées en moyenne de quinze ans environ, participaient à l'office avec leurs enfants en bas âge. Le chœur de l'église était décoré d'une large pastille plate en bois de fer (« l'autel »), genre plateau de table, divisée en quartiers et représentant la création et le déluge. Deux boucliers étaient disposés de part et d'autre de la pastille, elle-même au centre d'un calice peint surplombé d'un Christ en croix assez raide. Trois enfants de chœur étaient agenouillés de chaque côté du chœur, trois filles à gauche et trois garçons à droite, près de bougeoirs ajourés. À l'avant-plan se trouvait une croix dressée sur pied, prolongée par des plumes de casoar. À côté du chœur était dressée une statue d'Asmat en train de lire : c'est la seule du genre qu'il me fut donné l'occasion de voir. Sa nudité avait été dissimulée par un pagne. Quatre garçons de la chorale apportèrent la communion depuis le fond de l'église. Deux hommes portaient un pendentif en dents de cochon auquel ils avaient fixé une croix chrétienne occidentale en fer.

Littéralement soumis aux critères de conformité des arrivants (*pendatang*) avec son centre ville non asmat de maisons proprettes et fleuries, Atsj est un gros bourg cosmopolite flanqué d'un port flambant neuf où les quatre églises sont actives, comparativement aux villages asmat où l'église, lorsqu'elle existe, est déserte. C'est aussi un lieu de passage obligé des exploitants de bois et de *gaharu* et le point de départ des bateaux vers l'amont, notamment vers Senggo.

L'année 2003 fut le théâtre des festivités des cinquante ans de mission catholique, « la fête d'or » (*pesta emas*) en allusion aux noces d'or, symbolisées par l'introduction d'une croix couverte de *ese* et de plumes dans les différentes *jeuw* de la région asmat. La compensation matrimoniale rassemblée par les Asmat d'Atsj fut très élevée, dit-on : coquillages *pirkow*, haches en pierre *sii*, colliers en dents de chien *juwur'sisj*, poignards en os de casoar *piswa*, peaux de couscous *fatsj'in*, *noken* décoratifs *ese*, crocs de cochon *rokos*. À Atsj, la croix fut installée dans les trois *jeuw* pendant trois jours ; les habitants refusèrent de la rendre alors que d'autres *jeuw* comme celle de Yamasj refusèrent de la laisser entrer. Et à la différence des autres églises, celle d'Atsj ne fut pas consacrée aux ancêtres par un jet de chaux, comme les *jeuw*. Dans ce village, le père Adhi* voit souvent ses ouailles faire un signe de croix avant de se laver.

Une singularité est la dominante indonésienne de la ville, reléguant les Asmat, peu visibles, en périphérie, et la majorité écrasante d'Asmat au culte dominical, au contraire des autres bourgs indonésianisés. Une autre singularité est le contrôle omnipotent des autorités politiques et religieuses, concrétisé par un système scolaire efficace où sont impliqués tous les membres du *majelis* (conseil) sioniste[39]. L'enseignement de la religion et la prière y ont une place fondamentale. En 2004, 130 élèves dont 16 primaires étaient présents aux examens. Bien que l'église sioniste ne compte qu'un seul membre asmat (et encore, il est simple d'esprit), elle s'investit dans l'organisation politique, sociale et religieuse de la ville sur laquelle elle exerce son contrôle. Tout comme les prêtres catholiques, les pasteurs, le chef de la police et le *camat*, les membres du *majelis* font partie des « huiles » et passent la journée à se promener dans le village.

Le Christ d'Atsj

Alors que dans les autres villages, il faut chercher longtemps pour trouver des statues en rapport avec l'imagerie chrétienne, le Christ en croix d'Atsj illustre admirablement l'intégration du christianisme dans ce village. Comme le crucifix-mangrove du père von Peij*, cette imposante statue présente une caractéristique qui étonne au premier coup d'œil : le Christ a les poignets liés au-dessus de la tête. Un prêtre javanais m'expliqua en 2001 que le supplice de la crucifixion n'existant pas chez les Asmat, ceux-ci n'auraient pu comprendre que le Christ soit mort de cette façon. De son propre chef, l'artiste asmat avait jugé plus judicieux de le représenter de cette manière suggestive. Malgré tout, des empreintes de mains gravées aux extrémités gauche et droite de la croix rappellent le châtiment initial. On trouve ces empreintes sur la plupart des crucifix portables fabriqués actuellement, quelle que soit la position du Christ, acquérant de la sorte un sens autonome, indépendant du reste du corps. La nature de l'entrave des mains et des pieds incite également à s'interroger. Écartant l'hypothèse d'une corde, un premier coup d'œil révèle des maillons : le sculpteur semble avoir cherché à représenter une chaîne ou des menottes. S'agit-il d'une allusion aux emprisonnements de guerriers asmat par les gouvernements néerlandais puis indonésien ou du souvenir collectif des rafles d'esclaves sur la côte ouest par les sultans de Tidore au XVe siècle ? Je n'ai pas pu retrouver le sculpteur pour préciser ses intentions. Au pied du Christ d'Atsj sont également sculptés deux femmes en pagne marital assises en prières et un chien debout, la gueule ouverte. En matérialisant des personnages qui déambulent habituellement sur les routes-passerelles, l'artiste a sans doute voulu intégrer le Christ à la vie quotidienne, donc se l'approprier, et c'est justement ce que cherchent à faire les Croisiers quand ils parlent

---

[39] Atsj compte deux Églises protestantes : la sioniste apparentée à la GPIP et la GKI, apparentée à TEAM et établie à l'arrière du village.

d'inculturation. Le chien n'est pas seulement une façon d'inscrire le Christ dans un décor familier. Comme nous le verrons au chapitre suivant, un mythe simaï que beaucoup répugnent à révéler relate comment cet animal apporta le feu aux Asmat, à l'origine de l'interdit alimentaire sur sa chair dans tout le marais. Non loin de là se trouve une statue de la vierge à l'enfant, masculinisée à la façon habituelle et décorée de scarifications à la chaux.

Cette sculpture illustre de façon frappante la notion de *pensée métisse* de Gruzinski[40]. En effet, il fut demandé au sculpteur de réaliser un Christ crucifié, vraisemblablement sur la base d'un modèle. Dans la copie, la croix et le Christ sont bien présents, mais d'autres éléments autochtones, la « déviation » du modèle copié, apparaissent, et pas seulement dans la décoration annexe au personnage principal mais dans le principe même de la crucifixion, qui donne une impression d'éléments à première vue discordants.

En quelle langue ?

Après la décoration de l'église, une autre question se pose concernant la façon de présenter le message chrétien : la langue. Les linguistes de TEAM comme Cal Roesler, Bernita Preston, Margaret Stringer et les Gregory, venus en région asmat pour traduire le Nouveau Testament en des langues asmat de différentes régions, considèrent ces langues comme des variétés dialectales d'une langue asmat unique, au contraire des autres linguistes qui en reconnaissent entre cinq[41] et huit[42], subdivisées en variétés dialectales. Les Asmat disent rarement « langue asmat » mais seulement « langue ».

Comme le rappelle Bosch[43], la langue est une composante cruciale de l'inculturation : le prêche doit avoir lieu en langue locale. Or, les Croisiers prêchent généralement en indonésien, qui est aussi la langue d'enseignement alors que certains fidèles ne le parlent pas. Le catéchisme, en revanche, fut enseigné en langue asmat. Dans ses *Notes*, Cal Roesler suggère que la négligence de la langue est due à la tendance catholique à considérer le rituel et le symbolique comme des véhicules de communication, par rapport au conceptuel mis en avant par les protestants. L'indonésien, la « lingua franca ecclésiastique » selon Farhadian[44], était donc suffisant pour le faible niveau de communication requis.

---

[40] Gruzinski, S., *op. cit.*, *La pensée métisse*, p. 39-40.
[41] Drabbe, P., *op. cit.*
[42] Voorhoeve, C. L., *op. cit.*
[43] Bosch, D. J., *op. cit.*, p. 607.
[44] Farhadian, C. E., *op. cit.*, p. 278.

On pourrait avancer un autre argument. Étrangers en Indonésie, les Croisiers se trouvèrent confrontés à une situation délicate. Prêcher en langue asmat implique de ne s'adresser qu'aux Asmat et d'exclure les Indonésiens des autres îles, qui constituent une partie croissante de la population des villages. L'évangélisation implique de montrer l'exemple à travers le « témoignage de la vie », écrit Bosch[45]. Et adopter l'indonésien est une façon de reconnaître l'hégémonie indonésienne sur la province.

Aux débuts de l'évangélisation, le baptiste catholique ignorait souvent jusqu'aux rudiments de la langue des baptisés. Dans un entretien en 2004, Willem Lommertzen MSC* raconte qu'il expliquait la parole divine aux gens sans parler leur langue ; il s'adressait à eux en néerlandais dans l'espoir qu'à la longue, ils finiraient par comprendre. Il utilisa aussi trois livrets en langue muyu préparés par Petrus Drabbe MSC, son confrère linguiste, et observait leur effet sur les comportements. Ces méthodes lui épargnèrent l'apprentissage approfondi des langues des sociétés du marais où il travailla de 1952 à 1986, dont mimika, muyu, arare, sawi et asmat. La complexité de la langue asmat est soulignée par tous les missionnaires catholiques et par Alo Murwito OFM*, qui remarque que même la connaissance de l'indonésien est médiocre parmi les prêtres.

Meyer[46] souligne l'altération du sens initial des mots par la traduction ; cette altération est double dans le cas des Croisiers, la langue commune n'étant la langue maternelle ni des missionnaires, ni de ceux qu'ils évangélisent. En outre, le passage de l'oral à l'écrit élude la créativité de l'orateur vis-à-vis de son auditoire, rend l'écrit plus « canonique » que l'oral et par là même instaure une hiérarchie entre l'oral et l'écrit. Dans le cas particulier de la traduction missionnaire des évangiles, la version écrite se trouve inévitablement entachée de partialité : omission et déformation de certains mots, concepts simplifiés ou privés de connotations inadéquates dans un contexte chrétien[47].

Dans le cas des Asmat, cette partialité se décèle à l'utilisation de la traduction par les destinataires. Soucieux d'établir une Église indigène forte, les protestants accordèrent un soin méticuleux à leur propre maîtrise des langues asmat et à la bonne compréhension des Écritures par les populations. En quelques décennies, quatre traductions du Nouveau Testament (Ayam, Yaosakor, Senggo et Citak) furent réalisées par TEAM, notamment Calvin Roesler à Ayam et Bernita Preston* à Yao-

---

[45] Bosch, D. J., *op. cit.*, p. 564.
[46] Meyer, B., *op. cit.*, « Beyond Syncretism », p. 60-62.
[47] Jolly, M., *op. cit.*, p. 235.

sakor. Pour une raison inattendue, les locuteurs d'Ayam-Amborep préfèrent utiliser la version indonésienne : ils trouvent celle en langue asmat « trop complexe ». Les parents ne lisent pas non plus la Bible à leurs enfants parce qu'ils ne seront pas compris. Il est peu aisé d'évaluer dans quelle mesure cela tient au choix du vocabulaire, à la qualité de la traduction ou, selon l'hypothèse d'un informateur asmat, à une complexité telle que les sujets spirituels la rendent totalement abscons. Une autre hypothèse serait la difficulté des missionnaires évangéliques à utiliser un langage proche des populations, à force de s'être systématiquement maintenus en périphérie de la société asmat. Parmi les fidèles, certains emportent les deux versions à l'église ; le degré d'usure de la bible en indonésien est révélateur quant à son utilisation par rapport à la bible en asmat, presque neuve. Une différence entre les fidèles catholiques et protestants apparaît à nouveau ici : le dimanche, les protestants emportent leur bible à l'église tandis que les catholiques se contentent d'un livre de chants. Cette constatation est un nouvel argument attestant du caractère central des Écritures dans la vie du chrétien protestant.

De ce point de vue, les fidèles catholiques font piètre figure par rapport aux protestants. Alo Murwito OFM* regrette que leur médiocre compréhension de la Bible rende la plupart des Asmat ignorants jusqu'au nombre de sacrements et au symbolisme du baptême. Au village de Io, à sa question de savoir qui connaissait le « Je vous salue Marie », une seule personne répondit, et elle venait de l'internat d'Agats. Par contre, la prière aux ancêtres, au quotidien ou pendant les rituels traditionnels, leur est familière. Willibrodus Ekyak* raconte que celui qui souhaite aller à la chasse se rend d'abord dans la *jeuw*. Les yeux vers le « grenier », il demande : « Mes ancêtres, je vais en forêt, donnez-moi de la viande, un morceau, donnez-moi un gros poisson ».

Enfin, l'objet bible n'est pas toujours utilisé dans un contexte chrétien. Bien souvent, la possession d'une bible par un ancien, jamais ouverte, suffit à déclarer le village catholique ou protestant en vue d'essouffler les élans missionnaires. « Non merci, la Bible, nous l'avons déjà ! ». En raison de leur fascination pour l'écrit, le livre inspire à certains Asmat des contrées reculées une sorte de fascination[48]. La bible

---

[48] Sowada, A., « An Appeal for Justice: "The Ayam Revolt". Period: August 1975-1977 », in Trenkenschuh, F. A. (ed.), *An Asmat Sketch Book n° 1*, Hastings (NE), Crosier Missions, 1983, p. 35, ecrit que dans les premiers temps, les Asmat virent les catéchistes recevoir des marchandises du prêtre en échange d'une liste écrite. Lorsqu'ils surent lire et écrire, plusieurs Asmat se présentèrent à la mission avec des papiers griffonnés dans l'espoir d'obtenir des biens à leur tour. En 1999, j'ai moi-même observé l'intérêt marqué de populations reculées des basses terres pour ma plume courant sur le papier. Il est probable que ce lien entre l'écriture d'un papier et l'obtention de denrées ait été à l'origine de rituels de type cargoïstes.

est parfois supposée posséder un pouvoir immanent, utilisé à des fins thérapeutiques lorsqu'elle est posée sur la poitrine ou sur la tête du malade, ou propitiatoires à l'intérieur de la maison. Virgil Petermeier OSC* ne s'y oppose pas car, dit-il, « c'est dans un contexte chrétien ».

Une question de valeurs

À propos du libre arbitre asmat

Jusqu'ici, j'ai évoqué plusieurs fois la convergence des efforts protestants en vue de la conversion des Asmat. Contre toute attente, l'objectif de conversion n'est pas oublié non plus chez les Croisiers selon un calcul subtil, que voici. Sans sauver d'abord la culture, dit Alphonse Sowada*, les missionnaires ne pouvaient pas « faire grand-chose » au niveau de la religion. Échafaudée grâce à la préservation culturelle et l'enseignement, une base culturelle était nécessaire comme « base culturelle de foi » sur laquelle les missionnaires pouvaient construire la religion chrétienne et sans laquelle les Asmat n'auraient jamais compris la Bible. Comparativement aux protestants, chez qui la compréhension vient des missionnaires qui traduisent, la compréhension de la Bible vient donc des Asmat chez les catholiques. Pourtant, contrairement aux apparences, les catholiques sont beaucoup plus directifs avec les populations que les protestants : ils organisent tout tandis que ces derniers susurrent des comportements – avec plus ou moins de pression – et attendent une démarche personnelle du fidèle seulement reconnu comme tel après avoir convaincu les autres de la réussite de celle-ci. Ainsi, les missionnaires catholiques construisent les églises et organisent les fêtes religieuses, la liturgie, le programme parascolaire de l'internat et les divertissements. Ils se font aider par les Asmat mais conservent l'initiative des événements en rapport avec le christianisme et l'enseignement. Du côté protestant, les Asmat prennent eux-mêmes toutes ces tâches en charge, financent leur église (à la façon d'une psychanalyse, où le patient obtient la guérison en partie grâce à son investissement personnel en argent) et assument un rôle à l'hôpital, où plusieurs d'entre eux sont instruits en infirmerie et en premiers soins.

À y regarder de plus près, la mainmise des missionnaires n'intervient pas sur le même mode d'une obédience à l'autre. Si les catholiques tracent la voie à suivre sur le plan matériel et médical, ils laissent les Asmat penser à leur guise sur le plan spirituel en espérant un changement échelonné sur le long terme, à force d'entendre le prêche. Il en est tout autrement du côté protestant. Consciemment ou non, les protestants jouent sur les sentiments de ceux qui les ont observés vivre en famille et avec qui ils ont noué des liens d'amitié. Sans interdiction explicite, leurs jeux de regards et leur refus d'assister à une scène jugée déplaisante expriment clairement leur désapprobation. Il en résulte qu'ils sont beaucoup plus présents qu'ils ne veulent le dire : en fin de compte, ce sont eux qui dirigent (la pensée religieuse de leurs fidèles asmat) au contraire des catholiques qui ne jouent pas sur ce tableau. Frazier[49] laisse ses fidèles organiser seuls une fête de Noël, mais dénigre leurs plaintes qu'il qualifie de *silly things*. Les missionnaires s'assurent donc que leurs émules épousent à leur insu le moule façonné pour eux, de sorte que le libre arbitre des Asmat paraît plus grand et leur donne l'impression d'une plus grande responsabilité, qui devient effective après le départ des missionnaires. Ce sentiment d'autonomie joue certainement dans l'existence d'une relève asmat.

Les rituels chrétiens et les sacrements

De manière générale, chez les catholiques, les fidèles se rendent à l'église d'abord pour recevoir un sacrement. Comme évoqué précédemment, dans la Rome catholique, la grâce divine se manifeste dans le sacrement, qui procure un bénéfice positif, purificateur et cumulatif : celui qui le reçoit n'est plus le même après. Le sacrement permet d'améliorer sa qualité de chrétien. Pour Dave Broucek*, le sacrement s'apparente à une certaine forme de « magie » parce qu'il produit du spirituel. Les catholiques considèrent en effet qu'en plus de son rôle de mémoire des actions du Christ, l'eucharistie *est* le corps du Christ, descendu dans l'hostie pendant la consécration : la métamorphose du pain est un miracle. Du point de vue protestant, c'est un symbole, vide de sens spirituel ; le baptême et la communion (*Lord's supper*) sont des ordonnances, pas des sacrements. Le rôle des ordonnances est de se souvenir de ce que le Christ fit avant de mourir[50].

De part et d'autre, le culte dominical est important et il convient d'y aller chaque semaine. À la College Church du campus protestant de Wheaton, on donne la communion une fois par mois ; il n'est pas obligatoire de la recevoir. Dieu ne se trouve pas dans la communion, qui n'est qu'un symbole de la convention personnelle avec Lui. En faisant acte de présence, les protestants respectent leur engagement envers la communauté de l'Église à laquelle ils se sont inscrits. L'inscription favorise le contrôle : le pasteur s'enquiert de ceux dont il remarque

---

[49] Frazier, B. & D., *op. cit.*, p. 229.
[50] En lavant les pieds des disciples, le Christ montre que pour être grand, il est nécessaire d'être le dernier. Toutes les Églises américaines n'adoptent pas cette ordonnance, la trouvant plus adaptée aux pays chauds. Par l'intercession du pain, le dernier repas montre qu'il donne sa vie pour résoudre le problème des péchés. La coupe de l'alliance est sa promesse que la vie continuera.

l'absence. Nous l'avons vu, l'église est également un club d'activités, avec des cours de bible pour les enfants, des réceptions, des débats sur des aspects choisis de la foi, etc.

Chez les catholiques, d'autres composantes de la piété contribuent à la construction de l'*identité* dont parle abondamment Farhadian[51]. Le pèlerinage, par exemple. Interrogé sur le sujet, Mike Walsh MM* considère le pèlerinage comme un constructeur d'identité dont on tirait jadis un bénéfice spirituel. Effectué dans un but de remerciement ou de requête, il est une expression pratique de la foi comme le chapelet, le chemin de croix, les jours d'obligation et les processions. Les reliques, une autre expression concrète, honorent leur possesseur. Enfin, les apparitions donnent lieu à des guérisons miraculeuses, à des conversions et à des avertissements de la Vierge pour le monde. D'après Dave Broucek* de TEAM, les apparitions et les reliques sont des concessions à la faiblesse ; elles ne sont pas nécessaires à la foi et s'éloignent de l'essentiel de ce qui définit un chrétien. Jean (20:29) écrit : « Bénis soient ceux qui n'ont pas vu et qui ont cru », tandis qu'un passage de Pierre dit : « Vous l'aimez malgré que vous ne l'avez pas vu ». De plus, l'avenir appartient à Dieu et dépend de la grâce, pas des conseils d'une apparition.

En parallèle à la critique protestante, un phénomène tout aussi irrationnel survient parfois dans leurs rangs : les renaissances (*revival*). Les situations de *revival*, parfois consignées dans les livres d'histoire, donnent lieu à une explosion spontanée d'émotions religieuses : les gens débordent de chagrin pour leurs péchés. À la moitié du XVIIIe siècle, une grande prise de conscience (*great awakening*) survint dans les colonies américaines : les gens s'attroupèrent dans les églises en s'agenouillant et en pleurant[52]. Au début des années 1900, un autre fait de ce type fut observé au Pays de Galles, la *Welsh revival*. Il y a quelques décennies, les étudiants du *college* de Wheaton cessèrent d'assister aux cours, se convertirent, se confessèrent en public (typique des *revivals*) et se rassemblèrent pour prier dans la College Church. Cela dura des mois. Un jour, ils reprirent les cours sans que personne ne puisse expliquer le phénomène ni ce qui l'avait provoqué.

De façon générale, le rituel catholique est le support de la foi, son expression concrète, matérielle. Son absence conduit à l'anarchie. Cela traduit un souci d'éviter le chaos, selon un sens de l'ordre qui n'apparaît

---

[51] Farhadian, C. E., *op. cit.*
[52] Ce mouvement est à distinguer de l'éveil protestant (*Christian Awakening*) du XIXe siècle en Europe, né des courants piétistes des XVIIe et XVIIIe siècles et dans la ligne duquel furent créées de nombreuses missions. Cf. Meyer, B., *op. cit.*, « Modernity and Enchantment », p. 201-202.

pas du côté protestant. Le rituel révèle la manière dont la communauté prie : il fait partie de son identité. Enfin, il est un médiateur pour la grâce. Chez les protestants, le rituel est inutile[53]. Par contre, les missionnaires fêtent en grande pompe l'inauguration d'une église (comme les catholiques), d'un bateau ou d'une traduction de l'évangile. Toutefois, les fidèles protestants asmat ne sont qu'à demi-convaincus par la nécessité de renoncer aux rites chrétiens. Dans un entretien en 2003, Alphonse Sowada* raconte qu'une famille protestante d'Ayam fit appel à lui pour obtenir le principal accessoire d'une cérémonie mortuaire, la sainte huile et face à son refus, ils en fabriquèrent eux-mêmes à partir d'huile de moteur. Le goût des Asmat pour les réjouissances entraîne la plupart des protestants à assister aux fêtes catholiques. Lors de l'anniversaire de la mission catholique en 2003, les Asmat protestants participèrent aux célébrations et demandèrent à organiser une fête comparable pour eux.

Chez les protestants, Pâques est la fête chrétienne la plus importante, tandis que Noël prend le pas chez les catholiques. La résurrection du Christ fait écho à la nouvelle naissance du croyant, tandis que les catholiques mettent l'accent sur la naissance du Christ de conception divine et donc sur sa mère. Cela tient à la place de la Vierge dans le culte. Pour les protestants, la Vierge est la mère du Christ, rien de plus. Du côté catholique, elle est la mère de tous les fidèles après avoir accepté d'être celle de Dieu. Cette qualité la fait intervenir en premier dans les apparitions. Elle est aussi le pendant féminin du Christ car elle fut son premier disciple. Cette mise en évidence de l'importance de la mère joue sur la défense de l'égalité des sexes par les Croisiers.

Ce chapitre sur les valeurs chrétiennes ne peut manquer d'évoquer l'ordination. Parmi les ordonnances des protestants, l'ordination des pasteurs n'implique pas plus de production de sacré que le baptême et l'eucharistie. Tous les pasteurs – y compris chez les Asmat – ne sont pas ordonnés : certaines Églises préfèrent nommer leurs ministres « travailleurs pratiques ». L'ordination donne elle aussi lieu à des divergences entre les protestants et les catholiques, notamment puisque, chez ces derniers, elle s'apparente au mariage alors qu'il s'agit davantage d'une reconnaissance académique et spirituelle chez les protestants. L'ordination de Dave Broucek* se déroula en deux phases : l'une destinée à tester ses compétences sur des questions de foi et de théologie et où il lui fut demandé de produire ses diplômes, et la seconde un autre jour (pour ne pas considérer l'examen comme acquis d'emblée) où il se vit confier une charge en public, prouvant son acceptation par la commu-

---

[53] Cela se ressent jusque dans les gestes : la bénédiction catholique a lieu debout, et la position des mains est un peu différente de celle des protestants. Les catholiques font le signe de croix, ce qui n'est pas le cas des protestants.

nauté. Titulaire d'un certificat d'ordination, le pasteur fraîchement ordonné, appelé « pasteur » ou « révérend », ne sait pas spécialement où il va exercer son ministère.

D'après Marvin Newell* de TEAM, un pasteur non ordonné est tout aussi habilité à baptiser et à donner la communion. Mais les Asmat ne se rangent pas à cette idée et attendent le passage d'un pasteur ordonné pour les baptêmes et l'organisation du *Lord's supper*. Il n'y a pas de femme pasteur. En Asmat « où les femmes sont traitées comme des objets » et sont interdites dans la *jeuw*, la complémentarité ne se vérifie pas, dit Newell*, et les hommes administrent leurs églises seuls.

Du côté catholique, lors de son ordination comme diacre marié dans les années 1990, Yufen Biakai*, le seul diacre asmat[54], fut badigeonné de boue par l'évêque en allusion à l'initiation, symbole d'une maturité suffisante pour entrer dans l'Église. L'évêque le marqua également d'une petite scarification au front avec un coquillage, que l'on retrouve parfois dans les cérémonies chrétiennes de confirmation. L'ordination catholique n'est pas un examen, mais un rituel. L'évêque James E. Walsh accorda à Vince Cole* une imposition des mains – considérée comme un insigne honneur – à l'occasion de son ordination le 22 mai 1972 à Ossining et lui remit le calice, l'instrument de la prêtrise. Un autre aspect est le changement de nom : après être resté face contre terre sous un linceul au symbolisme explicite, le prêtre est investi d'une nouvelle identité pour entamer son service à Dieu. La parenté de l'ordination ou des vœux définitifs avec le mariage s'illustre souvent par le port de l'alliance.

Valeurs en vogue dans la société asmat et concepts chrétiens

Comparativement à l'utilisation des symboles chez les catholiques, une méthode missionnaire protestante probante jette des ponts entre les concepts entrant en jeu dans la religion traditionnelle et dans le christianisme selon le principe des *redemptive analogies*. Qu'il s'agisse de la religion asmat ou du christianisme, les deux religions luttent contre ce qui met en péril l'existence corporelle humaine : les hostilités et l'immoralité cessent pendant le rituel et, au contraire des réalités quotidiennes, les cultes s'organisent autour de la dissimulation et de la désincarnation. La dissimulation est aisée à déceler dans le rituel, comme l'initiation, et se devine dans le christianisme dans la Révélation et l'invisible (Satan et le paradis). Quant à elle, la désincarnation s'exprime dans la mort du Christ et dans la torture des pécheurs dans le feu de l'enfer. La destruction du corps est la première condition pour le Salut,

---

[54] Il y eut un prêtre papou dans les années 1990 mais il est à présent décédé.

sublimée en privations purificatrices opposées à la chair (et à Satan). Dans la religion indigène, la destruction du corps – c'est frappant dans l'initiation – aboutit à la création et au renouvellement, comme dans le christianisme avec la résurrection.

Certains missionnaires furent tentés de déduire de la chasse aux têtes une société perpétuellement en guerre. Pourtant, cela ne va pas de soi. Au chapitre précédent, j'ai évoqué « l'enfant de la paix ». À Atsj, deux familles se réconcilient par l'échange de pirogues remplies d'une denrée alimentaire, comme du poisson fumé. Après une querelle villageoise, les hommes échangent du tabac ou se lavent l'un l'autre dans la rivière. D'après Virgil Petermeier OSC*, ces pratiques doivent être encouragées par les Croisiers comme vraiment chrétiennes et asmat à la fois, et représentatives de la façon dont Dieu s'exprime dans la société. Admiratif pour le respect des Asmat entre eux, le frère Joe DeLouw OSC* s'étonne de la prise en charge des personnes âgées[55]. Le partage sans heurts entre un grand nombre de personnes lui paraît encore plus impressionnant. Il se souvient d'un poisson divisé en tous petits morceaux entre soixante-dix femmes suivant les directives de l'une d'elles, sans aucune objection. Il ne décèle pas de présence divine dans l'anecdote, et estime que les missionnaires ont plutôt à apprendre des Asmat dans ce domaine. D'après Alphonse Sowada*, même le pardon existait avant les missionnaires et la socialisation mise en œuvre dans les « fêtes » en est une illustration. Virgil Petermeier* pense aussi que la valeur de pardon n'est pas entièrement nouvelle, même si les excuses d'un *kepala desa* (chef de village moderne) fautif exigent une compensation plus grande en cas de coups et blessures : « le sang doit être payé avec du sang » conformément au « vieux système de vengeance ». Les Asmat interrogés ne s'expriment pas à ce sujet mais les alliances intergroupes, certains rituels collectifs et la réparation matérielle des offenses attestent qu'ils n'ont pas attendu les missionnaires pour tenter de résoudre leurs conflits.

Dans leur description enthousiaste des pratiques de paix, les missionnaires catholiques omettent de stipuler que des attitudes comme agir sans se faire prendre, inventer un mensonge efficace, séduire le plus de femmes possible et exercer la médecine traditionnelle sont des comportements fortement valorisés dans la société asmat, non sans poser quelque souci aux missionnaires. Chez les Sawi voisins, Don Richardson[56] se désespère de voir les gens opter sans hésitation pour Judas en raison

---

[55] Les appréciations des missionnaires catholiques et protestants divergent sur ce point. Alors que les catholiques admirent le sens de l'entraide des Asmat, les protestants déplorent leur manque total de compassion.

[56] Richardson, D., *op. cit.*

de son habileté à trahir. Frazier[57] cite le cas d'un enfant qui lui vend plusieurs fois le même œuf et qui se fait battre par son père Oti non pas pour avoir vendu l'œuf plusieurs fois, mais « parce qu'il ne sait pas voler sans se faire prendre ». De la même manière, les garçons asmat se vantent de leurs conquêtes féminines auprès des autres garçons, tandis que les pères kayagar enseignent à leurs fils d'avoir des relations sexuelles avec de nombreuses filles sans se laisser attraper par les pères[58].

On pourrait supposer ce trait problématique dans la démarche de confession, mais il n'est pas montré du doigt. Jim Remmerswaal OSC* pense que les Asmat, conscients du sens du secret de la confession, lui racontèrent davantage hors de l'église et en langue asmat, toutefois inconnue de lui. Il arriva aussi qu'un catéchiste lui amène dix personnes à confesser pour lui faire plaisir. À ses yeux, être présent est suffisant pour obtenir l'absolution. Alphonse Sowada OSC* n'est pas certain que la notion de péché soit bien comprise. Il constate une gradation dans l'aveu des « péchés » : au début, les gens se confessaient pour une colère ou une absence à la messe, tout en continuant les raids de chasse aux têtes. Jim Remmerswaal* le contredit : les Asmat étaient conscients de ce qu'est « tricher, mentir, voler, ces choses qui dérangent les autres ». Seulement, les enfants qui travaillaient pour lui gardaient le silence plutôt que d'avouer leurs fautes au nom de la fierté à braver l'interdit sans être pris évoquée plus haut. Pour Clarence Neuner OSC*, la question à se poser est s'ils croient en ce qu'ils apprennent, y compris dans le domaine scolaire. Les Asmat, eux, ne se posent pas la question de la croyance, et se contentent d'accepter ou de refuser les faits selon l'identité du narrateur et le contexte de la narration.

Pour Laux[59], la confession « n'est pas seulement un acte de soumission de l'homme envers son dieu, mais bien des indigènes envers les missionnaires ou le souverain ». Chez les catholiques, l'absolution est l'aspect public de la prise de conscience des péchés, qui s'exerce au niveau du baptême chez les protestants. La confession protestante (ou plus justement le repentir) est une activité privée entre soi et Dieu ; Jean (1:5,9) ne précise pas qu'il faille se confesser à quelqu'un.

Le mythe du « créateur » Fumewr'ipitsj sans sa partie occultée

Une *redemptive analogy* très recherchée par les missionnaires porte sur la création du monde et de l'homme. Faute de trouver la création du monde dans le mythe asmat, les missionnaires se focalisèrent sur celle

---

[57] Frazier, B. & D., *op. cit.*, p. 235.
[58] Tucker, D. A. & Knickerbocker, A., *op. cit.*, p. 167.
[59] Laux, C., *op. cit.*, p. 165.

de l'homme, attribuée au héros d'épopée Fumewr'ipitsj. Une littérature abondante reformule le mythe de l'origine, qui prévoit de tuer pour donner vie : les premiers Asmat auraient été créés à partir d'un arbre abattu et leurs voisins, d'un crocodile débité en morceaux[60]. D'après Sowada[61], la question de l'origine de l'homme est traitée différemment dans la mythologie des différents clans. En réalité, certains auteurs[62] omettent la première partie du mythe, que voici résumée sur la base de mythes collectés à Amborep en 2004.

Fumewr'ipitsj, dit « l'homme du vent », quitta sa petite amie pour parcourir le monde et fut accueilli par un jeune homme de son âge, dans un village très éloigné du sien. Marié, cet ami se réservait les faveurs d'une dizaine de femmes dans un champ de palmiers nipa. Invité à en profiter plus tard, Fumewr'ipitsj ne put attendre. Mentant sur l'approbation de son ami, il fit l'amour à toutes les femmes et s'attarda à la préférée, plus jeune. Pour le soustraire à la colère de ses sœurs qui s'étaient aperçues du mensonge, la plus jeune, tombée amoureuse, le dissimula dans un manchon de feuilles de nipa, le ligota et l'embarqua dans sa pirogue. Près de la deuxième île de la Siretsj, sur les berges sablonneuses de la rivière Oap, d'énormes vagues ballottèrent l'embarcation et le corps ligoté roula dans la mer. Échoué sur la berge, le cadavre fut découvert par une aigrette blanche. Les amis oiseaux de l'aigrette, s'extasiant sur la beauté du jeune homme aux longs cheveux, dépêchèrent deux frères oiseaux rapides, Asei et Pomasj, auprès d'un aigle afin de le ramener à la vie. L'aigle était le plus vieux de tous. Il habitait à l'embouchure du Siretsj, le fleuve des origines descendu par les ancêtres depuis les montagnes. Ce jour-là, de hautes vagues tourmentaient le Siretsj. Arrivé plus vite que le vent avec un sac *ese* regorgeant d'ingrédients, l'aigle exerça sur Fumewr'ipitsj ses talents d'*eeram'ipitsj* (guérisseur masseur). C'était Waraow'ipitsj, le propriétaire de la terre de l'embouchure du Siretsj, capable de guérir le malheur. Après son passage, les morts reviennent à la vie, et ce fut le cas de Fumewr'ipitsj. Depuis cet épisode, ses petits-enfants asmat peuvent le voir voler.

---

[60] Helfrich, K., *op. cit.*, p. 42.
[61] Sowada, A., « Fundamental Concepts of Asmat Religion and Philosophy », in Konrad, G. & U. (eds.), *Asmat. Myths and Rituals. The Inspiration of Art*, Venice, Pizzi Amilcare/Erizzo Editrice, 1996, p 65.
[62] Il y a des exceptions, comme Sowada, A., « Primary Asmat Religious and Philosophical Concepts », in Schneebaum, T. (ed.), *Embodied spirits. Ritual carvings of the Asmat*, Salem, Peabody Museum of Salem, 1990, p. 66 ; Voorhoeve, C. L., « We, The People of One Canoe. They, the People of Wood: Two Asmat Origin Myths », in *IRIAN Bulletin of Irian Jaya* 14, 1986, p. 117-118.

Cette histoire est généralement peu citée dans la littérature parce qu'elle met en valeur des traits culturels critiqués par les missionnaires, comme agir à l'insu d'un autre et multiplier les relations féminines. L'accent est mis sur la valeur de la beauté physique, l'utilisation du palmier nipa et le sens de l'hospitalité, caractéristiques des Asmat. Remarquons que le personnage le plus ancien de l'histoire n'est pas le Fumewr'ipitsj mais son sauveur, l'aigle propriétaire de la terre. Le destin de l'homme dépend de pouvoirs supérieurs. Or, il est comparé à Jésus par les missionnaires catholiques, mais personne ne parle de Waraow'ipitsj, le propriétaire de la terre. Que le sage soit un animal a sans doute dû déranger les missionnaires.

La seconde partie du mythe est celle que l'on détaille dans la littérature. Après son sauvetage, Fumewr'ipitsj entreprit de s'installer et bâtit une *jeuw*, la première. Avec du bois blanc de la plage, il sculpta des silhouettes humaines et, une fois son œuvre achevée, se mit à jouer du tambour *tifa*. Alors qu'il jouait, les sculptures commencèrent lentement à se mouvoir : la musique leur avait donné vie. Sentant la faim les gagner, ces hommes et ces femmes partirent pêcher en mer. Ce furent les premiers Mimika (et non des Asmat comme le comprirent certains auteurs). Puis Fumewr'ipitsj tua un crocodile et le coupa en morceaux. Les fragments, jetés vers le ciel, retombèrent sur la terre et se transformèrent en d'autres êtres humains : les voisins des Asmat. Plusieurs auteurs[63] déduisent de ce mythe que le bois est la matière originelle, les Asmat se nommant eux-mêmes « hommes de l'arbre » (*as asmar*) ou « hommes vrais » (*asma ow*). Il y est fait allusion dans le titre d'un ouvrage de Schneebaum[64], pour qui les « gens de l'arbre » sont les Asmat. Helfrich[65] en déduit, quant à lui, que la sculpture des Asmat commémore la création du premier ancêtre. Et sur le terrain, mes informateurs asmat contestent unanimement l'origine forestière de leurs ancêtres ; la matière originelle dans laquelle les Asmat ont été façonnés, la boue, était jadis l'élément où l'on coulait tout ou partie du cadavre respectivement lors de premières ou de secondes funérailles dans les régions côtières. À l'unanimité, les Asmat interrogés clament que les Mimika « de la partie du fleuve », originaires du bois en écho au mythe, sont distincts des Asmat et n'ont pas de lien de parenté avec eux. Osten-

---

[63] Dont Van Amelsvoort, V.F.P.M., *op. cit.*, *Culture, Stone Age and Modern Medicine*, p. 33 ; Drabbe, P., *op. cit.*, p. 13.

[64] Minnesota Museum of Art (ed.), *People of the River, People of the Tree: Change and Continuity in Sepik and Asmat*, Saint Paul, Minnesota Museum of Art, 1989. Cf. aussi van der Zee, P., *op. cit.*, *Etsjopok: Avenging the Ancestors*, p. 76.

[65] Helfrich, K., *op. cit.*, p. 43.

Le rapport missionnaire à la « culture »

siblement mécontents, ils soulignent l'absurdité pour Fumewr'ipitsj d'être le soi-disant créateur des Asmat, *puisqu'il en est un lui-même*.

Dans le mythe, Fumewr'ipitsj est un personnage secondaire dans l'ombre de Beworpitsj, qui le précède chronologiquement et descendit le Siretsj jusqu'à la Poetsj avec onze autres ancêtres primordiaux, fondant la société asmat. Cette histoire est le premier mythe. Le long rituel *jipae pokm'bui*, qui clôt le deuil, rappelle ce voyage des origines. Beworpitsj est le premier sculpteur ; une lance de sa fabrication – la première sculpture, qui n'était pas humaine – figure dans les trésors de la *jeuw* d'Amborep. Beworpitsj justifie nombre d'institutions-clés de la société asmat – telles que la guerre et la chasse aux têtes – dans les mythes dont il est le héros. Sa conduite sert de modèle à la manière idéale de vivre, bien que les meurtres, les viols et les adultères se succèdent dans ses aventures. Il est enfin présenté aux enfants comme un personnage-phare de l'histoire des Asmat, ce qui est moins le cas de Fumewr'ipitsj.

Contrairement à l'avis des missionnaires catholiques, qui se désolent du silence sur la création de l'univers dans le mythe asmat[66], la genèse de la société asmat existe bien dans la tradition orale. Sous le couvert du scandale et de l'interdit, l'inceste est l'union idéale et fonde le monde des Asmat : les rivières furent créées par l'union de Beworpitsj et de sa sœur. La situation d'inceste est centrale dans le mythe et concerne de nombreux habitants du marais, des héros d'épopée aux animaux. Par exemple, le cacatoès noir géant[67], à qui le cacatoès blanc déroba sa crête jaune, est dénigré par les Asmat parce qu'il copule avec sa progéniture. De la même manière que l'inceste généra les rivières, le cri du cacatoès noir provoque la pluie, au contraire des lorries, plus moraux, qui font revenir le soleil.

---

[66] Tout comme la lune et le firmament, à une exception près, les membres de la *jeuw* Wow d'Ayam, à l'endogamie stricte et réputée dissidente comme le village, disent être descendus du ciel après les premiers ancêtres sur le Siretsj. Barker, J., *op. cit.*, *Political Legitimacy*, p. 116, fait allusion à « nombre de cas où les gens réinterprétèrent leurs traditions orales en fonction des thèmes de la Bible ou identifièrent leurs ancêtres et lieux ancestraux avec les grands récits bibliques et les valeurs chrétiennes ».

[67] *Probisciger atterimus goliath*.

CHAPITRE VI

Fluides, médecine et cosmologie

De l'ingestion

Les Asmat demeurent des chasseurs collecteurs

Dans le marais des basses terres, la chasse, la pêche et l'extraction du sagou sont les principales sources d'alimentation. La Nouvelle-Guinée abrite en effet les forêts de palmiers sagoutiers[1] les plus vastes du monde[2]. Le sagou (*amosj* ou *ames* en asmat, *sagu* en indonésien) est une fécule riche en calories extraite de la pulpe du palmier sagoutier, offerte aux visiteurs étrangers ou aux parents en gage d'hospitalité. Cette obligation s'assortit d'un dénigrement des visiteurs papous extérieurs au réseau de parenté, qui fait hésiter à l'idée de s'éloigner d'un village apparenté selon le principe des *wantok* de PNG.

Depuis quelques décennies, suite à la présence indonésienne et missionnaire, l'agriculture figure dans les activités d'alimentation mais demeure marginale en raison de la pauvreté du sol du marais, une « terre sans espoir » selon Dave Gallus*. Outre des « vagues[3] » spectaculaires au milieu des fleuves, les marées de la mer d'Arafura provoquent la salinisation de l'eau et des sols. Trenkenschuh[4] écrit qu'Ayam est le seul village au sol assez haut pour échapper aux marées ; l'essentiel des jardins se situe d'ailleurs plus en amont, où l'agriculture compense les moindres ressources de la faune et de la flore. Dans la zone des marais saumâtres, la faune variée, le miel et les fruits sauvages complètent l'alimentation en sagou. À l'exception du sagou, la tendance est de collecter la nourriture au jour le jour, sans se préoccuper du stockage.

---

[1] *Metroxylon* spp., Palmae.
[2] Taylor, P. M., *op. cit.*, p. 33.
[3] Une sorte d'onde se crée lorsqu'une masse d'eau (le fleuve en crue) se heurte à un obstacle (une marée). Il s'ensuit une élévation du niveau de l'eau du fleuve qui donne l'impression de « remonter » le fleuve comme une vague, à la manière d'un tsunami.
[4] Trenkenschuh, F., « The Physical Environment of Asmat », in Trenkenschuh, F. A. (ed.), *An Asmat Sketch Book n° 1*, Agats, The Asmat Museum of Culture and Progress, 1982, p. 12.

L'influence des Croisiers sur le plan de l'agriculture et de l'élevage fut limitée. Alphonse Sowada OSC* tenta en vain d'enseigner aux Asmat à planter du tabac, et aux instituteurs à jardiner. Pour sa plantation de noix de coco, le frère Joe[5] s'inspira des techniques des pères du Sacré-Cœur à Merauke. Il essaya l'élevage, mais la pauvreté du sol d'Agats en cobalt[6] eut pour conséquence de faire dépérir les vaches et les chèvres arrivées par bateau.

Le chien au cœur de l'interdit alimentaire

Après l'agriculture, les Croisiers se focalisèrent sur un autre volet de l'alimentation : les interdits alimentaires. La raison invoquée pour leur répression est sanitaire. Les femmes enceintes et les enfants, à qui la majorité des interdits s'appliquent, sont en effet les plus concernés par la mortalité.

Plusieurs informateurs asmat affirment que les prohibitions alimentaires portent souvent sur la nourriture grasse. En période de guerre, il est interdit de s'alourdir sous peine de mourir rapidement. Dans le domaine de la santé, le corps léger est un but à atteindre vers lequel convergent des stratégies imaginatives, tout comme le corps froid par opposition aux malades dits « chauds », comme chez les Kayagar voisins[7]. Selon un principe d'homologie, la femme enceinte et son mari ne peuvent consommer les poissons épineux ou à écailles, la noix de coco et les bananes, l'enfant à naître étant susceptible de répondre aux caractéristiques dépréciées de ces aliments (chevelu comme le premier fruit et mou comme le second). Les larves de sagoutier ne peuvent également être mangées qu'en des circonstances précises et pas par tous. À Sjuru, il est dangereux de manger du sagou avant d'avoir bu. Certains informateurs, comme Niko*, clament qu'ils ne sont sujets à aucune interdiction alimentaire. Yufen Biakai* cite des animaux de type « totem » figurant parmi les ancêtres et interdits de chasse et d'ingestion. Johannes, un de ses neuf enfants, avait grimpé au même arbre qu'un varan de la variété de l'ancêtre familial et l'avait attrapé, puis relâché.

La prohibition alimentaire la plus répandue porte sur la viande de chien. Utilisé dans la chasse au cochon, le chien est un animal-clé pour avoir apporté le feu aux Asmat. Tous mes informateurs asmat furent outrés à l'idée de contourner cet interdit. Cependant, la présence d'étrangers provoque des changements dans ce domaine aussi, et Kaleb

---

[5] DeLouw, J., *op. cit.*, p. 14 et 23-25.
[6] Nécessaire à l'élaboration de la vitamine B12. Il ne s'agit pas du cobalt 60 utilisé en médecine hospitalière.
[7] Tucker, D. A. & Knickerbocker, A., *op. cit.*, p. 119.

Lodarmase*, le *koramil* d'Agats à la retraite, me raconta qu'à Ayam, les habitants finirent le plat de viande de chien préparé par ses collègues et lui, malgré « l'assimilation du chien aux ancêtres ».

Consommer du même atteste de l'égalité de nature

L'existence d'interdits par homologie ne contredit pas celle de prescriptions. La consommation des mêmes aliments est essentielle pour se faire accepter, que ce soit pour l'étranger, le futur conjoint, l'enfant adopté, le partenaire *ofeeuw* et le nouveau *wair'ipitsj*. L'acte de nourrir quelqu'un est entouré d'une certaine aura, indépendante de la satisfaction de ses besoins vitaux. Dans les projets matrimoniaux, la nourriture est un argument de séduction de premier ordre. Le don de sagou aux parents est un privilège dont le retrait est ressenti comme une sanction grave, et fait naître un sentiment de honte chez celui qui en est victime. Au nord-ouest Ayfat, le nourriture est également utilisée pour communiquer : elle conforte les relations entre parents et avec les ancêtres par le don et l'offrande de nourriture[8]. « Manger est le locus du nutriment et de la parenté », écrivent Stewart et Strathern[9]. Chez les Asmat, l'alimentation est au cœur des relations humaines ; nous l'avons vu dans l'offrande aux ancêtres et l'adoption. Manger au même plat atteste de l'égalité de nature entre personnes, ce qui les rend inoffensives pour les autres convives. Dans la *jeuw* d'Ayam, les hommes n'acceptèrent de m'adresser la parole en 2001 qu'après avoir appris que je mangeais les mêmes aliments qu'eux, en l'occurrence des patates douces préparées par les leurs. Avant cela, nul ne répondit à mes questions, malgré mon introduction dans le village dans les formes prescrites. Un choc était nécessaire pour les sortir de leur mutisme[10].

Parler de « consommer du même » commence par l'anthropophagie. Sans renier son intérêt symbolique, dans la chasse aux têtes, elle ajoutait peu à ce qui existait déjà. Cette constatation rejoint Zegwaard[11], qui souligne son caractère secondaire dans la chasse aux têtes. Niko* précise que la force transmise par le mort, guerrier ou non, se sublimait par l'absorption de sa chair ; à Ayam, le corps était ingéré en entier, et on

---

[8] Courtens, I., *op. cit.*, p. 61.
[9] Stewart, P. J. & Strathern, A., « A Comparative Discussion of Witchcraft and Healing Rituals », in Stewart, P. & Strathern, A. (eds.), *Humors and Substances. Ideas of the Body in New Guinea*, Westport & London, Bergin & Garvey, 2001, p. 71.
[10] Jolly, M., *op. cit.*, p. 237, remarque que dans le contexte discursif, le silence et le refus de conversation sont tout aussi significatifs que la parole. Totalement dépendants d'une aide souvent refusée par leurs hôtes, les missionnaires engagés dans l'apprentissage d'une langue non documentée en font la pénible expérience.
[11] Zegwaard, G. A., *op. cit.*, « Headhunting practices of the Asmat », p. 1020.

réservait le cerveau aux stratèges à Sawa-Erma. Comme on peut s'y attendre, les Croisiers firent l'analogie entre la communion et le cannibalisme. Greg Poser* trouve le transfert de pouvoir du mort en l'incorporant fort similaire au corps et au sang du Christ descendu dans l'hostie. Frank Trenkenschuh abonde dans le sens de ses confrères[12] :

> Les Asmat croient que quand ils tuent et mangent une personne, ils deviennent cette personne et absorbent ses qualités. [...] C'est semblable, bien sûr, à la croyance catholique selon laquelle nous mangeons le corps du Christ pour devenir le Christ. Donc je dis : « Regardez, vous n'avez pas besoin d'aller tuer. Vous avez le Christ, maintenant ». [...] Que sont les catholiques, après tout, hormis des cannibales rituels ? (traduction AdH)

L'incorporation de l'autre par celle des humeurs

L'ingestion d'une part de l'autre dans l'anthropophagie revêt un caractère exceptionnel qui prend d'autres formes dans le quotidien. Par l'absorption réciproque de sueur, les parents s'incarnent dans l'adopté, qui devient une partie d'eux-mêmes : le transfert d'identité transforme l'autre et le rend plus familier. Par excellence, l'ingestion des humeurs est synonyme de reconnaissance du Même (dans le sens opposé à l'Autre) ou l'assimilation physique et rituelle de la différence pour transformer le différent en son semblable.

En Nouvelle-Guinée, le rapport de l'individu aux substances corporelles joue un rôle formatif en matière d'identité et revêt trois formes distinctes : l'ingestion ou l'onction, les rites d'expulsion des fluides et les interdits alimentaires[13]. Comme l'écrit Bonnemère[14], « le corps apparaît donc comme un lieu d'expression privilégié des relations que chacun entretient avec ses ancêtres, avec une terre et ce qu'elle produit, avec les individus de son sexe et de son âge, mais aussi avec ceux de l'autre sexe ou d'un âge différent ». De nombreux anthropologues se sont penchés sur la composante sociale et identitaire du rapport aux substances. Auteurs de référence dans ce domaine, Stewart et Strathern[15] définissent les humeurs comme « le sang, l'eau, la graisse, et les fluides reproducteurs considérés comme des composantes importantes de la constitution morale et physique des personnes ». Les humeurs sont regroupées dans une catégorie plus vaste des substances,

---

[12] O'Neill, Th., *op. cit.*, p. 26.
[13] Bonnemère, P., *op. cit.*, p. 220.
[14] *Idem.*
[15] Stewart, P. J. & Strathern, A., « Introduction: Gathering the Threads of the Flow of Life », in Stewart, P. & Strathern, A. (eds.), *Humors and Substances. Ideas of the Body in New Guinea*, Westport & London, Bergin & Garvey, 2001, p. 4-5.

telles que les os [...] avec des notions de continuité et d'accès à la puissance au-delà de la mort. Nous incluons aussi tout élément physique susceptible d'être significatif dans certains contextes tel que la salive, le crachat, et les parties du corps telles que les cheveux, la peau, les ongles, et d'autres tissus. Ces substances sont des éléments de communication qui envoient des signaux vers l'extérieur [...]. Il y a aussi des items pouvant être utilisés par des ennemis pour perpétrer une action sorcière contre le corps de la personne productrice de ces substances. (traduction AdH)

Ces auteurs qualifient les humeurs et les substances de « signaux ontologiques de communication », impliquant l'intervention des cinq sens. Chez les Asmat, la propriété communicative des fluides, centrale dans le rituel, se trouve accentuée par l'ingestion. Pour comprendre l'intrication des deux, il convient d'insister sur le polymorphisme sémantique de la production de fluides – ou substances selon la définition ci-dessus – et d'humeurs dans le rituel. La première humeur, le sang, purifie l'individu en coulant. Comme les actes peuvent altérer sa qualité, il est prescrit de le faire couler après avoir tué quelqu'un en se coupant sous peine de mort probable. Les scarifications, qui provoquent l'écoulement du sang, purifient par l'allégement du corps. Dans une section du rituel funéraire, les femmes poursuivent les hommes avec des instruments coupants, le but étant de se faire blesser tout en jouant le jeu de la poursuite : il est normal que le sang coule. Tous évoquent avec ravissement l'idée de piquer « pour de bon », et exhibent volontiers les cicatrices des rituels précédents[16]. Tucker[17] décrit la fierté d'un guerrier kayagar en lui présentant son bras blessé lors d'un raid : il y a de la fierté à tirer du sang versé dans des circonstances glorieuses. On retrouve le sang dans la confection du tambour *tifa*, utilisé pour s'adresser aux ancêtres, donner de l'entrain et avertir le groupe d'un événement important. La norme proscrit d'en jouer par temps de pluie. Remplacée tous les cinq ans, la peau d'un varan *utsj* est fixée avec de la chaux et du sang des membres du *dow'se*, prélevé au mollet. Les relations avec les hommes et avec les ancêtres se rejoignent dans le mélange des substances, la chaux étant celle des ancêtres.

Suivant l'idée de libérer les tensions par l'effusion des fluides, les départs sont marqués par les pleurs du voyageur et de ceux qu'il laisse derrière lui. À l'instar du contexte funéraire, les pleurs sont libérés sans

---

[16] Dans Schneebaum, T., *op. cit.*, *La demeure des esprits*, p. 82-84, une centaine de femmes grimées de façon effrayante investit la *jeuw* d'Otsjenep et en crible les occupants d'insultes et de coups à l'aide d'armes insolites telles que le rostre d'un poisson-scie et des serpents. Il s'agirait d'une revanche sur les coups portés par les maris lors des mois précédents.

[17] Tucker, D. A. & Knickerbocker, A., *op. cit.*, p. 19.

contrainte comme s'ils devaient couler, comme le sang dans le rituel. De même, l'apparition du pleur suscite l'hilarité : tous trouvent très drôle d'évoquer tant les pleurs des autres que les leurs, sauf quand la situation prend une tournure dramatique (décès). L'écoulement concerne d'autres substances. Lors de son passage à Sjuru, le masque *jipae* fait sortir le lait des seins des filles et le sperme du sexe des garçons : l'écoulement des fluides hormonaux est un signe de bonne santé – une préoccupation constante dans le marais – dont l'ancêtre s'enquiert sous les traits du masque, et qui le rassure sur la perpétuation de la société.

Un dernier fluide reste à mentionner dans cette série de substances utilisées pour se rapprocher de l'autre. Avant que les missionnaires missent fin à ces pratiques[18] lors des épidémies de choléra des années 1950-1970, les Asmat côtiers de la Pantai Kasuari posaient leurs morts prestigieux sur une plate-forme de rotin dans un linceul de feuilles pendant soixante jours. Les fluides mortuaires étaient bus afin d'acquérir les qualités du guerrier ainsi honoré. À l'issue de la période liminaire, le crâne était récupéré et les restes coulés dans la boue, l'élément originel. Chez les Marind-Anim à l'est de la région asmat, l'absorption de ces fluides provoquait des rêves permettant d'identifier les sorciers responsables de la mort[19]. La force vitale du mort, charriée en partie par les fluides corporels, enrichit son savoir dans l'au-delà, et revient en rêve au vivant qui les a absorbés[20].

Ce qui cause la maladie et l'infortune

La transgression de la norme

Dans la société asmat, tous contribuent au respect d'une norme implicite visant le bien-être collectif, et la transgression de l'ordre relationnel qu'elle instaure marque le corps sous forme d'accident, de maladie ou de mort, adressée au fautif ou à ses proches. Une fois la sanction des ancêtres infligée, de nouveaux troubles surviennent jusqu'à la réparation (une offrande dans la *jeuw* peut suffire à rendre conscience au malade) ou l'annulation du sortilège, s'il y a lieu. Lorsque la sanction se manifeste par une morsure de serpent, de couscous, de crocodile ou de cochon, elle entraîne la mort si l'on tarde à demander pardon aux ancêtres. La sanction la plus sévère, irréversible, est la prise de la *dambuw*

---

[18] Vers 1984, le pilote MAF John Forsythe* en vit le long du fleuve Brazza.
[19] Knauft, B. M., *From Primitive to Postcolonial in Melanesia and Anthropology*, Ann Arbor, University of Michigan Press, 1999, p. 62.
[20] Stewart, P. J. & Strathern, A., *op. cit.*, « Introduction: Gathering the Threads of the Flow of Life », p. 14.

(« conscience ») par les ancêtres. Pour donner corps à la réalité, les événements ont du sens et se réorganisent constamment dans le discours. Par exemple, une chute sur les routes-passerelles (*jembatan*) est toujours le signe d'une attaque de magie ou de la punition ancestrale. Le plus souvent, la sanction atteint le transgresseur par l'intermédiaire de ses proches. « L'enfant paie d'abord pour les parents, même s'il est innocent, car il prend sur lui la faute des parents comme [c'est aussi le cas pour] leur force », me dit Primus Akum*. Cela tient à l'épaisseur du lien du sang entre parents. Jim Remmerswaal OSC* explique qu'entre Asmat, la relation par le sang est « plus épaisse » qu'avec un étranger, donc de plus grande valeur. Ainsi, la fluidité relative de la relation avec les missionnaires les éloigna des populations.

La norme asmat (*anakhat*, qui signifie aussi « authentique ») est un code complexe de règles appris depuis le plus jeune âge et relatif à des domaines variés. « Ils font un droit que nous ignorons » me dit Rufus Sati*, et ne pas le respecter les rend « fâchés à l'intérieur ». En plus du protocole dans l'échange, la rencontre ou la prise de parole dans la *jeuw*, il convient de respecter des règles spécifiques aux moments-clés de l'existence. Les longs rituels, requérant la présence du village entier, sont proscrits durant la saison des orages : la norme interdit d'évoquer la tradition quand le niveau du fleuve est trop haut. Une autre règle concerne le port des parures (*tsjosow'pok*) et les circonstances qui l'autorisent. Elles sont davantage qu'une décoration : la coiffe en peau de couscous *fatsj'in*, par exemple, contient l'esprit de l'animal, un des messagers des ancêtres évoqués ci-dessus. Le port de cette peau, indissociable des rituels et des fêtes, assure aux ancêtres la surveillance permanente de leur descendance dans le contexte critique du rituel.

Au-delà de la vigilance des ancêtres, les décorations corporelles *tsjosow'pok* engendrent une sensation de béatitude, contradictoire avec l'impression missionnaire qui suppose les Asmat malheureux car taraudés de peurs. La pratique active de la tradition procure une euphorie que les Asmat recherchent au point, pour certains, de transgresser l'interdit ancestral de les porter dans la jungle et sur la terre de chasse et de cueillette. Pour ceux qui résistent à l'attrait de l'interdit, les ancêtres compensent la frustration en autorisant les feuilles d'un fruit sucré dans les cheveux et du sagou sur le menton. Zegwaard[21] ajoute une nuance : en plus de symboliser l'adresse, le courage et l'invincibilité, les décorations corporelles les provoquent chez leur porteur. Dans sa préface au *Sketch Book* 7, Trenkenschuh[22] évoque la « source constante de plaisir »

---

[21] Zegwaard, G. A., *op. cit.*, « Headhunting practices of the Asmat », p. 1033.
[22] Trenkenschuh, F. (ed.), *An Asmat Sketch Book n° 7*, Hastings (NE), Crosier Missions, p. 1.

et la joie que constitue la culture pour les Asmat. Abraham Buipir* souligne le bonheur généré par le rituel des *bisj*, en plus de la perspective de partir en raid. La danse au rythme du *tifa*, les blessures engendrées lors du *jipae pokm'bui* et les scarifications génèrent tout autant de joie : les Asmat qui les évoquent sont unanimes. Dans les *Notes* de Roesler du 10/01/1958, des bracelets de passementerie autour des membres et du cou ont la vertu de rendre le bonheur.

La norme assure donc le bonheur et – en cas d'écart – le malheur, la première façon de contrer la sanction étant de demander pardon et de répandre de la chaux blanche d'un bout à l'autre de la *jeuw*[23]. L'arrivée du christianisme dans le marais module parfois ces prescriptions. Avec l'aval du prêtre, Markus Yisimamtsji* prie avec d'autres pour la guérison des malades dans leur *jeuw* d'appartenance : « pour l'instant, le guérisseur, l'hôpital et la prière travaillent ensemble ». Si les règlements de l'Église ont été bafoués, dit-il, c'est à l'Église qu'il faut demander réparation. Un exemple d'offense faite à l'Église est la polygynie après un mariage chrétien : Dieu prononça le mariage, et lève la sanction si on lui demande pardon. Finalement, Dieu et les ancêtres fonctionnent de la même manière : l'offrande est en sagou sur le *wair* et en argent dans l'église. Notons que Ernest Nditsjim* et Markus Yisimamtsji* sont les seuls parmi mes informateurs qui mêlent l'Église à la norme.

L'arow'pok pour nuire à autrui

À côté de la sanction, la sorcellerie est l'autre grande cause de maladie. Transmis par le don (par exemple à l'initiation, comme le sort de victoire *eeram*) ou l'échange (le sortilège de mort *arow* requiert une contrepartie), le rituel court peut être compris comme un « don » et une dotation cumulables. Le recevoir a des conséquences irréversibles sur l'identité : il est assimilé par son détenteur, reconnu comme maître par les autres. Le guérisseur masseur *damer'ipitsj* délivre la victime qui a *mangé* un *arow'pok*, qu'il *arrache* en brûlant l'endroit au feu ou en massant des incisions jusqu'à extraire du corps des objets contondants. Au chapitre précédent, j'ai évoqué l'association de la sorcellerie avec les femmes âgées, relevée par Knauft[24] et par Alphonse Sowada*. J'ai également mentionné une forme marginale d'*arow'pok* qui, intégrée dans une sculpture par un artisan doué, se transforme – en crocodile, en serpent, en casoar ou en humain selon les versions – pour occire un parent encombrant. La mort est instantanée, la sculpture ayant capturé la

---

[23] La chaux est essentielle pour que les ancêtres soient contents et donnent de l'ardeur à leurs descendants. Dans d'autres régions du monde, son utilisation comme désinfectant est peut-être à rapprocher de son usage purifiant chez les Asmat.

[24] Knauft, B. M., *op. cit.*, *South Coast New Guinea Cultures*, p. 101.

dambuw de la victime (au lieu de la chasser, comme dans la maladie). Pour Kasmirus Amdusu*, les *bisj* ont la même propriété. Ces sculptures sont dangereuses : personne ne s'aviserait d'en voler une. Certains Asmat, pas trop rassurés, nient carrément l'existence de ces pratiques.

Pourtant, elles concernent aussi les missionnaires qui, dès leur arrivée, se virent prêter des talents occultes. Dans les premiers temps, les femmes et leurs enfants se dérobèrent au regard du prêtre, susceptible d'infliger une action sorcière[25]. Certains missionnaires – surtout catholiques – furent aussi pensés avoir usé de moyens sorciers pour se venger de dommages causés par les Asmat. Cette ambivalence dans la perception du missionnaire blanc se traduit dans son obligation de rester à une certaine distance vis-à-vis de ses ouailles[26].

Qu'ils en soient ou non la cause, les missionnaires s'opposèrent la sorcellerie, vue comme une vengeance ou une action satanique, et leur désapprobation modela le discours des chrétiens. Actuellement, certains chrétiens affirment l'inexistence ou l'obsolescence de l'*arow'pok*, tout en étant convaincus du contraire. Les comptes rendus aux missionnaires les ont marqués du désir d'être bien considéré par l'étranger blanc, qui se traduit par la conformité avec le modèle préconisé par les missionnaires. Devant l'ethnologue, ces Asmat taisent leur fréquentation du guérisseur, de réputation sulfureuse et contraire à l'image de modernité qu'ils souhaitent donner. Ils peuvent changer de discours. C'est le cas de Primus Akum*, qui nia tout en bloc pendant un temps et qui rendit finalement les armes après avoir été accusé de sorcellerie en ma présence (je ne pus déterminer si c'était fondé ou non). Dans un autre genre, Willibrodus Ekyak*, pasteur pentecôtiste, clame avec force que la foi anéantit le diable et que ni les fantômes ni la sorcellerie n'existent pour le croyant. Or, Ernest Nditsjim* me fit part de sa terreur face à sa vision d'un ancêtre en parures de guerre dansant au sommet d'un arbre, devant sa maison ; sans s'attarder sur la question, l'intéressé ne contesta pas. L'analyse ethnographique montre donc qu'il faut investiguer au-delà des étiologies et tenter d'observer les réactions en situation.

---

[25] Carleton Gajdusek* pense que ce n'est pas spécifique aux Asmat car on ne voit les femmes que dans un contact tardif, pas dans les premiers contacts, et ce dans toute la Nouvelle-Guinée. Aussi Schneebaum, T., *op. cit.*, *La demeure des esprits*, p. 107.

[26] Jolly, M., *op. cit.*, p. 246.

La mort plurielle asmat

Mort un peu ou beaucoup ?

La sorcellerie est susceptible de provoquer la mort ; encore faudrait-il savoir de quoi on parle. Les Asmat comprennent la mort en deux étapes successives : d'abord une perte de conscience (mort avec le corps encore vivant, *damir*), susceptible de revenir à la vie (*bojaworsit*), suivie de la mort du corps (*darminak*), quant à elle irréversible. Les Asmat pleurent le mort à l'issue de la première étape, à la différence des Awyu voisins, qui attendent la mort physique. En toute logique, les Asmat accueillirent la résurrection du Christ, l'argument central des missionnaires, avec détachement. Sans y parvenir, les protestants tentèrent de les dissuader de pleurer directement et d'attendre que la personne soit « bien morte » avant d'abandonner tout espoir.

Divers auteurs citent Safan comme le lieu où se rendent les esprits des morts, alors que mes informateurs désignent le large ou la forêt, en direction de Safan (l'Est). La pensée occidentale s'accommode mal d'un vide dans un processus, tant technique que spirituel : il lui faut une continuité. Il est tentant de rassembler ancêtres, morts récents et *dambuw* en un même « monde » et de les organiser dans la chronologie d'une entité unique dont ils seraient les avatars. Contredisant ce besoin de situer les morts dans un royaume, les morts récents n'ont pas de monde : leurs *dambuw*, chassées par les vivants vers l'Est[27], retournent à la nature et sont dites « perdues ». Quant à eux, les ancêtres demeurent où sont les hommes, avec une préférence pour les lieux ancrés dans la tradition. Et s'ils s'absentent à un moment donné, ils ne sont nulle part. Nous sommes loin d'un « monde des ancêtres situé de l'autre côté de la mer, où le soleil se couche[28] », et où sommeilleraient les ancêtres, les morts et les vivants à venir, même si le point de départ de la *dambuw* du fœtus à naître est effectivement le halo rouge du soleil au crépuscule.

Il résulte de ces divergences dans l'interprétation de la mort l'affirmation de certains missionnaires, comme Henri Bing Miller OSC*, que certains seraient enterrés vivants. Frazier[29] cite le cas d'un enfant enterré par ses parents et emmené ensuite à l'hôpital par ses aides médicaux. Pour lui, « les Asmat considèrent souvent comme mort un comateux ou une personne trop malade pour répondre. Certains sont morts de cette

---

[27] Les techniques combinent la cacophonie (effrayante), les gestes en direction de la jungle (informatifs) et les flèches tirées dans la même direction (dissuasifs).
[28] Gerbrands, A. A., *op. cit.*, *Wow-Ipits*, p. 37.
[29] Frazier, B. & D., *op. cit.*, p. 143.

habitude, sans maladie grave[30] ». Une autre divergence est la coïncidence entre la mort d'une personne influente avec une autre mort pour accompagner l'esprit hors du village, qui représente un danger de maladie et de mort pour les vivants. Frazier[31] cite le décès d'une vieille suspectée de sorcellerie, suivi de la mort d'un petit enfant après deux semaines, et de la levée du deuil de la vieille peu après. Puis le décès d'un homme battu suivi dix jours après de celui d'un enfant né le jour de sa mort. Dans tous les cas, l'enfant qui suit l'adulte dans la mort meurt empoisonné.

Expressions du deuil

Dans la famille étendue, le deuil est donné à voir par le crâne rasé des femmes. Comme pour leur faire payer le décès, la calvitie inspire la honte ; en 2004, une de mes grands-mères classificatoires la dissimulait sous un linge. Seules respectent le deuil celles qui suivent le droit et le nom du mort. Les proches, surtout les femmes, s'abandonnent au désespoir en mêlant leurs larmes et leur corps à la boue. Ce sont aussi les femmes qui accompagnent le mort avec leurs chants pour le guider dans la mort, jusqu'à l'ensevelissement.

Jadis à Sjuru, le corps nu était entièrement décoré de tissages et d'argile rouge, tout comme les endeuillés ; actuellement, le cadavre, placé dans un cercueil rudimentaire ou dans un simple drap blanc, est coulé dans la boue avec les fleurs et les rames de sagoutier et fixé avec des bâtons pour l'empêcher de remonter à la surface. Une fois le cadavre enseveli et célébré, le silence est de mise pendant le deuil, qui s'achève après les commémorations de trois, sept et quarante jours. Pour clôturer le deuil, chaque décès est célébré par un martèlement de *tifa* : « jouer du tambour ajoute de la force » dit Paternus Cuakces*.

À certains endroits, les morts étaient jadis enfouis dans les racines d'un banian, refuge des esprits féminins. Les femmes mortes en couches sont de préférence ensevelies sous cet arbre, les racines formant une cage autour du corps afin d'éviter la vengeance de la morte, qui jamais ne reposera en paix[32]. On retrouve ces racines en motif sur les sculptures du sud Asmat et au bas des *bisj* ainsi que comme thème du crucifix commandé par Huub von Peij MSC*. Ce dernier me raconta qu'en 1956, il demanda à un homme de lui sculpter un crucifix ; le résultat fut

---

[30] *Ibid.*, p. 142.
[31] *Ibid.*, p. 147.
[32] Sowada, A., « Fundamental Concepts of Asmat Religion », *op. cit.*, p. 70.

un arbre stylisé[33]. Renseignements pris, les énormes racines de cette mangrove servaient habituellement de réceptacle à une boule de feuilles dans laquelle sont logés les ossements des morts. Le sculpteur avait donc fait le rapprochement entre la signification mortuaire du crucifix et les pratiques funéraires locales[34].

J'ai mentionné les cadavres sur plate-forme. Détachée, la tête était utilisée comme oreiller par un petit-fils qui, grâce à ce contact nocturne avec son grand-père, acquérait du discernement dans la transmission du savoir masculin. Chez les Kayagar, Tucker[35] mentionne l'utilisation des crânes comme oreillers ou des dents serties en colliers en autant de rappels fonctionnels des disparus. Les Ankave utilisaient également des plates-formes pour leurs défunts, les os étant récupérés pour être enterrés ou placés à un endroit stratégique[36]. En Nouvelle-Guinée, les os, en particulier le crâne, sont fréquemment considérés comme le siège ultime de l'identité de la personne[37]. Une première épidémie de choléra dans les années 1950, consécutive à un raz-de-marée, servit d'argument à Kees Van Kessel MSC pour contrer ces pratiques. Joe DeLouw OSC* raconte que lorsqu'il bouta le feu aux premiers cadavres, il se brûla gravement au pied ; cet incident fut aussitôt interprété comme un signe du mauvais escient de son action. Malgré tout, les plates-formes disparurent rapidement dans les flammes.

Dans le domaine mortuaire, les attitudes des missionnaires sont variées. Certains Croisiers organisent « bien entendu » les funérailles dans l'église, tandis que d'autres se contentent d'assurer une présence discrète juste avant l'inhumation. D'autres encore laissent la famille gérer la cérémonie en entier. Jim Remmerswaal OSC* explique qu'en raison de l'émanation néfaste du corps mort dans une maison[38], il convient de célébrer le rituel à l'extérieur de l'église, sinon les fidèles n'y entreraient plus. De leur côté, les protestants n'interviennent pas dans les funérailles.

L'enterrement : des espaces-temps asmat et chrétien distincts

L'enterrement décrit ci-après eut lieu en 2001, et concerne un homme muyu de soixante-quatre ans à Agats marié à des femmes asmat.

---

[33] L'allure de ce « crucifix » caractéristique est un entrelacs végétal allongé reposant sur une base plate et surmonté à droite d'une tête de profil regardant à gauche.

[34] Voir aussi Schneebaum, T., *op. cit.*, « Change in Asmat Art », p. 55.

[35] Tucker, D. A. & Knickerbocker, A., *op. cit.*, p. 26.

[36] Bonnemère, P., *op. cit.*, p. 155-157.

[37] Stewart, P. J. & Strathern, A., *op. cit.*, « Introduction: Gathering the Threads of the Flow of Life », p. 16.

[38] Konrad, G. & U. et Winkelmann, C., *op. cit.*, p. 304, écrivent qu'après ces cérémonies, les villages étaient jadis abandonnés, éloignant les vivants des morts.

Le soir suivant le décès, des rites préliminaires sont accomplis par les hommes autour du cadavre couché sur le dos, les pieds à l'extérieur de la *jeuw*. À l'arrière de la maison du défunt, un groupe de parents surtout féminin chante en asmat à mi-voix. À l'aube, des rites sont accomplis autour de la fosse. Le mort, visible à l'avant de la maison, repose dans un cercueil rectangulaire de bois léger orné de figures géométriques clouées sur des draps blancs. Les gens défilent pour lui parler. Les chants ininterrompus rassurent le mort qui erre à proximité. Dès son arrivée, le prêtre récite des formules chrétiennes et bénit le cercueil, sans aller dans la pièce où le comité restreint continue à chanter. Les autres entonnent des chants chrétiens, et le couvercle est rabattu sur le corps puis cloué ; l'assemblée s'anime brutalement et explose en pleurs et en regrets. Une procession hurlante défile en pataugeant jusqu'à une centaine de mètres de la maison, où la fosse bée entre les arbres. Sous la surveillance du prêtre qui marmonne la messe et la vie du défunt, tous jettent des fleurs sur le cercueil qui disparaît au fond de la fosse. Soudain, une cascade de mottes de boue déferle sur le monticule fleuri. En quelques instants, les participants dégoulinent de boue et forment, en quelque sorte, un seul corps avec le mort. Certains proches du mort, retenus par d'autres, luttent pour le rejoindre dans la fosse.

À l'analyse, on constate une partition du temps à partir du décès jusqu'à l'ensevelissement dans lequel les rites chrétiens n'interviennent qu'à la fin. L'espace est partagé de même : les chants asmat accompagnent le défunt depuis l'arrière de la maison puis reprennent possession de la maison entière au départ du prêtre, dans une pièce distincte des chants chrétiens. Les deux fois où le prêtre prend la parole, la mélopée des plaintes cesse brusquement à l'avant de l'habitation ; le déchaînement des gestes de douleur, de larmes et de cris est comme domestiqué, rendu docile par la religion chrétienne. À l'extérieur, le prêtre se poste au pied de la fosse tandis que des femmes plus âgées, restées au foyer, émettent individuellement un chant mélancolique pleuré en partie yodlé. Un autre chant féminin est entonné à proximité du cadavre par une dame âgée, derrière un bananier. Après l'enterrement, tous sont couverts de boue sauf le prêtre, tel un être immaculé et insolite au milieu d'une mare boueuse. Ceux qui accomplissent les rites pour faciliter le passage du défunt ne sont pas les mêmes acteurs (prêtre d'un côté, et acteurs de la tradition de l'autre), répartis sur un espace-temps distinct. Autour de la fosse, les rites des deux types se déroulent simultanément lors d'une courte période de temps partagé, juste avant la disparition du corps.

Le retour des ancêtres clôt les funérailles

Les funérailles s'achèvent véritablement de façon différée, lors de la sortie des masques *jipae* et du séjour du mort dans sa famille sous les traits du masque. Surnommée *pesta setan* (« fête de Satan ») par les premiers missionnaires qui y ont probablement senti du soufre, cette terminologie est désormais adoptée par les Asmat, et est aussi celle de la littérature. De la même manière, le masque funéraire *jipae* n'est pas un masque mais un « vêtement d'esprit » (*pakaian roh* en indonésien). Dans les rituels longs, le *jipae pokm'bui* ou *dat pokm'bui*, dit « le plus long », est organisé tous les sept à quinze ans. Pendant toute la durée du rituel, la norme asmat prescrit un comportement exemplaire, interdisant la grossièreté. Les masques sortent « quarante jours » après la poursuite des hommes par les femmes décrite précédemment. Le rituel proprement dit commence lorsque les ancêtres quittent les montagnes et envoient un serpent informer le *teser'ipitsj* de leur intention. Puis ils longent la Siretsj à pied « jusqu'à Ondibaow où le fleuve là-bas nage », selon les termes de Felix Owom* : leurs efforts pour rencontrer leur famille sont une preuve de leur attachement. Le plus vieux arrive le matin, avant les autres ; son masque est un haut cône en rotin jaune et brun. Après avoir joué du *tifa* dans la *jeuw*, les hommes vont chercher leurs ancêtres en forêt, et ils arrivent enfin. D'après Felix Owom*, « les beaux-fils regardent, tous regardent avec toutes sortes d'yeux[39] ». Les petits-enfants sont séduits par la beauté, la prestance des masques décorés de chaux et d'argile. Pour éviter toute entrave au mouvement, la danse se déroule à l'extérieur de la *jeuw*, devant le feu. Hommes, femmes et enfants, petits et grands, tous dansent et passent la nuit dans la *jeuw* (à Sjuru, pas à Amborep). Les jours suivants, le masque partage les repas avec sa famille dans toutes les maisons « sans pouvoir passer son chemin », et saisit les seins et les sexes de ses petits-enfants pour recueillir les substances. Mais l'âge avancé de l'ancêtre justifie sa faiblesse. Après un dernier repas, il chemine vers la forêt. Tous pleurent abondamment et se couvrent de boue. Certains sont tellement tristes qu'ils glissent entièrement dans la boue, comme pour se rapprocher de leur parent qui s'éloigne à nouveau. Ce rituel joue un rôle essentiel dans cette région à mortalité élevée : faire le deuil de tous les décès survenus depuis la sortie des masques précédente[40]. Il permet aussi aux émotions de s'extérioriser librement, et rappelle la continuité transitoire de la vie. Même les porteurs des masques se réjouissent du retour de l'ancêtre, qu'ils invitent à habiter leur corps pendant son séjour au village.

---

[39] Vraisemblablement allusion aux « quatre yeux » de la double vue.
[40] Hertz, R., *Sociologie religieuse et folklore*, Paris, P.U.F, 1970, distingue le mort vif (non détaché du monde, les chairs n'étant sont pas encore mangées par la terre) du mort ancestralisé, qui le devient après désagrégation de l'image du mort vif lors d'une période de liminarité, le deuil. Parfois long de plusieurs années, ce dernier s'achève en même temps que les funérailles.

Tout comme les autres longs rituels, le *jipae pokm'bui* fut adopté par les missionnaires catholiques. Joseph Haar MSC en conçut même une version adaptée pour célébrer la confirmation chrétienne à Yamasj[41]. Virgil Petermeier OSC* dit que les « fêtes » sont excellentes pour extérioriser les tensions et effectuer le travail de deuil cher à Freud. Les membres de TEAM ne partagent pas cet avis et condamnent les charlatans qui mentent aux femmes et aux enfants sur l'identité réelle du masque.

Les missionnaires et leurs morts

Cette section sur la mort serait incomplète sans évoquer les morts des missionnaires. Le caractère hostile de la jungle néoguinéenne n'est pas un mythe et explique le caractère tardif des « premiers contacts » dans certaines régions, nous l'avons vu au chapitre II. « Pendant les cinquante premières années de missions en Nouvelle-Guinée, plus de missionnaires furent enterrés que de convertis[42] ». Prévoyants, les missionnaires de TEAM désignèrent un lieu pour enterrer leurs morts avec le placard comme cercueil. Toutefois, ils ne prient pas (pour) les morts : les dés sont jetés sur l'issue du jugement et autant s'adresser à Dieu directement plutôt qu'à un intermédiaire. Par la prière aux morts, les catholiques se rappellent qu'ils font partie d'une communauté plus large, qui inclut les saints. Les morts font partie de l'identité, et la sainteté du martyr éclabousse sa famille. Les protestants, quant à eux, ne ressentent pas le besoin de se définir par rapport aux morts : le martyr est juste un puissant incitant à suivre ses traces. La mort de Tritt et Erikson en Papouasie fit une forte impression sur les étudiants du Columbia Bible College, où ils avaient été étudiants ; le quartier général de TEAM fut envahi par les lettres et une collecte fut réalisée pour financer un avion de la MAF en leur mémoire[43].

Des méthodes thérapeutiques

Principes de médecine familiale

Pour contrer la maladie, les Asmat quémandent des aides visibles et invisibles et appliquent au corps toutes sortes de techniques. Avant de consulter le guérisseur, les malades sollicitent les secours de la médecine familiale pratiquée au sein de la maisonnée. La technique la plus répandue consiste à réaliser des incisions verticales (*ofe*) longues d'un

---

[41] Trenkenschuh, F., *op. cit.*, « Some Additional Notes on Zegwaard », p. 38.
[42] Frazier, B. & D., *op. cit.*, p. 45.
[43] Mortenson, V., *op. cit.*, p. 453.

centimètre environ en rangées serrées et frottées avec un onguent afin de faire sortir le mal du corps sous forme d'infection[44]. Les traces de ces traitements restent visibles sur les nuques et les fronts de nombreux villageois, dont la peau est couverte de brûlures et de coupures. La langue asmat est révélatrice, prévoyant un mot différent pour chaque blessure. Textuellement, les *ofe* sont destinées à « faire sortir la crasse » et à alléger le corps. Les Kayagar voisins procèdent de même[45]. Au nord-ouest ayfat (« Bird's Head », à l'ouest de l'île), la maladie se repère à la saleté du sang et, comme en Asmat, un des objectifs du traitement est de baisser la température du corps[46]. Opérées à des moments stratégiques, les scarifications asmat ont la même vertu ainsi que la friction avec des feuilles d'ortie très urticantes, remède souverain contre la fatigue, le mal de tête et les maladies de peau.

Citons aussi *akdas*, une brûlure thérapeutique réalisée en cas de douleur aiguë, par exemple sur la mâchoire en cas de mal de dents. Jim Remmerswaal OSC* y fait allusion en s'étonnant de la propension des Asmat à tromper la douleur en la « déplaçant » pour en oublier l'emplacement premier. Les Preston* décrivent des parents qui brûlent la mâchoire de leur jeune enfant de l'autre côté de la rage de dents dans le même but. En outre, il existe diverses recettes d'efficacité variable. Il existe des remèdes spécifiquement féminins, à base de plantes. Répandre de la chaux dans la *jeuw* concourt également à la guérison.

Un sortilège de victoire sur la guerre et la maladie

Les Asmat composent avec plusieurs réalités nouvelles, et cela vaut aussi dans le domaine de la santé. Une étude de cas illustre ce propos. Abraham Buipir* est un guérisseur traditionnel, un *eeram'ipitsj*, une fonction très répandue et désapprouvée en chœur par les missionnaires. Par souci de tranquillité, Abraham ne leur avoue pas son activité délictueuse et fait partie de la poignée de vrais croyants (protestants) de son village. D'abord baptisé par le père Zegwaard à l'église en 1956, il le fut

---

[44] Considérant le corps et ses implications personnelles et relationnelles dans différentes sociétés de Nouvelle-Guinée, Stewart, P. J. & Strathern, A., *op. cit.*, « A Comparative Discussion of Witchcraft and Healing Rituals », p. 65, remarquent que « mettre l'accent sur les humeurs et les substances indique que les relations internes et externes de la personne sont symbolisées de cette façon. La frontière du corps est la peau, alors que la peau est aussi le tégument perméable que les substances et les influences traversent dans les deux sens ». Dans les sociétés papoues qu'ils comparent, la peau est le lieu où s'exprime l'information morale, « où l'invisible devient visible » : les attaques de sorcellerie internes se décèlent à une peau en piteux état, et commettre un acte répréhensible, tel que le vol, la détériore. *Ibid.*, p. 72.

[45] Tucker, D. A. & Knickerbocker, A., *op. cit.*, p. 130.

[46] Courtens, I., *op. cit.*, p. 52.

une seconde fois en 1966 par le pasteur évangélique Preston dans la rivière, à la demande de ses parents. C'est à ce moment qu'il reçut le nom d'Abraham. De 1967 à 1998, il dirigea l'Église protestante de Sjuru puis céda la place à ses fils. Faute de trouver un terrain d'entente, ses deux épouses vivent dans des maisons séparées ; il va sans dire que la polygynie ne rencontre pas l'approbation des missionnaires non plus. Comme ses coreligionnaires, Abraham participe activement aux fêtes prohibées par son Église, comme celles organisées lors de la sortie des masques des esprits *jipae* ou de la fabrication des mâts d'ancêtres *bisj*. Les pasteurs américains de TEAM accusent ceux qui continuent ces pratiques d'avoir deux dieux. Peu lui importe : il a deux dieux, et alors ?

Abraham* est un *eeram'ipitsj*, autrement dit un homme faiseur d'*eeram*. *Eeram* est un rituel court donnant lieu à un sortilège aux facettes multiples et dont le don et les secrets sont reçus à l'initiation. Jadis, il était aussi utilisé comme sort de victoire en un lieu sacré avant un raid de chasse aux têtes, et incrusté sur certains boucliers afin de terrasser l'ennemi. Très utilisé, ce sort constitue une entité vivante qui dévore ses victimes de l'intérieur, comme l'*arow'pok*. Il rend invulnérable et son efficacité est sans équivoque : celui qui part en guerre la gagne.

Eeram assure aussi la victoire en matière de santé : le rôle du guérisseur est avant tout de convaincre la *dambuw* de retourner dans le corps du malade. Il obtient son rapatriement par le massage, parfois très vigoureux : le médecin d'Atsj Oka Wijaya* mime la façon dont il fouette avec des stipes les patients atteints de maladies graves. Posé sur le corps, un assortiment de pierres l'entretient sur l'état de santé du patient et sur sa probabilité de guérison. L'*eeram'ipitsj* utilise aussi des phrases sacrées prononcées à mi-voix, parfois des paroles bibliques. Les objets extraits du corps vont des clous aux tessons de bouteille.

Dans le cadre de ses activités thérapeutiques, Abraham Buipir* pratique ce qu'il appelle la « prière traditionnelle » à la demande des patients. Il commence par accueillir une assemblée nombreuse dans la *jeuw*. L'*eeram'pok* doit être accompli après un événement inopiné et dangereux, comme s'égarer en forêt ou voir sa pirogue sombrer. C'est à ce moment qu'il demande aux ancêtres de rappeler la *dambuw* du patient, sans laquelle la guérison n'est pas possible. Il peut convoquer les ancêtres dans la *jeuw* ou dans un endroit lointain, dans la jungle ou dans la mer, afin qu'ils ouvrent la voie jusqu'à la maison. En digne chef d'église, ses prières s'adressent à Dieu, puis aux ancêtres. Il précise que « ceux qui guérissent sont de bonnes personnes ». Il n'a pas le droit d'exiger une rétribution sous peine de perdre le don. Jadis, il était récompensé par une boulette de sagou brûlée et actuellement, il demande de la reconnaissance : « leur bonté doit me faire face ».

Un deuxième type de guérisseur, plus puissant, pratiquant aussi l'exorcisme, sollicite l'aide des esprits pour sa thérapeutique ou les écarte au besoin : c'est le *damer'ipitsj*. Il est parfois réputé avoir des rapports sexuels avec les esprits dangereux (*dat*) en échange de leur soutien. Il est aussi capable de voir les morts récents grâce aux cernes noires de son maquillage, du charbon mêlé à de la graisse de serpent, reconnu pour sa puissante action sur la mort. À Atsj, Markus Yisimamtsji* et Fabianus Faniptsjes* soulignent la fréquence avec laquelle les malades, déçus de l'hôpital, le consultent après s'être fait « séduire » par une entité forestière *wasan'dat*. Passé maître dans les subtilités de la séduction surnaturelle, le *damer'ipitsj* guérit ses patients avec des décorations en partie à la chaux et un changement d'alimentation. Comme son collègue, il pratique des incisions et l'esprit sort en sifflant *fuw* (voix des ancêtres). Il exerce son art avec l'aide des ancêtres, qui lui apparaissent lors des nuits autorisées.

Lorsqu'un fidèle sollicite leur aide, le pasteur pentecôtiste Willibrodus Ekyak* et les missionnaires de TEAM cherchent à savoir si des paroles ont déjà été prononcées par le guérisseur. Dans l'affirmative, ils refusent de soigner selon une représentation du christianisme perçu comme « une sorte de système anti-sorcellerie[47] ». Lange[48] remarque que dans de nombreuses sociétés du Pacifique,

> quand le christianisme fut accepté, le plus flagrant fut l'incompatibilité des rôles traditionnels et des nouvelles fonctions dirigeantes religieuses : les missionnaires considéraient les médiums et les prêtres comme l'épitomé du paganisme, et les spécialistes traditionnels faisaient souvent furieusement obstacle au progrès de la nouvelle religion (bien que certains y adhérèrent rapidement et devinrent eux-mêmes de bons missionnaires.

Les missionnaires protestants critiquent donc les guérisseurs asmat, surtout l'extraction d'objets vue comme une fourberie dont il faut protéger les Asmat crédules. Au contraire, leurs collègues catholiques, pour ceux qui sont au courant, approuvent la médecine traditionnelle.

Quand le « diable » s'en mêle

Beaucoup de possessions et peu d'exorcismes

Indépendamment des *wasan'dat*, les Asmat interrogés évoquent de nombreux cas de possession souhaitées voire provoquées. À Cemnes, Hermina M'Baith* fut possédée par des morts à trois reprises, dont deux fois par son fils mort à quatorze ans et la troisième par une mère de trois

---

[47] Strathern, A., & Lambek, M., *op. cit.*, p. 18.
[48] Lange, R., *op. cit.*, p. 324.

enfants. À chaque possession, l'enfant « la prend », mange et boit à travers elle pendant une semaine et lui rappelle son amour pour elle. Son visage est visible d'elle seule. En sa présence, toute la famille prie Dieu (ils sont catholiques) pour qu'il fasse bonne route.

Si les histoires de possession sont pléthore dans le discours, il n'y eut pas d'exorcisme catholique. Les seuls cas furent à ma connaissance assumés par le missionnaire évangélique Frazier, le pasteur asmat John Kawor* et le pasteur pentecôtiste Willibrodus Ekyak*. Elmer Lorenz* de TEAM fut également convié à un exorcisme avec d'autres pasteurs, mais la victime, un Awyu marié entre deux âges, ne reprit pas conscience après des heures de prières. D'ordinaire, les missionnaires restent silencieux sur ces thèmes délicats. D'autres exorcismes ont peut-être eu lieu, à vérifier avec ceux que je n'ai pas pu interroger[49].

John Kawor* soutient que les cas de possession sont pléthore en Asmat. Il fut sollicité pour un exorcisme à distance de vingt minutes pour une femme possédée par un parent. Ses résultats furent concluants. Il pria la famille de ne pas le remercier, mais Dieu. Son homologue Sabinus Ekpiwi* fut témoin de la possession d'une jeune fille, presque morte, qui redevint consciente grâce aux efforts d'un guérisseur[50]. Les possessions concerneraient tant les Asmat catholiques que les protestants. Pour en expliquer l'origine, il suppose une possession gigogne selon laquelle le démon entra dans les esprits possesseurs lorsqu'il fut chassé sur la terre par Dieu.

Le missionnaire Frazier, quant à lui, admonesta le démon (*evil spirit*) à plusieurs reprises. Une femme emmaillotée dans du rotin, portée à bout de bras, se plaignit de menaces de mort d'un esprit *bi*[51]. Frazier pria avec ses proches, leur ordonna de couper le rotin, réprimanda le diable publiquement et la libéra[52]. Il raconte une autre anecdote dans le village de Kaimo, connu comme Ayam pour être réfractaire aux lois du gouvernement. Lors d'un des premiers contacts avec ce village à la fin des années 1950, un vieillard nu commença à chanter et à danser devant Frazier dans la *jeuw* « de la manière la plus laide qu'il ait jamais vu ». Sentant une présence démoniaque, le missionnaire s'adressa au diable en anglais et d'une voix forte pria Dieu d'asseoir le danseur, qui obtempéra

---

[49] Comme les Hekman, qui ont a priori le profil indiqué d'après ce que l'on dit d'eux.
[50] Sabinus Ekpiwi* est asmat mais ne semble pas du tout informé de ces pratiques.
[51] Peut-être une référence à la chaux *mbi* et à ses propriétés de sacralisation d'objets, les dédiant aux ancêtres.
[52] Frazier, B. & D., *op. cit.*, p. 237.

en silence[53]. De manière générale, Frazier décèle le démon dans le rituel funéraire (*jipae pokm'bui*) et dans « ce qui fait du tort aux gens ».

Du côté catholique, la sœur Alfonsa OSU* raconte que les cas de possession sont si nombreux qu'on en trouve souvent à l'internat d'Agats ; il y en avait deux en 2004. Dans ce cas, un *arow'ipitsj* se présente pour expulser l'entité mais on ne le laisse pas toujours entrer, la prière étant réputée par les sœurs comme la posologie la plus efficace. Vince Cole MM* se déclare souvent sollicité pour résoudre une maladie due à un esprit facétieux, mais pas pour un véritable exorcisme. Toutefois, la foi catholique ne prémunit pas contre les attaques sorcières. Les prêtres prêchent en défaveur de pratiques de type *arow'pok*, tout en tolérant leur expression matérielle. Face aux phénomènes étranges du marais, ils ne savent pas toujours que penser. Ces hésitations ont sans doute contribué à convaincre certains missionnaires protestants de l'exclusivité catholique des « hommes médecine », des fomenteurs de la révolte d'Ayam en 1980 et des partisans des cultes du cargo. Rufus Sati* pense que de façon générale, les possessions dépassent la compréhension des missionnaires et des pasteurs. Certains protestants en refusent l'existence selon une trame assez stable : ils pensent que pénétrer dans l'église suffit pour ne plus voir d'esprit et pour être immunisé contre les attaques sorcières. Sur le terrain, cette victoire de la foi se vérifie plus dans le discours que dans les faits. Abraham Buipir* fut lui-même victime d'une attaque sorcière en 2004 et John Kawor* assista à des phénomènes que sa foi aurait dû rendre invisibles. Étant donné que la médecine guérit des maladies d'origine sorcière, les pasteurs protestants asmat tendent à affirmer que les médicaments, les médecins et l'hôpital procèdent de Dieu, selon le principe de l'*inhérence biblique* qui veut que tout vienne de Dieu. Cette attitude se retrouve chez les Dani[54]. Rappelant la concurrence entre le missionnaire médecin et le *witch doctor*, la victoire de la médecine sur le démon apparaît en filigrane, illustrée dans l'ouvrage de l'évangéliste Bob Frazier où l'auteur assimile « une épingle médicale pour percer les ténèbres » à « la parole divine[55] ».

Des ténèbres réelles ou métaphoriques ?

Meyer[56] critique la théorie de Horton[57], qui comprend la conversion comme une renonciation aux esprits locaux au profit de Dieu. Chez les

---

[53] *Ibid.*, p. 250.
[54] Farhadian, C. E., *op. cit.*, p. 89.
[55] Frazier, B. & D., *op. cit.*, p. 82.
[56] Meyer, B., *op. cit.*, « Modernity and Enchantment », p. 220.
[57] Horton, R., « African Conversion », in *Africa* 41, 1971, p. 85-108.

Fluides, médecine et cosmologie

Ewe qu'elle étudie, en conséquence de la diabolisation de la cosmologie par les missionnaires piétistes, la croyance en Dieu s'assortissait d'une croyance au diable, régnant sur les esprits que les Ewe étaient supposés oublier. Dans la cosmologie asmat, il n'existe pas d'esprits « bons » ou « mauvais » (un seul terme *dat*) mais d'entités ambivalentes susceptibles tantôt de servir les desseins des Asmat, tantôt de leur nuire, et pas nécessairement sous l'instigation des ancêtres. L'analyse anthropologique montre la même ambivalence au Vanuatu, où les esprits peuvent aider et blesser, fertiliser ou stériliser selon l'accomplissement régulier ou l'oubli des rituels prescrits[58]. C'est à la facette obscure que les missionnaires protestants réagissent, cataloguant les « mauvais esprits » dans le giron de Satan puisque Satan génère la peur, pas Dieu. Plusieurs d'entre eux pensent que Satan est partout, sous des formes différentes. Parce qu'il parla à Ève, il est généralement décrit comme un ange ou un esprit personnifié[59]. Satan et ses démons parlent aux gens, les possèdent et les influencent dans le but de détruire. Si, spontanément, les missionnaires utilisent peu les termes « Satan » ou « démoniaque » en entretien[60], hormis Ken et Sylvia Dresser* qui décrivent leur action comme une « offensive envers Satan », leurs publications internes fourmillent de locutions impliquant les forces de l'ombre et désignent les territoires d'avant la présence missionnaire comme « le monde de Satan » ou « le pays des ténèbres » (*land of darkness*). En plus de périodiques de TEAM comme *Horizons* ou *The Missionary Broadcaster*, l'ouvrage de Frazier[61] a le mérite d'avoir été publié récemment et de concerner aussi l'évangélisation des premiers temps. Du début à la fin, il foisonne d'allusions au combat des missionnaires contre Satan. Il décrit par exemple l'avancée missionnaire en 1960, décrite comme « une guerre contre Satan et tous les démons dans le combat pour les âmes perdues[62] ». « Nous envahissions la terre de Satan et ça le rendait fou[63] ». Il cite une lettre du 7 septembre 1976 selon laquelle « ces gens [les Asmat] ont été maintenus dans le péché et les ténèbres trop longtemps et Satan ne veut pas les laisser aller mais nous avons promis la victoire au

---

[58] Jolly, M., *op. cit.*, p. 241.
[59] Les missionnaires catholiques contestent la personnification de Satan. Ils le perçoivent comme le chaos ou comme un mouvement centripète par rapport à l'unité.
[60] Pour certains, Satan est plus l'expression symbolique de concepts culturels erronés que la matérialisation d'un esprit du mal. Ces missionnaires-là disent le discours satanisant obsolète. Seulement, cette obsolescence eut lieu après les années 1950-1960, et la présence de l'ethnologue a pu jouer sur leur discrétion.
[61] Il est regrettable de n'avoir pu rencontrer l'auteur, son état de santé le rendant trop fatigable pour un entretien.
[62] Frazier, B. & D., *op. cit.*, p. 167.
[63] *Ibid.*, p. 88.

Christ[64] ». Ses déboires sont la plupart du temps attribués à des « subversions sinistres, sataniques » ou à des « manipulations de Satan[65] ». « Satan ne se tenait pas tranquille, cependant. Il continuait à nous attaquer à travers l'Église et la santé des enfants[66] ».

Dans le chapitre intitulé « De sinistres symboles sataniques », il écrit sur l'art asmat : « depuis la création, les serpents ont symbolisé les attaques sataniques. Les Asmat ont des sculptures qui représentent des serpents, sans aucun doute symbole du diable. Cet ennemi a sur eux une forte mainmise depuis des siècles, que seul le pouvoir de Dieu pourrait briser[67] ». Dans un autre chapitre, il décrit son nouveau bateau comme « une pirogue de guerre dans une guerre contre Satan et tous les démons dans le combat pour les âmes perdues[68] ». Ses descriptions font aussi allusion à une notion récurrente dans le discours protestant : les yeux d'un non croyant, maintenus clos par le diable, s'ouvrent lors de la conversion. Lors d'une épidémie de grippe, le missionnaire sauve à deux reprises un homme émacié « mais ce vieux renard, le diable, avait tellement aveuglé ses yeux qu'il ne pouvait pas voir son besoin du Christ[69] ». Cette phrase évoque aussi un besoin sous-jacent du Christ dont les Asmat seraient inconscients par aveuglement diabolique.

Côtoyer une société confondant les trois dimensions de la vie (espace, temps, spiritualité) aiguisa la sensibilité de certains missionnaires. « C'est comme le vent », dit John Forsythe* de MAF, « on connaît sa présence en voyant les feuilles bouger ». Il y a donc « quelque chose » dans les pratiques culturelles asmat que les protestants ressentirent comme démoniaque ou, si le terme n'est pas toujours adéquat, comme un rayonnement suffisamment étranger à leur définition de l'harmonie pour générer chez eux un sentiment de malaise, voire d'oppression. J'utilise le terme de « rayonnement » à dessein, car cette perception peut dépasser la raison et ne pas être explicable par les intéressés. Les missionnaires la découvrirent sur la côte sud, pas aux États-Unis ; ce fut une angoisse nouvelle à laquelle ils réagirent par la prière. Sentant une présence funeste, John Forsythe* pria pour son fils en entendant le tambour nocturne dans la *jeuw* afin de forcer les démons à partir. Au moment où elle croisa un homme grimaçant qui se contorsionnait au milieu du village, Ruth Roesler* perçut une présence démoniaque

---

[64] *Ibid.*, p. 230.
[65] *Ibid.*, p. 108.
[66] *Ibid.*, p. 158.
[67] *Ibid.*, p. 109-110.
[68] *Ibid.*, p. 167.
[69] *Ibid.*, p. 211.

proche. Trois pilotes MAF passèrent un week-end à prier pour un évangéliste mis au défi par un *witch doctor* dans un village et ressentirent son besoin d'aide au moment précis où il fut menacé physiquement par l'homme et ses acolytes.

Autres interventions du surnaturel dans l'environnement

Dans cette étude, les esprits, les ancêtres, les entités ou les êtres invisibles apparaissent régulièrement : ils sont au cœur du discours. Dans les conversations des Asmat, les entités invisibles interviennent sur le même ton que le reste du quotidien. Le but n'est pas de les énumérer ici, mais de proposer quelques exemples éclairants sur le fonctionnement de la société asmat.

Le bois a un maître, comme la terre un propriétaire. Un bouclier en cours de fabrication compte sur des offrandes régulières, sous peine de se retourner sur la famille du sculpteur. Une offrande est également requise avant d'abattre certains arbres, pour avertir l'entité de la nécessité de déménager ; d'autres, interdits, se défendent si l'on s'avise d'essayer. Dans la forêt, les bois discutent en produisant un bruit fort, « un bruit qui cogne donc il y a une âme dans le bois » d'après Markus Yisimamtsji*. Et cette âme sort pour rencontrer des gens. La fille du bois de fer (*Intsia* spp.), la plus méchante, séduit beaucoup d'hommes. Le père de Markus* sculpta un bouclier dans ce bois, peu tenté par les racines épaisses et ardues à sculpter de l'arbre *tsjii*. Le résultat ne se fit pas attendre, et l'esprit de *pasj'kawee* l'emporta à toute vitesse vers la forêt. Les lieux dangereux sont nombreux, y compris au village. Quand les femmes quittent Uwus, par exemple, il leur est interdit de regarder en arrière. Dans certains méandres de rivière, des Asmat *red skins*, semblables aux Asmat de la terre ferme, entraînent par le fond des pêcheurs isolés. Toutefois, les entités des lieux et des arbres s'évanouissent en cas de transformation du lieu, comme à Buitsjiew, l'Agats de jadis. D'après Abraham Buipir*, peu de traces subsistent des deux filles des sources, disparues aujourd'hui ; en 1953, le père Zegwaard se serait installé à cet endroit précis.

Les animaux sont d'autres êtres vivants intimement liés à l'invisible. Toutefois, ce que nous classons comme animal n'est pas nécessairement classé de même chez les Asmat. Markus Yisimamtsji* en énumère cinq[70] : le couscous *fatsj*, le crocodile *ewo*, le cochon *oo*, le varan *utsj* et le chien *juwur*. Les trois premiers possèdent un spectre désigné par l'affixe *'khomer'*, comme l'entité du banian et du bois de fer.

---

[70] L'exhaustivité ne caractérise pas mes informateurs asmat, qui oublient par exemple d'énumérer certains de leurs frères et sœurs tout en citant les enfants adoptés.

Ewo'khomer' est au sommet de l'échelle de la méchanceté. La malignité du spectre est réelle, à la différence du *dat* potentiellement dangereux. Perdu à la mort, il est au service des ancêtres. À Sjuru, Felix Owom* décrit l'onguent qui, appliqué sur le front, permet de se transformer en reptile, par exemple pour se venger d'une fille indifférente à ses faveurs. Une autre technique consiste à introduire un *eeram'pok* dans une sculpture de crocodile longuement frottée avec des objets de guerre et présentée aux ancêtres et aux esprits en un lieu sacré, dans la jungle. Primus Akum* se souvient avoir vu au musée d'Agats une sculpture de ce type en forme de grand serpent, capable d'attaquer les « gens qui ont une émotion » pendant leur quête de nourriture. La morsure suffit pour entraîner la mort.

En 2001, deux villages aux environs de Agats, Yaun et Yufri, furent totalement désertés par leurs habitants dont la plupart servirent d'en-cas à un énorme saurien découlant d'une métamorphose. John Ohoiwutun*, l'ancien *camat* d'Agats, constata lui-même l'absence de présence humaine lors de sa visite officielle dans le village et Lukas*, un habitant de Yufri, surprit les hommes de son village réfugiés sur la plage. À Ayam, un jeune homme est connu pour se déplacer en serpent, en grosse souris ou en crocodile afin de croquer les habitants des villages voisins ; ceux d'Ayam le craignent tellement qu'ils n'osent pas le chasser du village. Des dents lui pousseraient pendant la nuit et le don d'ubiquité le rendrait encore plus redoutable, cumulant la force de vie de jeunes filles qu'il laisserait mortes après leur avoir investi le corps. Sowada[71] incrimine *dambuw*, capable de se métamorphoser en être vivant en mémoire des temps primordiaux où les ancêtres se transformaient en homme, en animal ou en végétal. Il cite le cas d'un crocodile que l'on renonce à tuer en 1984-1985 pour avoir été identifié comme la *dambuw* d'un homme de Erma ayant entraîné douze personnes par le fond pour compenser les morts infligées par le village rival de Sawa des années auparavant. Ici, l'entité agissante du crocodile est *'khomer'*, distincte de *dambuw*. Comme le font remarquer Stewart et Strathern[72], la figure du thaumaturge transformé en animal, courante en Nouvelle-Guinée, s'inscrit dans l'idée d'une humanité prolongée par d'autres formes de vie et dans le cosmos au sens large.

Enfin, l'intervention d'une nature animale dans la nature humaine ne survit pas que par la métamorphose. Plusieurs hommes d'Amborep disent avoir rencontré dans la jungle des personnages singuliers, tels

---

[71] Sowada, A., *op. cit.*, « Fundamental Concepts of Asmat Religion … », p. 67-68.
[72] Stewart, P. J. & Strathern, A., *op. cit.*, « A Comparative Discussion … », p. 74-75.

qu'un « homme sans partie arrière », un homme-chien et un village d'Amazones qui assurent leur descendance en séquestrant des étrangers.

Intervenir dans la mort et la maladie des Asmat

Cette présentation des causes de maladie nous donne un petit aperçu de l'influence des rapports entre les êtres visibles et invisibles sur la santé des Asmat. Convaincus du dénuement des populations, les missionnaires désapprouvèrent la grille de lecture médicale autochtone et tentèrent de convaincre les Asmat d'adhérer aux explications occidentales. Au point, pour les Croisiers, d'écarter les étiologies asmat de la culture à préserver, opposant leur vision de la médecine aux causes habituelles de maladie et d'infortune. Ils les soignèrent malgré eux, et plutôt deux fois qu'une ; à l'époque de l'arrivée du premier missionnaire, le gouvernement néerlandais avait déjà entamé une vaste campagne de vaccination contre la rougeole.

Et Dieu apporta la médecine

Selon les conceptions asmat, la peau est une frontière permettant à la maladie ou au sortilège de sortir du corps par l'incision, concrétisé par l'extraction d'objets ou par une fuite d'air chaud. Rare en zone rurale, la peau lisse est admirée comme signe de santé, les maladies de peau rendant le corps naturellement rêche. Frottée d'alcool désinfectant, la peau percée par une seringue est donc très proche des incisions *ofe* frottées d'un onguent. On imagine la panique que provoquèrent les premières injections qui, d'après ces conceptions, introduisent la maladie dans le corps au lieu de l'en extraire[73]. En 1960, les populations terrorisées refusaient de se laisser soigner. La santé des populations, décrite par les missionnaires pionniers comme catastrophique, était – et demeure – un sujet de préoccupation majeur des Asmat des premiers contacts[74]. Puis la peur se mua en joie face aux effets spectaculaires de la pénicilline sur la santé, provoquant la disparition rapide des maux dont souffraient ces corps pas habitués aux médicaments. Les missionnaires sont unanimes : tous voulaient une injection. Gajdusek* mime les bras tendus spontanément lors de ses prélèvements de sang et Ruth Roesler* raconte avec effroi s'être fait menacer de cannibalisme pour

---

[73] À ceci près que chez les Kayagar, l'effet thérapeutique est supposé provenir non de la substance injectée, mais de l'orifice percé dans la peau. Cf. Tucker, D. A. & Knickerbocker, A., *op. cit.*, p. 78.

[74] En plus de quantités de photos de maladies, Van Amelsvoort des services de santé néerlandais, Carleton Gajdusek* avec sa recherche sur la maladie du kuru et le chirurgien Günter Konrad* sont des médecins renommés qui peuvent en témoigner en dehors de l'entreprise d'évangélisation protestante de TEAM.

avoir refusé une piqûre. « Les gens nous prennent pour des dieux », écrit Frazier[75]. Même l'instituteur catholique lui amenait des patients. « La clinique attirait les gens comme le miel les mouches[76] », qui compta plus de mille patients par mois dans les années 1970. Lors d'une épidémie de grippe, Frazier compta plus de deux cents nouveaux malades chaque jour. Même avec l'incitant du tabac, il est peu vraisemblable que les églises catholiques attirèrent une telle foule. La médecine des protestants rencontrait le même enthousiasme dans d'autres régions ; en 1970, 122 611 consultations furent répertoriées dans les trois cliniques de C&MA du district de Pyramid, en région dani[77]. Ce ne fut pas toujours sans dégâts. D'après Carleton Gajdusek*, certains missionnaires provoquèrent des désastres en essayant de sauver à tout prix, soignant par exemple un bras cassé par l'amputation.

La médecine devint un argument pour faire fléchir les comportements. En 1971, Frazier[78] menaça de fermer sa clinique jusqu'à la restitution des bouchons de ses barils, utilisés par les Asmat comme lest pour la pêche. Chez les Kayagar, un homme à l'article de la mort, guéri par le missionnaire Tucker[79], le remercia en indonésien alors que le mot « merci » n'existe pas dans sa langue (ni en langue asmat, du reste). Dans les villages asmat réfractaires au christianisme comme Waganu, il fut décidé d'envoyer non pas des catéchistes – comme l'auraient fait les catholiques – mais des travailleurs médicaux[80]. Tout succès a ses limites. Lorsque les missionnaires voulurent faire payer les médicaments, l'affluence cessa.

Après avoir apporté leur médecine, les missionnaires protestants s'intéressèrent à celle des Asmat. De façon générale, ils distinguent les « bonnes histoires qui font partie du patrimoine des Asmat » et « les histoires folkloriques et les contes de vieilles femmes » auxquels appartiennent les tabous alimentaires, la punition ancestrale, la médecine asmat et certains remèdes traditionnels. D'après Ruth Roesler*, les rituels thérapeutiques donnent une force spirituelle aux Asmat mais les incitent à négliger la parole de Dieu ; on ne peut donc les encourager. Son confrère Dave Broucek* précise qu'il faut distinguer les religions révélées des religions inventées, au contraire des catholiques qui cherchent un compromis entre la religion asmat et celle des chrétiens.

---

[75] Frazier, B. & D., *op. cit.*, p. 50.
[76] *Ibid.*, p. 184.
[77] Farhadian, C. E., *op. cit.*, p. 91.
[78] *Ibid.*, p. 179.
[79] Tucker, D. A. & Knickerbocker, A., *op. cit.*, p. 27 et 65.
[80] *Ibid.*, p. 213.

Dans une lettre de février 1979, Bob Frazier[81] raconte promettre l'expulsion de l'esprit mauvais et *in fine* traiter par un tranquillisant – il n'est pas le seul à avoir usé efficacement de cette méthode – le sortilège forestier d'un homme que sa famille avait déjà commencé à pleurer. Contrairement aux catholiques qui n'ont souvent pas de solution, il affronte la situation incompréhensible qui se présente à lui. Lors d'une autre anecdote, Frazier[82] remit une bible à un officiel du gouvernement qui se plaignait de magie noire contre lui ; l'effet fut tellement fulgurant qu'une foule lui demanda le même médicament quelques heures après, et il en profita pour en instruire quelques-uns sur l'efficacité de la prière.

Face à la médecine traditionnelle, les pasteurs asmat ne savent pas toujours que penser. Sabinus Ekpiwi* hésite à attribuer l'arrachage d'objets à Satan ou à Dieu, bien que les rechutes le fassent plutôt opter pour Satan. Son confrère John Kawor* émet la même réserve : l'ennui de ce type de médecine – qu'il n'attribue pas à Satan – est que la guérison est temporaire, au contraire de la prière et des médicaments. Les esprits et la magie n'atteignent que ceux qui y croient, comme lui croit en Dieu. Il est donc incongru de solliciter le pasteur en cas de maladie causée par un sorcier *arow'ipitsj*. Il constate que tant les catholiques que les protestants font appel aux guérisseurs ou commercent avec les esprits. Lui-même fit soigner ses troubles articulaires chez son oncle guérisseur avant son second baptême (protestant). Il en parle dans son église mais le changement prend du temps et s'opère plus facilement auprès de la jeune génération.

Du côté catholique, la faible influence des missionnaires sur les étiologies est sans doute due en partie parce que la majorité d'entre eux s'en désintéressa, passant à côté d'un pan de la culture intimement lié à la cosmologie et par là même à la « dimension religieuse de la culture », à inculturer en priorité selon Peelman[83] pour obtenir la conversion. Du côté protestant, l'association de leurs succès médicaux avec la religion nouvelle ne suffit pas à dissuader les Asmat de renoncer à leur médecine, au champ thérapeutique plus vaste que celle des missionnaires pas toujours efficace devant les effets d'une transgression de la norme ou d'une entité indélicate. Comme le dit Yosias Benyamin Sahetapy*, « l'hôpital est le numéro deux et le guérisseur le numéro un ». Le prêtre passe également après le guérisseur. Les missionnaires médecins ne se substituent pas aux guérisseurs asmat : ils sont décrits par le terme indonésien *dukun* (ou *doktor*) et non par les termes asmat *eeram'ipitsj* et

---

[81] Frazier, B. & D., *op. cit.*, p. 250.
[82] *Ibid.*, p. 179.
[83] Peelman, A., *op. cit.*, p. 139.

damer'ipitsj. La médecine missionnaire *s'ajoute* donc aux techniques locales thérapeutiques et prophylactiques et est sollicitée *ensuite*.

Selon la compréhension asmat, tout ce qui permet d'avoir une influence sur le déroulement logique et attendu des événements est un « médicament », selon le terme générique indonésien *obat*. Cela consiste en un mélange occulte d'ingrédients, sous-entend un commerce avec des entités invisibles et met en œuvre des connaissances non accessibles à tous. Il en existe pour gagner la guerre et rendre invincible, soigner la malaria, s'assurer une chasse fructueuse, se transformer en crocodile, séduire les filles, infliger la maladie, voir l'invisible et se prémunir des sortilèges. Les *obat* asmat ont un nom vernaculaire, au contraire des *obat* modernes « post-contact » (missionnaires, hôpital).

Il existe un autre volet de la santé, moins évident, sur lequel faute d'y comprendre quoi que ce soit, les catholiques renoncèrent à toute emprise : la thanatomanie.

La stupeur missionnaire devant la thanatomanie

Une des pathologies présentées par les Asmat laisse les missionnaires pensifs ou les pousse à l'improvisation : il s'agit d'un état particulier de la conscience incitant à mourir sur commande (« mort de peur » selon Ken Dresser*, ou « thanatomanie » selon Van Amelsvoort[84]). Le scénario est invariable : quelqu'un – souvent un homme dans la force de l'âge – proclame sa mort prochaine et en expose la cause en public puis il rentre chez lui et s'allonge sur sa natte pour mourir. Faute de recours possible, sa famille commence immédiatement à le pleurer : avant d'être mort biologiquement, il est mort socialement. La rigidité du corps est dite spectaculaire, mais je n'eus pas l'opportunité d'assister au phénomène. Le déclencheur de la peur est soit la rencontre d'une entité ou d'un sortilège dans la jungle, soit un rêve où les ancêtres mécontents exposent les causes de la mort à venir. L'acteur du rêve peut aussi être un sorcier, un parent mort ou une entité.

Dans le discours catholique et protestant, on trouve une profusion d'histoires de catalepsie et ceux des Croisiers qui s'aperçurent du phénomène tentèrent d'en rallier les acteurs à leurs contre explications, davantage par acquit de conscience que par certitude d'obtenir gain de cause. Entre 1966 et 1972, un garçon de seize ans rentra à l'internat transi de peur après avoir rencontré le Diable dans la forêt ; il succomba le soir même, en dépit des tentatives de Joe DeLouw OSC* de lui prouver son erreur. Virgil Petermeier OSC* raconte des histoires de guérison de catalepsie avec absence de pouls et révulsion des yeux, dont

---

[84] Van Amelsvoort, V.F.P.M., *op. cit.*, « Thanatomania in an Asmat Community ».

celle d'une jeune fille qui revint brusquement à elle grâce aux pressions d'un caillou sur le corps par une guérisseuse attentive au diagnostic de la pierre après chaque pression le. Au contraire de leur pendant obscur, ces talents sont encouragés par certains missionnaires catholiques.

Les tentatives de ces derniers de raisonner les Asmat valent pour la période consécutive au choc psychologique. Mais lorsque le processus est entamé et que la victime s'est déjà couchée pour mourir, tous, sauf l'ancien évêque, réagirent par la résignation. En effet, Alphonse Sowada* s'employa à lutter contre ces « dérèglements psychologiques » en utilisant des méthodes musclées pour démontrer que « la magie n'existe pas ». Une histoire est détaillée dans un article[85] et précisée en entretien. Un homme de 25 ans environ s'abstint un jour de travailler, victime d'un sortilège. L'évêque, appelé à la rescousse par un paroissien, se rendit au chevet du moribond ; la famille chantait déjà les hymnes de mort. Pas convaincu, il le gifla. Cette méthode avait fait ses preuves à plusieurs reprises, mais pas cette fois. Peu démonté, l'évêque souleva le corps inanimé et le précipita contre un des piliers de soutènement de la maison. L'homme ouvrit les yeux. L'évêque l'assit alors et lui donna du tabac à fumer. Le priant ensuite de le suivre jusqu'à la scierie, il lui dit de reprendre le travail. Dave Gallus OSC* souligne le pouvoir de la suggestion : si l'on dit à un Asmat qu'il va mourir, il mourra. D'après l'ethnopsychiatre Philippe Woitchik (com. pers. 2005), un intéressant précédent à ce phénomène fut étudié par le psychiatre Milton H. Erikson : après avoir annoncé la date et l'heure de sa mort prochaine, un Américain mourut à l'hôpital à l'heure promise sous observation médicale, sans qu'aucun des tests effectués n'ait pu montrer d'autre cause au décès qu'un exercice de la volonté.

Dans cette situation, les protestants réagirent de manière inattendue. En bons médecins, ils traitèrent les victimes de l'*arow'pok* comme des malades et obtinrent même leur guérison. Diagnostiquant un dérèglement du système nerveux parasympathique, ils improvisèrent un traitement comme Lynn Lorenz* qui, sous le coup d'une inspiration subite, pulvérisa de l'eau sur la victime avec un spray d'eau glacée. Les pouvoirs prêtés à l'eau bénite et la confiance acquise à la médecine des protestants contribuèrent certainement à l'efficacité de ce qui fut présenté comme un « médicament » (*obat*).

La perception du missionnaire et de sa médecine

La pratique médicale missionnaire ne fut pas toujours couronnée de succès ; je reviendrai sur les épidémies attribuées aux catholiques déjà

---

[85] Sowada, A., *op. cit.*, « New Guinea's Fierce Asmat », p. 201.

signalées au chapitre IV. Lors des premières décennies suivant la rencontre, « les missionnaires [du Vanuatu, mais cela vaut aussi pour la Papouasie] furent vus aussi bien comme source de maladie et de mort que comme source de guérison et de vie[86] ». Chez les Asmat, la peur entourant les missionnaires était accentuée par leur collaboration avec la police et par le comportement des catéchistes, nous l'avons vu au chapitre II. Certains, comme Willem Lommertzen MSC*, utilisèrent leurs modestes connaissances médicales pour attirer les gens à l'église et au catéchisme. De la même façon que le guérisseur qui rend la vie peut la reprendre, les missionnaires furent pensés capables d'en faire de même, et – comme les protestants, du reste – *leurs actes médicaux furent mis sur le même pied que leurs actes religieux*. Conscient que la mort s'ensuivrait, Lommertzen* s'empressait de baptiser les enfants atteints de *malaria tropica*. Les Asmat finirent par cacher leurs enfants, persuadés qu'il les enverrait dans l'au-delà. Il est probable que l'assistance aux mourants et l'extrême-onction, pratiquées de façon systématique, contribuèrent à « percevoir l'Église catholique comme l'église de la mort, à l'opposé des protestants[87] ». En parallèle, beaucoup d'Asmat prirent des médicaments au hasard, spéculant sur leur effet bénéfique[88]. Les médicaments des Croisiers étaient souvent crédités d'une efficacité plus grande que ceux de l'infirmière du gouvernement bien que de même provenance, en l'occurrence l'hôpital. Pour Clarence Neuner OSC*, « l'esprit des blancs est plus fort que le leur, et ils avaient peur de nos esprits ». Aujourd'hui, Vince Cole MM* se dit investi de pouvoirs spéciaux tels que guérir ou interpréter les rêves. Il évite de serrer les jeunes enfants contre lui car de la part d'un prêtre, les toucher peut être dangereux. Parfois, on lui demande de passer la main sur la tête ou sur l'épaule de l'enfant pour contrer son influence négative.

Les missionnaires sont donc des guérisseurs d'un genre particulier. Lorsque le père Zegwaard MSC[89] visita Atsj, sa hache disparut, volée ; une épidémie tua de nombreux villageois après son départ. À son retour, les survivants lui offrirent un enfant, Marino *saisi'ipitsj*, l'homme hache, dont la naissance dix ans plus tôt avait coïncidé avec l'arrivée d'un étranger qui distribua des haches. De par son nom, l'enfant parut prédestiné à rétablir la paix ; il était de plus le fils d'un grand guerrier de Atsj. D'après Virgil Petermeier OSC*, à qui un événement comparable arriva, l'explication est que le père Zegwaard en imposa dès son arrivée

---

[86] Jolly, M., *op. cit.*, p. 246.
[87] *Ibid.*, p. 247.
[88] Konrad, G., *op. cit.*, p. 78.
[89] Zegwaard, G., *op. cit.*, « Name-Giving Among the Asmat People », p. 41-42 ; voir aussi Becker, A. L., *op. cit.*, p. 53.

par sa corpulence et sa couleur de peau qui le faisait prendre pour un ancêtre. Il prouva cette dernière qualité par ses connaissances de la langue, des chants, des mythes et des histoires, appris par bribes lors de l'évangélisation des Mimika voisins. Zegwaard avait agi comme l'aurait fait n'importe quel ancêtre : en punissant le vol de la hache par un sortilège.

La présence du missionnaire – ou du prêtre – thaumaturge dynamise son église. Les églises se remplissent quand l'évêque donne sa bénédiction et quand une fête produit des rituels et des supports du culte transportables (eau bénite, braises et cendres du mercredi saint, palmes du dimanche des rameaux). Le baptême et la communion ont également un certain succès. Alphonse Sowada* évoque le chapelet, à faire tourner autour d'un verre d'eau avant d'y tremper la croix ; l'eau bue ou utilisée pour laver le malade est supposée avoir des vertus curatives. Certaines oscillations de la croix peuvent aussi renseigner sur la probabilité de guérison. Ces dernières pratiques semblent marginales, car mes informateurs asmat les contestent. Confirmant la marginalité des objets chrétiens dans les pratiques médicales, Vince Cole MM* remarque que l'utilisation de la bible en indonésien ou du chapelet par certains guérisseurs est récente et ne concerne qu'une fraction d'entre eux.

Comme les instituteurs, les médecins s'ennuient

À présent qu'il n'y a plus de missionnaire dans les hôpitaux, que pensent les médecins indonésiens de leur travail avec des patients asmat ? Le Dr. Benhi*, un Sino-Indonésien de Jakarta en poste à l'hôpital d'Agats, connaît peu la pratique médicale asmat et ne possède de statistiques que celles de l'hôpital, qui portent sur une infime minorité de la population. Parmi ses patients, il compte autant de catholiques que de protestants[90]. Il soigne au poste de soins, dans la *jeuw* ou dans l'église, et déplore la réticence des femmes de Beco qui n'osent entrer dans la *jeuw* qu'en groupe. À Atsj, son confrère Oka Wijaya* s'efforce de contrer les explications asmat du délire de la malaria et de la diarrhée, soulignant leurs causes alimentaires et sanitaires et contestant la condamnation ancestrale. Toutefois, il doute que ceux qui opinent en souriant suivent ses prescriptions et commence à se sentir fatigué de s'opposer à eux. Au poste de soins, pourtant, ses patients se lavent et mangent proprement et le personnel médical échange les médicaments contre la promesse d'arrêter de fumer ou de chiquer, mais cela cesse dès leur retour chez eux. Exaspéré de voir les Asmat agir « au contraire de ce qu'il faudrait », Wijaya* lutte contre les feux dans la *jeuw* à cause de

---

[90] Proportionnellement, cela révèle une participation protestante marquée en raison de leur plus faible présence en Asmat que les catholiques.

la crasse et des infections des voies respiratoires supérieures, comme la tuberculose, causées par le défaut de ventilation du bâtiment et la propension des malades à se rapprocher de l'âtre.

Il raconte qu'à son arrivée, les Asmat ne savaient quelle attitude adopter à son égard, ignorant s'il était un médecin missionnaire ou un guérisseur indonésien. Ils lui faisaient des cadeaux, ce dont ils s'abstiennent désormais. De même, Ken Dresser* et Carleton Gajdusek reçurent des objets en récompense des soins administrés. Les Asmat cessèrent également de lui avouer leurs peurs. Cette baisse de confiance renforce l'idée de sa perception croissante comme extérieur à la société asmat. À la différence des missionnaires toutefois, il fait son métier, pas de religion. Pour éveiller l'estime des Asmat pour la médecine, il leur demande une participation modique, et les soigne même sans quote-part. Souvent, plutôt que de le payer, les Asmat s'achètent de quoi fumer sous son nez, et ça le met en colère. « Si nous les donnons [les médicaments] gratuitement, ils les prennent une fois et jettent le reste », un comprimé à avaler ne présentant apparemment pas l'intérêt d'un médicament à porter sur soi. Comme le note Vince Cole MM*, les Asmat préfèrent utiliser les comprimés comme talisman plutôt que les avaler.

Ni Oka Wijaya*, ni le Dr. Benhi* n'exercent sur une terre vierge de fantômes ; ce fut sans doute parce que personne ne voulait s'établir près d'un cimetière que l'autorisation fut un jour donnée de bâtir l'hôpital sur la terre actuelle. Dans les deux villages, la perspective de passer la nuit à l'hôpital terrorise la population. Malgré tout, depuis l'arrivée d'Oka Wijaya* en 2002, les Asmat d'Atsj et environs viennent de plus en plus souvent se faire soigner (jamais avant). Wijaya* pense que le changement aura lieu quand il ne sera plus là, dans dix ou vingt ans. La sœur Korina OSU* et Vero Indriani* de la DelSos constatent elles aussi une augmentation de la fréquentation du poste de soins. Des sages-femmes furent implantées dans les villages autour d'Atsj mais elles s'y ennuyèrent tellement – leurs honoraires et les habitudes des Asmat sont dissuasifs – qu'elles rejoignirent l'hôpital d'Atsj après un temps, sauf celles en poste dans leur village d'origine. L'ennui est également la raison pour laquelle les médecins indonésiens ne renouvellent pas leur contrat de trois ans dans la région. Candy Preston* de TEAM se souvient que pour les Indonésiens de Java, aller à Agats était perçu comme une punition : il n'y a « rien » hormis un magasin chinois, et la Papouasie est le bout du monde. En plus de l'attrait de la nouveauté, le succès de l'hôpital tient sans doute à la présence du missionnaire : après son départ, l'hôpital est vide du Dieu qu'il contient, comme l'église.

Chapitre VII

Le christianisme en terre asmat

Les Églises et la globalisation

Une religion universalisante

Loin de la chasse aux têtes, la région asmat dans la modernité[1] est un champ de forces où interviennent des acteurs du monde : missionnaires américains et européens, soldats et policiers de l'autorité néocoloniale, transmigrants, Indonésiens des autres îles à la recherche d'un emploi, touristes, cinéastes, journalistes, botanistes et zoologues, ethnologues, antiquaires et collectionneurs d'art, commerçants au détail, exploitants de tous bords et depuis peu des centaines de fonctionnaires recrutés à Jakarta afin d'œuvrer au développement du nouveau *kabupaten* (régence) d'Agats-Asmat, constitué en 2004. Avec leur petit nombre de diplômés et leur difficulté caractérisée à se procurer de l'argent, de nombreux Asmat se plaignent de ne pas profiter de l'essor économique de la région et de contempler en silence l'afflux des arrivants qui s'enrichissent à leurs dépens. Voyons comment ils en sont arrivés là.

Comme le remarque Meyer[2], si la mission satisfait les intérêts croisés des missionnaires et des populations en fournissant à ces dernières un moyen d'acquérir des biens de consommation, elle contribue aussi à réorganiser la distribution des richesses. Chez les Ewe du Togo, la conversion va de pair avec une nouvelle configuration politique et économique et permet aux convertis d'échapper aux contraintes de la société traditionnelle et de profiter des avantages de la modernité[3]. Les Asmat n'échappèrent pas à la règle. Dès l'arrivée des missionnaires, certains Asmat furent catéchistes ou évangélistes, reçurent un salaire en échange de leur aide dans les scieries et la construction de pistes d'atterrissage des missionnaires, fournirent des troncs aux exploitants de

---

[1] Selon Stewart, P. J. & Strathern, A., *op. cit.*, *Witchcraft, Sorcery, Rumors and Gossip*, p. 93, la modernité désigne les expériences du changement où le présent apparaît comme radicalement différent du passé.
[2] Meyer, B., *op. cit.*, « Modernity and Enchantment », p. 207.
[3] *Ibid.*, p. 219.

bois, sculptèrent des objets pour la vente aux enchères et les touristes, partirent en quête de bois d'aigle dans la jungle et il y a peu, s'inscrivirent sur les listes électorales locales.

Van der Veer[4] associe les notions de modernité et de conversion. Pour lui, chacune des deux notions engendre un changement positif. Il décrit la conversion chrétienne comme « une "technologie du self", pour utiliser la notion de Foucault, qui, dans le contexte moderne, produit une nouvelle subjectivité profondément encadrée dans la globalisation économique et l'émergence d'un système d'état-nation[5] ». Il faut comprendre la conversion comme une transformation innovante du social, avec des conséquences tant sur les convertis, les non convertis et les missionnaires, que sur son résultat mécanique[6]. Dans le cas des Asmat, les missionnaires donnèrent l'impulsion des premiers changements auxquels ils furent eux-mêmes perméables, pour devenir un maillon dans une chaîne d'acteurs intervenant dans la modernisation des villages et la globalisation de l'économie. Sans parler de conversion, l'adhésion au christianisme – plus exactement l'insertion dans sa structure sociale – fait partie de la modernité asmat. Dans ses travaux, Gruzinski[7] montre que la Conquête mexicaine n'est possible que si les vaincus se convertissent au christianisme, ce dernier étant indissociable de l'imposition d'un mode de vie préalable aux convictions spirituelles et qui inclut la sexualité, le mariage, l'alimentation, l'art et les relations familiales. Gruzinski appelle ce processus l'*occidentalisation*. Cette notion est à rapprocher de celle d'*universalisation* qui, selon le théologien Maurier[8], peut s'exprimer dans des micro-sociétés en raison du caractère technique de ses manifestations :

> Par techniques, il faut entendre tous les artefacts construits par les hommes en société : langue, systèmes de parenté, de production, d'organisation politique, systèmes juridiques, moraux et religieux accumulés et transmis par un système classe adéquat pour la survie et le déploiement de ce groupe.

L'universalisation n'est pas un processus partout identique. Pour Maurier[9], « le christianisme est intrinsèquement, en vertu de ses structures propres, universalisateur […] typique d'un certain niveau de réalisation civilisationnelle ». La structure écrite de la religion chrétienne implique d'abord un clergé spécialisé et des écoles, sous peine d'empê-

---

[4] van der Veer, P., *op. cit.*, « Introduction », p. 18.
[5] *Ibid.*, p. 19.
[6] *Ibid.*, p. 7.
[7] Gruzinski, S., *op. cit.*, *La pensée métisse*.
[8] Maurier, H., *op. cit.*, p. 20.
[9] *Ibid.*, p. 26.

cher la culture chrétienne de persister dans son intégralité. La communion améliore la communication et requiert des « moyens civilisationnels proportionnés », des rassemblements et une ou plusieurs langues communes pour traduire le message chrétien en langue locale. Il en résulte que l'école reste l'élément central du concept[10]. Van Rooden[11] rejoint ce raisonnement : l'implantation d'écoles et d'hôpitaux est une condition nécessaire au christianisme parce qu'elle introduit une distinction entre sphère publique et privée.

Selon l'idée que le monde des évangélisateurs accompagne le christianisme, Pirotte[12] émet l'hypothèse que l'adoption d'une religion nouvelle implique inévitablement « l'imposition d'un mode de vie, forme d'impérialisme culturel ». Seuls des changements fondamentaux sur le plan social et culturel – il ne précise pas lesquels – dans des sociétés très différentes de la nôtre permettraient le succès du christianisme. Sous l'influence de missionnaires de la LMS aux îles Cook, les insulaires adoptèrent le christianisme avant l'arrivée de l'administration coloniale : s'appelant chrétiens les uns les autres, ils modifièrent leur coiffure, leur style vestimentaire, leurs critères matrimoniaux et leur habitat, désormais cristallisé autour des villages chrétiens[13]. Ici, les changements furent favorisés par l'habitude de s'adapter aux fréquentes catastrophes naturelles[14]. Dans la Polynésie du XIXe, la conversion s'étend aussi au-delà du champ religieux et implique de transformer tous les domaines de la vie sous contrôle missionnaire[15]. Wachtel[16] rejoint cette idée de transformation sociale comme condition à la pénétration du christianisme. Dans un texte sur l'*acculturation* (pas spécifiquement religieuse), il écrit : « le point de départ du processus [d'acculturation] coïncide avec une crise de la culture indigène [...] l'ampleur de la déstructuration varie suivant les types de société et l'intensité de la domination [...] ». À nuancer toutefois car les notions de « crise » et de « domination » sous-tendent la passivité des colonisés. Une autre nuance à apporter concerne le caractère linéaire de l'universalisation. Barker[17] désapprouve l'opposition entre les religions mélanésiennes « traditionnelles,

---

[10] *Ibid.*, p. 32-37.
[11] Van Rooden, P., *op. cit.*, p. 70.
[12] Pirotte, J., « Problématique actuelle », in Pirotte, J. & Soetens, C. (dir.), *Évangélisation et cultures non européennes. Guide du chercheur en Belgique francophone*, Louvain-la-Neuve, Faculté de Théologie, 1989, p. 61-62.
[13] Brock, P., *op. cit.*, « Setting the Record Straight », p. 116.
[14] *Ibid.*, p. 117.
[15] Laux C., *op. cit.*, p. 128.
[16] Wachtel, N., *op. cit.*, p. 133.
[17] Barker, J., *op. cit.*, « Christianity in Western Melanesian Ethnography », p. 161.

hautement localisées » et le christianisme vu comme « une religion mondiale, universalisante dans sa portée théologique et dans son ambition expansionniste ». Sans contester une compréhension du christianisme en Océanie en termes de colonisation,

> [...] il est fallacieux de concevoir la colonisation comme un processus unilinéaire menant inévitablement à une culture occidentalisée. Alors que le processus colonial a produit des structures sociales et politiques occidentalisées et relativement homogènes au niveau national, la Mélanésie conserve sa fameuse diversité culturelle dans les communautés locales. L'existence persistante des variations culturelles locales n'implique pas nécessairement que l'incorporation colonialiste a échoué. En Mélanésie, comme dans le reste de la périphérie capitaliste, différents systèmes politiques et économiques et des modèles culturels coexistent à l'intérieur de l'hégémonie capitaliste[18]. (traduction AdH)

De la hiérarchie au développement économique

Traditionnellement, l'organisation sociale asmat se base sur le consensus, mais tous les missionnaires ne le comprirent pas ainsi. Si la plupart des missionnaires protestants la considèrent comme acéphale, les catholiques la décrivent comme une société à chefs, qu'ils pensent avoir parfois remplacé eux-mêmes, conformément à l'image de l'Amérique conquérante propagée dans leur approche du terrain. Chefs ou pas, les Asmat furent impressionnés par les nouveaux venus, dont la personnalité rejoint les « théocraties missionnaires ». Laux[19] souligne les compétences exceptionnelles du théocrate, son courage, sa constitution robuste, sa détermination et sa vitalité, qualités qui impressionnent et qui le font passer pour chef[20]. Ces aspects sont frappants chez plusieurs pionniers dans les basses terres de Papouasie : citons entre autres Gerard Zegwaard MSC et son enfant de la paix, Huub von Peij MSC arrêtant tout seul un raid de chasse aux têtes, Delmar Hesch partisan de la *tabula rasa* culturelle, Hermann Tillemans MSC avec ses baptêmes de masse, Alphonse Sowada OSC et ses gifles aux ensorcelés, Jan Smit OSC tué en s'opposant aux autorités protestantes, Frank Trenkenschuh OSC avec sa discipline sociale et Kees van Kessel MSC, enfin, boutant le feu aux

---

[18] *Ibid.*, p. 162.
[19] Laux C., *op. cit.*, p. 62.
[20] Comme les Croisiers, les pères du Sacré-Cœur néerlandais proviennent de milieux modestes ; ce trait est généralisé chez les missionnaires pionniers dans le Pacifique. Leur stratégie de prédilection est la conversion des élites. On peut se demander dans quelle mesure leur propension à se penser chef, couplée de leur certitude d'avoir affaire à une chefferie et de leur sélection d'interlocuteurs parmi les influents, ne tient pas à un désir inconscient de promotion sociale dans le chef des missionnaires.

plates-formes funéraires. Parmi les protestants de TEAM, Cal Roesler et Chuck Preston* s'emportaient lors des longs rituels, Bob Frazier admonestait le démon dans la *jeuw* et Ken Dresser*, était sollicité dans tout le marais pour ses soins médicaux.

En plus de leur personnalité hors du commun et de leur exotisme, les missionnaires étaient supposés maîtriser chaque élément du monde nouveau qu'ils importaient en Asmat, de la montre aux médicaments en passant par les moteurs de bateaux. Les objets dont ils s'entouraient et les magazines illustrés fascinaient les Asmat. Les enfants Dresser – et plus tard Roesler – firent du ski nautique sur la rivière, provoquant l'émoi dans les premiers temps. Ont dû également les intimider les carabines dont certains missionnaires se munissaient dans leurs déplacements[21]. Depuis le « contact » toutefois, la situation changea et l'étonnement des Asmat se réduisit comme une peau de chagrin. En 2004, les Asmat interrogés, à l'unanimité, contestèrent l'exercice d'un leadership missionnaire et nièrent qu'il existât jamais. Évoqué avec déférence, le statut de prêtre ou de pasteur est dénué de pouvoir politique . les prêtres peuvent argumenter dans la *jeuw* mais ne seront ni avertis ni consultés pour une décision importante.

Qu'elle se vérifie ou non, la « céphalité » de la société asmat fournit aux missionnaires des arguments pour promouvoir le développement. Plusieurs Croisiers arguent que de nouveaux chefs remplacèrent progressivement les « chefs de guerre », tombés en disgrâce en même temps que la chasse aux têtes. Il en aurait résulté un vide qu'une occupation quelconque serait plus à même de combler que l'ancienne activité guerrière[22]. À l'instigation des missionnaires, Les Asmat furent donc impliqués dans des « projets socio-économiques de développement » sous forme de coopératives de bois et d'huile de coco[23], gérées par des

---

[21] DeLouw, J., *op. cit.*, p. 17 et 21.

[22] Au début du XXe siècle, les défenseurs de la mission étrangère américaine suggéraient que « les missions étaient un antidote à l'ennui consécutif à l'excès de biens matériels » selon Dries, A., *op. cit.*, p. 79. Dans le même état d'esprit, sous prétexte d'occuper les Tahitiens pour les détourner de leurs bas instincts, les missionnaires de la LMS à la fin du XVIIIe les mettaient au travail, préférant à l'inactivité l'accomplissement de tâches inutiles ; faute d'être harassés de travail, ils étaient supposés avoir tout le loisir d'apprendre la religion nouvelle selon Laux C., *op. cit.*, p. 49 et 136-137. Au-delà de cette caricature, les efforts missionnaires visant l'insertion des populations dans une économie de marché sous-tendent souvent un argument idéologique. Pour les méthodistes décrits par Harkin, M., *op. cit.*, p. 219, « une maison meublée avec de nouveaux objets achetés avec les salaires d'un honnête travail était considérée comme le pinacle de la civilisation ».

[23] Depuis les années 1960, de nombreux missionnaires catholiques américains acquirent un bagage politique suffisant pour juger des causes de la pauvreté et de l'oppression. Ils tendirent dès lors à considérer les réalités économiques des populations comme

Asmat qui versaient une gratification aux Croisiers « pour l'investissement de la mission », comme dans le système scolaire. En plus des encouragements à planter aux pensionnaires de l'internat, les missionnaires distribuèrent des noix de coco germées aux villageois pour les inciter à initier leur propre plantation[24]. Les premières années, Joe DeLouw OSC* raconte que le paiement se faisait en nature : une pincée de tabac ou un cache-sexe pour un jour de travail, un short pour trois jours, une robe usagée pour cinq jours, une hache en acier pour trois semaines. Suite à l'exploitation industrielle du bois par des compagnies étrangères, la plupart des coopératives disparurent.

L'amélioration des voies de communication est un autre aspect du développement et de l'universalisation[25]. En 1966, Joe DeLouw OSC* construisit la piste d'atterrissage d'Ewer en un an avec la boue du fleuve qui, transportée par brassées pour saturer le marais, finit par durcir comme du ciment. Pour cet ouvrage, il employa jusqu'à cent personnes à la fois. Selon les Autohoim voisins[26], les pistes d'atterrissage sont la priorité des missionnaires protestants (chez les catholiques, c'est plus tardif). En 1977, Joe DeLouw OSC prit six mois pour construire à Bayun la seule route praticable en toute saison dans la région asmat, longue de trois kilomètres, après que vingt personnes eurent comblé le marais avec du sable et des coquillages[27].

Une association intéressante entre le développement et l'éducation fut effectuée par un Croisier célèbre pour ses publications, Frank Trenkenschuh, alias « Trenk ». Du temps de son ministère en Asmat de 1972 à 1995, il eut une façon pour le moins personnelle de gérer ses paroisses. Clarence Neuner OSC* affirme qu'il faisait des gens ce qu'il voulait. La plupart du temps grimé en Asmat, Trenkenschuh les ahurissait par son comportement énergique et n'hésitait pas à les jeter dehors ou à leur exprimer sa façon de penser. Les masques indiens apportés des États-Unis, décrits par ses confrères comme des « monstruosités diaboliques[28] », ont dû contribuer à l'ébahissement général. Parmi ses méthodes, il renonça au système scolaire, jugé peu efficace en raison du poids des valeurs de la société sur l'évolution morale de l'enfant. Concentrant ses efforts sur les chefs, il remplaça l'école par les projets économiques

---

dépendantes de leur travail de mission. Le capitalisme et les coopératives furent promus pour combattre « la pauvreté, l'oppression, et l'injustice [qui] ne sont pas "de Dieu" et qui requièrent une solution ». Cf. Dries, A., *op. cit.*, p. 250.

[24] DeLouw, J., *op. cit.*, p. 17.
[25] Maurier, H., *op. cit.*, p. 32-37.
[26] Tucker, D. A. & Knickerbocker, A., *op. cit.*, p. 95.
[27] DeLouw, J., *op. cit.*, p. 26-31 et 37-38.
[28] Becker, A. L., *op. cit.*, p. 119.

où les chefs étaient supposés apprendre la « discipline sociale » (*social discipline*) menant à la compréhension du christianisme, puis à la conversion[29] :

> Pour avoir un impact efficace [profond sur la société], il est nécessaire de concentrer ses efforts sur les expressions concrètes des principes et des valeurs abstraites [du christianisme, qui sont étrangers au vocabulaire et à la culture asmat]. [...] il est nécessaire d'adapter tant l'environnement que la culture asmat avec l'aide des adultes si ces valeurs sont destinées à devenir réelles en territoire asmat. [...] On peut enseigner aux adultes illettrés tous les arts, les sciences et les aptitudes requises par les changements socio-économiques initiaux si cette éducation a lieu dans un contexte réaliste et concret. L'implication dans les programmes économiques de la part des missions n'est pas, simplement, de procurer des biens et des matériaux du monde occidental. Son objectif est de promouvoir la discipline sociale et l'indépendance et d'autres valeurs concrètes. [...] Le projet lui-même incite à l'utilisation de la discipline stricte nécessaire à une situation d'éducation et il peut aussi devenir rapidement autosuffisant et donc atteindre le but de l'indépendance relative des gens. [...] Le projet a *dans ses racines* les valeurs et la discipline les plus favorables à une société chrétienne qui est économiquement indépendante et intellectuellement/émotionnellement libre [...] Il [le missionnaire] commencera par une domination presque totale de la situation et exercera une pression quasi dictatoriale pour faire observer ses principes. Cela donne du poids à l'introduction de la discipline sociale et aux qualités du leadership asmat. Tandis qu'elles [les qualités] commencent à se développer, les gens commencent à avoir de plus en plus de contrôle et il [le missionnaire] passe peu à peu d'une position de chef à celle de conseiller ». (traduction AdH)

D'autres missionnaires catholiques adoptèrent des méthodes dont ils furent les promoteurs uniques. Les techniques expéditives de Delmar Hesch OSC, un des quatre pionniers de 1958, avaient pour but de balayer l'ancienne société asmat pour instaurer une société chrétienne. Hesch voulait convertir les Asmat au christianisme, les adapter à la « société moderne » et les rendre compétitifs par rapport au reste du monde. De nombreuses photos d'archives le montrent dans une scierie, soulignant le caractère central de la coopérative de bois dans la société moderne. Hesch rabrouait ceux qui n'étaient pas d'accord avec lui, rétorquant qu'il était chez les Asmat depuis plus longtemps qu'eux.

Pour Alphonse Sowada*, le développement requiert de conscientiser et de défendre les droits de ceux que l'on essaie de développer. Schnee

---

[29] Trenkenschuh, F., « An Integrated View of the Asmat Mission Program », in Trenkenschuh, F. A. (ed.), *An Asmat Sketch Book n° 2*, Agats, The Asmat Museum of Culture and Progress, 1982, p. 49 et 50.

baum[30] confirme qu'il multiplia les actions en faveur des Asmat : il rédigea moult rapports sur l'aliénation des Asmat dans l'exploitation de bois, se plaignit aux ministres à Jakarta, obtint la publication d'articles en 1983 dans le quotidien catholique *Kompas*, tenta de sensibiliser la population à la déforestation par des histoires illustrées, puis rendit les armes. Il n'est pas le seul missionnaire à plaider en faveur des Asmat. Vince Cole MM* les défend avec une énergie égale, quitte à se brouiller avec les autorités. Ces priorités socioculturelles justifièrent des contacts suivis des Croisiers avec l'extérieur, notamment avec Freeport. Dans les années 1970-1980, les touristes s'adressaient à la mission avant de s'aventurer dans le marais, et passaient par elle pour acheter des sculptures. Réalisateurs de films, journalistes, médecins, guides touristiques ou antiquaires, les visiteurs profitèrent souvent des conseils de la mission et en parlèrent autour d'eux ; cela plut aux Asmat, ravis d'accueillir des étrangers.

Une autre manière de lutter pour les droits des populations est de les impliquer dans le combat. Laux[31] remarque qu'en Polynésie au XIXe siècle, les missionnaires « jouèrent le rôle de véritables Pygmalion, façonnant certains chefs indigènes » afin de s'assurer le contrôle global de la société. Organisé à un niveau national en Indonésie par les Ursulines suite à l'initiative d'un Franciscain, les *kuperda* (cours d'aspirant-chef de village) visaient à insérer les catholiques dans les hiérarchies reconnues par les autorités, organisées autour du *kepala desa* (chef de village en référant aux autorités), du *kepala suku* (chef ethnique porte-parole de la tradition) et du *kepala kampung* (chef du village proprement dit). De création plus récente en Papouasie, la fonction de *kepala suku* contrebalance celle du *kepala desa*, peu influente, sans prestige et peu prisée au point de manquer de volontaires. Les *kuperda* étaient donc destinés à en former. Il s'agissait de six mois de cours non religieux auxquels les Croisiers envoyèrent à leurs frais de six à huit paroissiens par an. D'après Jim Remmerswaal OSC*, les *kuperda* visaient à « les rendre [les Asmat] conscients de la culture, de leurs droits dans le village [et du fait] qu'ils ne doivent pas être les esclaves des commerçants[32] ». Il consacra beaucoup de temps à préparer des enfants à ces cours comme le fit ensuite Vince Cole, son successeur à Sawa-Erma. Deux des enfants formés par ce dernier devinrent *kepala*

---

[30] Schneebaum, T., *op. cit.*, *La demeure des esprits*, p. 178-179 et 219-222.
[31] Laux, C., *op. cit.*, p. 209-210.
[32] Aux îles Gambier au XIXe siècle, les Picpuciens enseignèrent aux populations d'exiger une rémunération équitable, et « la lutte contre l'exploitation des insulaires devient l'un des fers de lance de l'opposition des missionnaires aux commerçants étrangers ». Cf. Laux, C., *op. cit.*, p. 266.

desa. Les missionnaires regrettent le faible succès de ces cours, les élèves retournant à leur vie habituelle sitôt la formation achevée. Le premier directeur de l'internat des garçons, Joe DeLouw résume ses ambitions pour les Asmat dans le texte suivant[33] :

> J'ai énormément d'heureux souvenirs de mes neuf ans comme *Bapak asrama* (responsable de l'internat), et je corresponds encore avec certains de mes « garçons ». Presque tous sont devenus de bons citoyens et un certain nombre dirigeants dans l'Église et le gouvernement. Récemment j'appris que deux d'entre eux sont devenus membres du conseil épiscopal, et qu'un sera ordonné diacre cette année. Je suis fier et heureux d'avoir eu une petite part dans leur développement. (traduction AdH)

Moins préoccupés du changement temporel que spirituel, les protestants ne cherchèrent pas à installer les Asmat comme chefs de village ni à les défendre contre l'exploitation. Par contre, ils enseignèrent l'architecture aux chefs d'église en vue de la construction du lieu de culte. Des plantations et des scieries furent créées pour leur usage personnel comme celles de Chuck Preston* à Ayam. Sabinus Ekpiwi* le confirme : l'enseignement ne cherche pas à faire des Asmat des entrepreneurs mais porte sur la construction de la foi, la santé et la mise au service d'autrui. À l'exception de la médecine, les missionnaires enseignèrent un mode de vie décontextualisé, en dehors du temps. Malgré les nombreux visiteurs de passage, la majorité d'entre eux eut peu de contacts avec l'extérieur. Aucun ne se rendit à la vente aux enchères annuelle d'Agats, en sachant à peine de quoi il s'agit. Même les Dresser* – pourtant en tournée et en contact radio permanent avec leurs confrères de l'île – se disent isolés au point de ne rencontrer personne, sauf un journaliste du National Geographic.

Les contacts du néocolonialisme

Rapport des missionnaires à l'autorité

Ce n'est pas parce que les missionnaires encouragèrent les Asmat à devenir de bons citoyens[34] que le rôle des missions dans l'entreprise coloniale doit se réduire à confondre les deux[35]. Au cours des premières décennies d'évangélisation, l'action missionnaire fut encouragée par les autorités car elle réprimait la prétendue arriération des populations,

---

[33] DeLouw, J., *op. cit.*, p. 33
[34] Ils y parvinrent d'autant plus qu'en Indonésie, la religion donne accès à la citoyenneté conformément à son étymologie latine, *religare* signifiant « relier ». Cf. Spyer, P., *op. cit.*, p. 193.
[35] Etherington, N., *op. cit.*, p. 5

limitait la violence des affrontements lors de l'implantation des postes gouvernementaux et facilitait le contrôle des velléités guerrières et du nomadisme. Comme exposé par ailleurs, les missionnaires approuvaient la lutte contre la chasse aux têtes, et n'hésitaient pas à prévenir les autorités en cas de soupçon ou de trouble de l'ordre public[36]. Les hommes d'Église, synonymes de modernité, furent donc les bienvenus en Indonésie, en dépit d'exigences administratives variables. Le durcissement de la procédure commença en 1974, quand tous les missionnaires durent quitter le pays ou se faire naturaliser indonésiens. Depuis, les nouveaux missionnaires rivalisent d'imagination pour trouver un autre motif de séjour. Certains Américains comme Vince Cole MM* prirent la nationalité. D'autres, comme Virgil Petermeier OSC*, ont un permis de séjour reconductible à vie, obtenu après quinze ans de séjour. D'autres parviennent à travailler en Papouasie en tant que professeur, comme Glenn Lewandowski OSC à Abepura.

Depuis le début des années 1990, Defert[37] note une tendance des autorités à contester l'utilité des missions, une grande portion du territoire papou étant « pacifiée ». Defert[38] attribue ce changement à l'islamisation. Il en aurait résulté le refus de prolonger les titres annuels de séjour des trois quarts des missionnaires TMF[39] en 1993. D'après Piet Kok MSC*, la présence accrue des catholiques à des postes-clés du gouvernement, des télécoms, de la compagnie aérienne Merpati ou du bureau d'immigration améliore la perception générale des missions depuis la mi-2001. Notamment pour ces questions de visas, plusieurs missionnaires catholiques déplorent l'islamisation modérée de l'administration. Cette critique de l'islam est spécifique aux catholiques.

Après deux décennies de collaboration avec le gouvernement, les missionnaires adoptèrent un comportement plus distant, en commençant par leur action militante en faveur des Asmat, maltraités par les autorités. Certains prêtres, comme Jan Smit OSC à qui cela coûta la vie, accusèrent les protestants d'usurper le droit de s'installer dans « leur » village, invoquant la prééminence catholique dans le Sud. Les relations avec les Indonésiens et avec leurs amis protestants étaient tendues, surtout lorsqu'ils critiquaient l'art asmat, dit « primitif », voire « grossier » par rapport aux sculptures balinaises. Se défendant de se mêler de

---

[36] Frazier, B. & D., *op. cit.*, p. 102, par exemple, menaça les chefs de village de fouille policière si ses stocks cambriolés par les Asmat ne se reconstituaient pas rapidement.
[37] Defert, G., *op. cit.*, p. 287-288.
[38] *Idem.*
[39] The Mission Fellowship. Pour rappel, cette fédération protestante permet de contourner la loi indonésienne qui n'autorise qu'une Église protestante et une catholique.

politique, ils se turent au sujet de l'indépendance souhaitée par les populations, redoutant un retour à la chasse aux têtes.

Le ton change du côté protestant. Lorsqu'on évoque leurs relations avec les autorités indonésiennes, les missionnaires les qualifient d'excellentes. Les Écritures répètent assez qu'il faut se soumettre, en particulier à un autre chrétien, et que toute forme de gouvernement humain est instaurée par Dieu pour faire régner l'ordre. Les protestants veillent donc à respecter la loi. Cette attitude correspond à l'érastianisme, une doctrine voulant que l'église visible de l'*establishment* ecclésiastique soit légitimement soumise à l'autorité politique. Les luthériens et la plupart des Églises réformées y souscrivent, à l'exception des calvinistes qui prônent davantage d'autonomie[40].

Les missionnaires de TEAM nourrirent d'excellents rapports avec les autorités indonésiennes, vus comme des gens délicieux et raffinés. Ils préparèrent des petits gâteaux pour l'anniversaire du *camat* (maire), s'invitèrent pour le thé et montèrent un club de dames pour les épouses indonésiennes et missionnaires. À leur insu, les Indonésiens représentent des convertis potentiels. Frazier[41] cite « notre amour pour ce beau peuple », qu'il dit « gracieux et coopératif ». Il gagna l'amitié du *bupati* (régent) par un gâteau décoré du drapeau indonésien et du texte « Bienvenue à Yaosakor, Monsieur » ; ses confrères en bénéficièrent encore des années après. Ruth Roesler* rappelle que les missionnaires, invités dans le pays, doivent se plier à ses règles et se tenir à l'écart des affaires de l'État. Cette attitude porte ses fruits. L'étude de terrain montre que les missionnaires protestants demeurent très appréciés des autorités indonésiennes.

La rébellion d'Ayam

Il en est autrement des populations. En terre asmat, le phénomène des cultes dits « du cargo », même marginal, constitue une illustration éclairante des relations problématiques récurrentes entre les populations et les autorités. En résumé, ces cultes caractéristiques du contexte océanien[42] sont destinés à faire face à une crise sociale née des contacts ardus avec l'Occident. Étalé sur un siècle environ[43], ce vaste mouvement montre le désir d'adapter les impératifs du monde moderne aux struc-

---

[40] Van Rooden, P., *op. cit.*, p. 73.
[41] Frazier, B. & D., *op. cit.*, p. 115.
[42] Leur absence dans les autres continents est peut-être due à l'arrivée tardive des missionnaires, qui s'entourèrent de davantage de produits manufacturés qu'aux époques antérieures.
[43] Le premier mouvement naquit en 1893 à Biak, au nord de la Papouasie occidentale.

tures sociales existantes. Il se base sur une confusion courante en Nouvelle-Guinée à l'époque du « contact » où les blancs furent pris pour des revenants à cause de leur couleur de peau, évoquant les chairs en putréfaction[44]. L'*absence* de couleur siérait d'ailleurs mieux suite aux commentaires des peuples du Brazza avec qui John Forsythe* dit avoir eu les « premiers contacts » vers 1984. Le scénario des cultes est le suivant[45] : les blancs, lors de leur séjour au royaume des morts, se sont indûment approprié des biens de valeur (des produits manufacturés, le *cargo*) offerts par les ancêtres mélanésiens[46] à leurs parents vivants. Cependant, les tentatives rituelles des destinataires légitimes n'aboutissent pas, provoquant à terme l'échec des mouvements. Leurs membres finissent par recourir à des formes plus « rationnelles » d'adaptation à la modernité, par exemple sous forme de parti politique.

Toutefois, envisager le cargo comme finalité est assez simpliste. Partout en Océanie, des mouvements novateurs apparaissent en situation de tension, de rupture et de conflit : ils assurent un renforcement spirituel permettant de mieux résister à l'empiétement des blancs sur la société. Comme le fait remarquer Kilani[47], ces « cultes de crise » étaient déjà largement répandus dans la période qui précède le contact avec les blancs. Ils visent à faire face à une défaite militaire, à la sécheresse, à une pénurie de ressources, à un tremblement de terre ou à une éruption volcanique, à une épidémie ou à une rupture dans les relations sociales. Ce sont des moyens efficaces pour mobiliser l'action et inciter à l'innovation pour dépasser la crise.

Des mouvements de ce type émergèrent en région asmat à différentes époques, mais la documentation lacunaire et contradictoire contraint à se focaliser sur un seul d'entre eux, survenu à répétition dans le village d'Ayam. D'après Sowada[48], les hostilités commencèrent en octobre 1974. La police d'Ayam avait pris l'habitude de demander aux hommes d'abattre du bois de fer pour les négociants. Toutefois, ils attendaient

---

[44] Voir notamment Connoly, B. & Anderson, R., *Premier contact. Les Papous découvrent les Blancs*, Paris, Gallimard, 1989 (1re éd. 1987) (traduit de l'américain) ; Kilani, M., *Les cultes du cargo mélanésiens. Mythe et rationalité en anthropologie*, Le Forum Anthropologique, Lausanne, Éditions d'en bas, 1983 ; Sinclair, J. P., *Behind the Ranges. Patrolling in New Guinea*, Melbourne, Melbourne University Press, 1966, p. 20-21.

[45] Proche de la religion syncrétique décrite par Mary, A., *op. cit.*, dont le prophète clamait que les blancs détournèrent à leur profit un secret au départ destiné aux noirs.

[46] Très répandus dans les années 1930, les cultes du cargo se développent principalement en Nouvelle-Guinée mais aussi dans d'autres régions de Mélanésie, dont aux Salomon et aux Fidji.

[47] *Ibid.*

[48] Sowada, A., *op. cit.*, « An Appeal for Justice: "The Ayam Revolt" », p. 3-25.

toujours les salaires antérieurs, hésitaient à laisser leurs femmes se faire violer par les policiers en leur absence et répugnaient à s'exposer à la sanction ancestrale en s'attaquant à nouveau au bois de fer. Le refus d'obtempérer fut puni par la fustigation des travailleurs réfractaires par J. B. Omberep, le *camat*, et ses hommes. Il en résulta six longues années alternant les refus et les punitions corporelles. L'armée vint à la rescousse en 1975, et un regain de *papisj* s'ensuivit. Frank Trenkenschuh en référa aux autorités ; 147 hommes furent arrêtés. Les notes de Roesler (non datées) mentionnent que, de rage, le prêtre précipita le grand crucifix du chœur dans la boue des égouts ; cette attitude bouleversa les villageois. Arrestations, travaux forcés, fuites dans la jungle résumèrent l'essentiel des faits suivants. La *jeuw* Ayam fonda son gouvernement propre, avec un drapeau comme en 1969, dans le but de mettre un terme au néocolonialisme. Une rumeur courait selon laquelle des crânes auraient été exhumés et placés dans un étang afin de le fertiliser pour obtenir des biens matériels. À la fin 1976, il restait un seul écolier pour peupler l'école, et les sympathisants étaient de plus en plus nombreux à gagner le maquis. Au milieu d'une ère de menaces et de pillages, une épidémie de choléra se déclara en janvier 1977. Le prêtre et les instituteurs furent accusés d'avoir causé la maladie, jeter le crucifix dans la boue étant interprété comme un sortilège[49]. Les autorités multiplièrent les tentatives de ramener les fuyards au village pour les élections : rien n'y fit, surtout avec la rumeur qui prévoyait de voir surgir du fleuve Isipat deux bateaux chargés d'armes[50]. Le 15 mai, Alphonse Sowada se rendit en pourparlers au camp rebelle ; aucun n'avait peur de mourir, l'essentiel étant que leur sang retourne à la terre. Recourant à un stratagème asmat, il menaça de manger les fèces de son interlocuteur pour prouver sa sincérité. Un poignard en os de casoar fut planté dans le sol pour sceller l'accord. Un des meneurs, Anakhat'ipitsj, portait le crucifix de la mission en pendentif. Patipi, le chef de l'armée, intima aux gens de nettoyer et de réparer le village. En juin, le *camat* fut démis de ses fonctions. Le travail forcé reprit de plus belle, de même que le mouvement de rébellion. Vingt-neuf personnes furent tuées et mangées par les rebelles. L'inégalité d'armement étant une constante dans les luttes

---

[49] *Ibid.*, p. 8.

[50] *Ibid.*, p. 10. Il existe une croyance, consignée dans les *Notes* de Roesler du 14/06/1958, sur l'existence au fond des fleuves d'Asmat *red skins* appelés *etsjow*, entraînant parfois les pêcheurs au filet. Les fleuves charrient des objets dangereux comme des tambours, des arcs, des flèches et des brassards. La rumeur des bateaux armés est probablement à mettre en relation avec ce monde sous-marin. On peut cependant se demander si ce dernier provient du contact – vu la présence des *red skins*, peut-être assimilables aux blancs, et d'objets liés à la guerre – ou s'il existe indépendamment et serait à associer à la chasse aux têtes.

indépendantistes papoues, un bateau de guerre indonésien arriva en renfort. Les rebelles acceptèrent la reddition après la promesse d'Alphonse Sowada qu'aucune mesure punitive ne serait prise contre eux. Charles Preston*, Calvin Roesler et Robert Frazier se trouvaient sur la rivière Utumbuwi en amont d'Ayam quand la révolte se déclencha. Ils n'intervinrent pas dans les négociations. Passant les épisodes précédents sous silence, les missionnaires de TEAM comprennent la rébellion comme utilitariste : obtenir par la voie rituelle les mêmes denrées que les missionnaires. D'ailleurs, ils préfèrent le terme « rébellion » au « culte du cargo » des catholiques.

Une particularité des mouvements cultuels en région asmat est que les meneurs sont soit des visionnaires, soit des stratèges (« chefs de guerre »). Les visionnaires présentent presque toujours un défaut physique : borgne, manchot, boiteux, etc. C'est aussi le cas de certains guérisseurs : les pupilles très dilatées de Lucia, citée par Virgil Petermeier OSC*, serait un indice révélant ses dons. Le seul pasteur autochtone pentecôtiste, Willibrodus Ekyak*, un Kayagar borgne, est également engagé dans des activités impliquant le surnaturel comme les exorcismes, et combat ses visions d'ancêtres asmat en se persuadant de leur illusion. Un des trois visionnaires du mouvement d'Ayam, Onasmanam, estropié, recevait des messages d'un crocodile, et la femme de Cemenpok voyait des héros de l'Ancien Testament. Eknam, le dernier meneur, épousa sa sœur et baptisa son premier-né Jésus, le sauveur ; le silence des ancêtres suite à ses agissements le fit percevoir comme digne d'intérêt. Déjà en avril-mai 1968, un autre visionnaire, dont la femme dialoguait avec un crocodile, cherchait à s'affranchir des étrangers et les tuer. Du temps de Delmar Hesch OSC, un ancien catéchiste mimika, Hendrikus Waipumi, communiquait avec la Vierge, Joseph et le propriétaire de la terre. Il préconisait de creuser le sol pour en extraire des marchandises, la probabilité de succès augmentant avec le *papisj*. Ailleurs, un homme but le vin de la sacristie et commença à avoir des visions[51].

D'autres mouvements de rébellion se déclenchèrent dans d'autres villages, comme à Manep en 1971, mais les Asmat ne s'en souviennent pas et tout au plus les missionnaires interrogés citent-ils la révolution d'Ayam. À Munu et à Mbu, un regain de chasse aux têtes suivit la réception de messages par deux visionnaires *red skins* intimant la population de revenir aux anciennes pratiques sur ordre des ancêtres. À Ewer, le meneur fut également un infirme. À chaque saturation de stress, il fut abondamment fait recours au *papisj*. Sowada invoque des manœuvres

---

[51] Sowada, A., *op. cit.*, « An Appeal for Justice: "The Ayam Revolt" », p. 23.

politiques, comme pour le visionnaire Amatus Amnap qui devint *kepala desa* à Erma au début des années 1960.

Pour revenir à Ayam, trois clans furent impliqués dans la rébellion : Cimneuw, Ayam et Far, déjà en conflit depuis le début des années 1960[52]. Le fait qu'Ayam soit un village constitué de cinq *jeuw* rivales rassemblées par les missionnaires MSC pour faciliter le travail de mission engendre un conflit interne permanent[53]. Une autre particularité notable d'Ayam est d'être un village contrôlé de toutes parts, les missionnaires protestants et catholiques, l'armée et la police lui accordant une attention proportionnelle à la réputation de férocité de ses habitants. Les missionnaires les plus déterminés parmi les Croisiers, Delmar Hesch et Frank Trenkenschuh s'établirent successivement à Ayam pendant plusieurs décennies après d'autres personnalités fortes du Sacré-Cœur, tels que Gerard Zegwaard et Huub von Peij. Du côté protestant, Cal Roesler, Chuck Preston et Bob Frazier (peut-être Bill Hekman ?) ne sont pas les plus insignifiants. Tous ces missionnaires dénoncèrent des Asmat aux autorités et implantèrent des scieries, des écoles et des églises maintenues sous leur surveillance. Finalement, invoquer le cargo masque la véritable cause du mouvement : le refus du joug indonésien.

Des candidats asmat aux élections

Nous avons pu lire entre les lignes que les autorités indonésiennes ne frappent pas toujours avant d'entrer. À la différence de l'église, le gouvernement entre dans la *jeuw* : à Amborep, l'urne électorale de 2004 fut déposée directement sur le *wair*, à côté d'une rame décorée du plafond. Pour pouvoir compter sur leur propagande, les principaux partis indonésiens couvrent les Papous influents de cadeaux, et les autres de T-shirts, de riz et d'argent. L'information politique ne va de toute façon pas jusqu'au village, et les Asmat n'ont qu'une vague idée du candidat pour qui ils votent comme de son programme.

Dans les années 1980, le pilote MAF John Forsythe* assista à la répétition des villageois de Yaosakor avant les élections : sous le contrôle de l'armée, une queue de villageois s'entraînait à introduire leur jeton dans la boîte adéquate, chacune des trois boîtes correspondant à un parti. Si le jeton venait se glisser dans une mauvaise boîte, ils recommençaient. Conscient de la désinformation des Asmat en matière politique, le père Aludi* de Atsj en parle à l'église, car « cela fait partie de mon rôle de socialiser les gens », dit-il. Avec le soutien d'une équipe de

---

[52] *Ibid.*, p. 22.
[53] Voir aussi Goo, P., *op. cit.*, p. 83.

l'évêché, il prend à cœur d'expliquer l'organisation des partis et les profils des candidats après la messe et pendant ses tournées.

L'activisme politique conduit certains Asmat à prendre la tradition de haut. À la façon de la répartition de la tradition et du christianisme dans des espaces-temps spécifiques, ils opèrent une scission entre la tradition autochtone et la tradition importée, comme si l'une devait exclure l'autre. Selon ce modèle, leur implication politique requiert d'adopter le discours des « blancs » (non Mélanésiens) et d'adhérer à leurs valeurs et affirmations. Ainsi, Nicholaus Ndepi* d'Ayam m'entretenait en 2001 de l'importance du rêve dans la société asmat, des prémonitions, des animaux rencontrés pendant la nuit et du mensonge américain d'être allé sur la lune, et souhaitait visiblement éviter le sujet en public en 2004*, susurrant que je me trompais de personne : il était devenu candidat DPR[54]. En 2001, Yufen Biakai* de Sjuru me raconta des histoires de scarifications à la naissance, d'hommes crocodiles, de magie de mort avec des ossements humains et de son expérience mystique de deux mois de jeûne absolu. Trois ans plus tard, il qualifia la tradition asmat de « superstition » et ses représentants de « pauvres villageois », dans la continuité logique de sa candidature en tant que *bupati*, honorée le 25 août 2005.

Une question de méthode (de conversion)

Si ces discussions sur la modernité sont indissociables d'une analyse circonstanciée de l'entreprise missionnaire en région asmat, elles ne doivent pas nous faire perdre de vue les stratégies mises en œuvre pour évangéliser les populations. Nous avons vu que les catholiques n'ont pas de véritable stratégie missionnaire construite et cohérente mais plutôt des prescriptions évolutives : ils procèdent par tâtonnement. La fusion des individualités liée à la vie en communauté semble leur inspirer un désir de se distinguer du groupe, voire de se mettre en avant par des méthodes personnelles et une position de chef.

Les missionnaires protestants se caractérisent par leur maîtrise, liée à leur connaissance des Écritures et à leurs études pluridisciplinaires brillantes. Ils réfléchissent aux méthodes de conversion de façon systématique, à commencer par le *vade mecum* du fondateur. Sans y déroger, ils se tiennent à l'objectif de conversion partagé par leurs commissionnaires, à la différence des catholiques qui composent avec les réalités villageoises, quitte à improviser. Personne ne remet en question la pertinence de l'évangélisation des Asmat. L'organisation de leur vie

---

[54] Le DPR (Dewan Perwakilan Rakyat) représente le pouvoir législatif local (l'exécutif est représenté par le *bupati* qui collabore), indépendamment du *kepala desa*.

entière est une méthode de conversion. Chez les protestants, le contrôle de la hiérarchie est plus strict que du côté catholique, ce qui joue sur la cohérence interne et sur la parenté des points de vue. Bien que « les missionnaires en Irian Jaya, comme tous les missionnaires, étaient des gens complexes qui suivirent rarement l'orthodoxie particulière de leurs églises ou de leurs agences[55] », on n'observe pas chez eux de coup d'éclat ni de personnalité charismatique, contrastant avec les grandes figures catholiques. Tandis que le charisme fait le bon prêtre, la connaissance des Écritures fait le bon ministre protestant.

La course au baptême

Du côté catholique, une stratégie missionnaire fit couler beaucoup d'encre : le « christianisme du tabac » (*Tobacco Christianity*[56]). Dans les premiers temps, tout adulte participant au baptême, au culte dominical ou au système scolaire était récompensé par une pincée de tabac. Dans une lettre de 1957, le provincial Benno Mischke[57] remerciait son correspondant de lui avoir envoyé un livre en néerlandais au titre éloquent : « No Tobacco no Hallelujah ». Cela concernait surtout les pères du Sacré-Cœur, qui baptisèrent des centaines de personnes dans la perspective de l'arrivée imminente des protestants[58] ; à Ayam, cinq cents personnes furent baptisées juste avant l'arrivée des Preston* mais, comme disent ceux-ci, « ils nous en restait encore mille autres ».

Dans un entretien en 2004, Rofenus Unir* mime la manière dont les Croisiers s'y prirent – ce que ces derniers contestent – pour faire adopter le tabac aux Asmat, qu'il déclare craintifs devant cette « chose pas bonne ». L'engouement fut rapide et général. Les missionnaires protestants ne cachaient pas leur désapprobation, parfois sous la forme d'une véritable aversion contre les fumeurs[59]. Frazier[60] s'insurge contre l'achat

---

[55] Farhadian, C. E., *op. cit.*, p. 114.

[56] Le lien entre le tabac et le christianisme en Nouvelle-Guinée a été étudié en détail par Hays, T., « No Tobacco, no Hallelujah: missions and the early history of tobacco in eastern Papua », in *Pacific Studies* 14 (4), 1991, p. 91-113.

[57] Mischke, B., Lettre du 16 novembre à A. de Vries, premier secrétaire de l'ambassade des Pays-Bas à Washington, 1957 (Source : archives des Croisiers à Shoreview).

[58] Il est probable que cette distribution intempestive de tabac ait constitué une réponse au modernisme des protestants, mieux équipés (générateur électrique, bateau) que les catholiques qui craignaient que leur dénuement relatif ne détourne les Asmat d'eux

[59] Les missionnaires TEAM disent ne jamais avoir interdit à leurs fidèles de fumer, mais reconnaissent les avoir congédiés de l'école biblique ou écartés du rang de chef d'église pour cette raison. Chez les Kasua, Brunois, F., « In Paradise, the Forest is Open and Covered of Flowers », in Kocher Schmid, Ch. K. (ed.), *Expecting the Day of Wrath. Versions of the Millenium in Papua New Guinea*, Boroko, The National

des Asmat avec du tabac et le syncrétisme. Il cite un prêtre qui aurait soudoyé les parents de onze écoliers avec du tabac pour les détourner de l'école protestante. Selon lui, « tous les enfants avaient peur de l'Église catholique. Ils étaient menacés physiquement par les catéchistes, et on disait à leurs parents qu'ils ne recevraient pas de tabac du prêtre à sa prochaine visite[61] ».

Les missionnaires MSC, et plus tard les Croisiers organisèrent des fêtes collectives de baptême au cours desquelles intervenaient des masques dansants, comme en atteste une photo prise à Atsj en 1956[62]. Les enfants baptisés se distinguaient des autres par un morceau d'étoffe autour de la tête, un slip « ficelle » et un pendentif (croix chrétienne et médaille mariale). Pour marquer l'événement, les missionnaires distribuaient des cadeaux, comme des images pieuses de Marie et des statuettes de Jésus. Dans un article, Hesch[63] résume sa vision de la politique missionnaire de 1958 à 1968 :

> La politique générale missionnaire était celle du baptême rapide. La politique semble avoir été basée sur le fait que les Asmat n'étaient capables que d'accéder à une compréhension minimale des usages absolument nouveaux et étranges et des principes chrétiens, et cette compréhension minimale pouvait être assurée assez rapidement. Ajouter des années d'instruction n'aurait rien ajouté à la compréhension, donc ça ne valait pas vraiment la peine d'attendre. Une plus forte pression pour le baptême rapide vint du fait qu'une secte évangélique protestante [TEAM] avait récemment [1956 à Ayam] commencé à travailler avec les Asmat, et l'on espérait qu'une fois baptisés, la plupart des Asmat resteraient attachés à l'Église catholique[64].
> (traduction AdH)

L'évêque de Merauke, le père Hermann Tillemans MSC, était connu pour surgir dans un village, baptiser deux ou trois personnes et déclarer dans la foulée le village catholique. Selon les Croisiers, cette technique n'avait rien d'original : les protestants procédaient de même (ce qu'ils contestent). Il aurait donc été convenu que les premiers à « planter le

---

Research Institute, 1999, p. 118, évoque le pasteur de l'Église Evangélique pour qui fumer du tabac est un acte satanique.
[60] Frazier, B. & D., *op. cit.*, p. 115 et 127.
[61] *Ibid.*, p. 115.
[62] Les baptêmes de masse n'étaient pas l'apanage des missionnaires de Nouvelle-Guinée. Plus récemment, le père van Lith, improvisé en « second François-Xavier », parcourut à pied l'archipel des Moluques pour un « voyage de confirmation » au cours duquel il baptisa plus de 800 personnes en 1976. Cf. Spyer, P., *op. cit.*, p. 190.
[63] Hesch, D., *op. cit.*, p. 41.
[64] Tucker, D. A. & Knickerbocker, A., *op. cit.*, p. 140-141, remarque que dans le système indonésien, baptiser équivalut à « posséder », en allusion à l'interdiction de prosélytisme vis-à-vis de fidèles d'une des cinq religions officielles.

drapeau » se voyaient abandonner le village dans une course historique à qui baptiserait le plus de gens. Clarence Neuner OSC* déplore la compétition des débuts de l'évangélisation entre catholiques et protestants, qui cherchaient les uns comme les autres à « faire du chiffre[65] ». En plus de l'envie de doubler les protestants, les premiers missionnaires étaient animés par l'idée moins prosaïque qu'il n'existait pas de Salut en dehors de l'Église et, comme l'écrit Trenkenschuh[66] :

> Cette obsession du baptême comme seul moyen de Salut mena à beaucoup d'autres conclusions théologiques. Si le baptême pouvait à peine être compris par les candidats [...] une formule semi-magique résolvait le problème : « *ex opere operato* » (l'acte lui-même opère). Avec ça ils [les missionnaires] pouvaient croire qu'une réponse profonde de foi n'était pas *nécessaire*. L'acte du baptême était suffisant. (traduction AdH)

L'aura pernicieuse de la région asmat pendant les premières décennies a certainement joué dans cette fièvre[67]. Laquelle prit fin par la force des choses, avec l'interdiction du prosélytisme en Indonésie en 1965. D'aucuns diront « avec Vatican II », et d'autres « avec Alphonse Sowada », la suppression du christianisme du tabac entraîna une chute drastique du nombre de participants. Le tabac fut désormais réservé aux grandes occasions, le baptême administré après une période probatoire et l'école utilisée pour assurer l'éducation religieuse des enfants. Les hommes durent renoncer à la polygynie, les missionnaires requérant de choisir « la vraie » pour le mariage chrétien (il n'y a plus de pression en ce sens aujourd'hui), les autres n'étant pas baptisées.

Actuellement, hommes et femmes fument quand l'opportunité se présente, du plus vieux au plus jeune (dès l'âge de quatre ou cinq ans). Les Croisiers, eux mêmes fumeurs pendant des décennies, prêchèrent contre l'alcool et le vin de palme introduit par des marchands chinois[68], mais s'abstinrent de critiquer le tabac. Cela explique sans doute le scepticisme des Asmat quant aux ravages du tabac sur la santé évoqués par la DelSos (*delegasi sosial*). Peut-être des suites de la première

---

[65] Cette « course au baptême » où chaque faction tente de discréditer l'autre auprès des habitants eut lieu sur d'autres îles du Pacifique Sud, comme à Tonga dans la première moitié du XIXe siècle. Cf. van der Grijp, P., « Christian Confrontation in Paradise. Catholic Proselitizing of a Protestant Mission in Oceania », in *Anthropos* 88, 1993, p. 137-139 et 145.

[66] Trenkenschuh, F., « An Integrated View of the Asmat Mission... », *op. cit.*, p. 45.

[67] L'exposition des Croisiers de 1963 à Fort Wayne est éloquente. Destiné à montrer au public l'évolution de la mission, le panneau *Religious Growth* arborait des phrases comme *The Timeless Spirit of Christ Encounters the New-Guinea Demon World*.

[68] Traditionnellement, les Asmat ne consomment ni alcool ni substance psychotrope. Elmer Lorenz* a observé l'absorption d'une feuille hallucinogène (*tara* en awyu) chez les Awyu, peut-être connue de certains groupes asmat de proximité.

évangélisation, le don de tabac du visiteur à ses hôtes fait partie du protocole dans de nombreuses sociétés néo-guinéennes. Après les pourparlers d'introduction, il est attendu de procéder à une distribution aux hommes influents et à la parentèle masculine de celui qui prête sa maison. Dans la *jeuw* asmat, l'offrande aux ancêtres se compose de sagou et de tabac. Et lorsqu'un ancêtre barbu apparaît à la femme de Niko* d'Ayam, c'est pour lui demander de quoi acheter du tabac.

Le tabac ne fut pas le seul attrait matériel de la mission. Les Croisiers distribuèrent des bandages, des médicaments, des vêtements, du fil de pêche et du tabac pour stimuler la participation au baptême, à l'école et dans les coopératives de bois. C'étaient de puissants incitants à leur prêter écoute[69]. Comme dit Joe DeLouw OSC*, « tout le monde voulait être chrétien ». Notons que si la distribution d'objets attire les populations, elle ne joue pas dans la conversion *per se*. Les convertis n'ont pas plus d'argent que les autres et il n'y a pas de spéculation en ce sens de la part des pasteurs asmat.

Le contrôle protestant : de la théorie à la pratique

« Cinq méthodes révisées du travail du missionnaire »

Avant de nous attarder aux subtilités du contrôle protestant, il paraît utile d'envisager la manière dont les stratégies missionnaires se construisent mentalement et se posent en équation. Le troisième volume de la thèse principale sur Fredrik Franson mérite notre attention. Le chapitre 39 en particulier porte sur « cinq méthodes révisées du travail du missionnaire[70] », exposées à l'intention des évangélisateurs sur le terrain et dont voici un aperçu rapide.

1) La *méthode de l'assimilation rituelle* consiste à instruire les païens (*pagans* dans le texte original) et à les examiner sur les connaissances chrétiennes acquises. Le baptême a lieu si aucun comportement répréhensible n'a été constaté dans leur chef depuis le début de la formation. Par la suite, les enfants sont élevés dans la foi et sont baptisés à un certain âge. Franson déplorait que cette méthode ne fonctionnât que

---

[69] Becker, A. L., *op. cit.*, p. 52. La distribution de denrées est parfois sans effet sur les comportements. Les Maisin de PNG acceptèrent le tabac, les couteaux et les vêtements des missionnaires, sans désir de contrepartie en main-d'œuvre ou en matières premières. Cf. Barker, J., « An Outpost in Papua », *op. cit.*, p. 86.

[70] Torjesen, E. P., A Study of Fredrik Franson. The Development and impact of his Ecclesiology, Missiology and Worldwide Evangelism, Ph.D. dissertation in History, vol. III "Missionary Extension in All the World", Los Angeles, International College, 1984, p. 789-800 ; aussi Torjesen, E. P., *op. cit.*, *Fredrik Franson*, p. 89.

dans les classes moyennes à supérieures, et remarquait que cette communauté de bon ton ignore tout des dynamiques de la conversion.

2) La *méthode de l'Église « extrêmement pure »*, fortement découragée par Franson, est le contraire de la précédente : sans travail préparatoire, les missionnaires s'installent pendant des années en attendant une prise de conscience de la société à évangéliser par « contamination ». Le baptême est un aboutissement.

3) La *méthode de l'évangélisation philanthropique indirecte* est préconisée pour les sociétés très résistantes au christianisme, comme les Asmat. Elle comporte quatre champs d'application : la médecine, les écoles industrielles et les colonies agricoles, les orphelinats, et les écoles d'instituteurs. Les missionnaires fournissent les savoir-faire et les services nécessaires à la société, afin de susciter un intérêt positif au lieu d'une résistance lorsqu'ils l'initient aux Écritures. Franson constata des résultats fructueux dans de nombreuses sociétés à ceci près que l'état de santé des patients est parfois trop dégradé pour leur autoriser l'apostasie. L'agriculture requiert de bonnes qualités de gestionnaire sous peine de voir le projet changer de mains et sa direction passer à un non converti. D'après Franson, les orphelinats sont probants si les enfants y demeurent jusqu'à l'âge adulte et engendrent à leur tour des familles de croyants, sauf si l'enfant retourne dans une famille païenne. Enfin, les instituteurs formés par les soins du missionnaire sont utiles à la société, inspirent confiance, et peuvent aider à faire démarrer des églises locales.

4) La *méthode de l'évangélisation directe* est un ministère apostolique itinérant, à l'exemple des missionnaires de Franson en Corée. Il ne requiert pas de solliciter la philanthropie étrangère, ni de charger les congrégations locales. Chaque visite a un but spécifique : d'abord vers un district pour désigner dans chaque village les hommes les plus aptes à suivre deux semaines de cours de bible et de doctrine de base. Le missionnaire loge au village et se concentre sur la prise de notes, les chants et la prière. Lors d'une deuxième visite, il vérifie la qualité de l'enseignement et les progrès des petits groupes, note les noms des candidats à la formation, et approfondit certaines notions avec le chef de village. La 3e visite provoque le repentir chez les élèves. Le missionnaire évalue si le chef peut être nommé aîné régulier et note le nom des croyants à annoncer en public. Lors de la visite suivante, il divise les groupes en surnombre, organise une souscription pour construire une chapelle, et soumet l'idée de promouvoir leur aîné au rang de pasteur. Lors de la 5e visite, un évangéliste itinérant est sélectionné parmi les aînés de chaque groupe, et un nouveau cycle commence avec les nouveaux évangélistes. Par la suite, le travail se développe jour après jour sur une base autonome. « Franson nota que [...] cette méthode pourrait

être utilisée parmi n'importe quel peuple avec pour ainsi dire les mêmes résultats qu'en Corée, et que la pire manière de perturber le ministère d'implantation d'une Église dans n'importe quel pays était d'apporter des subsides étrangers[71] ».

5) Enfin, la *méthode du baptême de masse* est à rapprocher de celle des Croisiers. Elle est attribuée à l'évêque méthodiste James Thoburn en Inde et consiste en quelques principes simples. Dans un premier temps, les missionnaires introduisent les concepts essentiels du christianisme lors de rencontres préliminaires dans le village, puis promettent aux chefs, en échange de leur repentir, d'éduquer leurs enfants dans la foi, de construire une église ou une école, et d'envoyer un instituteur. Si cette annonce provoque une grande joie, les missionnaires annoncent que le Christ a commandé un symbole spécial, le baptême, symbole de leur purification du péché envers les hommes et envers Dieu. Ils proposent, à ceux qui le souhaitent, de se réconcilier avec leurs voisins.

Les méthodes 1 et 2 sont décrites comme complémentaires, la 3 à écarter, la 4 la plus indiquée et la 5 requiert des acquis spirituels et une sagesse suffisants pour contrôler le mouvement. Suivant Franson, le but de la mission est l'implication significative du nouveau croyant dans la démarche d'évangélisation de son église[72].

Le suivi de la communauté de fidèles

À examiner sa biographie, le fondateur de TEAM se retranche constamment derrière trois étalons de référence permettant de maintenir le contrôle sur la société à évangéliser : la consistance théologique, requérant l'adhésion au Nouveau Testament en entier, le respect de la théologie primitive quelle que soit la situation culturelle à laquelle on se trouve confronté et l'application rigoureuse de la discipline de l'église dont le missionnaire est membre[73]. Cette idée de contrôle se retrouve sur le terrain. En région asmat, les pasteurs rendent visite aux absents au culte dominical et s'enquièrent de la cause de leur désertion. Leur mainmise sur l'enseignement ajoute au contrôle exercé, l'écolier fournissant des renseignements sur ses parents. Les protestants de l'église sioniste d'Atsj procèdent de même ; en 2004, au moins trois membres du *majelis* étaient aussi instituteurs à l'école SMP de Atsj. J'ai souligné au chapitre V l'emprise des protestants et des prêtres indonésiens sur l'organisation villageoise d'Atsj et ses conséquences probables sur la fréquentation des églises. Cela tient notamment à la capacité d'oubli des

---

[71] Torjesen, E. P., *op. cit.*, A Study of Fredrik Franson, p. 796.
[72] Torjesen, E. P., *op. cit.*, *Fredrik Franson*, p. 115.
[73] *Ibid.*, p. 121.

Asmat de ce qui ne les intéresse pas, comme dans le village évangélisé en 2000 par le pentecôtiste Jefri Pemila* dont les habitants avaient « tout » oublié de l'enseignement catholique de jadis. Un Kayagar explique à un missionnaire de RBMU que peu importe la distance, « hors de vue signifie aussi hors de l'esprit[74] ». À Ewer, la sœur Korina OSU* constate que les fidèles abandonnent toute pratique religieuse dès le départ des sœurs, alors qu'elle leur connaissait une certaine ferveur en leur présence. Le contrôle peut adopter des formes variées, comme un chantage ponctuel mettant en jeu les soins médicaux ou la fouille policière.

Chez les Maisin où la discipline se mesure au respect des horaires de travail, de culte et d'étude[75], le contrôle polymorphe *est* la méthode d'évangélisation, car il ne laisse pas de répit aux fidèles ni l'occasion d'oublier leurs bonnes résolutions en regagnant leur univers familier dans la jungle. Le père Bowo OSC*, prêtre à Atsj pendant plus de dix ans, affirme avoir sermonné ceux qui désertaient l'église pendant son ministère ; il constata lui-même une augmentation du nombre de pirogues à quai le samedi soir. Cette attitude, commune à plusieurs prêtres indonésiens, est une nouveauté du clergé catholique. Si les missionnaires américains déplorent le peu d'intérêt de leurs successeurs pour la culture asmat, ils font en tout cas montre de davantage de fermeté, et cela concourt à l'affluence dominicale à Atsj.

En matière de contrôle, les pentecôtistes poussent le zèle encore plus loin. Outre le soin apporté à l'apparence, le modernisme, la longueur des offices et un pathos plus marqué que dans les églises protestantes, leur innovation la plus frappante est, de la part des pasteurs, de prendre une pirogue pour houspiller leurs brebis égarées dans la jungle. Les missionnaires américains se plaignent tous de ce que les Asmat préfèrent rester dans la jungle à assister au culte. Jusqu'alors, peu d'Asmat hésitèrent à remplacer l'office dominical par une partie de chasse puisqu'il ne fallait rendre de comptes à personne. Le contrôle des comportements des fidèles, concluant, permet une sorte d'activation de leur motivation par une présence missionnaire.

Depuis le début, les missionnaires catholiques et protestants réservèrent leur dévolu à une seule église en négligeant les autres, au grand dam des Asmat qui le comprirent souvent comme une sanction. Carleton Gajdusek* explique que pendant ses séjours, les patrouilles de prêtres ne furent organisées dans les paroisses que tous les deux ans. De la même manière que passer la nuit dans un village est indispensable pour être

---

[74] Tucker, D. A. & Knickerbocker, A., *op. cit.*, p. 145.
[75] Barker, J., « An Outpost in Papua », *op. cit.*, p. 102.

inscrit dans la mémoire collective, le suivi des fidèles est fondamental. Anton Tsjosow*, un ancien d'Amborep, désapprouve l'irrégularité des pasteurs successifs dans le village. Comme son prédécesseur américain, Cal Roestler, le pasteur asmat reste indifférent à la communauté et ne se rend au village qu'une fois l'an pour Noël, gémit-il, contrairement aux catholiques qui reçoivent la visite de Virgil Petermeier – qui « ouvrit » le village en 1974 et y vécut pendant trois ans – toutes les deux semaines. Joannie Yost de RBMU[76], par contre, suscite l'enthousiasme : elle part seule en pirogue dans la forêt pour extraire du sagou, « comme une femme asmat », et sa maîtrise de la langue épate la population.

Qu'en pensent les Asmat ?

Les avis sont partagés

Comme le constate Asad[77],

> Il y eut un temps où la conversion ne nécessitait pas d'explication. Les gens se convertissaient parce que Dieu les avait aidés à voir la vérité (cela vaut encore pour les religieux). Les personnes non religieuses aujourd'hui conçoivent souvent la transition vers la vie moderne de la même façon. Elles veulent savoir ce qu'implique le fait de mener une vie moderne, pas pourquoi les gens sont motivés à se moderniser. (traduction AdH)

En plus des causes, la question de l'*authenticité* de la conversion est une préoccupation constante de la modernité[78] : avec la montée du protestantisme, la vérité chrétienne unique a laissé place à une multiplicité de vérités chrétiennes[79]. Asad pousse le raisonnement plus loin[80] : la question à poser n'est pas de savoir si les Africains – dans le cas de sa recherche – sont convertis, mais se reconnaissent eux-mêmes comme authentiques dans un processus global de conversion à la modernité, qui

---

[76] Je déduis son identité par recoupements, car personne à Amborep ne se souvient de son nom.

[77] Asad, T., « Comments on Conversion », in van der Veer, P. (ed.), *Conversion to Modernities: The Globalization of Christianity*, New York & London, Routledge, 1996, p. 263.

[78] Certains s'en soucièrent avant. À Hawaii, les missionnaires n'autorisèrent qu'un seul fidèle à communier après dix-huit ans d'évangélisation. Cf. Barker, J., *op. cit.*, « Where the Missionary Frontier Ran Ahead of Empire », p. 98. La Nederlands Zendelings-Genootschap, une des plus anciennes sociétés missionnaires (fondée en 1797), exigeait des Moluquois du XIXe siècle de prouver la sincérité de leur conversion. Cf. van Rooden, P., *op. cit.*, p. 69.

[79] van der Veer, P., *op. cit.*, « Introduction », p. 4 et 10.

[80] Asad, T., *ibid.*, p. 265.

implique la sélection et l'adjonction *conscientes*[81] de nouveaux éléments à l'identité. Au-delà d'un utilitarisme simpliste, la conversion répond donc à une exigence de reconstruction identitaire dans une réalité nouvelle.

En outre, la conversion peut être comparée à la modernité pour son caractère irréversible et autojustificateur et parce qu'elle définit de nouveaux choix : Asad[82] parle même de « conversion à la modernité ». Nous allons voir que les motivations des Asmat favorables à l'adhésion au christianisme pourraient souvent – pas toujours – être confondues avec des arguments favorables à la modernité. Dans le cas particulier de l'adhésion au christianisme d'une population sous domination indonésienne, un critère inattendu est à prendre en considération : le critère légal. En 1965, l'échec du coup d'État communiste suivi du bain de sang instaurant le régime de l'Ordre Nouveau de Suharto donna lieu à l'édiction d'une loi imposant à tout citoyen indonésien la pratique d'une religion à choisir parmi les cinq reconnues par l'État, c'est-à-dire : l'islam, le catholicisme, le protestantisme, le bouddhisme et l'hindouisme. Depuis lors, chaque citoyen indonésien est théoriquement titulaire d'une carte d'identité (KTP) sur laquelle figure sa religion[83] et à l'inverse, l'adhésion à une des religions officielles donne droit à la citoyenneté et au vote (van der Veer 1996:14). De plus, suite à une proposition de 1967, la décision n° 70 du Département des Religions d'août 1978, interdit le prosélytisme en faveur de l'islam et du christianisme et les pratiques connexes, comme l'utilisation d'incitants matériels dans la propagation de la foi, en allusion au christianisme du tabac. L'amendement n° 77 prévoit de ne plus délivrer de permis de travail aux missionnaires expatriés dans des activités d'évangélisation ni aux travailleurs étrangers actifs dans le domaine religieux, sauf exception (Steenbrink 1998:330-331).

En Indonésie, l'athéisme et les religions traditionnelles non canoniques, dites « animistes », n'existent pas légalement ; je fus moi-même accusée de communisme pour n'avoir caché à personne mon absence d'adhésion à une religion[84]. Dans d'autres régions d'Indonésie, le soup-

---

[81] Le mot *self-conscious* est en italiques dans le texte original.
[82] *Idem.*
[83] Spyer, P., *op. cit.*, p. 171.
[84] Le refus d'adhérer à une religion officielle est considéré comme subversif et à même de mettre en péril les intérêts de l'État. Opposée à « la religion », « la tradition » est souvent perçue comme un frein irrationnel au développement. Cf. van der Veer, P., *op. cit.*, « Introduction », p. 14. Depuis la chute de l'Ordre Nouveau de Suharto, la valorisation des traditions indigènes est le premier argument politique des régions pour revendiquer plus d'autonomie vis-à-vis de Jakarta. Cf. Gordon, J., *op. cit.*, p. 35.

çon de communisme stigmatise ceux dont on dit qu'ils n'ont pas encore de religion, notamment à Aru, dans les Moluques du sud[85]. En Papouasie occidentale, certains papous prièrent les missionnaires de leur enseigner leur religion pour cette raison. Cela ne semble pas avoir été le cas des Asmat, bien que ce facteur joue peut-être actuellement dans le fait que chaque Asmat se déclare une religion, ce qui se révèle à l'analyse en contradiction avec sa pratique religieuse effective. Ainsi, on ne peut déduire la conversion de la société asmat à partir du discours des intéressés sur leur identité religieuse, indépendamment de leurs motivations tangibles[86] qui constituent les composantes *externes* de la conversion. Dans notre investigation sur le thème, la *piste villageoise* permettra de définir les composantes internes.

Derrière la façade de la religion officielle, les Asmat ne sont pas les seuls à se montrer réticents à intégrer les valeurs chrétiennes. De nombreux anthropologues se sont étonnés de la résistance de leur société d'accueil au christianisme. À Aru, Spyer[87] souligne l'obstination des populations à conserver leurs traditions et à refuser la religion des pères du Sacré-Cœur, arrivés dans les années 1950. Citant différents auteurs pour le cas du Vanuatu, Jolly[88] évoque la fuite des candidats à l'évangélisation au moment des sermons protestants, le brouhaha pour étouffer la voix du pasteur, l'enterrement de textes bibliques et, vis-à-vis des Maristes, un ennui ostentatoire et le refus d'adresser la parole aux missionnaires. Elle décrit aussi un rituel de sacrifice de cochons dont l'anus peint en rouge exprimait l'envie des participants d'envoyer la dysenterie aux missionnaires[89]. Les sources missionnaires contemporaines sur le Vanuatu tendent également à dépeindre la résistance, à l'opposé de la conversion triomphale des sources plus anciennes[90].

Notons que la thèse de la résistance au christianisme ne suscite pas une adhésion unanime. Parmi les auteurs souvent cités, Ranger[91] s'oppose à l'idée de la perméabilité au changement religieux, toutes les sociétés étant susceptibles d'interaction avec le christianisme ou tout autre religion. Il dénonce la propension des auteurs à figer les sociétés

---

[85] Spyer, P., *ibid.*

[86] Les biens matériels, la pression des parents, l'accès à l'école biblique, le mariage à l'église et l'obligation du baptême sont les raisons évoquées par les Asmat interrogés.

[87] Spyer, P., *op. cit.*, p. 174.

[88] Jolly, M., *op. cit.*, p. 236.

[89] *Ibid.*, p. 251.

[90] *Ibid.*, p. 245.

[91] Ranger, T., « Christianity and the First Peoples: Some Second Thoughts », in Brock, P. (ed.), *Indigenous Peoples and Religious Change*, Studies in Christian Mission 31, Leiden, Brill Academic Publishers, 2005, p. 16-17.

du pré-contact ; le diagnostic de résistance découlerait de croyances qui évoluent avec le temps. Selon lui, la croyance des missionnaires évangéliques aux XVIIIe et XIXe siècles en l'impossibilité de convertir les nomades d'Amérique du nord, d'Australie et d'Afrique du sud fut suivie par celle des anthropologues du XXe siècle affirmant que les traditions religieuses des aborigènes se suffisaient à elles-mêmes et étaient trop ancrées pour se laisser influencer par le christianisme. Lors de la troisième phase de cette dialectique, les théologiens du tiers-monde soulignèrent l'imbrication des religions traditionnelles avec l'environnement et enfin, les partisans de la culture New Age proclamèrent le retour de l'humanité au nouveau millénaire à partir de d'éléments idéalisés des trois cultures nomades évoquées plus haut[92]. Sans contester le postulat de Ranger, la potentialité au changement religieux qu'il prête à toutes les sociétés n'est pas plus vérifiable que leur résistance. De plus, si le changement religieux fut rapide dans certaines communautés et modéré ou absent dans d'autres, on ne peut le prévoir sur la base de valeurs culturelles préexistantes[93].

Chez les Asmat, la résistance au christianisme comme explication du monde s'exprime non seulement dans l'attitude, mais aussi dans le discours. Çà et là, la résistance prend des formes inattendues comme celle, racontée par Rufus Sati*, d'un esprit facétieux qui éparpille la vaisselle de la cure de Sawa-Erma autour de l'église la nuit en la parsemant de taches de sang. Elle est tantôt pacifique (absentéisme à l'école et à l'église, désintérêt pour les questions chrétiennes), tantôt violente comme le mouvement cultuel d'Ayam en 1976-1980 et les tentatives des indépendantistes de bouter le feu à la mission catholique en 2001. Une question à se poser est le destinataire exact de cette résistance. John Forsythe* attribue les cultes du cargo à l'expression d'une résistance à l'autorité dans des villages à forte présence militaire. Les Asmat citent « le gouvernement et la religion » comme un tout procédant à des pressions acculturatives religieuses, sociales et politiques afin de faire *avancer* les Asmat jugés *en retard* par rapport à l'idéal javanais. La résistance délibérée des Asmat semble s'adresser davantage aux personnes (les prêtres, les policiers) et au système global qu'au christianisme à proprement parler. À Aru où l'évangélisation présente nombre de similitudes, les populations évitent de superposer l'aru traditionnel et l'indonésien chrétien alors que les catéchistes des Kei les conçoivent comme complémentaires et allant de pair[94].

---

[92] *Ibid.*, p. 18-20.
[93] Brock, P., *op. cit.*, « Introduction », p. 3.
[94] Spyer, P., *op. cit.*, p. 185.

Du point de vue missionnaire, Frazier[95] évoque la méfiance des Asmat au cours des premières décennies. Lorsqu'il est question de construire un petit hôpital à Pirimapun, les menaces faites aux Dresser[96] par les populations incitent le gouvernement à y établir un poste. Il constate que « les Asmat montraient peu d'intérêt dans la parole divine[97] ». Cal et Ruth Roesler se plaignaient de l'absence de réponse, voire de la résistance des Asmat au christianisme, sans initiative et imperméables au changement dans leurs coutumes. « La crainte des étrangers et l'action collective sont deux influences puissantes qui militent contre la décision pour le Christ ». Ils se demandaient même si l'évangélisation aboutirait[98]. Doris Frazier écrivit au rapport annuel du Board of Directors de TEAM à Chicago : « Nos cœurs ont été alourdis à cause de la complaisance et de l'indifférence des Asmat aux choses spirituelles et leur désir de bénéfices uniquement matériels[99] ».

Selon Ernest Nditsjim*, la résistance des Asmat au christianisme découle d'une incompatibilité en matière de morale et de gestion du temps. La résistance s'exerce notamment vis-à-vis du programme de la messe fixé un jour précis : les Asmat vont chercher de quoi manger dans la jungle et ne reviennent pas pour prier. Du point de vue moral, les catholiques pratiquants se distingueraient par leur malhonnêteté et leur ivrognerie, même à l'église. Que l'assemblée parle pendant l'office catholique et protestant choque de nombreux Asmat : dans la *jeuw*, chacun se tait et écoute (ou fait semblant d'écouter) celui qui s'exprime, surtout les jeunes. Au contraire, l'enceinte de la *jeuw* est la garante d'une certaine morale, qui inclut l'absence de mensonge. Selon un mode que j'entendis à plusieurs reprises chez d'autres, Ernest Nditsjim* parle comme si les Asmat voulaient sauvegarder la tradition et la protéger de l'Église catholique, remplie de débauchés. Il est très rare que les palabres missionnaires parviennent à changer quoi que ce soit, dit-il. Enfin, il assure ne jamais avoir fait partie (de l'indonésien *masuk*, entrer) de l'Église catholique, comme presque tous les Asmat.

Le clergé asmat

Une autre question fondamentale à se poser quand on évoque l'impact de l'évangélisation sur une population est celle de la relève. Le résultat est facilement observable : d'un côté, la présence de quelques

---

[95] Frazier, B. & D., *op. cit.*, p. 40.
[96] Lesquels n'en mentionnent pas du tout dans les entretiens, selon cette propension des missionnaires à décrire les évangélisés comme coopératifs et accueillants.
[97] Frazier, B. & D., *op. cit.*, p. 133.
[98] *Ibid.*, p. 134.
[99] *Ibid.*, p. 145.

pasteurs et de l'autre, l'absence de prêtres. À Agats, il y a trois pasteurs asmat : Paternus Cuakces de Sesakam, Sabinus Ekpiwi d'Amborep, et John Kawor de Beriten[100]. Cuakces* cite également Simson à Saman dans la région de Pirimapun, et son cousin Willibrodus Ekyak, pasteur pentecôtiste. Dans cette société qui impose le silence aux jeunes, le concept du conseil d'aînés est tout à fait adaptée. L'Église protestante asmat est donc gérée par les pasteurs et le conseil des anciens, élus par la communauté. Les anciens sont reconnus comme tels pour leur maîtrise des Écritures, leur qualité spirituelle et leur implication dans l'église, comme les *wair'ipitsj* dans la *jeuw*.

La majorité des personnes interrogées, tant asmat que missionnaires, attribuent l'absence de clergé catholique asmat au célibat des prêtres et à une sexualité asmat très affirmée. « Ils ont la passion et veulent se marier très vite », dit Sabinus Ekpiwi*. Pour Carleton Gajdusek*, l'élément à incriminer est plutôt la sexualité ambiguë des prêtres missionnaires. Certains citent des éléments en rapport avec l'intellect : une pensée incompatible (Sabinus Ekpiwi*), le manque de pensées suffisamment élevées (sœur Korina OSU*), l'intelligence (père Bowo*), un Q.I. médiocre dû à l'influence de la nourriture (sœur Franciska TMM*). Un autre facteur concerne les frais de scolarité, malgré le soutien de l'évêché. De nombreux informateurs asmat dénoncent une stratégie politique planifiée par l'évêché (Ernest Nditsjim*) ou par l'ordre croisier (Primus Akum*) afin de favoriser les Américains et les Indonésiens au détriment des Papous. Il y aurait tellement de candidats des îles Kei, de Tanimbar et de Flores que les Asmat n'auraient pas d'occasion de faire leurs preuves. Tout en déplorant qu'il n'y ait pas de prêtre asmat, les Asmat n'en veulent toutefois pas pour eux-mêmes, malgré le prestige de la fonction de prêtre.

Du côté de l'évêché, une raison évoquée est le niveau d'instruction des candidats à la prêtrise, dont le diplôme acquis en région asmat ne suffit pas pour réussir l'examen d'entrée à la STFT, l'école de théologie d'Abepura. De nombreux Asmat entament des formations sans les achever. Cet argument laisse perplexe, les pasteurs asmat étant brillants titulaires d'un diplôme de trois à quatre ans d'études à l'école Tritt-Erikson à Manokwari. Ce à quoi les missionnaires catholiques rétorquent que cette différence dans l'achèvement des études s'explique par la durée de la formation, de trois ou quatre ans pour un pasteur contre dix pour un prêtre, en ce inclus la « pratique » prévue dans la formation croisier. Pour Alo Murwito OFM*, le problème est lié avant tout à la pénurie de professeurs dans les écoles et au caractère non exclusif de

---

[100] Son église est la plus peuplée, sans doute par amitié – participer aux activités des jeunes, comme le volley, est très apprécié – et par respect pour sa sagesse reconnue.

l'amour des Asmat. L'Église catholique adopterait des préceptes trop conservateurs pour le mode de vie des candidats : « La culture [...] de ceux qui veulent devenir prêtres impose plus ou moins aux gens d'être mariés. La liberté sexuelle devrait être autorisée ainsi que les contenus des fêtes en rapport avec les relations sexuelles, quelque chose comme ça ». Enfin, l'Église catholique devient la *jeuw* moderne où s'expriment des représentants d'un genre nouveau : les femmes, comme nous le verrons.

Actuellement, le couvent des pères catholiques à Agats abrite surtout des Indonésiens des autres îles. Vu leur peu d'intérêt pour « la culture asmat », de nombreux Asmat se plaignent de leur comportement. À leur tête, pourtant, l'évêque Alo Murwito OFM* manifeste son intérêt en se documentant, discute avec les populations, joue au foot avec les enfants et se porte acquéreur de sculptures vendues en porte-à-porte. Malgré ses efforts, son origine javanaise dérange de nombreux Asmat parce qu'elle leur rappelle l'envahisseur dont ils souhaitent s'affranchir. Ensuite, sa dénomination est perçue comme un transfert d'autorité des Croisiers américains en faveur des Franciscains, et d'aucuns s'estiment trompés.

Dissertation sur la conversion

Au-delà des motivations et de la résistance, qu'en est-il de la conversion des populations, c'est-à-dire de l'objectif premier des missionnaires sur le terrain ? La complexité de la conversion justifie une analyse approfondie. Nous allons voir que selon l'angle d'analyse, la réflexion n'éclaire qu'une des nombreuses facettes du phénomène.

La piste missionnaire

Avant l'usage d'outils anthropologiques, la conversion envisagée selon les missionnaires et les théologiens mérite de s'y attarder. De part et d'autre, les missionnaires disent ne forcer personne à se convertir : ils se contentent de « mettre du pain sur la table », pour reprendre les termes de John Forsythe*. La conversion, somme toute, s'opère par volonté divine, « aidée par les institutions humaines qui imposent les conditions nécessaires pour se libérer de la fausse conscience », précise Asad[101]. Nous avons vu que les protestants se focalisent sur la conversion, qui paraît éclipsée par les efforts catholiques consentis à la préservation de la culture, sous le couvert de l'inculturation. Or, l'inculturation justifie explicitement l'action sociale catholique[102] :

---

[101] Asad, T., *op. cit.*, p. 266.
[102] Chanson, Ph., *op. cit.*, « Inculturation », p. 168.

Dans cette optique, l'inculturation profile l'annonce de l'Évangile tel un *instrument critique* appelant à la conversion ce qui, dans les cultures, va à l'encontre de la liberté et de la dignité humaine. C'est pourquoi, en dehors des niveaux de l'action ecclésiale et pastorale [...], le champ de l'inculturation intéresse également l'engagement pour la justice, le développement, la solidarité, en bref la promotion humaine.

L'orientation socialisante des méthodes missionnaires catholiques n'implique pas d'écarter la conversion des priorités. « Il faut laisser les Asmat changer d'eux-mêmes », dit Alphonse Sowada*, dans le but, à terme, d'aboutir à leur conversion à l'issue d'un long processus de familiarisation avec le christianisme. Sans être plus précis en matière de délai, Jerry Schik OSC*, le chef des novices à Shoreview en 2003, conseille la lecture d'Azevedo qui place la conversion au cœur de la démarche d'évangélisation[103] :

> Cependant, l'évangélisation ne se limite pas à l'annonce [des bonnes nouvelles de la parole de Dieu à l'humanité]. Elle devient effective et fructueuse par la conversion de la personne évangélisée, c'est-à-dire, à travers une profonde transformation, sa totale sujétion au Christ, et donc la victoire, en tant que personne humaine, sur chaque manifestation d'égoïsme et, en tant que société, sur toute injustice institutionnelle dans ses expressions. Cette conversion est ce qui confère à l'évangélisation sa validité. Donc, l'évangélisation n'est pas simplement un processus intellectuel, un enrichissement culturel par élargissement de la connaissance et de la compréhension. Elle ne peut être pleinement exprimée que dans l'existence de quelqu'un, [donc] éclairée par la parole de Dieu sur le plan de la connaissance, mais rendue réelle par la vie. (traduction AdH)

Enfin, Maurier[104] distingue la conversion, « la décision première qui engage un processus nouveau », de la christianisation, qui s'étend sur le long terme. Cette définition met en évidence les deux tendances de la littérature et du discours missionnaire, l'accent étant mis soit sur un processus (tendance « catholique »), soit sur un événement bref (tendance « protestante »). Les réflexions qui vont suivre se proposent d'enrichir ces définitions d'arguments empiriques, exposant les conséquences visibles de la conversion – ou, au moins, de l'adhésion au christianisme – dans différents domaines de la vie.

---

[103] Azevedo, M., *op. cit.*, p. 135.
[104] Maurier, H., *op. cit.*, p. 161.

La piste anthropologique

Comme le fait remarquer Meyer[105], les chercheurs en sciences sociales ont longtemps associé la conversion au désenchantement, pris comme un effet du passage d'une religion traditionnelle à une religion universalisante suite aux travaux de Weber sur le changement religieux[106]. Reprenant l'idéal-type de Weber, Hefner[107] expose les différences entre les deux types de religions : de façon systématique, une faction d'intellectuels établissent les doctrines des religions mondiales, canonisées par des représentants sociaux et animées par les comportements et les idées des croyants, ce dernier trait étant susceptible de mener au désenchantement de la société moderne. Comme le souligne Meyer[108], cet idéal-type correspond rarement à la praxis effective mais sert de base à de nombreux travaux sur la conversion. Complétant les travaux de Weber, Austin-Broos[109] observe que la dynamique des religions mondiales est en corrélation avec celle des états-nations, « une forme de communauté imaginée moderne, dans laquelle la lutte pour instaurer des symboles et des institutions partagés peut devenir intense et menacer de faire éclater l'État ». Un autre courant historique joue sur la conversion : les modifications de la diffusion de l'information sur le monde, découlant de la relation complémentaire entre la science occidentale et la religion, tendue depuis l'émergence de l'État séculier. Passant de l'emprise occidentale missionnaire à celle de la modernité, la conversion comme passage culturel est sous-tendue à la fois par des arguments personnels et politiques, locaux et transnationaux, ce qui la fait percevoir comme partiale et comme un processus en cours[110].

La notion de conversion peut donc être ramenée à celle de religion et doit être relativisée par rapport à sa signification dans la culture « à évangéliser » : « la question n'est pas de définir la religion et de savoir si les bushmen en ont mais de s'interroger sur le sens commun », compris par Geertz comme un système culturel[111]. La conversion dépend-elle

---

[105] Meyer, B., *op. cit.*, « Modernity and Enchantment », p. 199.
[106] Surtout Weber, M., *Sociologie des religions*, Paris, Gallimard, 2006 (1re éd. 1948).
[107] Hefner, R. W., « World Building and the Rationality of Conversion », in *Conversion to Christianity. Historical and Anthropological Perspectives on a Great Transformation*, Berkeley, University of California Press, 1993, p. 3-46.
[108] Meyer, B., *op. cit.*
[109] Austin-Broos, D., « The Anthropology of Conversion: An Introduction », in Buckser, A. & Gazier, S. D. (eds.), *The Antropology of Religious Conversion*, Lanham, Rowman & Littlefield Publishers, 2003, p. 5.
[110] *Ibid.*, p. 9.
[111] Geertz, C., *Ici et là-bas. L'anthropologue comme auteur*, Paris, Métailié, 1996, p. 55-102.

de facteurs culturels ? Selon Brock[112], cela ne va pas de soi, tout comme ne va pas de soi non plus la conjonction entre l'adhésion au christianisme et la conversion de l'adhérent, en tout cas dans le catholicisme (elles sont plus facilement liées dans le protestantisme). Dans le cas des catholiques, le baptême fabrique un chrétien – pas nécessairement converti – tandis que le baptême n'est pas obligatoire chez les protestants pour pouvoir définir quelqu'un comme un vrai croyant. Par contre, en matière de conversion, l'acte de foi le plus souvent cité par les catholiques est la régularité de la pratique religieuse, en particulier la prière. Du côté protestant, la conversion bouleverse l'existence : ce sont ces fameux *born again* que les protestants brandissent comme un gage de qualité ou d'authenticité par opposition aux autres chrétiens.

Dans les travaux anthropologiques, la tendance est de définir la conversion comme une étape plutôt qu'un processus, donnant d'une certaine façon la préférence à la compréhension protestante du terme. Sans rejeter le concept, Asad[113] constate que la critique qui entoure l'utilisation du terme en anthropologie tient justement à sa récupération du registre chrétien, engendrant une confusion des catégories analytiques. Malgré tout, de nombreux auteurs ont pris la peine de la traduire en termes anthropologiques en la comparant à d'autres notions. Par exemple, une grande partie de la littérature récente sur la conversion la présente comme une conversation[114]. Toutefois, cette métaphore fait oublier qu'il ne s'agit pas d'un « plaisant bavardage entre deux interlocuteurs égaux[115] » ; elle élude en effet les connotations de pouvoir liées au concept que « les hiérarchies posées entre les langues, la relation problématique entre l'oralité et la textualité, la structure cachée constituant la conversation elle-même et les différents niveaux de pouvoir des orateurs[116] ». Reprenant l'idée de transformation d'un état existant, plusieurs auteurs la comparent à une traduction « pour exprimer dans une langue ce qui l'a déjà été dans une autre[117] ». Il convient toutefois de développer l'étendue de la comparaison. La conversion comprise comme traduction ne concerne pas seulement la langue et les concepts, mais aussi les étiologies de vie et de mort[118]. Les pasteurs asmat et les vrais croyants, après s'être reposé sur les ancêtres pour se maintenir en bonne santé, associent la médecine et la guérison à Dieu, et ce sont sans

---

[112] Brock, P., *op. cit.*, « Introduction », p. 3.
[113] Asad, T., *op. cit.*, p. 265.
[114] Dont Comaroff, J. & J., *op. cit.*, p. 198-251.
[115] Barker, J., *Political Legitimacy, op. cit.*
[116] *Idem.*
[117] Jolly, M., *op. cit.*, p. 231.
[118] *Ibid.*, p. 252.

doute les seuls que les missionnaires considèrent vraiment comme convertis. Comme on l'a vu, la conversion est aussi envisagée comme passage culturel, l'expérience impromptue de départ se muant en un changement délibéré dans une direction définie[119]. Ce passage, polymorphe, est aussi une quête dans un monde perçu comme contraignant ou à la recherche de sens, comprise comme une migration plutôt qu'un voyage : « la conversion implique qu'un être enculturé arrive à un endroit particulier[120] ».

Si l'on veut éviter de tomber dans une simplification non à propos, le choix de la conversion comme concept requiert de garder à l'esprit ses nombreuses implications sociales. Les Comaroff[121] mettent en garde contre le risque d'occulter la complexité du processus en raison du sens commun européen charrié par le terme, « confus » et « dont la signification s'étend loin au-delà de la question de savoir si un non croyant devient un croyant » selon Coleman[122]. Cela ne signifie toutefois pas que le christianisme des évangélisés soit modelé par le christianisme européen, mais qu'il s'agit d'être conscient des glissements de sens entre la conversion envisagée d'un point de vue chrétien et dans son association avec l'inscription dans la modernité[123]. Pour éviter de confondre le concept et la pratique, il convient de préciser que l'analyse de la conversion en anthropologie concerne le *discours* tandis que la théologie la comprend comme une manifestation de la volonté divine[124]. Du point de vue anthropologique, la conversion ne peut donc se passer de ses conséquences sur l'environnement social du converti.

La piste villageoise

À l'analyse, la pratique religieuse catholique en Asmat est assez superficielle. « Tous ces gens ne vont jamais à l'église », déplorait en 2004 l'évêque Alo Murwito OFM* tout en traversant le village de Sjuru. Comme dit Virgil Petermeier OSC*, les Asmat sont certes chrétiens, mais « par baptême ». Des « chrétiens nominaux », pour reprendre les termes des missionnaires de TEAM. Ont pu jouer dans cet état de fait l'intérêt des Croisiers pour l'aspect esthétique du culte, conformément à

---

[119] Austin-Broos, D., *op. cit.*, p. 2.
[120] *Idem*.
[121] Comaroff, J. & J., *op. cit.*, p. 250.
[122] Coleman, S., « Continuous Conversion? The Rhetoric, Practice, and Rhetorical Practice of Charismatic Protestant Conversion », in Buckser, A. & Gazier, S. D. (eds.), *The Antropology of Religious Conversion*, Lanham, Rowman & Littlefield Publishers, 2003, p. 17 et 23.
[123] Asad, T., *op. cit.*, p. 264.
[124] *Ibid.*, p. 266.

leur propension à considérer la culture comme une instance de l'art, et le retour aux États-Unis des missionnaires protestants. Ainsi, les Asmat opèrent inconsciemment (ils ne le *disent* pas) une scission entre leur tradition et les valeurs importées, visiblement de valeur distincte. Toutefois, tant les catholiques que les protestants peuvent compter sur plusieurs vrais croyants (*true believers* selon les termes missionnaires) ; les caractéristiques de leur foi ont été évoquées tout au long de cette étude. Ceux-là peuvent être considérés comme « convertis ».

Avant d'envisager un terme plus adéquat, penchons-nous sur la conversion, sachant qu'il est toujours utilisé par un observateur *extérieur* aux Asmat (à l'exception des pasteurs asmat). De plus, une grande partie des informateurs actuels sont nés dans une société avec présence missionnaire, donc le christianisme ne constitue pas pour eux une nouveauté et limite de ce fait la probabilité de conversion ; ceci fait en écho au conseil de Brock[125] d'étudier des sociétés non encore au fait de cette religion pour limiter l'extrapolation.

Outre l'acceptation du Christ comme sauveur et le regret de ses péchés, qui me paraissent insuffisants et peu durables car réservés à une situation émotionnelle d'exception, je retiendrai plutôt les quatre indices de conversion suivants, qui en sont les composantes *internes* :

– une adaptation des causes annoncées de la mort, de la maladie et de l'infortune, ainsi que des explications sur le fonctionnement du monde ;

– les attitudes individuelles et collectives en situation de crise ;

– « Dieu au quotidien », c'est-à-dire la pratique religieuse – en dehors du contexte festif – dont la prière, et la présence spontanée de la religion nouvelle dans le discours ;

– la sollicitation de l'infrastructure chrétienne pour franchir les étapes importantes de la vie (naissance, mariage, décès).

Comment les Asmat composent-ils avec ces indices ? Il est difficile d'exprimer une opinion tranchée. Comme décrit au chapitre VI, les causes de maladie et d'infortune alternent la sorcellerie et la sanction ancestrale, au grand dam des missionnaires. À Atsj, la transgression peut concerner la norme chrétienne, et c'est alors l'Église qui inflige la sanction. L'utilisation thérapeutique d'objets chrétiens est cantonnée au discours missionnaire : mes informateurs nient sa concrétisation, malgré l'existence de personnages énigmatiques comme Abraham Buipir. Par contre, ils font appel au prêtre, puis au médecin si les soins du guérisseur tardent à les satisfaire, voire combinent les thérapeutiques. Concernant le deuxième indice, dans le discours des Asmat interrogés, la

---

[125] Brock, P., *op. cit.*, « Introduction », p. 1.

Genèse et le Nouveau Testament cohabitent avec les mythes des douze ancêtres primordiaux et les épopées de Fumewr'ipitsj et de Beworpitsj. Les deux types d'explications, perçues comme compatibles, font partie de l'histoire des Asmat et sont présentés comme appartenant à l'un ou l'autre registre, sans mélanger les deux. Toutefois, la connaissance de l'histoire biblique se limite à ce que les Asmat ont vu jouer ou joué eux-mêmes dans les saynètes des missionnaires : la vie d'Adam et Ève au jardin d'Eden, la naissance du Christ, la tentation du Christ par le diable dans le désert, la crucifixion et la résurrection.

Il arrive que les deux registres se superposent. Assimilé aux ancêtres, le Christ est estimé de puissance équivalente ; les convertis – c'est-à-dire ceux qui présentent les indices ci-dessus – le proclament même plus puissant pour lutter contre la sorcellerie. Toutefois, les ancêtres accompagnent les Asmat quasiment en permanence, pas Dieu, comme si le Dieu chrétien, trop distant pour intervenir dans la vie quotidienne, réservait son action à certaines situations. Dans le discours[126], il est rare que Dieu soit cité, hormis par les pasteurs protestants asmat et par quelques catholiques convaincus.

Face à la crise, le *papisj* est la première réponse. Suivent l'offrande aux ancêtres, la rébellion et les mouvements cultuels. J'ai tout de même relevé une situation de crise affrontée avec des moyens chrétiens : la bénédiction de l'Asewetsj en amont d'Ayam par Alo Murwito* en 2003 pour débarrasser ce fleuve des crocodiles dont il était infesté. Ce fut un succès, dit-on. Si l'obstacle est d'ordre climatique, des rites permettent d'en venir à bout[127], la prière chrétienne n'étant pas considérée comme une méthode efficace. Les Asmat s'adressent aux ancêtres, aux propriétaires de la terre et de l'eau, aux entités des lieux sacrés et à certains arbres spirituellement connotés. Avant de s'engager dans la forêt, ce sont les ancêtres qui sont sollicités pour apporter du gibier en abondance, des poissons de belle taille et du sagou à proximité. Enfin, si tous se pressent aux grandes fêtes catholiques, les églises sont presque vides en temps normal. Les rites de mariage et de funérailles chrétiens connaissent une désuétude croissante en faveur de la version traditionnelle,

---

[126] Van der Veer, P., *op. cit.*, « Introduction », p. 17-18, remarque que le discours est lui-même le sujet de la conversion. « Ce n'est pas seulement l'authenticité du discours qui est à prendre en considération mais la valorisation des choses dans l'utilisation rituelle des objets, aussi bien que la relation stricte entre les mots et les choses ».

[127] Les nuages de pluie sont éloignés à l'aide de nombreuses techniques, notamment en tambourinant des pirogues échouées ou en tirant des flèches en direction des nuages. En période de sécheresse prolongée, la forêt est enflammée dans l'idée que les nuages viennent de la fumée et la fumée du feu : c'est la *smoky season*, qui restreint la visibilité jusqu'à empêcher les avions d'atterrir. John Forsythe* la dit répandue sur toute la côte sud ; certains missionnaires catholiques n'en ont jamais entendu parler.

et le prêtre ou le pasteur est de plus en plus rarement invité en ces circonstances. Lors de la construction d'une nouvelle maison, l'inauguration se passe des autorités chrétiennes. Les prêtres et les officiels sont conviés à la section publique des longs rituels, d'autres rites et pratiques étant réservés aux membres de la *jeuw* participante.

Interrogations sur la validité du concept

Après cette évaluation rapide des quatre indices proposés, il est temps de se pencher sur la portée du concept, voire sur sa validité. Nous l'avons vu, les termes de « conversion » ou de « converti » ne sont pas utilisés par les Asmat, même convertis, au contraire de celui de « résistance ». Le terme exprime en effet un point de vue extérieur avec un parti pris théocentrique : celui du personnel religieux et des non-Asmat qui s'estiment convertis. Au contraire, le terme et la catégorie de « chrétien » (plus exactement « catholique » ou « protestant ») rallie la majorité des Asmat, malgré la critique du personnel religieux non asmat qui leur concède à peine la qualité d'un chrétien nominal. Il convient aussi de relativiser le terme de conversion dans l'expression « méthode de conversion », car les missionnaires cherchent avant tout à fournir les éléments rendant la conversion possible, le choix appartenant *in fine* aux évangélisés par volonté divine (ou humaine selon le point de vue missionnaire ou anthropologue). Je choisirai désormais de parler de méthode ou de stratégie « missionnaire ». Par contre, le terme demeure adéquat lorsqu'il décrit un processus ou un phénomène, conformément à ma tentative de définition en indices ci-dessus.

La conversion n'est pas la seule à remettre en cause. Les attitudes des Asmat convertis diffèrent fortement de ceux qui se disent chrétiens. Nous avons vu que les attitudes contraires au christianisme relèvent d'un aménagement des réalités gravitant autour du christianisme et à des fins essentiellement identitaires. Tissée sur un canevas de lutte pour l'indépendance, la résistance se focalise sur l'extérieur : il n'y a en effet pour ainsi dire pas de résistance exprimée envers les *wair'ipitsj* asmat, les pasteurs asmat et les catholiques fervents asmat. Ces réflexions nous invitent à penser que la conversion et la résistance ne sont peut-être pas les orientations théoriques les plus adéquates. La catégorie à explorer pourrait être non plus celle du converti mais celle du chrétien.

« Chrétien », une catégorie fourre-tout

Barker[128] expose la difficulté à s'exprimer au sujet de l'identité chrétienne. Dans le cas présent, la population se déclare massivement catho-

---

[128] Barker, J., *op. cit.*, « Christianity in Western Melanesian Ethnography », p. 157.

lique ou protestante sans présenter les indices de conversion proposés plus haut, à quelques exceptions près. Si l'on se penche sur les motivations, la plupart se révèlent rapidement caduques : l'argument matériel s'effondre à l'épuisement des denrées convoitées et « l'esprit des blancs » perd de son aura devant l'évidence de la faillibilité des étrangers. Finalement, le seul critère paraissant cohérent pour se revendiquer une religion sur le long terme est l'obligation légale. Cependant, affirmer que les Asmat se déclarent chrétiens uniquement pour cette raison les limite à un comportement réactif tout en leur déniant toute *agency*. Cette affirmation serait d'autant plus hâtive qu'aucun Asmat n'exprime clairement l'obligation de se déclarer chrétien. Le choix du terme montre en outre que les Asmat acceptent le terme lié au *statut* (catholique ou protestant), non celui lié au *changement* (converti). Brock[129] relate qu'aux îles Cook, le christianisme fut accepté bien avant l'arrivée des coloniaux, donc sans manœuvres d'intimidation physique. Il convient donc d'inverser le raisonnement. Si ces incitants constituaient une condition nécessaire et suffisante à se dire chrétien, on pourrait supposer qu'en situation d'immersion prolongée et en l'absence de pressions indonésiennes, l'ethnologue devrait observer un fléchissement de cette déclaration. Or, ce n'est pas le cas : tous continuent à se déclarer catholiques ou protestants sans hésitation à des kilomètres de toute présence indonésienne et après des mois de familiarisation avec l'ethnologue. Le fléchissement concerne plutôt l'image de soi masculine : prêtant à l'ethnologue les attentes morales des autres étrangers, certains hommes comme Primus Akum* dissimulent leur nombre d'épouses, disent s'épuiser au travail pour nourrir leur famille, se déclarent une assiduité religieuse, prient aux repas et se montrent outrés par les histoires de sorcellerie. Ces attitudes divertissent leurs épouses, peu habituées à ce « comportement de blanc ». Le dit comportement disparaît au fil du temps, lorsqu'ils sont rassurés sur le jugement porté sur eux.

Face à ces constatations, la conversion est-elle la question à poser lorsque l'on interroge l'identité chrétienne ? Quid de ceux qui se déclarent chrétiens mais qui réfutent toute pratique religieuse et explication du monde en faveur du christianisme ? Existe-t-il une catégorie transposable dans un contexte plus large, au-delà de l'évangélisation des Asmat ? Comment qualifier les chrétiens de nos sociétés, nés dans un contexte chrétien, et qui vivent en dehors de ce contexte ? À quel endroit les critères d'évaluation religieuse des Asmat (qui jugent en « chrétiens ») et ceux du personnel religieux (qui jugent en « convertis ») coïncident-ils ? Entre le converti et le chrétien se dessine un vide

---

[129] Brock, P., *op. cit.*, « Setting the Record Straight », p. 108 et 116.

conceptuel qu'il s'agit de combler. C'est ici qu'intervient un concept nouveau : celui d'*enchristianisation*.

Selon les réflexions qui précèdent, il n'est pas nécessaire d'être converti et de présenter les indicateurs pour être chrétien ou plus précisément pour être enchristianisé, c'est-à-dire pour se penser comme chrétien. Comme nous allons le voir, l'enchristianisation se situe entre les concepts d'enculturation, d'acculturation et de christianisation. Lorsqu'elle se comprend comme une étape brutale, clairement descriptible et identifiable dans le temps et dans l'espace, conformément à la définition des chrétiens *born again*, la conversion ne laisse aucun doute sur l'état de chrétien tant de la part des chrétiens que des non chrétiens. De même, le converti doute rarement de sa foi ou de l'existence de Dieu, ce qui est moins évident de la part d'un non converti. Les actions inspirées par la foi du converti sont dès lors rarement susceptibles d'être contestées par les autres convertis[130].

Lorsqu'elle se comprend comme un processus, la conversion – l'enchristianisation convient mieux dans ce cas – confère à quelqu'un son identité de chrétien selon un degré de consensus variant en fonction de l'interlocuteur ou du groupe d'interlocuteurs. Elle est à rapprocher de l'enculturation et de l'acculturation, définies au chapitre I. Il est donc tout à fait possible d'être à la fois chrétien et non converti, la qualité de chrétien pouvant ne pas être reconnue par tous. C'est ce qui incite les missionnaires à qualifier la plupart des Asmat de chrétiens nominaux alors que nombre d'entre eux se considèrent comme chrétiens. Ainsi, le chef du conseil paroissial qui prie les ancêtres et Dieu, va à l'église le dimanche et participe aux rituels asmat est un chrétien de type enchristianisé, tout comme celui qui brandit une bible au nom de son village en clamant avoir déjà le christianisme, mais à des degrés variables. Appliquer le concept d'enchristianisation autorise les Églises indigènes à vivre leur christianisme comme bon leur semble, en dehors du tri culturel et personnel requis par certains évangéliques comme condition à l'identité de chrétien ou de converti. Selon cette logique, le chrétien devient une dénomination générique regroupant à la fois les convertis et les enchristianisés – dont la christianisation est toujours en cours –, les deux catégories étant à distinguer. À ceci près que l'enchristianisé protestant est pratiquement toujours converti à un moment précis de son existence, souvent pendant l'enfance ou au jeune âge adulte, et que certains catholiques fervents sont assimilés par les protestants aux chrétiens *born again*, ces chrétiens-là semblant avoir atteint une sorte de

---

[130] Par exemple, l'intention du président George W. Bush, déclaré « vrai chrétien », d'agir pour le bien commun n'est remise en question par aucun des missionnaires évangéliques interrogés, au contraire des catholiques qui tendent plutôt à le critiquer.

seuil d'enchristianisation rendant irréfutable leur statut de chrétien. Ce seuil permet de rapprocher les deux catégories, et ne pas réserver la conversion aux nouveaux chrétiens et aux protestants, qui peuvent être également concernés par l'enchristianisation. Abraham Buipir, bien que protestant – donc de qui une conversion de type étape est attendue – serait pourtant davantage à considérer comme enchristianisé que comme converti. Autrement dit, l'enchristianisation s'accommode très bien d'un statut ambigu. Certains catholiques baptisés, caractérisés par une pratique religieuse épisodique et des croyances incertaines faute d'avoir envie d'y réfléchir, vivent un catholicisme mou qui trouve parfaitement sa place ici, tout en déplaisant aux croyants fervents. Des « sectes » d'inspiration chrétienne comme Mahikari ou certains cultes dits « du cargo » pourraient être qualifiés d'enchristianisés non orthodoxes, la limite entre l'orthodoxie et la non orthodoxie restant à définir. Ces situations correspondent précisément à celles que décrit Spyer[131], de gens qui proclament leur allégeance à une religion sans être reconnus comme de bons pratiquants par d'autres. Comme nous avons pu le constater, le concept fait parfaitement écho aux observations de l'enquête de terrain en région asmat.

Le christianisme des Asmat en cinq axes

Au-delà des questions de la conversion et de l'enchristianisation, on pourrait imaginer moult façons d'étudier le christianisme des Asmat. Les cinq axes ci-dessous, non exhaustifs, suggèrent un angle d'analyse complémentaire à ceux que nous avons déjà explorés. Les axes théologique, ontologique et psychologique développent des aspects de la conversion essentiellement orientés vers l'individu. Ensuite, les axes genré et sociologique décrivent le rapport de l'individu au groupe et concernent surtout les Asmat enchristianisés à différents degrés. L'identité de l'individu s'organisant autour du groupe, l'axe sociologique est celui sur lequel se greffent le plus de motivations à adhérer au christianisme. Enfin, le but n'étant pas l'homogénéité, ces axes sont de valeur analytique inégale, leur utilité étant de renouveler la réflexion sur une problématique complexe.

Axe théologique

Le point de vue théologique est d'autant plus fondamental que les causateurs de conversion sont aussi des prêtres. La tâche qui incombe à l'anthropologue est de cerner ce qu'ils entendent par ce terme et quels changements ils souhaitent opérer exactement.

---

[131] Spyer, P., *op. cit.*, p. 79.

En premier lieu, les Comaroff[132] constatent que la conversion n'est pas un indice fiable des valeurs et de l'engagement spirituels, eu égard à l'existence de l'excommunication. La sincérité de l'engagement spirituel n'implique pas d'être d'accord avec le clergé, et la conversion est strictement personnelle. Elle est une prise de conscience, la sensation d'une vérité d'évidence avec laquelle le croyant cohabitait sans la voir. Par la foi, le croyant acquiert des certitudes existentielles et un but : gagner son Salut par l'examen attentif de sa vie et le repentir sincère. Cela correspond à la description par les missionnaires évangéliques de la transformation intérieure des nouveaux croyants *born again*, en proie au malaise face à des réalités spirituelles d'avant leur conversion et pressés de décortiquer leur mode de vie pour vérifier sa conformité avec les Écritures. Van der Veer[133] note également que « la narration de la conversion chrétienne suit souvent le modèle de la conversion soudaine de Paul, tel que décrite dans le Nouveau Testament, ou celle d'Augustin, tel que décrite dans ses *Confessions* ». Du point de vue missionnaire, cette définition est la conversion idéale[134], sans occulter son côté radical, qui implique l'abandon des pratiques religieuses antérieures et l'isolement vis-à-vis des groupes sociaux d'avant la conversion[135]. Gaventa[136] souligne ce « changement "pendulaire" dans lequel l'individu rompt avec son passé qu'il dépeint dès lors en termes très négatifs ». Selon les Dresser*, les Asmat refusèrent de mêler les chants chrétiens et traditionnels, de faire entrer la tradition dans l'église et d'enrichir les cérémonies chrétiennes avec des éléments de rituel. Ainsi, ce que les catholiques affirment avoir été écarté par les missionnaires protestants l'aurait plutôt été par les convertis asmat. Lesquels prêtent l'initiative aux missionnaires et non à eux-mêmes, tout en confirmant que le mélange ne sied ni à l'église ni au christianisme, sans tourner le dos à l'un ni à l'autre et en ne voyant pas d'inconvénient au mélange catholique. Il ne s'agit donc pas de renoncer aux réalités spirituelles passées mais d'*éviter de les confondre avec les réalités nouvelles*, indépendamment du décorum qui relève plutôt de l'identité et qui pose rarement problème aux Asmat.

Chez le croyant catholique, le prêtre, en tant que conseiller spirituel, prend le pas sur les Écritures : il est l'unique spécialiste. De plus, être un fervent catholique n'a pas de conséquence sur l'implication du croyant comme missionnaire. Pour TEAM, tout croyant est un spécialiste puis-

---

[132] Comaroff, J. & J., *op. cit.*, p. 249-250.
[133] van der Veer, P., *op. cit.*, « Introduction », p. 14.
[134] Meyer, B., *op. cit.*, « Modernity and Enchantment », p. 213.
[135] *Ibid.*, p. 214.
[136] Gaventa, B. R., *From Darkness to Light: Aspects of Conversion in the New Testament*, Philadelphie, Fortress Press, 1986, p. 4.

qu'il a étudié la Bible et qu'il trouve en elle réponse à ses questions. Le croyant est aussi un missionnaire[137] : les membres de TEAM assimilent les Asmat à eux-mêmes, comme pour rendre l'Autre plus semblable à soi afin d'atténuer sa différence. Cela s'applique particulièrement bien à la situation asmat : certains Asmat protestants furent évangélistes pour TEAM, tandis qu'il n'y eut à ma connaissance pas de catéchistes catholiques asmat.

L'ouvrage de Piper[138], un pasteur de la Bethlehem Baptist Church à Minneapolis, est *la* référence chez TEAM et pour nombre d'évangéliques un incitant à partir en mission. Certains paragraphes sont lus en préambule avant le culte. L'auteur montre que les motivations à aller en mission sont plus théocentriques qu'anthropocentriques : la gloire de Dieu prime sur le bien d'autrui. La prière est donc au cœur du travail de mission parce qu'elle privilégie la relation avec Dieu et le succès du missionnaire, auquel contribuent les efforts humains, est d'abord dû à Dieu. Burridge[139] précise que « les tentatives de construire une communauté chrétienne sur un terrain vierge ne furent jamais un défi social ou personnel ni l'aventure mais une instruction divine ».

Axe ontologique

De son côté, Coleman[140] comprend la conversion comme « une catégorie idéologique et une série de pratiques ritualisées centrales dans l'identité [...] au niveau personnel et collectif ». Dans son analyse des charismatiques suédois, il constate qu'elle se déclenche à des moments déterminés, rarement au quotidien ou à l'office – parfois dans l'évangélisation en porte-à-porte – mais plutôt lors d'une guérison en série ou suite à l'invitation du pasteur de s'exprimer en public. Dans ce cadre, la notion de renaissance est fondamentale. Jean (3:16) est le passage de référence sur la conversation de Jésus avec Nicodème (*born again*), et il y est aussi fait mention dans Tite 3 (*washing of rebirth*). Cette renaissance signifie passer d'un état de mort spirituelle à un état de vie spirituelle, en référence aux Éphésiens (2:1-10).

Plusieurs auteurs considèrent que l'élément-clé de la conversion au christianisme est la permutation des esprits locaux par Dieu. Spontanément, les croyants d'Atsj refusent de dédier l'église aux ancêtres par un

---

[137] Certains missionnaires, comme John Forsythe* de MAF, considèrent que le baptême peut être administré par n'importe quel croyant, tandis que d'autres le réservent aux attributions du missionnaire envoyé, voire du pasteur ordonné.

[138] Piper, J., *op. cit.*

[139] Burridge, K., *In the Way: A Study of Christian Missionary Endeavors*, Vancouver, University of British Colombia Press, 1991, p. 240.

[140] Coleman, S., *op. cit.*, p. 18.

jet de chaux et Abraham Buipir* est formel : personne ne prie Dieu dans la *jeuw*, le lieu des ancêtres. Un changement de perspective survient donc spontanément après un temps, bien que la rigueur souhaitée par les missionnaires manque parfois.

Du point de vue ontologique, la conversion implique aussi que le converti est habité par *quelque chose*, absent avant sa conversion. J'ai évoqué le caractère « acquis » du phénomène. Le déclic qui s'opère dans l'esprit du converti au moment précis de la conversion lui ajoute une parcelle d'être supplémentaire, de sorte qu'il n'est plus le même que l'instant d'avant : il est « grandi ». Ce déclic agit également comme une libération des émotions, une mise à nu de l'être intime ; au moment de la conversion, le converti a la sensation d'une parfaite synchronisation avec lui-même. La descente du Saint Esprit sur les apôtres prit la forme de langues de feu descendant sur eux.

Tout comme la foi, la joie est dite habiter le croyant. Tucker[141] oppose les croyants qui ont grandi dans l'église « et qui considèrent Dieu comme acquis » au « flot d'excitation » des nouveaux croyants. La conversion emplit de joie celui qui la vit et se décèle immédiatement à son expression radieuse. Les Dresser* remarquent que les nouveaux croyants « souriaient tout le temps ». Quand Candy Preston* de TEAM rentrait de l'internat chez ses parents, elle voyait le résultat de la conversion sur le physique des Asmat qui lui semblaient plus heureux, plus propres, plus *alertes* (elle insiste sur le terme). Enfin, cette joie donne envie de parler d'elle, conduit certains amis à se détourner de celui qui la vit et constitue un regain d'énergie salutaire dans les transformations qu'il s'apprête à opérer dans sa vie.

La sécurité est un autre apport de la conversion selon Giddens[142] :

> [La foi est perçue sociologiquement et psychologiquement comme] le sens d'une sécurité ontologique qui fait passer l'individu à travers les transitions, les crises, et les circonstances de haut risque. La confiance dans les ancrages existentiels de la réalité en une signification émotionnelle, et cognitive dans une certaine mesure, repose sur la confiance en la fiabilité [de Dieu]. (traduction AdH)

Les peurs des Asmat, réelles, marquèrent les missionnaires, qui surestimèrent leur emprise sur la vie quotidienne en oubliant les moyens prévus par la société pour s'en protéger. Selon l'idée que l'esprit le plus puissant, Jésus, prône la paix, dispose d'une force supérieure à celle des sorciers et guérit par la prière, avoir la foi rassure. Persuadés que la foi –

---

[141] Tucker, D. A. & Knickerbocker, A., *op. cit.*, p. 39.
[142] Giddens, A., *Modernity and Self-Identity: Self and Society in the Late Modern Age*, Stanford (CA), Stanford University Press, 1991, p. 38.

au moins en théorie – suffit pour se prémunir des attaques sorcières, les pasteurs asmat attribuent la victoire de la médecine sur la maladie à Dieu. L'objet bible rassure de même, tout comme les phrases bibliques prononcées en mantra. Quant à eux, les missionnaires protestants tendent à s'adresser à Dieu sur le mode de la provocation : puisqu'ils sont là à cause de Lui, Dieu n'a qu'à les guérir, aplanir la difficulté ou supprimer l'obstacle contraignant.

L'épître de Paul aux Romains dit que l'amour de Dieu est écrit dans le cœur des gens : c'est la conscience, la marque de Dieu sur l'homme, la première façon de se repentir d'après Dave Broucek*. Une seconde façon est l'enseignement de la Bible, par lequel les gens *savent* ce qui déplaît à Dieu. Dans le cas de la sorcellerie, les missionnaires s'inspirent des Actes des apôtres (19:19) sur la visite de Paul à Ephèse pour inciter à en détruire et en brûler les instruments. Ce passage de la Bible est un modèle pour les missionnaires[143]. La destruction d'objets provient des deux parties : soit les chefs d'Église pressent les fidèles de réduire leur magie à néant, soit les croyants eux-mêmes sont gênés par la possession de sorcellerie et sont de plus en plus incommodés par des rêves, des visions et une présence oppressante, dont ils sont soulagés après l'élimination délibérée du support. Chez les Dani, les missionnaires tentèrent en vain de tempérer l'ardeur des populations à allumer des brasiers de milliers d'objets dans la liesse générale du *burning movement*. À Pyramid, il n'y eut pas de décès dans le village pendant l'année suivant la conversion de masse, ce qui fut interprété comme une victoire de Dieu sur la mort[144]. Ainsi, la destruction d'objets sorciers renforce la confiance en soi acquise dans la conversion.

Axe psychologique

En plus de rassurer dans le domaine sorcier, la foi s'assortit d'une sérénité face aux certitudes nouvelles. Même si la conversion paraît transcender la personne parce qu'elle se surimpose à sa volonté, le converti récent est en état d'intense remise en question et pousse très loin ses réflexions. Les certitudes nouvellement acquises l'incitent à faire des choix[145]. Certains comportements changent aussi par gratitude. Selon les Dresser*, le changement était visible jusqu'à la manière dont les Asmat traitent leurs chiens, mieux nourris et moins battus.

---

[143] Le texte exact est le suivant : « Et un certain nombre de ceux qui avaient exercé leurs arts magiques, ayant apporté leurs livres, les brûlèrent devant tout le monde : on en estima la valeur à cinquante mille pièces d'argent ».

[144] Farhadian, C. E., *op. cit.*, p. 100-104.

[145] L'Église est plus forte en situation de persécution en raison de l'urgence et de la gravité des choix.

Selon Bosch[146], la conversion implique un changement de religion et survient à l'issue d'un processus déclenché par un sentiment de culpabilité ou par un conflit intérieur. Il convient de revoir cette observation, car la *culpabilité à long terme* est le propre du catholicisme ; les apostats se tournant vers le protestantisme réalisent rapidement l'absence de condamnation divine et l'inutilité de la culpabilité, puisque les péchés ont été payés par le sacrifice du Christ. Le protestantisme engendre plutôt une *culpabilité à court terme* dans le sentiment de déplaire aux missionnaires. De plus, les entretiens sur le terrain ont montré que le conflit intérieur et la culpabilité viennent plutôt *après* la conversion ; il s'agit donc de ses *conséquences*. Tout comme le fait d'envisager le passé en termes négatifs de Gaventa[147]. Si cette formule est sans doute acceptable du point de vue théologique, elle ne l'est pas du point de vue anthropologique : Austin-Broos[148] conteste la conversion engendre une rupture radicale avec la vie sociale antérieure. En effet, la transformation du croyant continue après sa conversion – l'enchristianisation n'est jamais achevée – et l'intégration de la connaissance et de l'expérience prend du temps. Coleman[149] suggère que « la conversion peut impliquer – et effectivement, peut dépendre de – un élargissement des horizons sociaux et intellectuels ». Meyer[150] constate que la conversion ne sous-tend pas une façon de penser entièrement neuve, et choisit d'envisager la conversion en termes de continuité plutôt que de changement radical. L'exemple d'Abraham Buipir est une illustration opportune de cette continuité. Pendant trente ans, il fut le chef de l'église protestante de Sjuru avec l'aval des missionnaires américains. Il croit en Dieu qu'il place au-dessus des ancêtres, le reconnaît comme son créateur et le prie en vue de la guérison de ses patients. Avec une particularité, cependant : il croit en *deux* dieux. La question à se poser est si la conversion admet un certain syncrétisme : il n'y a aucune objection à cela dans la mesure où l'on choisit le concept adéquat. Le syncrétisme ne remet pas en cause la sincérité, ni le chavirement personnel du croyant. C'est là que l'enchristianisation entre en jeu. Non exclusive, elle n'implique pas un changement de religion, mais l'adhésion à une nouvelle religion en imposant à l'ancienne – si elle existe – certains aménagements inspirés par le sentiment de culpabilité de Bosch[151], au fur et à mesure que le croyant se rapproche du seuil qui le fera définir comme converti.

---

[146] Bosch, D. J., *op. cit.*, p. 166-167.
[147] Gaventa, B. R., *op. cit.*, p. 4.
[148] Austin-Broos, D., *op. cit.*, p. 2.
[149] Coleman, S., *op. cit.*, p. 23.
[150] Meyer, B., *op. cit.*, « Modernity and Enchantment », p. 220.
[151] Bosch, D. J., *op. cit.*, p. 166-167.

Plusieurs missionnaires protestants – dont Cal Roesler, d'après ses notes – attribuent le syncrétisme catholique – nous avons vu que les catholiques n'en ont pas l'apanage – à leur focalisation sur la structure sociétaire totale plutôt que sur l'individu[152]. En effet, la transformation progressive de la société souhaitée par les catholiques rend difficilement envisageable la question du choix. En réalité, le converti ne choisit pas : la conversion *s'impose* à lui. Reprenant les travaux de John Locke, Asad[153] confirme que selon la psychologie moderne, une croyance ne peut être déterminée par la volonté[154] ou l'*agency*. Une profession de foi simulée est une « conversion incomplète[155] », à un degré modéré d'enchristianisation. L'*agency* dans la conversion a elle aussi subi un glissement de sens à travers l'histoire. Jadis, elle consistait à reconnaître la responsabilité individuelle sur sa propre âme et actuellement, à nier l'influence directe de la responsabilité sur l'action[156]. La conscience ne relève donc pas de l'*agency*, ni la conversion[157] :

> La conversion est vue par les modernes comme un événement ou un processus « irrationnel », mais issu de l'idée que l'*agency* le rend « rationnel » et « choisi librement ». Tout le monde a une *agency* ; chacun est responsable de la vie qu'il ou elle mène. La doctrine de l'action est devenue essentielle à notre reconnaissance de l'humanité des autres. (traduction AdH)

Axe genré

Dans le cas asmat, l'insertion comme salarié dans une coopérative de bois ne suffit pas à justifier l'adhésion au christianisme car l'argent, le plus souvent dépensé dans l'instant ou redistribué aux parents et affins dans la journée, ne concourt pas au prestige du salarié.

Un des incitants à devenir membre d'un clergé est l'acquisition du prestige lié au statut. Si le respect des autres se construit dans la paternité, il s'entretient dans la répartition des rôles des deux genres et dans la détention genrée du savoir traditionnel transmis dans la *jeuw*, fermée aux femmes. Or, dans l'église catholique, il existe plusieurs types de prestige potentiellement à acquérir, dont un qui ne correspond pas aux critères en œuvre dans la société asmat, l'organisation de l'Église se

---

[152] Le caractère personnel de la relation à Dieu incite les missionnaires protestants à s'adresser à Dieu sur le mode de la provocation : puisqu'ils sont là à cause de Lui, Dieu n'a qu'à les guérir, aplanir la difficulté ou supprimer l'obstacle contraignant.

[153] Asad, T., *op. cit.*, p. 269.

[154] La théorie inverse, héritée de Thomas d'Aquin, d'influence aristotélicienne et rendant pensable la conversion sous la contrainte, est tombée en désuétude au XVIIe siècle.

[155] *Idem.*

[156] *Ibid.*, p. 271.

[157] *Ibid.*, p. 272.

situant en porte-à-faux vis-à-vis de la place des femmes dans la tradition. Cette particularité pourrait justifier l'absence de clergé catholique asmat.

Nous avons vu au chapitre III que les protestants organisent leur clergé en conformité avec la tradition, la femme se devant de seconder activement son mari. Le pouvoir de décision est dévolu au missionnaire, ce que sa femme ne manqua pas de rappeler aux Asmat en son absence. Et les écoles bibliques furent réservées aux hommes. En conséquence, il n'y a pas de femme pasteur asmat ni dans l'assemblée des aînés : l'idée amuse beaucoup les Asmat protestants à qui j'ai posé la question. Ici, l'élément-clé est moins la conversion que le prestige de l'encadrement. Selon le principe du cumul des fonctions traditionnelles, la fonction de pasteur ou de « cadre » *s'ajoute* aux autres. Le pasteur est un spécialiste de la tradition chrétienne car il a suivi un apprentissage varié, il maîtrise les Écritures et il conseille les néophytes, comme ses homologues conteurs et chanteurs. Il dispense dans l'église un enseignement progressif, comme la tradition asmat dans la *jeuw*.

Par contre, du côté catholique, l'essentiel du public de l'église se compose de femmes et d'enfants[158]. La liturgie est assumée par des femmes, qui participent aussi à la décoration de l'église par leurs fresques en vannerie. Dans leur lutte pour la condition féminine, les Croisiers tentèrent d'introduire les femmes dans la *jeuw* et s'ils n'y sont pas toujours arrivés, ils lui ont en tout cas permis d'acquérir du prestige dans l'église. En effet, l'engorgement de l'église par la tradition, favorisé par l'inculturation, a peu à peu transformé ce bâtiment en une nouvelle maison rituelle où les acteurs ne sont plus des hommes, mais des femmes. À la différence des églises protestantes, vides de tout rappel de la culture asmat, l'église catholique devient le lieu de référence de la tradition. Dans l'église, les femmes s'expriment, dirigent les chants (utilisés par les hommes pour s'adresser aux ancêtres) et négocient entre elles de l'organisation, comme les hommes dans la *jeuw*. D'une certaine façon, l'église devient la *jeuw* moderne avec le christianisme comme tradition, organisée autour d'une norme à respecter sous peine de sanctions envoyées par Dieu. Comme les *jeuw*, les nouvelles églises sont consacrées par un jet de chaux, qui les alloue aux ancêtres. Il en résulte une sorte d'inversion de la tradition, où les personnes-clés de l'église sont des femmes et des prêtres au statut sexuel ambigu. Hormis pour

---

[158] C'est également le cas du côté protestant, mais de façon nettement plus marquée chez les catholiques. Un nombre plus élevé de femmes que d'hommes est une caractéristique du christianisme au sens large. Cf. Woodhead, L., « Feminism and the Sociology of Religion: From Gender-Blindness to gendered Difference », in Fenn, R. K. (ed.), *The Blackwell Companion to Sociology of Religion*, Oxford, Blackwell, 2001, p. 73.

exposer leurs talents de sculpteurs, les hommes asmat ont peu leur place dans la *jeuw* féminine, les prérogatives masculines de la *jeuw* n'ayant plus lieu d'être. Laux[159] remarque que le pouvoir acquis par les femmes grâce à la parole publique dans l'église les met rarement en compétition avec leurs homologues masculins dans le domaine politique qui, chez les Asmat, reste de toute façon l'apanage de la *jeuw*.

L'iconographie de l'impressionnant Christ d'Atsj rejoint cette argumentation. Vraisemblablement, la présence de femmes en pagne marital au pied du Christ d'Atsj symbolise l'alliance entre le Christ étranger et la société asmat, ce pagne étant le seul élément visible attestant du mariage. Selon le même raisonnement, le sculpteur a voulu mettre les femmes à l'honneur en leur permettant de figurer dans l'entourage du Christ. Pas de disciples, pas d'apôtres, mais des femmes, à côté du chien, l'animal sacré par excellence pour avoir apporté le feu aux Asmat.

Axe sociologique

Dans la littérature et le langage courant, les dimensions théologiques et psychologiques sont le plus souvent retenues pour définir la conversion, occultant la dimension sociale, pourtant centrale[160] :

> [...] la conversion est un passage : constitué et reconstitué à travers la pratique sociale et l'articulation de nouvelles formes de rapports. Une anthropologie de la conversion doit se concentrer sur la représentation et la phénoménologie mais retournera invariablement à la pratique de la vie sociale où les différentes manifestations de sens sont soutenues en termes relationnels. Ceci relie cet assemblage avec des thèmes méthodologiques plus vastes en anthropologie relatifs à la pratique sociale et l'*agency*. (traduction AdH)

Pour Coleman[161], la conversion doit être considérée comme continue en raison de ses significations multiples sur le self personnel et collectif. L'adhésion au groupe de chrétiens donne elle-même lieu à un grand nombre d'activités à l'intention des croyants confirmés et nouvellement arrivés. Ainsi, l'aspect social est prééminent tant dans les mécanismes de la conversion (alors comprise comme une étape) que dans ceux qui accompagnent ses ramifications sociales (comprise comme un processus). Si l'on se penche sur le moment de la conversion, il apparaît que celle des missionnaires protestants et celle des Asmat ne se déroulent pas dans le même contexte social. Dans la plupart des cas, le croyant missionnaire américain se convertit en écoutant un autre parler. La

---

[159] Laux, C., *op. cit.*, p. 85.
[160] Austin-Broos, D., *op. cit.*, p. 9.
[161] Coleman, S., *op. cit.*, p. 20-22.

conversion survient dans le *contact* : le converti est sensible aux termes de son interlocuteur jusqu'à un moment de saturation des émotions où il est submergé par un sentiment de clarté et de plénitude. Comme l'écrit Harding[162],

> Chez les baptistes fondamentalistes, le Saint Esprit vous amène à la certitude en parlant à votre cœur. [...] Écouter la parole divine vous permet d'expérimenter la croyance comme elle était, par procuration. Mais la croyance générative, la croyance qui vous transfigure ainsi que votre réalité, la croyance qui devient vous, vient seulement à travers le discours. Chez les baptistes fondamentalistes, parler est croire. (traduction AdH)

Curieusement, cette description, systématique chez les missionnaires, ne trouve pas écho chez les Asmat qui se convertissent en solitaire, en lisant la Bible. Sabinus Ekpiwi*, né catholique de parents catholiques, commença à s'interroger à vingt ans sur les projets de Dieu pour les hommes. À cette époque, il se sentait encore « brut » faute de comprendre la vérité enseignée par le prêtre dans l'église. Un jour, il prit la Bible, la lut et comprit les intentions de la parole de Dieu. C'est à partir de ce moment qu'il devint croyant. D'après lui, de nombreux Asmat protestants le sont devenus en solitaire, en cherchant ailleurs des réponses suite à une frustration vécue dans la religion catholique. Ce contexte est décrit par d'autres Asmat protestants et par Meyer[163] sur la conversion au protestantisme. Les Asmat convertis le deviennent donc à l'issue d'une démarche consciente de découvrir la vérité ; c'est une différence d'avec leurs instructeurs missionnaires, qui se contentent d'accepter la sensation de clarté qui s'impose à eux.

Chez les Asmat et chez d'autres, l'*émulation* joue un rôle essentiel, telle une poussée dynamique qui incite les derniers à s'y mettre aussi. Les films de Thomas Balmès[164] mettent l'accent sur ce souci des Huli des montagnes de ne pas être exclu alors que les autres ont adhéré à l'Église, illustré par les émouvantes paroles du dernier réfractaire à l'Église : « je suis le dernier ». Inverser le raisonnement est tout aussi opérationnel : pour un Asmat, être écarté du conseil des aînés inspire des sentiments d'incompréhension et d'humiliation, quel qu'en soit le motif. Tucker[165] décrit le dépit d'un homme qu'il veut démettre de son statut d'aîné dans le conseil pour le remplacer par un autre plus pieux. Pour Dave Broucek*, enfin, la simple observation du changement dans la vie

---

[162] Harding, S. F., *op. cit.*, « Convicted by the Holy Spirit », p. 179.
[163] Meyer, B., *op. cit.*, « Modernity and Enchantment », p. 211-212 et 217.
[164] Balmès, Th., *op. cit.*, *L'évangile selon les Papous* ; Balmès, Th., *op. cit.*, *En attendant Jésus*.
[165] Tucker, D. A. & Knickerbocker, A., *op. cit.*, p. 118.

des autres suffit pour attirer des futurs chrétiens. Il en résulte que les missionnaires protestants mettent l'accent sur le témoignage comme élément constitutif de leur stratégie de conversion.

Rejoindre une Église permet au fidèle, converti ou non, de s'inscrire dans de nouvelles structures sociales. Comme le dit Farhadian, « la religion est une force intégrative qui crée de nouvelles alliances, associations, et orientations morales. En tant que telle, elle joue un rôle capital dans la définition et la légitimation de visions compétitives dans le monde ainsi que de nouveaux groupes sociaux[166] ». Ce réaménagement social engendre un nivellement des valeurs séculières à l'intérieur de l'église : « alors qu'à l'extérieur de l'église, la richesse de base est un assemblage d'argent, de statut social, d'ethnicité, et d'histoire éducationnelle, en son sein le prestige est relativisé, reconfiguré sur la base de chacun devant Dieu (i.e. conversion), et renforcé par les récits biographiques personnels décrivant une transformation intérieure[167] ». Apparaît aussi un nouveau type de prestige, lié à des positions de leadership au départ inexistantes. Atsj, très concerné par le christianisme, dispose d'un conseil paroissial dirigé par un doyen, un vice-doyen, un secrétaire et un économe. Les stations sont elles-mêmes dirigées par un coordinateur et visitées en fonction de la saison. Un Croisier sur les trois en poste est présent en permanence. Markus Yisimamtsji* ajoute que le conseil veille à l'entretien de l'église, prend contact avec les parents pour les baptêmes, dresse une liste des « bons » enfants et planifie la formation avant le baptême ou le mariage. Pour lui, le rôle du conseil est surtout une collecte de données pour le prêtre. Dans les autres gros bourgs, le conseil paroissial se compose de l'instituteur, du chef de village et des chrétiens actifs parmi les *wair'ipitsj*. Le leadership est donc politique, et combine les postes de prestige reconnus par l'autorité indonésienne et par la tradition asmat.

En comparaison, les protestants ne tiennent pas compte des leaders dans le choix de leurs assistants. Le leadership politique catholique est médical chez les protestants : l'interpénétration entre la pratique religieuse et la pratique médicale apparaît dès les premiers stades de formation. Le personnel hospitalier employé par les missionnaires de TEAM reçoit des cours d'évangélisation médicale et les dirigeants de l'église sont souvent des travailleurs médicaux, un statut très prisé, contrairement à celui de chef de village. Il peut exister d'autres motivations à devenir « cadre » (*kader* en indonésien). D'après Elmer Lorenz*, certains Asmat rejoignent le conseil de paroisse ou le conseil des anciens

---

[166] Farhadian, C. E., *op. cit.*, p. 213.
[167] *Ibid.*, p. 315.

pour recevoir une formation du Dr. Dresser, ou du côté catholique pour placer ses enfants dans une école de meilleur niveau que les autres. Malgré le petit nombre de croyants, tous veulent être chef d'église, écrit Frazier[168]. Il apparaît en effet que les Asmat jouissent d'un certain prestige à être « cadre », sans intérêt particulier pour ses prolongements spirituels. Évoqué par les Asmat protestants, ce statut confond des aspects médicaux, religieux et administratifs. Paternus Cuakces* attribue le succès des hôpitaux à l'opportunité pour les Asmat d'être élevés à ce statut en y suivant des cours ouvrant l'accès à un emploi de fonctionnaires de santé. Cuackes* se réjouit que la mission ait actualisé les connaissances des professeurs de l'école biblique et les ait également adaptées aux enfants.

Bilan de l'évangélisation des Asmat

De tous temps et en tous lieux, la religion fut utilisée pour instaurer des frontières entre les groupes et pour convaincre leurs membres de poursuivre un but[169]. Accentuant la distance entre les « hommes de la forêt » et les autres, les missionnaires ouvrirent aux Asmat les portes de différents mondes, et vilipendèrent les pratiques susceptibles de mener la société asmat au chaos. Mais comme avoua Frank Trenkenschuh[170] : « Nous pouvons nous ouvrir l'esprit aussi grand que possible, mais nous ne pourrons jamais voir le monde comme les Asmat ». Elmer Lorenz* obtint très peu de conversions chez les Awyu et surprit plusieurs fois leur nostalgie des bons vieux jours et de la chasse aux têtes[171]. Pour les Kayagar, « comme ils voient tout selon une perspective tellement différente, comment pourrai-je jamais vraiment leur communiquer la parole de Dieu[172] ? ». En un an, des milliers de personnes se convertirent dans les montagnes tandis que sur la côte sud comme chez les Sawi, les Autohoim, les Kayagar et les Asmat, les missionnaires purent à peine récolter une poignée de croyants après des années de travail[173].

La perception du prêtre a certainement contribué à cette réticence. « L'esprit des blancs » (termes de Clarence Neuner OSC*), inspirant la crainte, fait imputer aux missionnaires la responsabilité d'épidémies par

---

[168] Frazier, B. & D., *op. cit.*, p. 250.
[169] Spyer, P., *op. cit.*, p. 192.
[170] O'Neill, Th., *op. cit.*, p. 26
[171] À ce sujet, les avis sont partagés : si, comme un leitmotiv, la majorité des Asmat se disent ravis que les missionnaires les aient débarrassés de la chasse aux têtes et du cannibalisme, certains évoquent le temps jadis avec nostalgie.
[172] Tucker, D. A. & Knickerbocker, A., *op. cit.*, p. 26 et 66.
[173] *Idem.*

action magique, renforcée par leur inclination à se comporter en chefs. En plus d'avoir inspiré certains mouvements cultuels, la croyance liant la couleur de peau à la mort a concouru à imposer des changements sans heurts. Vers 1966, l'interdiction des plates-formes funéraires par Kees van Kessel MSC touche au domaine des morts, dont les blancs étaient pensés originaires. Par sa simple présence, Huub von peij MSC arrêta un raid de chasse aux têtes, le contexte de mort par excellence. On retrouve cette crainte de l'esprit missionnaire chez les habitants de Kompiam[174]. À cause de son célibat et ses contradictions, le prêtre inspire un mélange de scepticisme, de distance et de respect ; il en serait sans doute autrement pour des prêtres asmat. Aucun Croisier ne prétend que les Asmat sont convertis. Les évangéliques de TEAM non plus, hormis quelques croyants dont ils mettent en exergue la fidélité. Si les Asmat ne se sont pas approprié le christianisme pour fonder une Église asmat[175], ils en ont adopté certains aspects, sans renoncer au reste. Avec des méthodes très différentes, les missionnaires catholiques et protestants aboutirent à des résultats presque équivalents, à savoir la non conversion des Asmat. Il est probable que si les protestants s'étaient intégrés aux familles asmat et étaient morts dans le marais, leur influence aurait été plus déterminante. Leur cadavre doit demeurer à proximité pour que les Asmat puissent ressentir à leur égard un sentiment d'appartenance. Au-delà de la propriété, c'est l'assimilation du corps par la terre des ancêtres, cette terre même dont on se couvre pendant les funérailles.

L'évêque Alo Murwito OFM* évoque le « pommier en fleurs » que représente la conversion des Asmat, susceptible de porter ses fruits selon le cours naturel des événements. Pour appliquer la même métaphore, les protestants comptent sur « plusieurs pommes mûres », quelques vrais croyants plus fermes que les catholiques sur ce qui est autorisé ou non par l'Église. Comparativement aux prêtres, les pasteurs asmat sont plus impliqués dans la vie quotidienne et plus proches des populations. Cela s'accentue avec le clergé actuel, symbole malgré lui de l'oppresseur[176]. Le succès plus marqué des protestants tient peut-être aussi à ce que les missionnaires cherchent à « changer le cœur avant de changer la per-

---

[174] Yala, Ch., « The Millenium at Pakau, Kompiam », in Kocher Schmid, Ch. K. (ed.), *Expecting the Day of Wrath. Versions of the Millenium in Papua New Guinea*, NRI Monograph Series 36, Boroko, The National Research Institute, 1999, p. 37.

[175] Une preuve de la conversion serait une appropriation innovante et dynamique et non « l'inculturation intellectualisée » dénoncée par Ranger, T., *op. cit.*, p. 23.

[176] Les pasteurs indonésiens rencontrent nettement moins de succès que les pasteurs asmat. L'église sioniste dans le village d'Atsj compte un membre asmat simple d'esprit, et le pasteur Lowpati n'a qu'une poignée de fidèles asmat dans son église d'Agats, l'essentiel venant de Beriten, où il est le seul homme de Dieu en poste.

sonne », d'après John Forsythe*. Le changement concerne donc la composante individuelle de la personne avant sa composante sociale.

Dans la vie quotidienne, l'enquête de terrain ne révèle pas de grande différence entre les fidèles protestants et catholiques asmat : tous vont chez l'*eeram'ipitsj*, sculptent, ont plusieurs épouses, participent aux longs rituels prohibés par leur Église et sont plus souvent en forêt qu'à l'église. Cependant, les pasteurs protestants ont une image de marque plus moderne que les prêtres catholiques, notamment en raison de leurs vêtements – chemise, cravate – et des musiques actuelles entraînantes. L'église protestante contraste avec l'environnement habituel, au contraire de la catholique qui se pose en prolongement culturel. La personnalisation de l'accueil et l'intérêt plus marqué du pasteur pour la vie intime des gens est une autre différence notable qui suscite sans doute davantage la confidence. En outre, le pasteur culpabilise en exigeant les raisons de l'absence au culte, ce dont s'abstient le prêtre. Loin du contrôle polymorphe protestant, l'Église catholique offre plus de liberté et cela constitue sans doute une des raisons de sa désertion[177].

État des lieux méthodologique sur le changement religieux

Au fil de ces pages, nous avons vu comment l'ethnologie d'une société des basses terres de Nouvelle-Guinée permet d'affiner le questionnement anthropologique sur la rencontre interreligieuse et sur le(s) concept(s) de conversion. Chaque groupe d'acteurs de la rencontre a fourni des éléments de réponse par les comportements et surtout par le discours. Le fait religieux ne peut en effet s'observer ni se décrire comme le processus de fabrication des cuillers en bois. Pour le comprendre, il faut des mots : cela justifie la place prééminente du discours dans la recherche.

L'étude du changement religieux comporte plusieurs difficultés. En introduction, j'ai évoqué la réticence de nombreux anthropologues à reconnaître l'adoption du christianisme en Mélanésie et leur tendance à accuser les missionnaires de destruction culturelle[178]. J'ai aussi rappelé que la façon dont les Asmat vivent le fait religieux influe inévitablement sur celle dont ils vivent le christianisme. Bien que l'analyse anthropologique de terrain tende à montrer une séparation, opérée par les Asmat, entre les deux systèmes religieux, le chercheur ne peut effectuer cette séparation d'emblée[179]. Il n'est toutefois pas nécessaire de choisir entre

---

[177] Une autre raison, seulement invoquée par la sœur Korina OSU*, est la honte de leurs vêtements sales ou déchirés, surtout en ville.
[178] Barker, J., *op. cit.*, « Christianity in Western Melanesian Ethnography », p. 152.
[179] Keesing, R., *op. cit.*, p. 209.

les explications chrétiennes et traditionnelles parce que d'une part elles ne portent pas sur les mêmes situations, et que de l'autre la plupart des Asmat ont une connaissance restreinte de la doctrine chrétienne, ce qui en limite la portée. J'ai aussi évoqué le caractère personnel de la décision du changement religieux, qui contraint le chercheur à extrapoler[180]. En dépit de certaines conséquences visibles, le changement religieux est donc un phénomène intériorisé qui ne peut se mesurer à l'affirmation d'une identité catholique ou protestante. Enfin, la façon dont les sociétés se transforment par l'évangélisation est extrêmement variable, ce qui rend la généralisation difficile[181].

Avec tous les éléments dont nous disposons, voyons ce que nous pouvons conclure sur la conversion. Le risque de confusion des catégories analytiques d'Asad[182] me paraît malgré tout contournable si la définition proposée est suffisamment précise et tient compte de deux registres (individu et société, local et global). D'après Asad[183], l'analyse du concept en anthropologie, où il est associé à la modernité, concerne le discours, tandis qu'en théologie, elle se limite à une manifestation de la volonté divine[184]. Ce point de vue me paraît limitatif, car tant le discours que l'ethnographie peut nourrir la réflexion anthropologique sur la question. Toutefois, il ne s'agit pas de la « même » anthropologie : il sera rendu compte de la conversion à partir de matériaux discursifs par l'anthropologie cognitive, et à partir de matériaux ethnographiques par l'anthropologie sociale.

D'un point de vue local, sous l'angle de l'anthropologie cognitive, ma définition de la conversion est celle d'un basculement brutal, irréversible et émouvant survenu lors d'un processus de familiarisation avec la nouvelle religion susceptible de régresser jusqu'à un certain seuil, au-delà duquel la conversion peut être considérée comme « acquise ». En premier lieu, le converti ne s'attend pas à l'être et perçoit le basculement comme un choc subit (« brutal »). Ensuite, le converti prend conscience d'un élément existentiel nouveau perçu comme la chute d'un voile ou l'ouverture des yeux fermés pour enfin comprendre une évidence (« irréversible »). Ce déclic donne lieu à des manifestations d'émotion comme des larmes, une sensation de joie intense et submergeante et une envie folle d'annoncer la découverte au monde entier (« émouvant »).

---

[180] Brock, P., *op. cit.*, « Introduction », p. 1.
[181] Comaroff, J. & J., *op. cit.*, p. 25.
[182] Asad, T., *op. cit.*, p. 265.
[183] *Ibid.*, p. 264.
[184] *Ibid.*, p. 266.

D'un point de vue plus global, conformément aux observations d'Asad[185], le grand incitant à se faire baptiser et à se déclarer chrétien est le désir de se définir une place dans « la modernité » et de se voir reconnaître si pas comme agent actif, au moins comme personne inscrite dans la dynamique générale du changement. La conversion n'est pas *que* l'inscription dans la modernité, sinon les efforts des populations à évangéliser en vue de s'y adapter devraient permettre d'en déduire la conversion. Comme ailleurs, les Asmat sélectionnent ce qui les intéressent dans « la modernité », dont les incitants ne se confondent pas nécessairement avec leurs motivations à adhérer au christianisme. S'ils n'optent pas nécessairement pour la modernité dans un contexte global, ils font des choix au niveau local et en adoptent ou en écartent certaines composantes. Envisagé sous l'angle de l'anthropologie sociale, le second volet de notre définition de la conversion confronte le discours et le contexte à l'ethnographie (aspect collectif et social). Les indices de conversion en constituent un excellent résumé : nous avons pu évaluer la difficulté de se prononcer. De façon générale, nous voyons que la conversion est un concept qu'il convient soit de définir de façon argumentée, soit d'écarter de l'analyse anthropologique.

Conclusion

En 2001, des hommes de la *jeuw* d'Ayam m'assurèrent qu'aucun des changements provoqués par les missionnaires, en ce compris l'abolition de l'anthropophagie et de la chasse aux têtes, n'aurait eu lieu sans l'approbation des ancêtres, que l'on continue à consulter avant de se lancer dans un projet d'envergure[186]. Les missionnaires catholiques émettent plus de réserve, comme ceux qui reconnaissent que l'arrivée massive d'étrangers ne profite pas à l'essor économique des Asmat. Clarence Neuner OSC* pense que la modernité et le développement instaurés par les missionnaires ont désorganisé la société asmat ; dans l'ensemble, il regrette l'évangélisation, le christianisme étant opposé aux « croyances originales des Asmat, leurs usages, leur manière de vivre, ce qu'ils faisaient ». Il est évident que l'inculturation se limite à un christianisme de surface, sans avoir pénétré les conceptions religieuses asmat. Cela rejoint la remarque de Maurier[187] : « Elle [l'inculturation] est rarement ce que le missionnaire attendait ». Pour Virgil Petermeier OSC*, les deux religions, chrétienne et asmat, forment un mélange dans

---

[185] *Ibid.*, p. 263.
[186] de Hontheim, A., « Western Missionaries among the Asmat in West Papua and the Point of View of the Ancestors », in van der Grijp, P. (ed.), Special issue on Pacific Area Studies: Prospects for Research, *Asia-Pacific Forum* 31, 2006, p. 80-113.
[187] Maurier, H., *op. cit.*, p. 202.

le chrétien asmat type : « la religion asmat est juste un bâton tenu par le chrétien ». Du point de vue de l'anthropologue, cette métaphore doit être nuancée[188] :

> Finalement, l'anthropologue qui étudie une société villageoise pourrait découvrir que les postulats indigènes à propos des esprits de la forêt, des fantômes, et du pouvoir sous-tendent les compréhensions locales du christianisme et conclure à la poursuite de la religion traditionnelle sous un vernis chrétien. En réalité, bien sûr, la plupart des Mélanésiens sont impliqués dans les trois niveaux de discours [traditionnel, chrétien et syncrétique]. Passant de l'un à l'autre, ils reformulent chaque discours selon les concepts et les pressions qu'ils expérimentent dans les autres. La perspective limitée du chercheur, néanmoins, est susceptible d'obscurcir certaines des forces qui agissent sur la totalité des idées et actions religieuses d'un peuple. [...] Nous devons considérer les Mélanésiens comme des membres des communautés locales, des associations régionales et des nations au sein du système mondial. Nous devons voir comment les concepts et les pressions entre ces groupes s'interposent dans les religions populaires et comment les Mélanésiens les rendent accessibles à la compréhension. Et nous devrons explorer les moyens pluralistes dont les Mélanésiens créent des idées et des formes religieuses innovantes à partir de formes indigènes, chrétiennes, et d'autres sources. (traduction AdH)

De son côté, Knauft[189] remarque que les conceptions indigènes du changement sont souvent plus nuancées que dans les analyses des chercheurs, qui échouent à saisir « la forte ambiguïté et la profonde tension des agents vivants lorsqu'ils se débattent moralement et socialement avec les injustices du changement ».

En conclusion, cette recherche a permis d'étudier une situation exceptionnelle : l'évangélisation contemporaine par des missionnaires pionniers d'une population de chasseurs de têtes. On pouvait difficilement trouver des sociétés plus différentes l'une de l'autre que les missionnaires américains et les Asmat. Leurs interactions, imprévisibles, furent passionnantes à suivre. Si l'intégration du chercheur dans des lieux d'investigation aussi variés tient du parcours d'obstacles, le résultat en vaut la peine. En plus d'avoir été un révélateur polyvalent de différences entre catholiques et protestants, cette recherche a permis de faire avancer la réflexion sur les méthodes missionnaires, la conversion, la résistance et à présent l'enchristianisation, qu'elle laisse à l'appréciation de ses lecteurs.

---

[188] Barker, J., *op. cit.*, « Christianity in Western Melanesian Ethnography », p. 165-167.
[189] Knauft, B. M., *op. cit.*, « Creative Possessions », p. 207.

Annexe 1. Les informateurs

Nom (âge)	Année et lieu des entretiens	Institution, fonction
Abraham Buipir† (53)	2004 Agats, Sjuru	eeram'ipitsj, pasteur
Adhi OSC (38)	2004 Atsj	Croisier, de Bandung
Alo Murwito OFM (40)	2004 Agats	Évêché d'Agats, évêque, de Java
Alphonse Sowada OSC (69)	2001, 2003 Agats, St Cloud, Shoreview, Mönchengladbach	Croisier, ancien évêque
Alfonsa OSU	2004 Agats	Ursuline, des îles Kei
Anton Tsjosow (48 ?)	2004 Amborep	wair'ipitsj, dow'se'ipitsj
Arie Vriens MSC† (80)	2004 Tilburg	Sacré-Cœur, archiviste
Dr. Benhi	2004 Agats	médecin, sino-indonésien
Bernita Preston (77)	2005 Topeka (KS)	TEAM, linguiste
Bob Leland (64)	2006 Washburn (MN)	TEAM, pasteur
Bowo OSC	2004 Agats, Atsj	Croisier, de Java
Candy Preston	2005 Wheaton (IL)	TEAM, Missionary Kid
Carleton Gajdusek	2005 Amsterdam	Prix Nobel de médecine 1976
Charles Davis	2005 Wheaton (IL)	TEAM, directeur général
Charles OSC	2004 Agats	Croisier, de Flores
Chuck Preston (82)	2005 Topeka (KS)	TEAM, pasteur
Clarence Neuner OSC (76)	2001, 2003, 2006	Yamasj, Onamia (MI)	Croisier, frère
Dave Broucek (55)	2005 Wheaton (IL)	TEAM, pasteur, théologien
Dave Gallus OSC (66)	2003, 2006 Shoreview, Onamia, Little Flower (MI)	Croisier
Elmer Lorenz (53)	2005 Wheaton (IL)	TEAM, pasteur
Erik Sarkol	2001, 2004 Agats	Évêché d'Agats, des îles Kei, conservateur du musée
Ernest Nditsjim (44)	2004 Agats	wair'ipitsj, eeram'ipitsj
Fabianus Faniptsjes (40)	2004 Atsj	chef du conseil paroissial
Felix Owom'ipitsj (50)	2004 Sjuru	wair'ipitsj, conseil paroissial
Fenansius Bism'bi	2004 Amborep	kepala desa, conteur
Franciska TMM	2004 Agats	Sacré-Cœur, de Java
Geremias M'Baith (65 ?)	2001 Agats, Cemnes	sculpteur, aide à l'Évêché
Greg Poser OSC (58)	2003, 2006 Shoreview, Onamia (MI)	Croisier
Henri Bing Miller OSC	2003 Onamia (MI)	Croisier
Hermina M'baith	2001 Cemnes	visionnaire, possédée
Huub von Peij MSC (83)	2004 Sint Joost	Sacré-Cœur
Jefri Pemila	2004 Erma	pasteur pentecôtiste de Manado
Jerry Schik OSC	2003 Shoreview (MI)	Croisier, chef des novices, théologien
Jim Remmerswaal (68)	2003, 2006 Onamia (MI)	Croisier
Joe DeLouw (83)	2003, 2006 Onamia (MI)	Croisier, frère
John Fleischhacker OSC	2003, 2006 Onamia, Wahkon	Croisier
John Forsythe (50)	2006 Boise (ID)	MAF, pilote
John Kawor (45 ?)	2004 Agats, Sjuru	GKI, pasteur
John Ohoiwutun (42)	2001 Agats, Asgon	ancien camat d'Agats, d'Ambon
Kaleb Lodarmase	2001, 2004 Agats, Ayam, Beco,	ancien koramil d'Agats, de

293

		Asgon, Hom-Hom	Tanimbar
Kasmirus Amdusu (60 ?)		2004	Uwus	wair'ipitsj
Ken Dresser (71)		2005	Toronto	TEAM, médecin
Korina Ngoe OSU		2004	Agats	Ursuline, mère supérieure, des îles Kei
Lowpati (47)		2004	Agats	GPIP, pasteur, de Manado
Lukas (55 ?)		2001	Agats	habitant de Yufri
Lynn Lorenz		2005	Wheaton (IL)	TEAM, infirmière
Maxi Hulurean (75)		2004	Agats	instituteur des îles Kei
Markus Yisimamtsji (33)		2004	Atsj	sculpteur, wair'ipitsj
Marve Newell		2005	Wheaton (IL)	TEAM, ancien field leader
Mike Walsh MM		2005	Ossining (NY)	Maryknoll, directeur des archives
Monika Siburian (34)		2004	Tembagapura	SOS International
Nicholaus Ndepi (51 ?)		2001, 2004	Agats	candidat DPR
Niko		2001, 2004	Agats, Ayam	soldat
Oka Wijaya (27)		2004	Atsj	médecin de Java
Paiman		2004	Agats	directeur du département de l'éducation
Paternus Cuakces (55 ?)		2004	Agats, Sjuru	GKI, pasteur
Petrus Kaimes		2004	Agats	porte-parole d'Ayam
Piet Kok MSC (52)		2001, 2004	Merauke, Tilburg	Sacré-Cœur, logisticien
Piet van Mentsvoort (70)		2004	Tilburg	Sacré-Cœur
Primus Akum (52)		2004	Amborep, Agats	ketua Far Simai, évangéliste, conteur
Rofenus Unir (56)		2004	Amborep	ancien pensionnaire MSC
Rufus Sati (50)		2001, 2004	Sawa, Agats	wair'ipitsj estimé, assistant de Vince Cole
Ruth Roesler (77)		2005, 2006	Wheaton (IL), Bradenton (FL)	TEAM, infirmière, femme de linguiste
Sabinus Ekpiwi (44)		2004	Agats	GKI, pasteur
Soter Baien (43)		2004	Uwus	ketua Far Bismam, arow'ipitsj
Sue Forsythe (51)		2006	Boise (ID)	MAF
Sylvia Dresser		2005	Toronto	TEAM, infirmière
Tobias Schneebaum† (85)		2005	New York	artiste, aventurier, écrivain
Tom Carkhuff OSC (54)		2001	Shoreview	Croisier, provincial
Toon Putmann MHM		2004	Agats	Mill Hill
Ursula Konrad		2001, 2003	Agats, Mönchengladbach	collectionneuse d'art, galeriste
Vero Wahyu Indriani		2004	Agats	Évêché d'Agats, de Java
Vince Cole MM (57)		2004	Agats	Maryknoll
Virgil Petermeier OSC		2001, 2004	Agats	Croisier
Willem Lommertzen (85)		2004	Rotterdam	Sacré-Cœur
Willibrodus Ekyak (32)		2004	Agats	pasteur pentecôtiste kayagar
Yosias Benyamin Sahetapy (63)		2001, 2004	Asgon, Erma	ancien camat d'Agats, originaire d'Ambon
Yufen Biakai		2001, 2004	Sjuru	diacre, bupati

Sélection de 79 informateurs – sur 220 environ – cités dans le texte.

Légende :
- *en italiques* : 22 Asmat.
- en pointillés : 23 missionnaires jadis en région asmat ou assimilée.
- en souligné : 3 missionnaires encore sur le terrain.
- (âge) : âge lors du dernier entretien réalisé.

Annexe 2. Glossaire des termes asmat et indonésiens

{AS} : terme asmat.
{IN} : terme indonésien.

adat	{IN} (origine arabe) La « coutume », l'ensemble des « grands impératifs sociaux » : la religion, la morale, l'éthique, et le droit.
aites, tsjes	{AS} Initiation masculine dont le moment-clé est l'incorporation de l'identité d'un ancêtre par l'intermédiaire de la tête du dernier porteur de nom.
akhat	{AS} Bon, beau ; qualifie la norme asmat.
amos, ames	{AS} Sagou. *Sagu*, {IN}. Fécule riche en calories extraite de la pulpe du palmier sagoutier et aliment de base des basses terres de Nouvelle-Guinée.
anakhat	{AS} norme, tradition asmat ; aussi authentique.
arow'pok	{AS} Sortilège visant à provoquer la maladie, l'infortune et la mort. Il est le fait de l'*arow'ipitsj*, proche de l'indonésien *swanggi*, sorcier.
asrama	{IN} Internat. *Bapak asrama*, « Monsieur internat », est le directeur.
bipane	{AS} Ornement masculin en dents de cochons porté dans le nez, inspirant un motif courant en forme de volute sculpté sur les boucliers asmat.
bisj	{AS} Mat d'ancêtre de cinq mètres de haut en moyenne taillé dans un muscadier retourné dont subsiste une racine qui symbolise la virilité masculine.
bokorsakai	{AS} Transgression de la norme attirant sur soi la sanction des ancêtres. *Pelanggaran adat*, {IN}.
bupati	{IN} Chef d'un *kabupaten* (district) regroupant plusieurs *kecamatan*. Son supérieur direct est le gouverneur de province.
camat	{IN} chef de sous-district (*kecamatan*) et de niveau hiérarchique équivalent aux commandants de l'armée (*koramil*), de la police (*kapolsek*) et des brigades.
dambuw	{AS} « Esprit » de l'objet et de l'homme, mobile pendant la nuit, capable d'action autonome et perdue après amputation d'un fragment et au décès.
damer'ipitsj	{AS} Guérisseur exorciste, capable de voir les morts récents et les entités de la forêt *wasan'dat* et d'obtenir leurs faveurs en vue de la guérison de ses patients.
dat	{AS} Esprit potentiellement dangereux dont font partie les *wasan' dat*, les morts récents et les ancêtres revenant pendant les *jipae pokm'bui*.
dow'se	{AS} Âtre divisant la *jeuw* en parents et affins, dont l'appartenance se choisit. Il correspond à une pirogue de guerre qui rassemble les membres lors d'un raid.
eeram'ipitsj	{AS} Guérisseur masseur. L'*eeram*, entre le don et le sortilège, assure la victoire sur la maladie et sur l'ennemi dans la chasse aux têtes.
ese	{AS} Sac de portage ou d'initiation masculin porté sur le ventre ou dans le dos et contenant tabac, remèdes ou sortilèges. *Noken* en langue générique papoue.
etsjo'pok	{AS} « Les choses qui font grandir ». Boucliers, mâts *bisj*, lances, pirogues, etc. directement liés à la chasse aux têtes.
fatsj'in	{AS} Coiffe en peau de couscous, masculine et féminine, inséparable des longs rituels. L'objet contient une entité, *fatsj'khomer'awtsj*, un messager des ancêtres pour surveiller les participants aux rituels et punir les contrevenants à la norme.
finw	{AS} Sifflement des ancêtres. Aussi flûte en bambou.
hukuman	{IN} Sanction ancestrale survenant après une transgression de la norme et mettant en péril la santé et la vie, souvent infligée par un messager des ancêtres.
karma	
ipitsj	{AS} Homme.
jembatan	{IN} Routes-passerelles sur pilotis construites par les autorités et les mission-

	naires pour faciliter les déplacements dans les villages des marais.
jemes	{AS} Bouclier.
jeuw	{AS} Maison cérémonielle des hommes et des ancêtres où se prennent les décisions politiques et celles des longs rituels. Il y en avoir plusieurs par village.
ji'ipitsj	{AS} Ancêtre masculin. *Ji'tsjowotsj* au féminin. *Nenek moyang*, {IN}.
jipae pokm'bui	{AS} Long rituel funéraire avec sortie des masques *jipae*, permettant de faire le deuil des derniers défunts et d'accepter la mort en situation de haute mortalité.
juwur'sisj	{AS} Collier en dents de chien pour la compensation matrimoniale.
kapolsek	{IN} *Kepala Polisi Sektor*, chef de la circonscription de police, *Polsek*.
kepala desa	{IN} Chef de *desa*, maire ; fonctionnaire de l'État parlant l'indonésien et informant les autorités de sa gestion du *desa*, une circonscription administrative d'un minimum de 500 personnes par comparaison au *kampung*, le village.
kepala suku	{IN} « Chef ethnique », souvent choisi par les Indonésiens.
koramil	{IN} *Komando Rayon Militer*, circonscription militaire, au niveau du *kecamatan*. Par extension, le chef de cette circonscription.
manmot jak	{AS} Cercles noirs tracés autour des yeux, conférant la double vue et irrésistibles dans la séduction. *Jak* est un mélange de graisse de serpent et de charbon.
mbi	{AS} Chaux de coquilles concassées, sacrée et utilisée pour dédier quelqu'un ou quelque chose aux ancêtres. Le terme désigne tant la matière que la couleur.
ofe	{AS} Incisions verticales d'un centimètre environ en rangées serrées et frottées avec un onguent afin de faire sortir le mal du corps sous forme d'infection.
ofeeuw	{AS} Amis d'enfance liés par une relation sacrée, rapprochant deux communautés et impliquant de veiller au bien-être de l'autre et de le remplacer dans sa famille en cas de décès. La preuve ultime de cette amitié est le *papisj*.
ok'abwitamfes	{AS} Offrande aux ancêtres. *Derma*, {IN}.
owam juwus	{AS} Nom d'ancêtre transmis notamment lors de l'initiation masculine lors de l'intégration de l'identité du guerrier mort pendant le raid.
papisj	{AS} Mariage rituel d'une nuit intervertissant les épouses de deux *ofeeuw*, et constituant la preuve ultime de la confiance mutuelle et de la similarité de nature.
pasj'osj	{AS} *Intsia spp*. Bois de fer. *Pasj'kawee* est le bois sculpté. L'arbre contient une entité féminine dangereuse, *pasj'khomer'awtsj*, qu'il importe de ménager.
pesta setan	{IN} Long rituel de sortie des masques. *Jipae pokm'bui*, {AS}.
pirkow	{AS} Conque incluse dans l'héritage et la compensation matrimoniale.
piswa	{AS} Poignard en os de casoar décoré de plumes et de fibres et porté au biceps ou dans le dos, cette deuxième façon étant réservée au *tasma'ipitsj*.
pit	{AS} Bois blanc de mangrove dans lequel sont faites la plupart des sculptures.
pokm'bui	{AS} Long rituel.
sii	{AS} Hache en pierre abritant la présence d'un ancêtre, transformable en serpent, souvent enterrée près d'une source et servant de véhicule de communication.
sosok	{AS} Pigment noir à base de suie utilisé pour décorer les objets. À distinguer de *jak*, utilisé dans la chasse aux têtes et la double vue.
tasma'ipitsj	{AS} « Faiseur de temps » asmat. Guerrier ayant tué au moins un homme, et ayant le pouvoir de décider de l'interruption et de la reprise des longs rituels.
teser'ipitsj	{AS} Destinataire des messages des ancêtres relatifs aux funérailles.
tifa	{AS} Tambour étiré en forme de diabolo avec une longue anse verticale sculptée et une membrane en peau de varan, jadis collée à l'aide de sang et de sperme.
tow (ton bas)	{AS} « Ver/larve du sagou » (litt.). *Ulat sagu*, {IN}. Ces larves font l'objet d'un long rituel, le *tow pokm'bui*.
tow (ton haut)	{AS} Bois utilisé pour la confection des poteaux d'ancêtres *bisj*.
tsjestju'ipitsj	{AS} Homme dont les aptitudes supérieures sont reconnues. Homme influent.

Annexe 2. Glossaire des termes asmat et indonésiens

tsjii'osj	{AS} Bois de mangrove servant à fabriquer les pirogues *tsjii*.
tsjosow'pok	{AS} Parure traditionnelle dotée d'un pouvoir d'action au-delà de la décoration. Toutes les parures ne sont pas *tsjosow'pok*.
tsjowotsj	{AS} femme ; première épouse. *Ase'tsjowotsj* pour les autres épouses.
wair'ipitsj	{AS} Spécialiste de la tradition ayant le droit de siéger dans le *wair*, le centre physique de la *jeuw* où se trouvent aussi les ancêtres. Les fonctions cumulables du *wair'ipitsj* sont essentiellement sculpteur, chanteur, percussionniste et conteur.
wasah	{AS} Pigment rouge d'une terre brûlée riche en hématite, parfois mélangée à du bois de fer.
wow ipitsj	{AS} Homme bouclier. Terme utilisé pour désigner le sculpteur.

Annexe 3. Illustrations

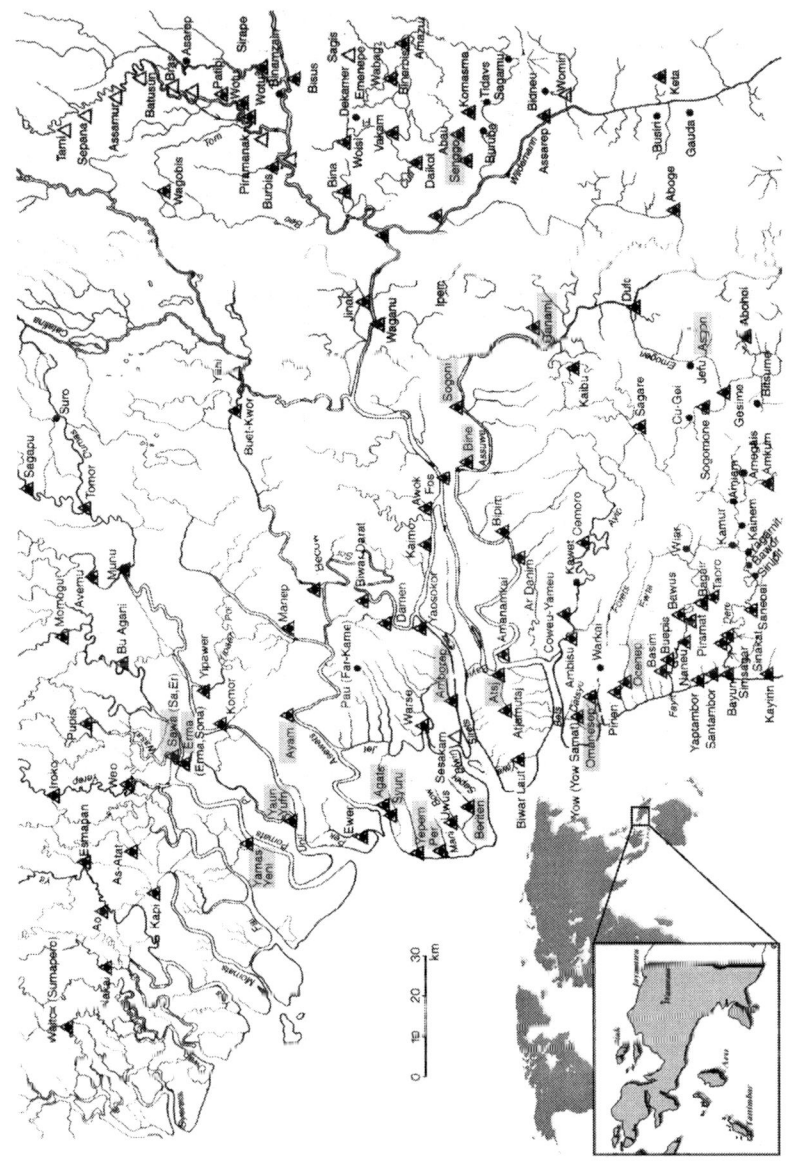

Un catéchiste mimika et ses élèves
(© archives des Sacré-Cœur MSC 2004)

Delmar Hesch montrant la région asmat
(© archives des Croisiers OSC 2003)

Annexe 3. Illustrations

***Les parures étaient dépréciées
par les évangélistes de Biak***
(© d'après photo
Chuck Preston 2005)

Jeunes filles aux dents limées
(© photo Chuck Preston 2005)

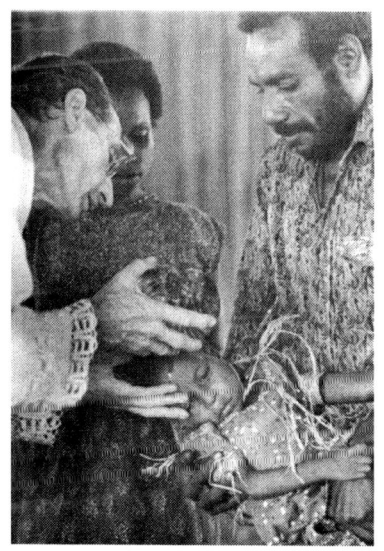

***Baptême avec une noix de coco
par Ed Greiwe OSC***
(© archives des Croisiers 2003)

Alphonse Sowada OSC (Évêque d'Agats-Asmat, 1969-2002)
(© archives des Croisiers 2003)

Ordination de Yufen Biakai comme diacre à Agats en 1990
(© archives des Croisiers 2003)

Annexe 3. Illustrations

Maison asmat traditionnelle

Maison actuelle construite à hauteur d'homme
(Amborep, © AdH 2004)

Chasseurs de diables et collecteurs d'art

Masque jipae dansant
(© archives Croisiers 2006)

Offrande aux ancêtres composée de crêpes de sagou et de poisson grillé
(© d'après photo AdH)

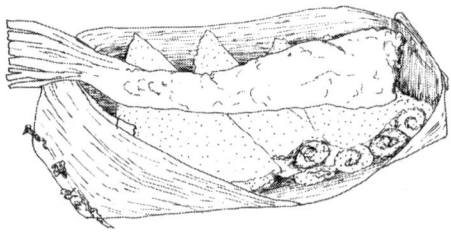

Emblème de l'OPM reçu par deux militants à Merauke en 1999

Annexe 3. Illustrations

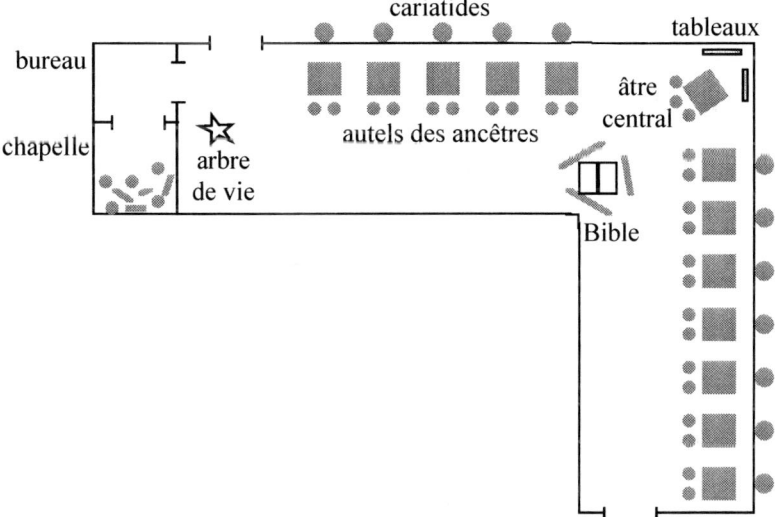

Disposition de l'ancienne église de Sawa

Foule lors d'une fête catholique
(© archives des Croisiers 2006)

Pendant le prêche de John Kawor
(Amborep, © AdH 2004)

Annexe 3. Illustrations

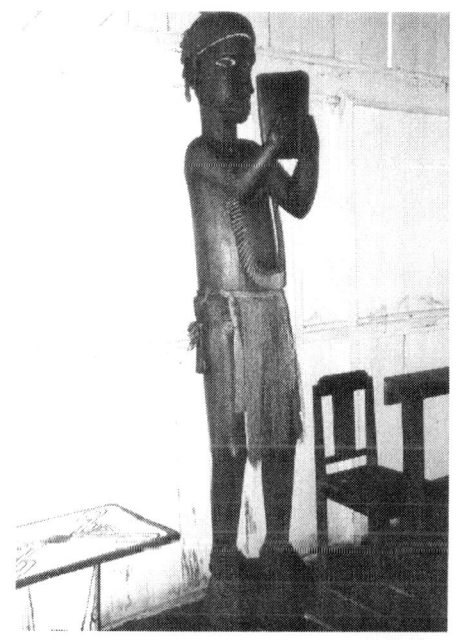

Statue habillée dans l'église
(Atsj, © AdH 2004)

**Détail du pied
du Christ d'Atsj**
(© AdH 2004)

***Bisj et arbre de vie sculpté
dans la cathédrale***
(Agats, © AdH 2004)

***Rituel improvisé lors
de la vente de terres au
gouvernement en mai 2004***
(Amborep, © AdH 2004)

Annexe 3. Illustrations

Primus Akum
(Amborep, © AdH 2004)

Abraham Buipir
(Sjuru, © AdH 2004)

Niko
(Agats, © AdH 2004)

L'autel de l'église d'Atsj
(© d'après archives des Sacré-Cœur MSC 2004)

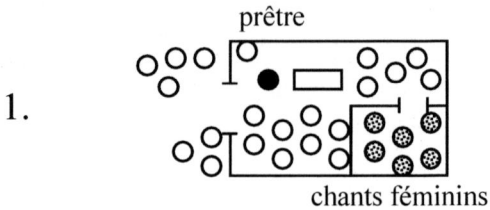

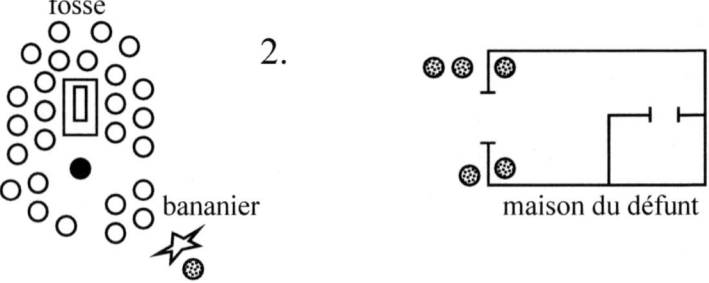

Séparation des espaces chrétien et traditionnel

Annexe 3. Illustrations

Dr. Ken Dresser et sa femme Sylvia
(Toronto, © AdH 2005)

Bibliographie sélective

Asad, T., « Comments on Conversion », in van der Veer, P. (ed.), *Conversion to Modernities: The Globalization of Christianity*, New York & London, Routledge, 1996, p. 263-274.

Austin-Broos, D., « The Anthropology of Conversion: An Introduction », in Buckser, A. & Gazier, S. D. (eds.), *The Antropology of Religious Conversion*, Lanham, Rowman & Littlefield Publishers, 2003, p. 1-12.

Balmès, Th., *L'évangile selon les Papous*, Canal +, Les Films d'ici, TBC Productions, Millenium Film, Programme Media de l'Union européenne, 1999.

Balmès, Th., *En attendant Jésus*, Canal +, Les Films d'ici, TBC Productions, Ex Machina, 2000.

Barker, J., « Christianity in Western Melanesian Ethnography », in Carrier, J. G. (ed.), *History and Tradition in Melanesian Anthropology*, Studies in Melanesian Anthropology 10, Berkeley & Los Angeles, University of California Press, 1992, p. 144-173.

Barker, J., « An Outpost in Papua: Anglican Missionaries and Melanesian Teachers Among the Maisin, 1902-1934 », in Brock, P. (ed.), *Indigenous Peoples and Religious Change*, Studies in Christian Mission 31, Leiden, Brill Academic Publishers, 2005, p. 79-106.

Barker, J. (ed.), *Christianity in Oceania. Ethnographic Perspectives*, ASAO Monograph n° 12, Lanham, New York & London, University Press of America, 1990.

Bonnemère, P., *Le pandanus rouge. Corps, différence des sexes et parenté chez les Ankave-Anga*, Paris, CNRS Éditions, 1996.

Bosch, D. J., *Dynamique de la mission chrétienne. Histoire et avenir des modèles missionnaires*, Lomé, Paris et Genève, Haho, Karthala, Labor et Fides, 1995.

Bria, I., Chanson, Ph., Gadille, J. & Spindler, M. (dir.), *Dictionnaire œcuménique de missiologie. Cent mots pour la mission*, Paris, Cerf, 2001.

Brock, P. (ed.), *Indigenous Peoples and Religious Change*, Studies in Christian Mission 31, Leiden, Brill Academic Publishers, 2005.

Brock, P., « Setting the Record Straight: New Christians and Mission Christianity », in Brock, P. (ed.), *Indigenous Peoples and Religious Change*, Studies in Christian Mission 31, Leiden, Brill Academic Publishers, 2005, p. 107-128.

Brunois, F., « In Paradise, the Forest is Open and Covered of Flowers », in Kocher Schmid, Ch. K. (ed.), *Expecting the Day of Wrath. Versions of the Millenium in Papua New Guinea*, NRI Monograph Series 36, Boroko, The National Research Institute, 1999, p. 111-130.

Buckser, A. & Glazier, S. D. (eds.), *The Antropology of Religious Conversion*, Lanham, Rowman & Littlefield Publishers, 2003.

Cité du Vatican, *Jésus-Christ: suivre son chemin, proclamer sa vérité, vivre sa vie: un appel pour les peuples d'Océanie*, Synode des Évêques, *Lineamenta* de l'Assemblée spéciale pour l'Océanie, Cité du Vatican, Secrétairerie Générale du Synode des Évêques & Libreria Editrice Vaticana, 1997, p. 1-49. Sur internet http://vatican.va/.

Comaroff, J. & J., *Of Revelation and Revolution. Christianity, Colonialism and Consciousness in South Africa*, vol. 1, Chicago, University of Chicago Press, 1991.

de Hontheim, A., « De la collection missionnaire au commerce équitable », in *Civilisations* 52 (2), 2005, p. 75-103.

de Hontheim, A., « Évangélisation catholique des Asmat en Papouasie occidentale : une composante de "l'humanisation" », in *Anthropos* 98, 2003, p. 407-419.

de Hontheim, A., *Damien ou la fureur missionnaire*, Ath, AB Éditions, 2004.

de Hontheim, A., « Western Missionaries among the Asmat in West Papua and the Point of View of the Ancestors », in van der Grijp, P. (ed.), Special issue on Pacific Area Studies: Prospects for Research, *Asia-Pacific Forum* 31, 2006, p. 80-113.

Defert, G., *L'Indonésie et la Nouvelle-Guinée Occidentale. Maintien des frontières coloniales ou respect des identités communautaires*, Paris, L'Harmattan, 1996.

DeLouw, J., *My Field Has Been the World. The Memoirs of Brother Joseph DeLouw, OSC*, Onamia, Crosier Press, 1996.

Derroitte, H. & Soetens, C., *La mémoire missionnaire. Les chemins sinueux de l'inculturation*, Théologies pratiques (hors série), Bruxelles, Lumen Vitae, 1999.

Drabbe, P., *Grammar of the Asmat Language*, Syracuse, Our Lady of the Lake Press, 1959.

Dries, A., *The Missionary Movement in American Catholic History*, American Society of Theology Series n° 26, New York, Orbis Books, 1998.

Etherington, N. (ed.), *Missions and Empire*, Oxford, Oxford University Press, 2005.

Évêché de Merauke, *Sejarah gereja katolik di Irian Selatan*, Merauke, Keuskupan Agung Merauke, 1999.

Eyde, D. B., Cultural Correlates of Warfare among the Asmat of South-West New Guinea, Ph.D. dissertation, Anthropology Department, New Haven, Yale University, 1967.

Farhadian, C. E., Raising the Morning Star: A Social and Ethnographic History of Urban Dani Christians in New Order Indonesia, Ph.D. dissertation, Boston University, 2001.

Frazier, B. & D., *Our Passionate Journey: The Exciting Chronicles of Two Ordinary People*, Toccoa Falls College, 1994.

Gajdusek, D. C., *West New Guinea Journal: May 6, 1960 to July 10, 1960*, Bethesda (MD), National Institute of Health, 1967 (1re éd. 1964).

Harding, S. F., « Convicted by the Holy Spirit: The Rhetoric of Fundamental Baptist Conversion », in *American Ethnologist* 14 (1), 1987, p. 167-182.

Harding, S. F., *The Book of Jerry Falwell: Fundamentalist Language and Politics*, Princeton (NJ), Princeton University Press, 2000.

Hays, T., « No Tobacco, no Hallelujah: missions and the early history of tobacco in eastern Papua », in *Pacific Studies* 14 (4), 1991, p. 91-113.

Hefner, R. W. (ed.), *Conversion to Christianity. Historical and Anthropological Perspectives on a Great Transformation*, Berkeley, University of California Press, 1993.

Hesch, D., Development of Theory 1958-1968, in *An Asmat Sketch Book n° 2*, Trenkenschuh, F. A. (ed.), Agats, The Asmat Museum of Culture and Progress, 1982, p. 41-44.

Hoogerbrugge, J., « Art Today: Woodcarving in Transition », in Smidt, D.A.M. (ed.), *Asmat Art. Woodcarvings of Southwest New Guinea*, New York, George Braziller & Leiden, Rijksmuseum voor Volkenkunde, 1993, p. 150-153.

Jolly, M., « Devils, Holy Spirits, and the Swollen God: Translation, Conversion, and the Colonial Power in the Marist Mission, Vanuatu, 1887-1934 », in van der Veer, P. (ed.), *Conversion to Modernities: The Globalization of Christianity*, New York & London, Routledge, 1996, p. 231-262.

Knauft, B. M., *South Coast New Guinea Cultures: History, Comparison, Dialectic*, Cambridge Studies in Social and Cultural Anthropology 89, Cambridge, Cambridge University Press, 1993.

Konrad, G. & U. (eds.), *Asmat. Myths and Rituals. The Inspiration of Art*, Venice, Pizzi Amilcare/Erizzo Editrice, 1996.

Lambek, M. & Strathern, A. (eds.), *Bodies and Persons. Comparative Perspectives From Africa and Melanesia*, Cambridge, Cambridge University Press, 1998.

Lange, R., *Island Ministers. Indigenous Leadership in Nineteenth Century Pacific Islands Christianity*, Christchurch & Canberra, McMillan Brown Centre for Pacific Studies & Pandanus Books, 2005.

Laux, C., *Les théocraties missionnaires en Polynésie au XIXe siècle. Des cités de Dieu dans les Mers du Sud ?*, Mondes Océaniens, Paris, L'Harmattan, 2000.

Meyer, B., « Beyond Syncretism. Translation and Diabolization in the Appropriation of Protestantism in Africa », in Stewart, C. & Shaw, R. (eds.), *Syncretism / Anti-Syncretism. The Politics of Religious Synthesis*, London, Routledge, 1994, p. 45-68.

Meyer, B., « Modernity and Enchantment: The Image of the Devil in African Popular Christianity », in van der Veer, P. (ed.), *Conversion to Modernities: The Globalization of Christianity*, New York & London, Routledge, 1996, p. 199-230.

Ranger, T., « Christianity and the First Peoples: Some Second Thoughts », in Brock, P. (ed.), *Indigenous Peoples and Religious Change*, Studies in Christian Mission 31, Leiden, Brill Academic Publishers, 2005, p. 15-32.

Richardson, D., *Peace Child. An Unbelievable Story of Primitive Jungle Treachery*, Glendale (CA), G/L Publications, 1974.

Robbins, J., *Becoming Sinners: Christianity and Moral Torment in a Papua New Guinea Society*, Berkeley & Los Angeles, University of California Press, 2004.

Roesler, C. L., *Anthropological Notes*, notes manuscrites du 15/09/1956 au 06/01/1996.

Schneebaum, T., *Keep the River on Your Right. A Modern Cannibal Tale*, Wave Films, Lifer Films Production, Stolen Cars Production, 2000.

Schneebaum, T., *Embodied Spirits. Ritual Carvings of the Asmat*, Salem, Peabody Museum of Salem, 1990.

Schneebaum, T., *La demeure des esprits*, Paris, Actes Sud, 1991 (1re éd. 1988, traduit de l'américain).

Sowada, A., « New Guinea's Fierce Asmat: A Heritage of Headhunting », in *Vanishing People of the Earth*, Washington, National Geographic Society, 1968, p. 186-203.

Sowada, A., « Fundamental Concepts of Asmat Religion and Philosophy », in Konrad, G. & U. (eds.), *Asmat. Myths and Rituals. The Inspiration of Art*, Venice, Pizzi Amilcare/Erizzo Editrice, 1996, p. 65-71.

Sowada, A., « Primary Asmat Religious and Philosophical Concepts », in Schneebaum, T. (ed.), *Embodied spirits. Ritual carvings of the Asmat*, Salem, Peabody Museum of Salem, 1990, p. 65-70.

Sowada, A., « An Appeal for Justice: "The Ayam Revolt". Period: August 1975-1977 », in Trenkenschuh, F. A. (ed.), *An Asmat Sketch Book n° 7*, Hastings (NE), Crosier Missions, 1983, p. 3-25.

Spyer, P., « Serial Conversion/Conversion to Seriality: Religion, State, and Number in Aru, Eastern Indonesia », in Van der Veer, P. (ed.), *Conversion to Modernities: The Globalization of Christianity*, New York & London, Routledge, 1996, p. 171-198.

Steiger, J., *Wings Over Shangri-La*, Anaheim (CA), Olson Photo, 1995.

Stewart, C. & Shaw, R. (eds.), *Syncretism / Anti-Syncretism. The Politics of Religious Synthesis*, London, Routledge, 1994.

Stewart, P. J. & Strathern, A., *Witchcraft, Sorcery, Rumors and Gossip*, Cambridge, Cambridge University Press, 2004.

Stewart, P. J. & Strathern, A. (eds.), *Humors and Substances. Ideas of the Body in New Guinea*, Westport & London, Bergin & Garvey, 2001.

Strathern, M., *The Gender of the Gift: Problems with Women and Problems with Society in Melanesia*, Berkeley, University of California Press, 1988.

Torjesen, E. P., A Study of Fredrik Franson. The Development and impact of his Ecclesiology, Missiology and Worldwide Evangelism, Ph.D. dissertation for the degree of Doctor of Philosophy in History, vol. III "Missionary Extension in All the World", Los Angeles, International College, 1984.

Trenkenschuh, F., « An Integrated View of the Asmat Mission Program », in Trenkenschuh, F. A. (ed.), *An Asmat Sketch Book n° 2*, Agats, The Asmat Museum of Culture and Progress, 1982, p. 45-51.

Tucker, D. A. & Knickerbocker, A., *Circles of Blessing: Redemption in the Rainforest*, Pasadena, William Carey Library, 2001.

Van Amelsvoort, V. F. P. M., « Thanatomania in an Asmat Community. A Report of Successful "Western" Treatment », in *Tropical and Geographical Medicine* 28, Amsterdam, Bohn, Scheltema & Holkema, 1974, p. 244-248.

Van Arsdale, P. W., *An Asmat Sketch Book n° 5: Perspectives on Development in Asmat*, Agats, The Asmat Museum of Culture and Progress, 1978.

van der Veer, P., « Syncretism, Multiculturalism and the Discourse of Tolerance », in Stewart, C. & Shaw, R. (eds.), *Syncretism / Anti-Syncretism. The Politics of Religious Synthesis*, London, Routledge, 1994, p. 196-211.

van der Veer, P. (ed.), *Conversion to Modernities: The Globalization of Christianity*, New York & London, Routledge, 1996.

Weber, M., *Sociologie des religions*, Paris, Gallimard, 2006 (1re éd. 1948).

Wetherell, D., « First contact mission narratives from Eastern Papua New Guinea », in *The Journal of Pacific History* 33 (1), 1998, p. 111-116.

Whitehouse, H., *Inside the Cult. Religious Innovation and Transmission in Papua New Guinea*, Oxford Studies in Social and Cultural Anthropology, Oxford, Clarendon Press, 1995.

Whitehouse, H., *Modes of Religiosity. A Cognitive Theory of Religious Transmission*, Cognitive Science of Religion Series, Walnut Creek & Lanham, Altamira Press, Rowman & Littlefield Publishers, 2004.

Zegwaard, G. A., « Headhunting practices of the Asmat of Netherlands New Guinea », in *American Anthropologist* 61 (6), 1959, p. 1020-1041.

Zegwaard, G., « Name-Giving Among the Asmat People », in Trenkenschuh, F. A. (ed.), *An Asmat Sketch Book n° 1*, Agats, The Asmat Museum of Culture and Progress, 1982, p. 39-44 (traduit du néerlandais).

Zegwaard, G. & Boelaars, J., « An Annotated Translation of De Sociale Structuur van de Asmatbevolking », in Trenkenschuh, F. A. (ed.), *An Asmat Sketch Book n° 1*, Agats, The Asmat Museum of Culture and Progress, 1982, p. 13-29 (traduit du néerlandais).

Zubrinich, K., Cosmology and Colonisation: History and Culture of the Asmat of Irian Jaya, Ph.D. dissertation, Philosophy Department, Adelaide, Charles Sturt University, 1997.

« Dieux, Hommes et Religions »

Tandis que les principales religions traditionnelles du monde semblent confrontées à une crise identitaire et culturelle fondamentale, on voit partout se manifester une renaissance des besoins de spiritualité et de nouvelles pratiques religieuses. Quelles sont les motivations des hommes et des femmes qui soutiennent ces nouvelles tendances ? Assistons-nous à la naissance d'une nouvelle religiosité humaine ?

Cette collection a pour but de rassembler les travaux de témoins, penseurs, croyants et incroyants, historiens, spécialistes des religions, théologiens, psychologues, sociologues, philosophes et écrivains, tous issus de différentes cultures et de différentes langues, pour offrir une perspective plus large sur l'un des problèmes-clés de la civilisation universelle que nous sommes en train de construire.

Directeur de collection : Gabriel FRAGNIÈRE,
ancien recteur du Collège d'Europe (Bruges),
président du Forum Europe des Cultures

Déjà parus

N° 13– Édouard Flory KABONGO, *Le rite zaïrois. Son impact sur l'inculturation du catholicisme en Afrique*, 2008, ISBN 978-90-5201-385-5

N° 12– Astrid DE HONTHEIM, *Chasseurs de diables et collecteurs d'art. Tentatives de conversion des Asmat par les missionnaires pionniers protestants et catholiques*, 2008, ISBN 978-90-5201-380-0

N° 11– Alice DERMIENCE, *La « question féminine » dans l'Église catholique, Approches biblique, historique et théologique*, 2008, ISBN 978-90-5201-378-7

N° 10– Christiane TIMMERMAN, Dirk HUTSEBAUT, Sara MELS, Walter NONNEMAN & Walter VAN HERCK (eds.), *Faith-based Radicalism Christianity, Islam and Judaism between Constructive Activism and Destructive Fanaticism*, 2007, ISBN 978-90-5201-050-2

N° 9– Pauline CÔTÉ & T. Jeremy GUNN (eds.), *La nouvelle question religieuse. Régulation ou ingérence de l'État ? / The New Religious Ques-*

tion. State Regulation or State Interference?, 2006, ISBN 978-90-5201-034-2

N° 8– Wilhelm DUPRÉ, *Experience and Religion. Configurations and Perspectives*, 2005, ISBN 978-90-5201-279-7

N° 7– Adam POSSAMAI, *Religion and Popular Culture. A Hyper-Real Testament*, 2005 (2e tirage 2007), ISBN 978-90-5201-272-8

N° 6– Gabriel FRAGNIÈRE, *La religion et le pouvoir. La chrétienté, l'Occident et la démocratie*, 2005 (2e tirage 2006), ISBN 978-90-5201-268-1

N° 5– Christiane TIMMERMAN & Barbara SEGAERT (eds.), *How to Conquer the Barriers to Intercultural Dialogue. Christianity, Islam and Judaism*, 2005 (3e tirage 2007), ISBN 978-90-5201-373-2

N° 4– Elizabeth CHALIER-VISUVALINGAM, *Bhairava : terreur et protection. Mythes, rites et fêtes à Bénarès et à Katmandou*, 2003, ISBN 978-90-5201-173-8

N° 3– John Bosco EKANEM, *Clashing Cultures. Annang Not(with)standing Christianity – An Ethnography*, 2002, ISBN 978-90-5201-983-3

N° 2– Peter Chidi OKUMA, *Towards an African Theology. The Igbo Context in Nigeria*, 2002, ISBN 978-90-5201-975-8

N° 1– Karel DOBBELAERE, *Secularization : An Analysis at Three Levels*, 2002 (2e tirage 2004), ISBN 978-90-5201-985-7

Visitez le groupe éditorial Peter Lang
sur son site Internet commun
www.peterlang.com